النظريــة المعاصـرة
في علـم الاجتمـاع

النظريـة المعاصـرة في علــم الاجتمـاع
التـوازن التفاضـلي صيغة توليـفية
بيـن الوظيـفة والصراع

الدكتور
محمد عبد الكريم الحوراني
قسم علم الاجتماع – جامعة اليرموك
اربد- الاردن

25 عاماً من العطاء في صناعة الكتاب

الطبعة الأولى

1428هـ – 2008م

المملكة الأردنية الهاشمية رقم الإيداع لدى دائرة المكتبة الوطنية (2007/9/3030)

301

الحوراني، محمد
النظرية المعاصرة في علم الاجتماع/ محمد عبد الكريم الحوراني. –
عمان: دار مجدلاوي، 2007
(   ) ص.
ر.أ: (2007/9/3030)
الواصفات: /علم الاجتماع/

* أعدت دائرة المكتبة الوطنية بيانات الفهرسة والتصنيف الأولية

ISBN 978-9957-02-310-2   (ردمك)

Dar Majdalawi Pub.& Dis.
Telefax: 5349497 - 5349499
P.O.Box: 1758 Code 11941
Amman- Jordan
www.majdalawibooks.com
E-mail: customer@majdalawibooks.com

دار مجدلاوي للنشر والتوزيع
تليفكس : ٥٣٤٩٤٩٧ – ٥٣٤٩٤٩٩
ص . ب ١٧٥٨ الرمز ١١٩٤١
عمان - الأردن

◄ الآراء الواردة في هذا الكتاب لا تعبر بالضرورة عن وجهة نظر الدار الناشره.

الإهـــــداء

إلى روح والدي ....

تغمده الـلـه بواسع رحمته وأسكنه فسيح جنانه

إلى والدتي ....

أطال الـلـه عمرها، ومنحها الصحة والعافية

محمد الحوراني

المحتويات

قائمة النماذج

1 - المقدمة

إنني أؤمن بضرورة السعي الجاد إلى بناء نظري شامل في علم الاجتماع، ومع ذلك، فإنني لا أعتبر الانتقال من موقف نظري إلى آخر، في الوقت الراهن، خطيئة كبرى، بل من شأنه أن يعكس إشكالية واضحة في البناء المعرفي لهذا العلم. لكن الخطيئة الكبرى بحق، تظهر في تصلب المواقف النظرية والانحياز التام إلى منظورات بعينها، بحيث يعلن الفكر انتصاره على العقل وهيمنته عليه، فيبدو المرء أسير أفكاره، ولا تتجاوز رؤيته للعالم الاجتماعي أكثر مما هو حاضر في ذهنه سلفاً. وبكل الأحوال، فإن عدم القدرة على تجاوز الوضع الراهن للنظرية السوسيولوجية يعني الاستمرار في التشرذم والانقسام، والجمود الفكري، وتراجع العمل النظري، وسقوط هيبة النظرية، وانحسار قدراتها التفسيرية، ولذلك فإن الإيمان بفكرة البناء النظري الشامل في علم الاجتماع، بأقل تقدير، يبقي الأمل ويُحَرِّضُ على العمل.

لا شك أن أبرز وظائف النظرية، أنها تزودنا بفهم أعمق وتفسير أشمل لما يدور حولنا، وما يحدث لنا، كما تجعلنا نعي صعوبة المشكلات التي نواجهها ومدى تعقدها. لكن عملية تطوير النظرية ذاتها، والمضي بها قُدماً تأتي من خلال وظيفة أخرى هامة للنظرية وهي"توليد الأفكار"، بمعنى أن كل نظرية بمفردها، أو مجموعة نظريات متفاعلة، هي خصبة بما فيه الكفاية لإنتاج أفكار جديدة، وتبدو هذه المهمة واضحة في المحاولات التوليفية، والتجسيرية، وصياغة النماذج النظرية.

ورغم احتياجات المرحلة الراهنة في المجتمع العربي إلى أعمال نظرية تولد الأفكار وتعمق الوعي بمحتوى المرحلة وما يحيط بها، إلاّ أن علماء الاجتماع العرب يصرون على ممارسة الحياد والهامشية في ما يتعلق بالقضايا المصيرية والهامة، ويقترنون أكثر فأكثر بإمبريقية حرفية مشوهة، تسطح الواقع، وستغرق في كل ما هو معطى. ولذلك يبدو علم الاجتماع العربي، أي علم الاجتماع كما هو حاضر في ممارسات علماء الاجتماع العرب

"تكيفياً"، و"تبريرياً"، و"إنسحابياً" أكثر من كونه "إبداعياً"، و"ثورياً"، و"تجديدياً". لقد أفنت الإمبريقية كل مبادرة لصياغة المفاهيم، وإنتاج الفكر، وتفسير الواقع تفسيراً شمولياً. أما على مستوى تطوير النظرية السوسيولوجية وإنتاجها بالنسبة لعلماء الاجتماع العرب، فيبدو أن الأمر لا يعنيهم، وغالباً ما يميلون إلى طراز فكري استهلاكي، وأكثر إبداعاتهم تتجلى في أعمال نظرية تجميعية، أو ترجمات متفرقة هنا وهناك لمؤلفات معينة في النظرية. إنني لا أقلل من قيمة الإمبريقية، ولا المؤلفات المترجمة، ولا التجميعية بل أدعو إلى فك القيد الفكري، وتجاوز هذه الحالة الإغترابية، تمهيداً لفهم أنفسنا، وواقعنا، والمساهمة في الفكر السوسيولوجي العالمي.

ومن هنا، يسعى العمل الراهن إلى تقديم صيغة توليفية جديدة في النظرية السوسيولوجية بين النظرية الوظيفية ونظرية الصراع - مستوحاة من واقع المجتمع العربي -، ويرتكز هذا العمل ذا الطابع التوليفي على إحلال أو تسكين **القوة** بمعناها الصراعي، في الطروحات الوظيفية لتالكوت بارسونز حول الفعل الاجتماعي، ومن ثم إماطة اللثام عن سياقات **المعنى** المنبثقة عن الفعل، وما يرتبط به من تفاعلات وعلاقات. ينتج عن عملية التوليف هذه شكلاً من التوازن **"الإشكالي"**، قائم على تفاضلات القوة وتناقضات المعنى، أصفه بـ **"التوازن التفاضلي"**.

إن وجه الإشكالية في التوازن التفاضلي، ينبع من أنه توازن قلق، ومرتبك، وغير مستقر، لما يحتويه من تناقضات، وانحيازات، وتشوهات في مكوناته، كما ينتج عنه ظلم، وحرمان، واستغلال، لكنه يدوم عبر الزمن بفعل آليات إعادة الإنتاج التي تكرس معادلة السيطرة - الخضوع، وتضفي عليها شرعية، كالمعايير الاجتماعية، والبنى الرمزية، والمؤسسات الاجتماعية القائمة، واستراتيجيات أصحاب القوة بما في ذلك القهر المادي المضمر.

يبرز نموذج التوازن التفاضلي الطبيعة التكميلية للنظرية الوظيفية ونظرية الصراع، متجاوزاً الفهم الشائع باعتبارهما نظريتين متعارضتين، وحيث أن نظرية بارسونز هي

الأكثر شمولاً واتساعاً بين النظريات السوسيولوجية، فإن طروحات التوازن التفاضلي تنطلق من قلب النظرية البنائية الوظيفية لتلتقي بنظرية الصراع. وحين تتم صياغة هذا الناتج الجديد، فإننا نكون بصدد تأليف نظري أكثر قدرة على فهم وتفسير المرتكزات البنائية والموقفية للعملية الصراعية، علاوة على فهم وتفسير البنية الداخلية للعمليات المفضية إلى الصراع، والتي لا يمكن تحديدها إلاً بنائياً.

لقد استوحيت معظم طروحات التوازن التفاضلي من واقع المجتمع العربي، في مختلف مستوياته التحليلية، ولذلك أجده مفسراً للأفعال الطوعية، وفي مجال العلاقات الاجتماعية، والمحتوى البنائي للبنى والمؤسسات، بالإضافة إلى علاقة الدولة بالأنساق المجتمعية المختلفة، ولكن رغم إمكانية ظهور التمثّلات الواقعية للتوازن التفاضلي في السياق العربي بصورة واضحة، إلاً أن طروحاته يمكن أن تعمل بكفاءة حيثما ظهرت علاقات القوة المستمرة عبر الزمن.

يتضمن هذا الكتاب، ثلاثة فصول مترابطة منطقياً ومكملة لبعضها في بناء الأطروحة المراد بلورتها، وهي: **الفصل الأول: (القوة والمعنى في النظرية السوسيولوجية)**، يعرض هذا الفصل للاتجاهات النظرية السوسيولوجية من خلال طروحات أبرز أعلامها، فقد شمل طروحات التفاعلية الرمزية، والتبادلية، وأعمال بيار بورديو وأنتوني جدنز، والنظرية الوظيفية، ونظرية الصراع، وقد تم التركيز في عرض هذه المنظورات على موقع مفهوم القوة في طروحات أعلام كل منظور، وطريقة استخدامه، وانعكاساته على أطر المعنى، وسلسلة الإجراءات التي تطرحها النظرية، والغرض من هذا الفصل هو تحديد موقع موضوع الدراسة في النظرية السوسيولوجية، ومدى تميز الإضافة التي تقدمها، أما **الفصل الثاني فهو: (نظرية الفعل الاجتماعي عند تالكوت بارسونز: محاولة تحليلية نقدية)**. ويتضمن تحليل العناصر التفصيلية لنظرية الفعل بمستوياتها المختلفة (المستوى الطوعي، والمستوى النسقي، ومستوى أنظمة المجتمع)، ومن ثم نقدها في ضوء مفهوم القوة. والغرض من هذا الفصل هو الكشف عن عناصر المادة الخام التي سيتم توليفها، وطبيعة أطر المعنى التي يوظفها بارسونز في نظريته، ويكشف

عن مدى شرعية التوليف وأهميته وإمكاناته، أما **الفصل الثالث**: (القوة وصيغ المعنى **في الفعل الاجتماعي**)، فهو يعرض للجزء الأكثر إيجابية في الدراسة وهو توليف (**نموذج التوازن التفاضلي**)، وعناصره المفاهيمية، وموقعه في النظرية السوسيولوجية، ومستواه التحليلي.

الفصل الأول
القوة والمعنى في النظرية السوسيولوجية

الفصل الأول

القوة والمعنى في النظرية السوسيولوجية

يعرض هذا الفصل للمنظورات السوسيولوجية من خلال طروحات أبرز أعلامها، فيشتمل على طروحات التفاعلية، والظاهراتية، والإثنوميثودولوجي، وكذلك الأعمال التوليفية لـ بيار بورديو وأنتوني جدنز، بالإضافة إلى نظرية الصراع، والنظرية الوظيفية، والوظيفية الجديدة. يتم التركيز في عرض هذه المنظورات على موقع مفهوم القوة في كل منظور، وطريقة استخدامه، وانعكاساته على سلسلة الإجراءات التي يطرحها المنظور وأطر المعنى المتضمنة فيه، وذلك بغرض تحديد موقع الدراسة من هذه المنظورات، والإضافة النوعية التي تقدمها.

2- الفصل الأول: القوة والمعنى في النظرية السوسيولوجية

2-1: القوة والمعنى في الحياة الاجتماعية: استدراك على التحليل السوسيولوجي قصير المدى:

يتضمن التحليل السوسيولوجي قصير المدىMicro Sociological Analysis، ثلاثة منظورات أساسية هي: التفاعل الرمزي، والظاهراتية، والإثنوميثودولوجي، وإذ تمثِّل المعاني التي ينتجها الأفراد في تفاعلاتهم جوهر الأُطروحة الأساسية لهذه المنظورات فيمكن اعتبارها منظورات في المعنى الاجتماعي أساساً. لقد ركَّز التحليل السوسيولوجي قصير المدى على أن الأنساق الاجتماعية نتاجاً إنسانياً يتشكَّل (عملياً) بموجب تفاعلات الأفراد مع بعضهم، وهذه الفكرة تقف على الجانب الآخر من الوجود الاجتماعي الذي ركَّزت عليه البنائية الوظيفية، أي الأنساق، ومستلزماتها، وطرق تحقيق تلك المستلزمات.

بهذا الخصوص يشرح كريغ كالهون Calhoun وزملاؤه في مؤلفهم النظرية السوسيولوجية المعاصرة Contemporary sociological Theory: أن علم الاجتماع قصير المدى يشمل ثلاثة مكونات أساسية: الأول هو التركيز على تفاعلات الوجه لوجه للفاعلين الاجتماعيين، أكثر من التركيز على الوحدات الاجتماعية المجردة كالطبقات. والثاني: هو التركيز على المعاني أكثر من الوظائف، ولذلك يحاول تفسير المعاني التي يلصقها الأفراد بأَفعالهم، والثالث: أنه يركِّز على الخبرة المعاشة أكثر من المفاهيم المجرَّدة مثل المجتمع، والمؤسسات. (Callhoun , 2002: P 26-27).

إن هذا النشاط النظري - كما يوضح إيان كريب - يمثل اتجاهاً يسعى نحو الابتعاد عن أي نظرة ترى المجتمع كياناً قائماً بذاته مستقلاً عن أفراده المكونين له، والتركيز بدلاً من ذلك، تركيزاً فجاً، على الأساليب التي يخلق بواسطتها البشر عالمهم الاجتماعي. (كريب، 1999، ص147)، وفي الاتجاه ذاته تنكَّرت هذه المنظورات لكل القوى

الخارجية التي يمكن أن تمارس تأثيراً على الأفراد، وتوجِّه سياقات المعنى في تفاعلاتهم وبشكل خاص بناءات القوة وعلاقاتها، الأمر الذي أضفى على طروحاتها طابع ما يمكن تسميته بـ (اتساقية المعنى)، والابتعاد عن سياقات التفاضل والتمايز واللاإتساق المرتبط بالمعاني المؤسسة في علاقات القوة.

يتكون المعنى من خلال العملية الاجتماعية، ويبقى مرتبطاً بقوة مع هذه العملية، ويمكن وجود المعنى موضوعياً حتى في غياب الإدراك والوعي، ويقول ميد Mead بهذا الخصوص: "إن المعنى هو... تطور لشيء موضوعي موجود كعلاقة بين أطوار معينة في الفعل الاجتماعي إنه ليس زيادة فيزيقية لهذا الفعل، كما أنه ليس فكرة تم تصورها بالطريقة التقليدية إن الاستجابة التوافقية لكائن اتجاه الآخر هي معناه ففي مبارزة السيف تعتبر محاولة التجنب تأويلاً لمحاولة الطعن". (زايتلن: 1989: ص267-268).

يتابع زايتلن Zeitlin فكرة ميد حول المعنى بقوله: أنه عندما يعي الإنسان إيماءات واستجابات ذاته والغير ومحتوياتها وسياقاتها، فإن الإيماءات تصبح ذات دلالة رمزية ولكن لا يعني هذا أن التأويل يقتصر كلياً على العقل، فالتأويل أيضاً عملية خارجية في ميدان حقيقي من التجارب الاجتماعية، لقد سعى ميد إلى إبراز هذه الحقيقة والتأكيد عليها، حيث أن المعنى يسكن في العملية الاجتماعية كلها، وليس في العقل كمنطقة منفصلة وتأتي أهمية طروحات المؤسس بعد أن احتفظ معظم التفاعليون الرمزيون بمصطلحات المعنى والتأويل للمرحلة الإنسانية المعقدة التي تحتوي على رمز ووعي، ويتجنبون هذه المصطلحات في المستويات غير الرمزية.(المرجع السابق، ص368).

الآن، وأكثر من أي وقت مضى، يمكن الاستدراك على منظورات المعنى، بعد أن اكتملت طروحاتها، واستقرت نسبياً، بعد متابعات طويلة لأفكار ميد، فاستحضار مفهوم القوة أمام طروحات هذه المنظورات يكشف عن أهمية وثراء طروحات القوة في الإطار الفكري الرمزي، وكذلك يميط اللثام عن التشوهات التي أحدثها الأبناء في فكر الأب المؤسس.

إنَّ جعل القوة في سياق التفاعلات الاجتماعية، يوضح بدقة أن القوة تمثِّل موضوعاً رمزياً يخضع للتفسير والتأويل من قبل أطراف العلاقة، وبصورة أكثر وضوحاً، فإن القوة تعرف من خلال علاقة قائمة بين طرفين أو عدة أطراف، ولذلك تعرف من خلال مؤشرات ورموز ومعانٍ يحملها أطراف العلاقة، فصاحب القوة مثلاً، يعرف موقعه في العلاقة القائمة ويعلم أن بإمكانه أن يتحكم ويؤثر، والطرف الخاضع بالمقابل يعلم موقعه وأن عليه أن يقدم تنازلات أو يمارس الخضوع والإذعان، وعندما يعمِّق النظر في علاقات القوة القائمة والمستمرة يتبين أن المعايير التي يطورها المتفاعلون حتماً في بناء العلاقة تمثِّل مصدراً أساسياً للمعاني المتداولة في العلاقة.

وأمام هذه الحقيقة، فإن منظورات المعنى، أو علم الاجتماع قصير المدى، لا يقوى بصفته الراهنة على تفسير هذه العلاقات، علماً بأنها تقع في دائرة طروحاته لما تحمله من أبعاد رمزية، ومن هنا، يمكن الوقوف على أبرز التشوهات وأشكال المسخ التي تعرضت لها الأيديولوجية الرمزية عند ميد، على أيدي أتباعه، فبينما سعى ميد إلى وضع الأَفراد في علاقة جدلية مع البناءات التي يشيدونها، عمل الأَتباع على اختزال الرؤية، وتقصير مدى الفهم بوضع الأَفراد في إطار تدفق علائِقي أحادي الجانب، ومنحى خطي في العلاقة مع المجتمع، حيث أن البنى والمؤسسات القائمة تمتلك وجوداً فقط من خلال الفعل الإنساني، والخبرة المعاشة.

وترتب على ذلك أنه بينما سعى ميد إلى وضع المعنى المنبثق عن العملية الاجتماعية، في إطار معمم يتساوق مع نطاق العلاقة الجدلية، والحقيقة الخارجية لوجود البناءات، عمل الأَتباع على وضع المعنى في عقول الأفراد، والبناءات في رؤوسهم، وهكذا، تم مسخ أفكار ميد التي أمكن استثمارها في بناء نظرية سوسيولوجية تجمع المستويات التحليلية قصيرة المدى وبعيدة المدى، لو إستدمجت القوى الاجتماعية والبناءات في طروحاتها، وينطبق هذا على التفاعلية الرمزية أكثر من غيرها، لعلاقتها المباشرة بطروحات ميد.

1-2-2: التفاعلية الرمزية:

إنَّ التفاعلية الرمزية أَقدم تقاليد التحليل السوسيولوجـي قصير المدى (أنظر، كريب: 1999، ص174)، ويعود إلى هربرت بلومر H.Blumer سنة 1937 في مقال تحت عنوان علم النفس الاجتماعي صك تعبير (التفاعلي الرمزي)، وفي مقال لاحق له سنة 1962 بعنوان (المجتمع والتفاعل الرمزي) يؤكد بلومر بأن ميد أكثر من أي من الآخرين وضع أساس هذا الاتجاه. رغم أنه لم يطور ما ينطوي عليه من منهجيـة للدراسات الاجتماعية. (زايتلن: 1989: ص365).

في كتابه التفاعليـة الرمزيـة Symbolic interactionism يعرِّف هربرت بلومر Blumer التفاعـل الرمزي بأنه: خاصيـة مميزة وفريدة للتفاعـل الذي يقع بين الناس، وما يجعل هذا التفاعـل فريداً هو أن الناس يُفسرون ويؤولون أفعال بعضهـم بدلاً من الاستجابة المجرَّدة لها، إن استجابتهم لا تصنع مباشرة وبدلاً من ذلك تستنـد إلى المعنى الذي يلصقونه بأفعالهم. (Blumer: 1969: p 78-79).

ويوضِّح بلومر أَن المرتكزات المعرفية الأساسية للتفاعلية الرمزية تتمثل في أن البشر يتصرفون حيال الأشياء على أساس ما تعنيه بالنسبـة لهم، أي من خلال المعاني المتصلة بها، وهذه المعاني هي نتاج للتفاعل الاجتماعي في المجتمع الإنساني، وهي تحور وتعدل ويتم تداولها عبر عملية تأويل يستخدمها كل فرد في تعامله مع الإشارات التي يواجهها. (Ibid , 66-68).

إن التفاعلية الرمزية، وبشكل خاص، كما يتضح من توظيف بلومر لمقولة مؤشرات الذات Self-indicators عند ميد، تقترف الخطأ ذاته الذي تتهم به الفكر السوسيولوجي الذي يركِّز على البناءات والأنساق والقوى الاجتماعية والمؤسسات، ويبرز هذا من خلال إنكارها للقوى التي تؤثر في الفرد وتقع خارجه، وتمثل حقائق داخل المجتمع. إن الرمزيون - كما يؤكد بلومر - يرفضون هذه الطريقة في فهم المجتمع

لأنها تتعامل مع الأفراد وكأنهم وسائط تعمل هذه البناءات من خلالها، وتتجاهل أن الأفراد هم الذين يقومون ببناء مؤشرات الذات. (Ibid , P82-83).

إن مؤشرات الذات كما يفهمها بلومر من طروحات ميد تقع في مسارين: فهي من ناحية تشير إلى أن الناس يستطيعون جعل ذواتهم موضوعات لتأملاتهم، ومن ناحية أخرى أن الفعل الإنساني يبنى من خلال الفرد عبر ملاحظة وتأويل أوجه الموقف الذي يولد فيه، ويقود ذلك إلى فهم المجتمع باعتباره، ما يمكن ملاحظته إمبريقياً في تفاعلات الأفراد، ومن هنا فليس لعالم الاجتماع أن يتحدث عن موضوعات ليس لها مؤشرات ميدانية مباشرة. (Ibid: p 83).

إن هذه الطريقة في التفكير جعلت بلومر يبتعد عن ذكر أية مؤثرات خارجية يمكن أن تقع على الأفراد في صياغته لتعريف التفاعل الرمزي الذي بناه على التفسير، أو المرتكزات المعرفية للتفاعلية الرمزية التي بناها على المعنى. ويعقب إرفنج زايتلن على طرح بلومر هذا بقوله: هنا يترك بلومر فلسفة ميد الجدلية ويستبدلها بتأويل أحادي الاتجاه ينكر فيه كلياً العلاقات الاجتماعية والبناء الاجتماعي والتنظيمات الاجتماعية، فيصبح المجتمع من وجهة النظر هذه فارغ المضمون، وذوات غير منطقية، وعلاوة على ذلك، فإذا كان تنظيم المجتمع الإنساني هو إطار يَحدث فيه الفعل، ولكنه لا يقرر هذا الفعل، فهل العلاقات الرسمية وغير الرسمية التي يتفاعل الناس من خلالها مجرد أطر عقيمة؟ وإذا كان بعض الناس يسيطرون على ملكيات، والبعض الأخر على موارد، وبينما آخرون لا يملكون، وأن هؤلاء الآخرين لا يستطيعون كسب عيشهم إلاّ بالعمل لدى الأولين، فهل ينكر بلومر أن هذه العلاقة تؤثر في الفعل؟ (زايتلن: 1989: ص360).

ويضيف لتشمان Litchman في مقاله: **التفاعلية الرمزية والواقع الاجتماعي** أن التفاعلية الرمزية نظرية مثالية، ومن ضمن الانتقادات التي بنى عليها هذا الحكم، أن تقنين المعاني المفسرة غالباً هو مبني طبقياً، ويتشكل من خلال العيش في إئتلافات داخل

المؤسسات المسيطرة في المجتمع، وهذه المؤسسات مسيطرة طبقياً، وتظهر بناءً طبقياً محدداً. (Litchman: 1970). وفي هذا الطرح إشارة إلى المعاني الأكثر حساسية داخل المجتمع، والتي تنعكس تأثيراتها بقوة على مسارات الفعل، وهذه المعاني هي التي ترتبط بشكل واضح بسياقات التفاضل في القوة والتمايزات الاجتماعية.

ويتهم كانتر Kanter التفاعلية الرمزية بأنها منحازة وذات نظرة محدودة وضيقة حول طبيعة القوة الاجتماعية، فهي مقيدة جداً في تحليل التساؤلات حول القوة الاجتماعية تحت ظروف مأسسة القوانين، وتوزيع القوة. (Miltzer: 1975 : P 37).

ربما يكون إيان كريب محقاً عندما يصف التفاعليون الرمزيون، الذين يتنكرون لجميع أشكال الوجود الاجتماعي الخارج عن الأفراد، بأنهم عمي أو أغبياء، فهناك قصر نظر متعمد في طروحات بلومر حول تشكل أطر المعنى، يجعل من طروحاته ضرباً من السذاجة المعرفية. فأطر المعنى ليست معلقة في فراغ، ولا تمثّل ضرباً من الترف الإنساني وكمالياته، فكل ما هو منتج اجتماعياً من قبل الأفراد يرتبط بالمصالح وبعمليات إشباع الحاجات، ولذلك فإن المصالح والحاجات والبنى وجميع ما هو منتج اجتماعياً هو بذات الوقت ذو قيمة اجتماعية تنطوي على دلالة رمزية للأفراد، ولكن المصالح والحاجات الإنسانية ليست متماثلة، كما أن سبل إشباعها ليست ميسرة بشكل متساوٍ أمام الأفراد، ومن هنا يمكن الحديث عن (هرمية المعنى) في سياقات التفاضل في القوة التي يستحضرها الفاعلون لإشباع حاجاتهم وتحقيق مصالحهم وكذلك تفعيل أدوارهم في البنى والمؤسسات القائمة.

ولذلك يتساءل لينسكي Gerhard E. Lenski، في كتابه القوة والامتياز Power and Privilege: من يأخذ ماذا؟ ولماذا؟ ومثل هذا التساؤل يمثّل مرتكزاً لجميع المناقشات حول الطبقات والتدرج وعلاقاتها البنائية، حيث يوضّح لينسكي: بأن للفرد مصالح كما للمجتمع مصالحهُ كذلك، وليس بالضرورة أن تتطابق مصالح المجتمع مع مصالح الفرد، وبذات الوقت فإن المصالح والرغبات والإمكانات على امتداد

المجتمع ليست متماثلة، ولذلك لا بد من الناحية التحليلية، الابتعاد عن الحكم المطلق حول تصرفات الأفراد في المواقع المختلفة. (Lenski: 1984: p3).

وحول هرمية المعنى وارتباطه بالمصالح، يعقب هابرماس على ماركس بقوله: يدرك ماركس الإطار المؤسساتي من حيث أنه تنظيم للمصالح موضوع مباشرة في نسق العمل الاجتماعي تبعاً لعلاقة التعويضات الاجتماعية والأعباء المفروضة، وقوة المؤسسات تشير لهذا السبب، بأن هذه المؤسسات تمثل على الدوام توزيعاً مشوهاً للتعويضات والأعباء مؤسساً على القوة ومرتبط بالنوعية الطبقية. (هابرماس: 2002: ص258).

في ضوء ما تقدم لا يمكن تجاوز الحقيقة الرمزية لعلاقة القوة وبناءاتها بما فيها من مصالح متضاربة، ترتبط بالفعل الإنساني باستمرار، فيلصق بها المعنى، ويعيد إنتاجها ولا شك أن التوقعات المعيارية الناشئة في علاقة القوة – وهي رمزية بطبيعتها – تلعب دوراً بارزاً في العلاقة، فهي من جهة تحدد للخاضعين وضعهم ومسارات فعلهم، وردود فعلهم إزاء المطالب التي تقابل خضوعهم ومستويات الحرية، والقدرات الاعتراضية وإمكانات الرفض، ولزوميات القبول. ومن جهة أخرى، تحدد لصاحب القوة وضعه، ودرجات التحكم الذي يمكن أن يفرضه، وحدود المطالب، وضرورات التنازل. ولذلك فإن رمزية القوة تمثِّل أداة معرفية هامة تكشف عن نوع من الديالكتيك، يمكن وصفه (بالديالكتيك التفاضلي)، حيث أن مستوى التدفق في العلاقة وتوجيهها يصدر بشكل أقوى عن صاحب القوة، ولكن بذات الوقت فإن الخاضعين ليسوا ذوي سلبية مطلقة، إذ ثمة إدراك للمعاني المنبثقة عن العلاقات وتفضي إلى مشاعر الاستياء والكراهية والعداء.

لقد أظهرت نتائج دراسة جالنسكي Galinsky الموسومة بـ من القوة إلى الفعل From power to action: أن القوة يمكن أن تفهم وتستوعب باعتبارها بناءً إدراكياً فالحصول على القوة في موقف معين يولد منظومة من الخصائص والمميزات التي تظهر ذاتها في التأثير والإدراك والسلوك، كما كشفت الدراسة عن أن أصحاب القوة

31

يتحركون غالباً باتجاه إشباع حاجاتهم وتحقيق مصالحهم. ولكنهم بذات الوقت يتحركون من أجل المصلحة العامة، وقد تبين أن القوة تسمح لمنظومة القواعد والمعايير الاجتماعية أن تفقد قوتها. (Galinsky: 2003: P 45).

وبالمقابل فقد لاحظ موكن وستوكمان Moken and stokeman: أن كثيراً من التطبيقات المرتبطة بمواقع القوة لا تستنفذ جميعها، إذ أن أصحاب المواقع غير مدركين أو لا يعلمون المدى الذي تصل إليه قوتهم، أو ربما لأنهم لا يستطيعون قيادتها والسيادة عليها بشكل تام، ولذلك فإن الاستخدامات اللاعقلانية للقوة تمثِّل جزءاً من الواقع الاجتماعي الذي تنتمي إليه مفاهيمياً. (Bary: 1976: p34).

من الواضح أن المحتوى الرمزي لعلاقة القوة يكشف عن تقييد رمزي للاعتبارات المصلحية المادية، وبمعنى آخر، فإن رمزية علاقة القوة تمثِّل ضابطاً لمعنى الإجحاف الإنساني، حيث أن تعظيم الفائدة لا يتم بصرف النظر عن السياق الرمزي لممارسة القوة، إذ يستدعي الأمر من صاحب القوة مراقبة ردود فعل الخاضعين وفهمها كمتطلب أساس لاستمرار القوة وإضفاء الشرعية عليها، وفي مثل هذه الحالة تنحسر علاقة القوة بمعناها المادي مقابل العلاقة بمعناها الرمزي.

ومن الأمثلة على ذلك، أنه إذا كانت عقلانية البرجوازية تسعى إلى تحديد الأسلوب الرشيد لتراكم رأس المال وسرعة دورته، فإن قصورها عن إدراك متتاليات فعلها العقلاني المحدود يقودها إلى تخليف نقيضها، البرولتياريا الواعية، وبذات الوقت فإنه حينما تتأسس البروليتاريا فإن العلاقة تفرض عليها أن تسعى إلى تحقيق أهداف مجتمعية وليس طبقية. (ليلة: د.ت: ص294).

في تعقبية على تشومسكي، يلتفت هابرماس إلى حقائق غابت عن أذهان التفاعليين الرمزيين، فيشرح أن تواصل المعنى في التفاعل يتطلب أكثر بكثير مما يذهب إليه مقصد تشومسكي في المقدرة اللغوية، إذ أن هذا التواصل يتضمن المعرفة الجيدة بصفات المحتوى الذي يحدث فيه التفاعل، ويشير هابرماس إلى أنه أية حالة من حالات الحوار توضح

ضمناً عناصر ثلاثة من التفاعل تقدم أساساً يمكن من خلاله تحديد تشوهات التواصل، وهذه العناصر التي تحدد التواصل المشوه هي: تحقيق إجماع عام فقط من خلال النقاش الفعلي، والتفهم العميق المتبادل من جانب المشاركين في التفاعل، والاعتراف المتبادل بالحق المشروع للطرف الآخر للاشتراك بالحوار كشريك متكافل متضامن ويعمل بوحي من ذاته. وتتعرض هذه الشروط للاختلال من خلال الظروف التجريبية للتواصل بسبب وجود القوة عند أحد المشاركين مثلاً، والتي من شأنها أن تفرض رأياً على الآخرين من أجل الحصول على إجماع. (جدنز: 1985: ص204).

وفي إطار شرحه لبناءات المعنى عند ماكس فيبر، يوضح البرو Albrow أَن تحليل فيبر للفهم لا يقود فقط إلى مفهوم الاتصال التام، ولكن إلى إدراك القوة باعتبارها محدد للمعنى، فالحاجة للتعامل مع المعاني كحقائِق موضوعية يعني أن مالك القوة في علاقة اجتماعية معينة يمسك المصادر الحيوية لخلق ظروف الاتصال، وبشكل محدد يصبح قادراً على تعريف ما يمثل أو لا يمثل حقيقة في الممارسة وفي الخبرة اليومية للجماعات. وإذا ما تعاملنا مع الفهم كنقطة انطلاق، فيمكن أن نرى القوة واللاتساوق فيها يظهر غالباً في المعنى المؤسس. (Albrow: 1990: p224).

ويجادل ألبرو بأن: "علم اجتماع السيطرة عند فيبر يوازي علم اجتماع المعرفة الذي يُوَلِّد فيه القادة المعنى، والأتباع ينشرونه، والمفكرون يفسرونه، والموظفون الرسميون يدبرون أمره ويفرضونه. وجماهير المعتقدين يتكيفون معه". (Ibid.).

وهكذا، من الناحية العملية، لا يمكن للمعنى أن يكون محايداً ويعمل بمعزل عن مصالح أَطراف العلاقة، فالمعنى برموزه الأَخلاقية والاعتبارية يتجه غالباً نحو مصالح الأقوى، ولذلك فإن المعنى قد ينطوي على التواء كما قد ينطوي على الامتياز، وبهذا الخصوص يشرح آلفن جولدنر Gouldner في كتابه الأزمة القادمة لعلم الاجتماع الغربي. The coming crisis of western sociology: "إن أصحاب القوة، هم بالنتيجة، مستعدون وقادرون على تأسيس الظلم في النظام الأَخلاقي ضمن مستويات

تتناسب معهم وتخدم مصالحهم. وبذات الوقت تصبح مكلفة لأولئك الأَقل قوة". (Gouldner: 1970: p292).

ويذهب جولدنر أبعد من ذلك، فيؤكد: أَنه إذا امتزجت الأخلاقية مع القوة على نطاق واسع، فليس ذلك فقط لأن القوة تؤثر في المستويات التي تصبح عندها عملية التكيف مع القيم الأخلاقية تحظى بالإجماع، بل لأَن القوة فعلياً تستطيع أَن تشكل وتعرف ما هو أخلاقي وما هو حقيقي، فما هو أخلاقي غالباً ليس مؤكداً، وبين الحين والآخر يمكن إنكاره، فهؤلاء الذين يمتلكون القوة يقررون أي القواعد الأخلاقية تطبق، وماذا تعني القاعدة في حالة معينة. وهذا يعني أنهم يعرفون ما هو أَخلاقي، وحسب تعبير جولدنر فإن "أصحاب القوة لا يخلقون النظام الاجتماعي الأخلاقي عكس ما يلبس الجميع، ولكنهم يطيلون ويقصرون بما يناسبهم". (Ibid).

إن بناءات المعنى المرتبطة ببناءات القوة، لا تعكس التفاضل ودلالاته فقط ولكنها تعمل على تأسيسه وتحقق له الديمومة والاستقرار، ويثير جي روشيه Guy Rocher فهماً ذا أهمية بهذا الخصوص في كتابه مدخل إلى علم الاجتماع العام فيوضح: أنه يصاحب جميع أشكال التدرج الاجتماعي، نوعاً من الرمزية غاية في الغنى، فكم من رموز تعبر عن الاختلاف بين الطبقات والشرائح والنفوذ في المجتمع، إن كل ذلك يأخذ قيمة رمزية. الحي، نمط السكن، السيارة، المدرسة... كل ذلك يستخدم كرمز للمكانة التي نحتلها وللسلطة التي نمارسها وللهيبة أو الوجاهة التي نتمتع بها، ولا ينجو من ذلك حتى المجتمعات التي تدعي بأنها الأكثر ديمقراطية ومساواة. إن هذه الرمزية تعبر عن التدرج الاجتماعي وتثبته وتزيد من صلابته وتساهم غالباً في إتقان دقائقه. (روشيه: 1983: ص118).

ومن الأمثلة الواضحة التي يقدمها روشيه، أَن الجهاز الرمزي خاصية جميع البيروقراطيات، حسب المقاييس المختلفة، فالمرتبة والسلطة والوضع القانوني للموظفين،

كل ذلك يعبر عنه رمزياً بطرق مختلفة.... فجميع هذه الجوانب الفرعية تساعد على تحديد مركز كل موظف ومدى سلطته. (المرجع السابق).

إن التفاعلية الرمزية، تقف عاجزة بكل وضوح عن تفسير الحالة الاجتماعية التي تتحلل فيها أطر المعنى بالنسبة للأفراد، فتصبح غير قادرة على توجيههم، أو مربكة في عملية التوجيه، ومن أبرز الأمثلة على ذلك الاغتراب المعياري، أو اللامعيارية Normlessness وهي حالة قد تنتج عن قهر القوة، وإستغلاليتها، وفي وقت تنعدم فيه قدرة الأفراد على التأثير في مجريات الأحداث من حولهم. إن علاقة القوة تفرض نوعاً من القهر الرمزي يتضمن في محتواه معاني الخضوع، والإذلال، والحرمان، والاستغلال، والامتهان. وهي قد تستحضر عن قصد من قبل صاحب القوة ويدركها الخاضعون كمعانٍ في إطار العلاقة، ولهذا من المهم حقاً، بالنسبة لنظرية تتحدث عن المعنى، أن تلتفت إلى ما يمكن أن تحدثه الأيديولوجيا في المجتمع، وكذلك الأشكال المشوهة من الوعي داخل الوجود الاجتماعي، فالقوة تفرض شكلاً من بناء المعنى يستحق الفهم والتفسير.

بصورة تدعو إلى الإعجاب، تجاوز أنتوني جدنز Giddens الشرك التي وقعت فيها التفاعلية الرمزية، فيؤكد في كتابه قواعد جديدة للمنهج في علم الاجتماع: "يشمل إنتاج التفاعل ثلاثة مكونات أساسية: تكوينه كتفاعل له معنى، وتكوينه كنظام أخلاقي، وتكوينه كتفعيل لعلاقات قوة معينة". (جدنز: 2000: ص212). لقد أدرك جدنز أن المعنى قد يعبر عن عدم الاتساق في القوة، وأن كثيراً من المعايير الأخلاقية يتم فرضها بوصفها التزامات في إطار أنساق الهيمنة المعمول بها.

كما التفت البعض في الآونة الأخيرة إلى سذاجة الطروحات التقليدية للتفاعلية الرمزية، فبدأت تلوح في الأفق، بوادر تفاعلية رمزية جديدة، أو ما يطلق عليه جاري فاين Gary Alan Fine التفاعلية الرمزية في الحقبة ما بعد البلومرية Symbolic Interactionism in the Post Blumerian Age لقد تمت إعادة بناء بلومر،

ولكن ليس تجاهله، إن التفاعلية الرمزية الجديدة تحافظ على بعض ما طرحته التفاعلية الرمزية التقليدية مثل التفاعل، والمعنى، والخبر المعاشة، والهوية، ولكنهم يؤمنون بإمكانية توظيفها على المستوى بعيد المدى Large scale، فبرزت التنظيمات الاجتماعية كحقل للدراسة كما درس البعض تشكّلات الأوليجاركية في ضوء أفكار ميد وفيبر ومشلز، وتحقيق القوة والنظام مع الأخذ بعين الاعتبار الخبرة والفهم التفاوضي للأعضاء، وبذلك فقد فعلت الفاعلية الرمزية – كما يوضح فاين – لبلومر مثلما فعلت الوظيفية الجديدة لبارسونز. (Fine: 1990: p117 – 158).

وهنا لا بد من الإشارة إلى أن التفاعلية الرمزية لا تمثل إطاراً نظرياً متجانساً من حيث المرتكزات المعرفية المرتبطة بطبيعة البشر، وطبيعة التفاعل والتنظيم الاجتماعي، والمناهج السوسيولوجية، والنظرية السوسيولوجية، وهذه الفروقات واضحة تماماً بين مدرسة شيكاغو Chicago school ومدرسة أيوا Iowa School ممثلة بكون Kuhn ومن المفارقات الهامة أن مدرسة أيوا تؤكد بأن البناءات الاجتماعية تتألف من شبكة مواقع مرتبطة بتوقعات ومعايير وأن البناءات ذات ثبات نسبي وتعمل على تقييد التفاعل، ووجهة النظر هذه تفضي إلى نظرية سوسيولوجية قادرة على تجاوز وصف وتفسير السلوك إلى صياغة تجريدات تسمح بالتنبؤ بالسلوك والتفاعل، بالإضافة إلى أنها تمثل بيئة نظرية أكثر موائمة لاستثمار مفهوم القوة. (Turner: 1978: 244-245)).

2-1-2: الظاهراتية:

كما هو الحال بالنسبة للتفاعلية الرمزية، فقد دخلت الظاهراتية phenomenology ذات المأزق من حيث تركيزها على المعنى والخبرة المعاشة، متجاهلة القوة وما يمكن أن تحدثه من انقلابات في سياقات المعنى. لقد تمثلت الحركة التاريخية للظاهراتية بالتقليد الفلسفي الذي تصاعد في العقد الأخير من القرن التاسع عشر وارتبط بكل من إدموند هوسرل وهايدجر، وبونتي، وسارتر. لكن هوسرل كان له

إسهاماً أكبر في تطوير المنهج الظاهراتي وتوصيفه، الأمر الذي جعله الأكثر شهرة من بين المؤسسين، وبعد ذلك دخلت الظاهراتية إلى التحليل السوسيولوجي بشكل واضح عن طريق ألفرد شوتز Schutz الذي حاول "مزج أفكار الفلسفة الظاهراتية مع علم الاجتماع عبر نقد فلسفي لأعمال ماكس فيبر". (كريب: 1999: 150).

تركز الظاهراتية أطروحتها الأساسية حول بناءات الخبرة والوعي، فظهور الأشياء في خبرتنا، والطرق التي نخبر بها هذه الأشياء، والمعاني التي تكتسبها الأشياء في خبرتنا، جميعها مرتكزات معرفية أساسية في الظاهراتية، فالموضوعات، والأحداث والأدوات، وجريان الوقت، والذات، والآخرون، جميعها تظهر في عالمنا المعاش الذي نخبره ذاتياً، والأشكال المختلفة للخبرة الذاتية تتراوح بين التصور، والفكر، والذاكرة والتخيل، والعاطفة، والرغبة، وإدراك الذات، وصولاً إلى النشاط الاجتماعي، بما في ذلك النشاط اللغوي.

يطرح ألفرد شوتز المنطق المعرفي للظاهراتية، بالتشديد على فكرة البينذاتية Intersubjectivity كنقطة بدء مركزية. فالعالم الذي يعيشه الأفراد هو عالم بين ذاتي يتشارك الأفراد في صناعته، وبعبارات شوتز، إنه عالم مشترك لدينا جميعاً، ليس لي وحدي ولكن هناك أشخاص آخرون يشتركون معي فيه، إنني أجد نفسي دائماً في عالم معطى تاريخياً، كما هو الحال بالنسبة للعالم الطبيعي والاجتماعي والثقافي، وجد قبل ميلادي وسيستمر في الوجود بعد موتي. (Wagner: 1970: 164).

ويؤكد شوتز بأن الناس يتوصلون إلى معنى أي موضوع في عالمهم البينذاتي من خلال التوجه إليه كمعنى، وليس كموضوع مادي، وفي ضوء ما نعرفه من خلال الحس البدهي الذي تشكّل لدينا مسبقاً حول جميع الموضوعات التي نخبرها، فنحن نسمع صوت الآخر ككلمات تحمل معانٍ ذات دلالة تفضي إلى الفهم، وليس كصوت مجرد خارجي. إن هناك حدود لخبرات الأفراد ونطاقاً لتفاعلاتهم، فحصيلة المعاني التي

يحملونها تتباين حسب ظروفهم التفاعلية، وهكذا تظهر العوالم الفرعية للأفراد ومناطق المعاني المحدودة. (Ibid).

يمكن القول، أن استثمار طروحات شوتز الظاهراتية في ملاحظة الخبرة الوجودية المعاشة ومعانيها للأفراد في إطار علاقات القوة وبناءاتها، يعتبر انجازاً عظيماً بالنسبة للنظرية السوسيولوجية، ولكن إذا كانت البنائية الوظيفية قد انفصلت في معرفتها عن نبض الحياة اليومية، كما يزعم الظاهراتيون، فإن الظاهراتية التي حاولت أن تعيد الصلة بين المعرفة العلمية وخبرة الحياة اليومية ونشاطها، تشارك البنائية الوظيفية الخطأ ذاته بتجاهلها لعلاقات القوة وما تحدثه من أثر في سياقات المعنى.

إن تشييد سياقات المعنى، تمثّل فكرة أساسية في فينومينولوجيا العالم الاجتماعي عند شوتز، وهي مجموعة المعايير التي ننظم بواسطتها مدركاتنا الحسية ونحولها إلى عالم ذي معنى وإلى ذخيرة من المعرفة، وهي ليست ذخيرة من المعرفة عن العالم بقدر ما هي العالم ذاته، ولكن شوتز يبتعد عن خبرات الخضوع، والإذلال، والظلم، والقهر، والاستبعاد الذي يمكن أن ينشأ عن القوة، وإذا نظمنا معرفتنا الحياتية انطلاقا من "مشروعنا" على حد تعبير شوتز، فإن التساؤل المركزي الهام هنا هو. ما هو مشروع أولئك الذين يعانون من جميع مظاهر الإجحاف الإنساني؟!.

ثمة اتجاه ظاهراتي معدل يبدو في المؤلف المشترك لبيتر بيرغر وجيمس لوكمان والموسوم بـ "البنية الاجتماعية للواقع" حيث يستمد أهميته من صيغة الجدل التي يطرحها المؤلفان، ولكن دون استثمارها في فهم وتفسير علاقات القوة وبناءاتها. فيوضح بيرغر ولوكمان فيما يتعلق بأصول التحول إلى المؤسسات: "إن الإنسان قادر على إنتاج عالم يجربه بعدئذ على أنه شيء آخر ليس بنتاج إنساني، ومن المهم في لحظتنا تلك التأكيد على أن العلاقة بين الإنسان المنتج والعالم الاجتماعي الذي هو ليس من إنتاجه علاقة جدلية وسوف تبقى كذلك، بمعنى أن الإنسان وعالمه الاجتماعي يتفاعلان معاً". (بيرغر، ولوكمان: 85:2000).

يتم تشييد العالم الاجتماعي عبر ثلاث عمليات أساسية متتالية: التشيء أو إنتاج النظام الاجتماعي (Externalization)، والتموضع أو جعل النظام والمنتج الإنساني مستقلاً عن الأفراد كموضوع بذاته ذو وجود خاص (Objectifieation)، والإستدماج (Internalization) وهنا تبرز أهمية التنشئة الاجتماعية في ربط الأفراد بالعالم الذي عملوا على بناءه. (المرجع السابق)، إن هذه العمليات الغنية معرفياً قدمت بعيداً عن سياقات التفاضل في القوة، وما يمكن أن تموضعه القوى، وتجعله رائجاً للإستدماج، وإذا ما تم التركيز على مؤسسات القوة فإن الفجوة تصبح أكثر وضوحاً حيث هناك عمليات إجبار وانتقاء ومعايير مشوهة يجري إستدماجها.

ولذلك يكشف جدنز عن معضلة كبيرة تواجه الظاهراتية بقوله: "إن عملية إنتاج عالم اجتماعي منظم وقابل للتفسير لا يمكن أن تفهم ببساطة بوصفها عملاً تعاونياً يتم تنفيذه بواسطة أنداد" (جدنز: 2000: 153)، ويضيف: "إن المعاني ذات الأهمية هي تلك المعاني التي تنطوي على عدم التماثل في القوة". (المرجع السابق).

ومن هنا، فإن بعض المحاولات المتأخرة، حاولت تجاوز بعض نقاط الضعف في الظاهراتية من خلال لفت الأنظار إلى الدور الذي تلعبه القوة في تشكيل الخبرة المعاشة لفئات اجتماعية عريضة داخل المجتمع، ومثال ذلك دراسة سيمون شارلزوورث Cahrlesworth، ظاهراتية خبرة الطبقة العاملة A Phenomenology of working class Experience لقد أظهر شالزوورث الخبرات الاجتماعية التي تعيشها الجماعات الاجتماعية المهمّشة، والخبرات المألوفة لمن يفتقدون القوة الاقتصادية، وخبرات الخاضعين سياسياً، فالفقر والطبقة لهما خطاب وثقافة ضرورة، وظروف واضحة فقط بالنسبة للفقراء الذين يخبرونها، وليس لمعللي السياسة الاجتماعية، وهكذا فإن القـوة وهي مسؤولة عن الخضوع والاستغلال الذي يقع على الفقراء تلعب دوراً حاسماً في خبرة الابتـلاء والمقت والاشمئزاز وخيبة الأمل لديهم. (See: Cahrles worth: 2003).

3-1-2: الإثنوميثودولوجي:

لم يكن الأمر أفضل حالاً من الظاهراتية بالنسبة للإثنوميثودولوجيEthno methodology، التي وصفها لويس كوزر Coser في الكلمات الافتتاحية التي ألقاها أمام الجمعية الأمريكية لعلم الاجتماع عام 1977، بأنها تافهة وتمثّل مروقاً عن المألوف، وتنغمس في نزعة ذاتية. (عبد الجواد: 2002: 1992)، كما وصفها دون هيرتيج Heriatage، بأنها منهج بلا جوهر، وأنها تتحدث عن علم اجتماع أي شيء يزول any thing goes sociology (Heriatage: 1987: 225)، وذلك باعتبارها تتنكر لكل أشكال التنظيم والمؤسسات الراسخة داخل المجتمع.

تأسست الإثنوميثودولوجي على يد هارولد جارفنكل Garfinkel، وتشير بالمعنى المباشر لها إلى دراسة أساليب الشعوب في خلق النظام الاجتماعي. (أنظر: كريب، 1999: 156)، ولذلك يطيب للبعض تسميتها (المنهجية الشعبية) methodology Folk أي المناهج التي يفهم بواسطتها الشعب أو الناس العاديين ظروفهم. وفي هذا الإطار العام تركز الإثنوميثودولوجي على أن النظام العام غير موجود، لكنه يصنع بجهود الأفراد في المواقف المختلفة، ولذلك فإن الفعل الاجتماعي هو محاولة مجهدة لإنجاز النظام الاجتماعي.

لقد ركّزت الدراسات السوسيولوجية التقليدية، على بنية المؤسسات، والقواعد الرسمية، والإجراءات المهنية، لتوضح ماذا يفعل الأفراد في المؤسسات، لكن الإثنوميثودلوجي تؤكد بأن مثل هذه القيود الخارجية ليست كافية لتوضيح ما الذي يجري بحق في هذه المؤسسات، فالأفراد ليسوا مقيدين بهذه القوى الخارجية، وأكثر من ذلك، فإنهم يستخدمونها لينجزوا واجباتهم، وليخلقوا المؤسسة التي يوجدون فيها، إن الإفراد يقومون بإجراءاتهم العملية ليس لتحقيق معيشتهم اليومية. ولكن ليصنعوا منتجات المؤسسات. (Ritzer: 1992: 257).

يوضح هيرتيج Heritage في مقاله: الإثنوميثودولوجي، بأن جارفنكل قد تنكر للتوافق السلبي الذي يفرضه بارسونز على الفاعل، كما اعترض على مسألة الإجماع القيمي، وعلى عكس ذلك اعتبر أن من الخصائص المركزية للمجتمع والتاريخ الإنساني أن الناس العاديين ينخرطون في نضالات مكلفة لتحقيق أهدافهم. ومن أجل تطوير منهج بديل لبارسونز التفت جارفنكل إلى أعمال أستاذه شوتز الذي ركّز على معرفة الفاعلين، وفسّر العالم الاجتماعي في ضوء فئات الحس العام، ومن ثم حاول جارفنكل إسقاط صورة المفاهيم المثالية العقلانية مركزاً على دراسة خصائص عقلانية الحس العام العملي في مواقف عينية للفعل. (Heritage: 1987: 231).

وهكذا، كانت المهمة الأساسية أمام الدراسات الإثنوميثودولوجية تتمثل في الكشف عن الكيفية التي نصنع بها حساً بعالمنا الاجتماعي، وكيف نبنيه، ونعمل على بنائه بشكل مستمر، وكيف نعمل بشكل فعّال لجعله يجري بنعومة، فنحن دائماً ننظر إلى عالمنا، ونتصرف فيه، ونفسره لنفرض النظام عليه، ولكن الحقيقة التي لم يتابعها جارفنكل أو حتى تلامذته، ولم تشكّل بالنسبة لهم قضية مركزية هي: أن ما قد ينشغل الأفراد ببناءه من خلال عالمهم قد يمثل ضرباً من الأيديولوجيا أو الوعي الزائف. إن بين الحكّام والمحكومين، معايير وقيم، يشترك كل منهما في إدارة إنتاجها. ومن هنا، فإن التساؤلات المركزية التي ابتعدت الإثنوميثودولوجي عن الإجابة عليها هي: كيف ينجز الأفراد مواقف اللاتساوق في القوة؟ وكيف ينجزون أفعال الخضوع، والرضا بالاستغلال أو الثورة عليه؟ ربما يمكن للإثنومثودولوجي القيام بهذه المهمة ولكنها لم تفعل، وانشغلت بدلاً من ذلك بالمحادثة والتبادلات الكلامية.

لذلك، يوضح جدنز في كتابه دراسات في النظرية الاجتماعية والسياسية، ناقداً إثنوميثودولوجيا جارفنكل وتلاميذه: "من أجل تحقيق علم اجتماع منظم علينا أن نرجع ليس فقط إلى الطبيعة الواضحة ذات المدلولات، وإنما نرجع إلى التشابكات والصراع في المصالح التي يجد بها الفاعلون العمليات القابلة للتفسير، والتي يحاول المتفاعلون متابعتها

كجزء من تلك العمليات، وهذا في رأينا يفسر سبب احتواء بيانات المحادثة التي تتصدر كتابات المنهجية الإثنوميثودولوجية على طبيعة فارغة المحتوى... (جدنز: 1985: 263 - 264).

ويضيف جدنز: إن في مختلف أشكال المحادثة اليومية، هناك عناصر تتعلق بالقوة قد توجد بالمعنى المباشر كمصادر تفاضلية للمشاركين يمدون بها التفاعل، ومن هذه المصادر مثلاً امتلاكهم لمصادر كلامية عالية المستوى، إلاّ أن عناصر القوة هذه قد تعكس حالة من عدم توازن القوى (كالعلاقات الطبقية مثلاً) تجد لها بنية في المجتمع ككل.(المرجع السابق: 264).

وفي كتابه قواعد جديدة للمنهج في علم الاجتماع، يوضح جدنز ناقداً كل من الظاهراتية والإثنوميثودولوجي: إن أي منهما لا يرى الأهمية المركزية التي تحتلها اللغة في الحياة الاجتماعية فحتى المحادثة العابرة المتبادلة بين شخصين هي علاقة قوة يستحضر فيها المشاركون مصادر غير متكافئة للقوة. (جدنز: 2000: 153).

وبذات الخصوص يؤكد فيتجنشتاين Wittgenstein أَن مفاهيم القوة تظهر في لعبة اللغة كأي نوع من الموضوعات الأخرى، وهي لا تغيب إلا عندما تغيب اللغة، التي تظهر تطبيقاتها المفاهيمية في العالم الاجتماعي. (Clegg: 1975: 8).

إن عنصر المصلحة الذاتية الذي تتجاهله الإثنوميثودولوجيا، قد يمثّل دافعاً حقيقياً لإنجاز الفعل، وكذلك يقود إلى توجيه مساره، وأبعد من ذلك يصنع العداء والصراع وائتلاف القوى، وقد حاول وليام جراهام سمنر في كتابه الطرق الشعبية Folk ways طرح مفهوم التعاون التخاصمي أو العدائي. antagonistic cooperation، ليلفت الانتباه إلى صراع القوى المصلحية والطبيعة المتناقضة ظاهرياً لحياة الإنسان، حيث ينخرط الناس في تنظيمات وإئتلافات بالإخضاع، أي إخضاع المصلحة الذاتية. (Summner: 1906: 32).

عند هذا الحد، يمكن القول بأن نظرية التفاعل الرمزي، وكذلك الظاهراتيه والانثنوميثودولوجي هي نظريات في المعنى بصورة أساسية، ولكن رغم أهمية وثراء ما

طرحته هذه النظريات، إلا أن القصور الواضح الذي يجعلها تمشي على قدم واحدة هو تجاهلها الصريح للبناءات الاجتماعية المؤسسة والراسخة - بشكل خاص مدرسة شيكاغو - بما في ذلك بناءات القوة وعلاقاتها، وما تحدثه من تأثير في سياقات المعنى المرتبطة بأوضاع الأفراد وتصرفاتهم وتوجهاتهم، وبناءً على ذلك يمكن استدراك جملة من الأفكار الهامة على طروحات تلك النظريات والتي تندرج في سياق ما تم وصفه بالقوة والمعنى في الحياة الاجتماعية:

أولاً: تعتبر القوة خاصية متأصلة في التفاعلات والعلاقات الاجتماعية. كما هو الحال بالنسبة للمعايير الاجتماعية والبُنى الرمزية التي تشكِّل أطر المعنى، والحقيقة الكاملة للحياة الاجتماعية توضح أن التفاضل واللاتساق هو خاصية مرتبطة بالعلاقات الاجتماعية عبر مستوياتها المختلفة، وإذا وضعت الحاجات والمصالح والمنافع في إطار دافعية الفعل الإنساني وبُنى العلاقات الاجتماعية. سوف يظهر أن سبل الإشباع وإمكانياته والقدرات المرتبطة بذلك وحاجات الإشباع وتنوعها ومقدار الملكية... جميع هذه تمثّل جوهراً وأساساً منطقياً للتدرج والتفاضل والتراتبية في الحياة الاجتماعية، ولا يمكن تجاهله في التحليلات السوسيولوجية.

ثانياً: ينبثق عن تفاعلات الأفراد بناءات اجتماعية تنطوي على تراتب وتفاضل في القوة، ينعكس في صور ملكية، ونفوذ وهيبة، واحترام. إن الأساس الاجتماعي لهذه البناءات هو القدرة المنعكسة في صورة أفعال اجتماعية تحمل في مسارها قيمة وأهمية الحاجات والمنافع المراد تحقيقها أو المراد تزويد الآخرين بها، ومعنى ذلك، أن الحاجات والمنافع ذات معنى ودلالة بالنسبة للأفراد، كما تمثل أساساً لتفاضلات القوة وتبلور البناءات، وهنا تظهر حالة الاقتران بين المصلحة والمعنى والقوة، الأمر الذي يفضي إلى ما يمكن وصفه بـ (رمزية المصلحة)، و(رمزية القوة)، و(رمزية البناء).

ثالثاً: إن المعنى المنبثق عن علاقة القوة يمثل ركيزة أَساسية لفهم كل من الطرفين المتفاعلين تصرفات الآخر - وحدة اجتماعية صغيرة أو كبيرة - وهنا، تظهر (العقلانية الرمزية) التي تنطوي على مراقبة وتأويل وتفسير، وهكذا فإن القوة ذات طبيعة رمزية غائِرة في الأهمية بالنسبة للحياة الاجتماعية، وبشكل خاص مسار الفعل الاجتماعي ونتائجه. ولذلك، فإن القوة الاجتماعية لا تنبثق ولا تعرف إلاّ من خلال العلاقات الاجتماعية المستقرة فيها والتي تقرر مراتب التحكم والخضوع وديناميتها الرمزية، ومثل هذه الحقيقة تفرض على القوة أن تكون غالباً ذات طابع نسبي تتحدد بأهمية ومعنى وقيمة مصادرها في السياق الاجتماعي الذي توجد فيه.

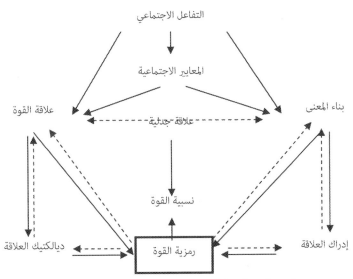

النموذج رقم (1): القوة والمعنى في الحياة الاجتماعية

يوضح النموذج رقم (1) أن التفاعل الاجتماعي يكشف عن بناءات المعنى واللاإتساق في القوة بين الأفراد في مسارات إشباع حاجاتهم، ومع استمرار التفاعل تنشأ علاقة جدلية بين المعنى والقوة في إطار العلاقة القائمة، الأمر الذي يوفر إدراك محتوى

العلاقة، ويفضي إلى إضفاء الطابع الديالكتيكي عليها، وفي كل ذلك تقرير لرمزية القوة في الحياة الاجتماعية القائمة على التفاعلات بين الأفراد وضروب العلاقات التي تنشأ بينهم.

2-2: نظرية التبادل الاجتماعي:

ينصبّ التركيز في نظرية التبادل الاجتماعي Social ExchangeTheory، على تفسير الفعل الاجتماعي من خلال عمل الأفراد بفاعلية لتحقيق مصالحهم، والآلية التي يفهمون بها تلك المصالح، ومن ثم كيفية تبادلها، وتنظر التبادلية إلى عملية التبادل كعملية متأصلة في الفعل الاجتماعي، وأنها الأكثر شيوعاً في الحياة الاجتماعية، ولأن التبادل يمثل أطروحتها الأساسية، فقد حاولت التبادلية الاستفادة من علوم مختلفة تعرضت للتبادل، وكما يوضح جوناثان تيرنر Turner بهذا الخصوص: "أجد أن النظريات التبادلية الراهنة، تمثّل مزيجاً مختلطاً وغير محدد من الاقتصاد النفعي والأنثروبولوجيا الوظيفية، وعلم اجتماع الصراع، وعلم النفس السلوكي".(Cook: 1990: 158).

1-2-2: جورج هومانز:

لقد ارتبطت نظرية التبادل الاجتماعي باسم كل من جورج هومانز Homans وبيتربلاو Blau، وريتشارد إمرسون Emerson، ثم بعد ذلك كارن كوك Cook، وقد انطوت نظرية التبادل في حالة جورج هومانز بشكل خاص على رفض النظريات التي تؤكد على أن هناك بناءات تتشكل خارج الفرد، ولذلك فقد رفض أفكار دوركايم حول مبدأ الانبثاق Emergence، ووجهة نظره في علم النفس، الذي حصره في دراسة الظواهر الداخلية، وكذلك منهجيته في التفسير، كما رفض جميع المحاولات التي اقتبست أفكار دوركايم، مثل الدوركامية الجديدة المتمثلة بأعمال شتراوس التي تركّز على الكليات Collectiveties وميلها إلى اعتبار الفرد ليس ضرورياً. كما خاض معركة فكرية حامية مع البنائية الوظيفية موجهاً انتقاداته لفكرة المؤسسات.

وكما يشرح جورج ريتزر Ritzer: لقد رفض هومانز أي فكر يتجاهل الفرد أو يعتبر أن ثمة بناءات أو كيانات قائمة خارجية، كما رفض أية محاولة لا ترتكز على أصول سيكولوجية، ولذلك عندما صاغ قضايا التبادل كان حريصاً على إظهار أنها سيكولوجية لاعتبارين: الأول: أنها غالباً ما تختبر إمبريقياً من قبل علماء النفس، والثاني: الأكثر أهمية هو المستوى الذي تتعامل فيه مع الفرد داخل المجتمع. (Ritzer: 1992: 291).

وهكذا، اعتبر هومانز اختزاليا Reductionist حيث سعى إلى إظهار أن قضايا علم الاجتماع تنبع منطقياً من قضايا علم النفس، ولكن ينبغي التذكير بأن هومانز لم يتعامل مع الأفراد كذوات منعزلة، إنما أدرك حقيقة التفاعل بينهم، ولكنه أراد توضيح السلوك الاجتماعي بمبادئه السيكولوجية. كما أن منطق نظرية التبادل يقتضي التعامل مع السلوك الاجتماعي كتبادل للنشاط سواء كان مادي أم غير مادي، مجدي أم مكلف بين فردين على الأقل. (Ibid: 292).

منذ شروعه بإجراء دراساته المبكرة، تنبّه هومانز إلى أهمية القوة وانعكاساتها على مسارات السلوك وطبيعة العلاقات الاجتماعية، ففي الملخص الذي قدمه حول دراسته المشهورة عن غرفة ملاحظة خطوط الأسلاك في مصانع هاوثورن لشركة الكهرباء الغربية قدم هومانز خمس قضايا مضطردة بشكل منتظم. الأولى منها: أنه إذا تزايد تكرار التفاعل بين شخصين أو أكثر تزايدت درجة احتمال التماثل بينهما، والعكس صحيح، لكنه في اختباره هذه القضية وغيرها بطرحها على دراسة ريموند فيرث الإثنوغرافية المشهورة عن عائلة تيكوبيا اكتشف هومانز أن هذا التعميم لا يصدق في الظروف التي تتضاءل فيها قوة أحد الأشخاص على الآخرين، ففي نسق عائلة تيكوبيا يكشف الأخوة عن عواطفهم ومشاعرهم الودية نتيجة تفاعلاتهم المتكررة، إذ لا يمارس أحد منهم السلطة على الآخرين، بيد أن التفاعل المتكرر مع والدهم، الذي يمارس سلطته عليهم يصطبغ بالتوتر، إذ يبادر الأب بالتفاعل ويتضمن هذا التفاعل ممارسة الأب لقوته. (تيرنر: 1999: 302 – 303).

يحاول هومانز في كتابه الأشكال الأولية للسلوك الاجتماعي: Social Behavior: It's Elementary Forms، أن يجيب على تساؤلين مركزيين فيما يتعلق بتحليله لمفهوم القوة: الأول كيف يحصل الإنسان على السلطة: والثاني، تأثيرات سلطته على من يخضعون له؟ ويعرف السلطة Authority بأنها تشير إلى التفاضلات والتفاوت بين الأعضاء في كمية التأثير الذي يمكن ممارسته، وكلما زاد عدد الأفراد الذين يمتلك فرد معين القدرة على التأثير بهم، كلما ارتفعت سلطته. (Homans: 1961: 286).

إن النفوذ الذي يمارسه الفرد والقدرة على التأثير لا تتحقق بشكل منتظم ومستمر فيوضح هومانز أنه من الأُمور الغامضة القول بأَن السلطة تتضمن التأثير على الآخرين بشكل منتظم. فالآخرين الذي يتأثرون يتغيرون، ولذلك فإنه ليس صحيحاً دائماً أن سلطة أحد الأفراد تستمر بشكل عام" وهكذا فإن أحد الأشخاص ربما يكون قادراً على التأثير في آخرين كثر، ولكن لا يكون قادر على فعل ذلك غالباً بصورة منتظمة" (Ibid): فالشخص الذي يحظى بمكانة متدنية في جماعة، قد يقدم ذات يوم اقتراح ويأخذ به الآخرين ويتأثرون به.

وفي السياق ذاته يلفت هومانز الانتباه إلى ما يمكن وصفه بنسبية القوة، وذلك من خلال ما يطلق عليه السلطة المتخصصة specialized فأحد الأشخاص ربما يمارس نفوذاً على آخرين كثر، ولكن ليس في أكثر من حقل ضيق، بينما خارج هذا الحقل لا يمتلك نفوذاً. (Ibid).

من الأمور الواضحة عند هومانز أن القوة مكتسبة، وتتحقق عن طريق الخدمات والقيم النادرة التي يمكن تزويد الآخرين بها، مما يستوجب ضبط سلوكهم والسيطرة عليهم، وهكذا يضع الفرد بين يديه القوة التي تتيح له فرصة توجيه أفعالهم بما يخدم مصالحه. (Ibid:287 - 288).

إن طاعة السلطة تمثّل اختبارا حقيقياً لفاعليتها، فالشخص يمكن أَن يقدم اقتراحاً، ونتائجه يمكن أن تثبت سلطته أو تقوض أَركانها فالشخص يخاطر بسلطته في كل اقتراح

جديد يفرضه على الجماعة، وطبيعة الأوامر الموجّهة إلى الاتباع، وما إذا كانت مجدية أم لا، وخبرة الخاضعين، كل ذلك يلعب دوراً في السلطة الرسمية كما هو الحال في السلطة غير الرسمية، فصاحب السلطة من شأنه أن يوجد القناعة والتسليم بأَن الخضوع للنظام ينتج عنه مكافأة، والفشل في الخضوع ينتج عنه عقوبة (Ibid: 993)، ولكن من أجل نشر الشعور الجيد بين الأتباع أو الخاضعين، فإن القائد أو صاحب القوة لا يمكن أن يصنع شيئاً أفضل من أن يؤسس ظروف العدالة التوزيعية Distributive Justice، التي تختزل معها وتقلص الامتعاض والاستياء. (Ibid: 295).

إن اقتران فاعلية السلطة بطاعتها من قبل الأَتباع، يظهر أن هومانز يتحدث عن الوجه الناعم للسلطة التي تحظى بالشرعية، ولكن ثمة معيار آخر يمثل وجهاً آخر لإثبات الفاعلية وهو فرض الخضوع والإذعان والقدرة على إخماد التمرد وهذا هو الوجه الذي يظهر في تعريف ماكس فيبر للقوة بأنها قدرة أحد الفاعلين في علاقة اجتماعية معينة على فرض إرادته حتى لو كان ذلك رغم مقاومة الآخرين.

وليبين هومانز النتائج المترتبة على دخول الفرد في عملية تبادلية مع من هو أَقوى منه وكذلك من هو مساوٍ له في القوة، يستقي الشواهد على ذلك من التبادل البدائي Primitive وحجة ذلك أَن مؤسسات السوق في المجتمع الحديث، قد جعلت التبادل اقتصادياً وغير شخصي وبذلك وضعت تبادل البضائع المادية خارج مجال السلوك الاجتماعي الأولي. (Ibid: 318)، ويصرح هومانز بهذا الخصوص: "في المجتمع البدائي، كما هو الحال في مجتمعنا، فإن تبادل الهدايا بين شخصين يؤدي إلى صداقتهما ومزيد من التفاعل بينهما، ولكن المجتمع البدائي ذهب أَبعد من ذلك فيما يتعلق بمجموعة القواعد حول ما يجب أن يحدث، فبينما عملنا على مأسسة السوق، عملوا هم على مأسسة الهدية". (Ibid: 319).

ويشرح هومانز: أَنه إِذا رفض الأخر الهدية بازدراء فإنه يقدم نفسه كعدو، وإذا كان عليه أن يأخذها ويقدم بديلاً لها فإنه يصبح صديقاً، ولكن ماذا إذا أخذها ولم يتمكن من

إعادتها. أو تقديم بديل لها؟. إن الشخص الذي يقدم بديلاً عادلاً، يقدم ذاته كمبادل مساوٍ اجتماعياً ويظهر قدرته على تزويد ما هو نادر والمكافئات القيمة، والشخص الذي يفشل في تقديم ذاته بهذه الطريقة، لا يمثل عدواً ولا صديقاً، ولكنه في وضع أدنى، باختصار، إنه يفقد مكانتـه مقابل المعطي بحيث يبدو في وضع اجتماعـي أدنى منه، وأكثـر من ذلك، قد تظهر علاقـة القـوة بشكل واضح فيصبح المرء خاضعاً، والطريقـة الوحيـدة ليسدد دينه، ربما، أن يتقبـل ما يلقيه عليه المعطـي من أوامر. (Ibid: 419).

في إطار التفاضل في القوة، فإن عدم القدرة على رد الهدية عند الطرف الخاضع يكون بمثابة تكلفة Cost تأخذ شكل الدونية الاجتماعية social inferiority، ويلاحظ هومانز، أن الشخص قد يتقبل التكلفة، ويشعر بذات الوقت أنه يفعل أمراً حسناً، فإذا كانت قيمة الهدية مرتفعة وهو بحاجة لها، وبذات الوقت يشعر بأنه ذو مكانة دونية، فإنه لن يشعر بأن الكلفة كبيرة، وبموجب قواعد المكانة فإن دونيته في التبادل تجعله يشعر بأنه لن يفقد كثيراً، ولكنه إذا كان مساوٍ تبادلياً، فإنه يشعر بأن التكلفـة كبيرة عندما تنخفـض مكانته في المكان الذي يعيش فيه، وهكذا يصبح التاريخ الماضي لتبادليـة المرء ذا أهمية بالغة في قبول التكلفة الإجماعية. (Ibid: 319).

أما بالنسبة للطرف الأقوى في العلاقة، فيوضح هومانز: أن إنسان مثل ذلك الآخر الذي يسيطر على مصدر البضائع النادرة، فإنه قد يهدد الآخر غالباً بانتهاك فكرة العدالة التوزيعية أو يستغله، وربما هذا بسبب احتكاره للقوة بشكل كامل بحيث يصبح قادراً على مكافئة ومعاقبة الآخرين، في حالة أن الآخرين لا يمتلكون بديلاً إلا أن يبقوا في التبادل معه ومن ثم فإن المحتكر لا يخسر في أن يبقى غير عادل (Ibid: 77-78). ولذلك يستند هومانز في تحليله للقوة على مبدأ (المصلحة الأقل) حيث أن الطرف القوي هو صاحب المصلحة الأقل بينما الطرف الخاضع أو المعتمد صاحب مصلحة أكبر في استمرار العلاقة، ولذلك فإن الشخص يكون قادراً على إملاء شروط العلاقة التي تحقق له مصلحة أقل. (زاتيلن: 1973:136-137).

لكن يبدو أَن هومانز يعود مرة أَخرى إلى التأكيد على أن ظروف القوة تتجه إلى الاختفاء خلال التبادلات المتكررة بين الأشخاص، إن لم تحدث تغيرات أخرى في الظروف، وحين يتحقق التوازن العملي تختفي القوة وتصبح علاقة التبادل علاقة تكافؤ مرة أخرى. (المرجع السابق: 138)، وهنا يضع هومانز حداً لنهاية تحليله لمفهوم القوة، دون متابعة لما يمكن أَن يحدث في حالة استمرار التفاضل أَو استغلال القوي للضعيف وقهره. لذلك فإن القوة لا تمثِّل فكرة مركزية في الأطروحة العامة لنظرية هومانز، ويبدو ذلك بصورة أكثر وضوحاً في قضايا التبادل عند هومانز التي تخلو من أي استثمار لمفهوم القوة.

ويجادل زاتيلن ناقداً هومانز: إن هذا التصور التعسفي يميل إلى تجاهل استمرار القوة ودوافعها في العلاقات القائمة والمستقرة بين أطراف ليست بالنسبة لهم غير عادلة فقط وغير متكافئة. لكن أحد الأَطراف يستطيع من خلالها أن يسيطر وأن يخضع الآخرين ويقمعهم، وإذا تناولنا مثال إتحاد العمال مقابل رب العمل، فإن إتحادهم لا يعني أَن قوتهم أصبحت متكافئة مع قوة الإدارة، إنهم قد يحسنون من وضعهم في التفاوض والمساومة لكن ذلك لن يغير من حقيقة استمرارهم خاضعين وتابعين لرب العمل في قوته وسلطته ومن ثم يظلون معتمدين عليه في حياتهم. (المرجع السابق: 138).

على الرغم من استحضاره لمسألة انعدام البدائل أمام الخاضعين في علاقات القوة، إلاّ أن هومانز لم يتابع هذه المسألة التي كانت من الممكن أن تفضي به إلى طروحات خصبة حول القوة وتداعياتها، ولذلك يعترض زايتلن على هومانز بقوله: لن يدعم من حجة هومانز ومناقشته ما يذهب إليه من أن العلاقات القائمة والموجودة هي علاقات عادلة لأنها إن لم تكن كذلك سوف يقطعها أطرافها ويبحثون عن مصادر بديلة للخدمة موضوع الاهتمام. إن ذلك القول أيضاً ضعيف ومتهاوٍ فبأي حق يفترض أن المصادر البديلة متاحة ومتوفرة دائماً، ويخلص زايتلن إلى أن مفهوم هومانز عن التبادل يرفض

الاعتراف بأن الناس يستمرون في علاقات تفرض عليهم التحكم والاستغلال حتى وإن أدركوا أنها علاقات غير عادلة. (المرجع السابق: 132 – 124).

لقد أدرك هومانز دور القوة في توجيه أطر المعنى القائمة في علاقات التبادل التي تتوغل فيها، وقد أظهر أن القوة يمكن أن تولد منظومة المعاني المرتبطة بالاستغلال والدونية الاجتماعية، وانتهاك العدالة، والخضوع.... لكنه توقف عند هذا الحد، تاركاً تبعات هذه المعاني وراء ظهره. لقد انشغل هومانز بنزعته الاختزالية وأحياناً ابتعد عنها، أو لم يبين منطق وجودها في قضايا معينة، ومثال ذلك – كما يبين جوناثان تيرنر – أن مصادر القوة تتعدد لدى هومانز، ويبتعد عن نزعته الاختزالية في تفسيرها، مثل تقديم مكافئات للآخرين سواء كان ذلك ملكية فائض الطعام، أو فائض رأس المال، أو تقديم القواعد الأخلاقية التنظيمية أو الخصائص القيادية ذات القيمة، وجميعها يمكن أن تستثمر بإقناع أناس آخرين من خلال المكافئات والتهديد بالعقوبات بالاشتراك في أنشطة جديدة. (تيرنر: 1999: 345).

عندما انشغل هومانز بالرد السيكولوجي، ضاق أمامه أِفق التحليل أحياناً، مثلاً. لم يتنكر هومانز للانبثاق، ولكنه أراد تفسيره بناءً على قواعد سيكولوجية، وليس سوسيولوجية والمثال الواضح الذي استخدمه هو مفهوم (المعيار الاجتماعي) Social Norm، للرد على تفسير الحقيقة الاجتماعية لدى دوركايم، فيوضِّح أن المسألة ليست فيما يفرضه المعيار من قيد، ولكن في تفسيره، فالمعيار لا يقيد مباشرة وبصورة أوتوماتيكية، فالأفراد يتكيفون وعندما يفعلون ذلك فإنهم يدركون صافي الفائِدة والمنفعة من التكيف، وهذا الموضوع يقع في مجال علم النفس الذي يتعامل مع إدراك الفائدة وتأثيرها على السلوك. (Ritzer: 1992: 292).

وهنا يحيد هومانز بشكل واضح، عن حقيقة أن كثيرين من الناس يخضعون للمعايير الاجتماعية رغم إرادتهم، وربما تتعارض مع مصالحهم، ولذلك لا بد من الاستناد إلى القواعد السوسيولوجية التي تفسر هذه المعادلة من خلال تفاضل القوة

القائِم على إخضاع بعض الناس لغيرهم بموجب ما يمتلكونه من مصادر تمكّنهم من السيطرة على الآخرين والتحكم بهم وهي أسس اجتماعية وليست سيكولوجية، ولذلك فإن اعتراف هومانز بالانبثاق لا يشفع له في تفسيراته الاختزالية.

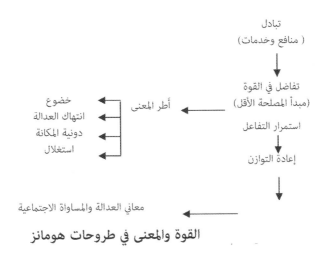

القوة والمعنى في طروحات هومانز

يوضح النموذج رقم(2) أن تبادل المنافع والخدمات بين الناس يكشف عن تفاضل في القوة يؤدي إلى تشكيل أطر المعنى القائمة في العلاقة، فتنبثق عند الخاضع معاني الخضوع، وانتهاك العدالة ودونية المكانة، والاستغلال، ولكن مع استمرار التفاعل، يقدم الطرف الخاضع مكافئات قيمة تؤدي إلى إعادة التوازن إلى العلاقة وتبلور معاني العدالة والمساواة الاجتماعية.

2-2-2: بيتر بلاو:

على خلاف هومانز، فقد مثّل مفهوم القوة عند بيتر بلاو Peter Blau جزءاً مركزياً في أُطروحته التبادلية، لقد حاول بلاو توظيف مفهوم القوة في التبادل الاجتماعي في عمله الأساسي، التبادل والقوة في الحياة الاجتماعية Exchage and Power in Social Life من أَجل ربط المستوى الاجتماعي الأصغر بالمستوى الإجماعي الأكبر

والتجسير بينهما، لذلك يمكن وصف عملة بأنه تجسيري علمي، ليس اختزاليا ولا كلانياً، ويصف بلاو عمله بقوله: "إنها محاولة لتقديم حلقة وصل بين دراسة الحياة اليومية كما ظهرت في أَعمال جورج زمل وإرفنج جوفمان، والنظريات العامة للمجتمع كتلك التي قدمها ماكس فيبر وبارسونز". (Blau: 1964: 8).

لقد أثار هذا العمل الشاقّ تحفظات بعض العلماء على إمكانية إنجازه، فيلاحظ نيقولا تيماشيف: أن معظم تعميمات بلاو المرتبطة بالحقائِق التي يوردها قد تكون صحيحة ولكن رد العمليات ذات المستوى الأعلى إلى المستوى الأدنى هي عملية تستحق مزيد من الضبط والإحكام. (تيماشيف: 1993: 383 - 384)، وبذات الوقت يؤكد جوناثان تيرنر: أَن بلاو قد فشل في توجيه القضية التي يدّعي أَن لها أهمية كبيرة في الصفحات الافتتاحية من عمله العظيم، المشكلة هي أَن تشتق العمليات الاجتماعية التي تحكم البنيات المعقدة للجماعات والمجتمعات من عمليات أَبسط تتخلل التواصل اليومي بين الأفراد وعلاقاتهم الشخصية. (Turner: 1978: 272).

ولكن في الجهة المقابلة، يوضِّح إرفنج زايتلن، أن بلاو يصوغ مفهوماته عن العلاقات الاجتماعية المصغَّرة وواسعة النطاق، فقوة عاشق على الآخر ناتجة عن التزاماتهما وتعهداتهما غير المتكافئة، وقوة رب العمل على مستخدميه ترجع إلى التحكم القانوني والسيطرة على وسائل الإنتاج، وفي كلا الحالتين يتحكم واحد من الطرفين في إتاحة الخدمات اللازمة للآخر. (زايتلن: 1989: 150).

منذ البداية، يصرح بلاو أنه يستخدم مفهوم فيبر للقوة، والذي يشير إلى: قدرة أَحد الفاعلين في علاقة اجتماعية على فرض إرادته من خلال موقعه حتى لو كان ذلك رغم المقاومة. (Blau: 1964: 115)، فالشخص الذي يسيطر على الخدمات التي يحتاجها الآخرون، يحقق قوة عليهم وذلك بجعل إشباعهم لحاجاتهم الضرورية متوقف على طاعتهم. (Ibid: 22).

إن الخدمات التي تتأسس عليها القوة، لا تقتصر على المادية منها فقط، فالشخص الذي يمتلك مقدرات ومهارات مميزة، يفرض على الآخرين احترامه وقبول قراراته واقتراحاته وذلك لما يتوقعونه من فائِدة جرّاء ذلك، وإذا ما تحقق لهم الرفاه نتيجة إتّباع آرائه، فإن ذلك لا يقوّي احترام الآخرين له، إنما يلزمهم أيضاً بالخضوع إلى توجيهاته بغض النظر ما إذا كان هذا الفعل لمصالحهم الشخصية. (Ibid: 22).

إن الشخص الذي يمتلك القوة يستطيع استغلال الآخرين بتوظيفهم لخدمة مصالحه الخاصة، ويوضح بلاو بهذا الخصوص: يمكن أن تستخدم هذه القوة في استغلال الآخر كما تستغل المرأة عواطف الرجل من أجل مكسب اقتصادي، أو على نحو الشاب الذي يستغل الفتاة التي تحبه جنسياً. (Ibid: 78)، إن تقديم المكافئات بشكل منتظم يجعل الأفراد معتمدين على مصدر هذه المكافئات وخاضعين لقوته، فصاحب العمل مثلاً، يستطيع من خلال الجزاءات السلبية التي قد يفرضها على العمّال، أن يجبرهم على الإذعان لتوجيهاته والخضوع له. (Ibid: 117).

تختلف القوة التي يؤسس بلاو عليها نظريته عن القهر الفيزيقي، فهي تتضمن بعض المنافع وقدر من الحرية، وتجري من خلال الجزاءات السلبية، وبهذا الخصوص يقول بلاو: "القهر المادي أو الخوف منه، حالة متطرفة للقوة، لكن الجزاءات السلبيـة أو الخوف من فرضها هي عادة وسيلة فعّالـة لفرض إرادة الشخص على الآخريـن، فالناس يخافوا أن يخسروا أعمالهم، أو أن ينبذوا، أو أن يدفعوا غرامات، أو أن يخسروا مكانتهم الاجتماعية...". (Ibid: 116).

يقدم بلاو ثلاث ملاحظات أساسية حول فهمه للقوة:

- **الملاحظة الأولى:** إن القوة تتضمن عملياً فرض الإرادة من قبل فرد أو جماعة على الآخرين، ولذلك فإن القوة تنطوي على تحقيق مصالح شخصية على حساب الآخرين، وليست موجهّة نحو الصالح العام.

-

- **الملاحظة الثانية:** تتضمن القوة فرض التهديدات المختلفة بالعقوبة، إذا ما ظهرت المقاومة أو الرفض، وبذلك فإن القوة تتضمن قدراً من فرض الإذعان، ولكنها تتميز عن القهر المادي بعنصر الحرية الذي يتيح فرصة الاختيار بين الخضوع والإذعان أو المعاناة من النتائج.

- **الملاحظة الثالثة:** إن عدم الاتساق هو الخاصية المتأصلة في القوة، ولذلك فهي تتضمن الاعتماد والتبعية من قبل طرف واحد، حيث يدل الاعتماد والتأثير المتبادل المتكافئ على فقدان القوة. (Ibid: 117).

وهكذا، يمكن الاستنتاج، بأن القوة عند بلاو ذات طبيعة إختزانية سكونية، ولكن على مستوى الممارسة فإن التفاضل يظهر بصورة واضحة، والصياغة الدقيقة لبلاو بهذا الخصوص هي: "إن الذي يتمتع بالقوة يستطيع أن يستخدم قوته في فرض الخضوع والإذعان، واستغلال الآخرين، وذلك بإجبارهم على العمل لحساب مصلحته". (Ibid: 228).

ولكن قد لا يستطيع، أو ربما لا يرغب أَن يفعل ذلك، ويبدو أَن بلاو يجعل الباب مفتوحاً لاحتمالات متعددة، لكنه يتابع احتمالا دون غيره، وهو ممارسة القوة أو الرغبة في ممارستها.

إذن، القوة القائمة على تزويد الآخرين بالخدمات، لا تظهر ولا تكون فاعلة إلاّ بظهور ما يثيرها، وهو حاجة الآخرين للخدمات، فمن يمتلك مصادر وخدمات من نوع معين، لا يمكن اعتباره صاحب قوة، طالما أَن الآخرين ليسوا بحاجة إليه، ولكن تبقى قوته كامنة بحيث تأخذ طريقها في سياقات ظرفية معينة. علاوة على ذلك فإن القوة ليست حتمية على مستوى الممارسة حتى في حالة حاجة الآخرين لها ولذلك يبرز بلاو بحرص شديد عنصر "الاستطاعة" أَو "القدرة". (الحوراني: 1998: 60).

يتابع بلاو أُطروحته من خلال افتراض ممارسة القوة المفضية إلى الاستغلال، وهنا يضع القوة في سياق رمزي صريح؛ فالمعايير الاجتماعية هي التي تحدد ما إذا كانت مطالب صاحب القوة عادلة أم لا كما تلزم صاحب القوة في تحديد طلباته أو تقديم زيادة في المكافئات من خلال مراقبة ردود فعل الخاضعين له، (Blau: 1964: 22)، وقد تكون المعايير على مستوى من العمومية. "المعايير العامة التي تتطور في المجتمعات تحدد معدلات عادلة للتبادل بين المنافع الاجتماعية، وما يستحقه الأفراد كعوائد لإسهاماتهم المبذولة في المنافع المقدمة، (Ibid: 117) فالمعايير الاجتماعية تحدد توقعات الخاضعين وتقييماتهم لطلبات القوي، فالممارسة العادلة للقوة تؤدي إلى الموافقة، والممارسة الاستغلالية غير العادلة تولد المعارضة. (Ibid: 22).

ولذلك فإن الشرعية التي يضفيها الأفراد على أفعال القوة ترتبط بشكل مباشر بالعوائد التي يتلقونها، فيضفون الشرعية على القوة في حال أن تكون العوائد متجاوزة لتوقعاتهم، ويعملون على سحب الشرعية عندما تقل العوائد عن توقعاتهم (Ibid: 223)، ولكن لا بد من التأكيد على أن الأفراد قد يظهرون الموافقة ويضفون الشرعية تحت ضغوطات القوة والخوف من الجزاءات السلبية، وبشكل خاص عندما تنعدم أو تندر البدائل المتاحة. وعدا ذلك، فإن بلاو لم يلتفت إلى ما قد يطرأ على المعايير من تشوهات تحت ضغوطات القوة، فتكرّس بدورها الخضوع والإذعان، وتظهر الموافقة والشرعية.

إن الممارسة الاستغلالية للقوة، تقود إلى ظهور ميول أولية لدى الخاضعين، وكما يوضِّح بلاو: إن الاستغلال والقهر خبرات قاسية تظهر الغضب وعدم القبول والنزعة العدائية ضد أولئك الذين هم سبب لها، وكذلك الرغبة في الانتقام والثأر والمشاعر العدوانية والعنف هي الاستجابات الأولية للمقهورين (Ibid: 229 -232)، وفي هذه الأثناء يميل بعض الأفراد إلى تبني أيديولوجيا ثورية، تحوِّل الميول الأولية لدى المستغلين إلى رغبة في الانتقام، وتمثّل رمزاً لهوية الجماعة، كما تخلق عملية اتصال بين المستغلين فتتبلور المعارضة وتضفي عليها شرعية، وهكذا يتكثَّف الصراع.

يقول بلاو: المعارضة تحرض الصراع بإعطاء تعبير اجتماعي علني لعدم الموافقة والعداء الكامن، ولكنها أيضاً تساعد في إزالة مصادر هذه الصراعات، إنها قوة توزيع وتقسيم تؤدي في النهاية إلى الاستقرار والتماسك الاجتماعي... والترتيبات الاجتماعية الجديدة المؤسسة من قبل قوة المعارضة الناجحة تخلق حالات عدم رضا جديدة في مسار مطابق للإجراءات المتعارف عليها، تعمل على تحريض المعارضة مرة أخرى. إن التغير الاجتماعي عملية ديالكتيكية، لأن أي شكل من التنظيم يتضمن احتمالية نشوء مشكلات وصراعات تدعوا إلى بعض التنظيم". (Ibid: 304).

إذن، ترتبط القوة عند بلاو بالديالتيك، وتعبر عن أشكال كثيرة من الوجود المنظم داخل المجتمع، كما تعبر عن حركة من التغيرات المتدفقة نتيجة تفاعلات القوة مع بعضها في إطار صراعي أو تفاوضي، ولكن ما يشدد بلاو التأكيد عليه هو: أن هناك عناصر تصلب بنائي تعزى إلى المصالح المكتسبة والقوة المستقرة، والتعهدات التنظيمية والنظم والمؤسسات التقليدية، التي تمنع التعديل والمواءَمة ما لم يحدث من خلال الصراع الاجتماعي والمعارضة. (Ibid: 301).

لقد استثمر بلاو مفهوم القوة على امتداد نظريته بدءاً من ظهور التفاضل في القوة الذي تكشف عنه التبادلات وصولاً إلى عملية التغير الاجتماعي، ويبدو أن هذا الاستثمار للقوة في الفهم والتفسير يلقى استحسان إرفنج زايتلن الذي يقول: "يضع بلاو، كما يشير عنوان كتابه، القوة والسيطرة، وصراع المصالح في بؤرة تحليله ومركز اهتمامه، وكنتيجة لذلك يأتي تصوره للواقع الاجتماعي أكثر قيمة وأعظم فائِدة من تصور بارسونز وهومانز". (زايتلن: 1989: 169).

يرتبط تحقيق القوة في إطار التبادلات الاجتماعية، بالبدائِل المتوفر أمام الخاضعين ليحققوا الاستقلال أو تلك المتوفرة أمام أصحاب القوة ليحققوا السيطرة. بالنسبة للخاضعين عليهم تزويد الآخر القوى بخدمة أو مكافئات بديلة يحققوا من خلالها اعتمادية متبادلة تحميهم من الخضوع أو أن يبحثوا عن مصدر آخر لإشباع حاجاتهم، أو

إجبار الآخر على تقديم الخدمة وذلك بفرض السيطرة عليه، أو التخلي عن الخدمة بشكل مطلق وإيجاد بديل لها. وإذا لم يتحقق أي من هذه البدائل فإن البديل الأخير هو الخضوع لتوجيهات صاحب القوة. وإزاء هذه البدائِل فإن صاحب القوة قد يتخذ بدائل مقابلة يبقي من خلالها على قوته، فقد يلجأ إلى عدم المبالاة بما يقدم له، أو احتكار المكافئات الضرورية في حال توجّه الخاضعين للبحث عن مصادر بديلة. أو منع الخاضعين من تجميع قوة لتحقيق متطلباتهم، ومن ثم تضخيم قيمة الخدمات التي يحتاجها الآخرين حتى لا يتخلوا عن خدماته. (Blau: 1964: 119 - 122).

إن هذه البدائل تعبر بشكل صريح عن مسارات لتحقيق القوة في التبادلات الاجتماعية والحركة الدائمة بينها تضع ما يمكن وصفه بـ "ديالكتيك القوة" أو "لعبة القوة" وهي تصف متصل (المصلحة - المعنى)، حيث تتألف المصالح والحاجات المادية مع اعتبارات الذات والمكانة الاجتماعية للإفراد وتوقعات الدور، ولا يغيب عن الأذهان، أن بلاو منذ انطلاقة تحليله ربط القوة بالمعنى من خلال المعايير الاجتماعية الناشئة في العلاقات وهي بمثابة موجه لتوقعات الأفراد نحو معاني العدالة والإجحاف، واستحقاق القبول والشرعية أو سحبها، والحرمان والكراهية والعداء والاستياء، والتضامن، والمعارضة...

بالإضافة إلى ما تقدم، يظهر بلاو ممارسة القوة الاستغلالية في التنظيمات الرسمية وكما هو معروف فإن هذه التنظيمات التي تتضمن مكانات سلطوية متدرجة هرمياً "تقوم على معايير عامة بين مجموعة الأعضاء، تقيد الأعضاء وتجعلهم يتقبلون أوامر الرئيس، كما تحدد التقييدات البنائية للرئيس، لذلك فهو لا يستطيع أن يجبر الأعضاء على الخضوع لأوامره الشخصية". (Ibid: 280).

على الرغم من هذه الطبيعة البنائية للتنظيمات الرسمية، إلا أن ظهور القوة فيها يبدو أمراً ممكناً، ولكن يبقى أقل منه خارج التنظيمات. فالرئيس يمكن أن يعمل على خلق التزامات اجتماعية عن طريق صلاحيات قوة المكانة التنظيمية، واستثمارها فيما

بعد لفرض الخضوع والإذعان فعندما يتساهل مع الخاضعين لسلطته، بعدم استخدام كامل صلاحياته في فرض الجزاءات السلبية، يخلق بذلك التزامات اجتماعية، وعلى المرؤوسين أن يقدموا مقابلاً للمحافظة عليها، والمقابل غالباً، هو الخضوع لأوامر الرئيس وتوجيهاته حتى لو أن التنظيم لا يقرها لأن التسهيلات التي يستفيد منها المرؤوسين لا يقرها التنظيم كذلك. (Ibid: 208).

وهكذا يصف بلاو الظروف التي تتحول من خلالها السلطة الرسمية، إلى قوة إكراه تعمل لخدمة المصالح الشخصية، وفي كتابه، البيروقراطية في المجتمع الحديث، يقدم بلاو مثالاً على ذلك، فيوضح أنه مهما كانت حقوق الرئيس الرسمية في أن يطاع وواجبات المرؤوس الرسمية في أن يطيع، فإن سلطة الرئيس على مرؤوسيه إنما تشمل فقط ذلك السلوك الذي يسمح المرؤوس طوعاً بإخضاعه لأوامر الرئيس، فالسلطة الحقيقية إذن ليست نابعة من نظام المؤسسة، وإنما يجب أَن تنشأ عن التفاعل الاجتماعي، فالمراقب المتسامح يمتلك بعض العادات مثل السماح للمرؤوسين بمخالفة القواعد الصغيرة كالتدخين، والتكلم، بالرغم من أن الإدارة قد منعتها، وهذا التجاوز كثيراً ما يزيد سطوته على مرؤوسيه لأنه يعطيه سلطات رادعة مشروعة يمكن أن يستخدمها كما يشاء... (بلاو: 1961: 98 - 99).

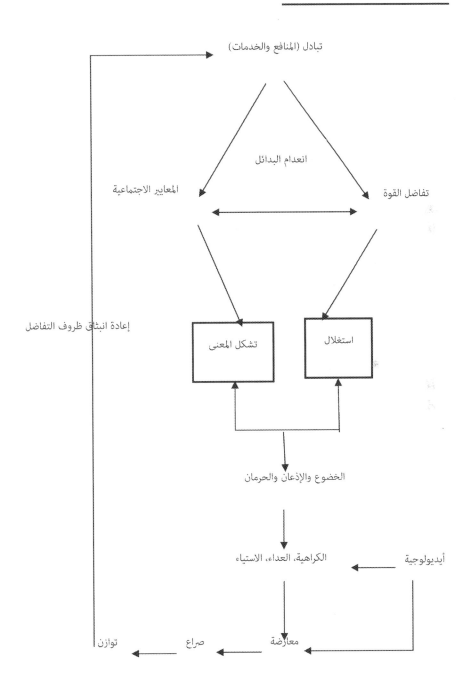

تبادل (المنافع والخدمات)

انعدام البدائل

المعايير الاجتماعية   تفاضل القوة

إعادة انبثاق ظروف التفاضل

تشكل المعنى   استغلال

الخضوع والإذعان والحرمان

أيديولوجية   الكراهية، العداء، الاستياء

توازن   صراع   معارضة

النموذج رقم (3): القوة والمعنى في تبادلية بلاو

يوضح النموذج رقم (3)، أن التبادل الاجتماعي يؤسس معه التفاضل في القوة والمعايير الاجتماعية التي توجه أطر المعنى في العلاقة القائمة، ينشأ عن التفاضل في القوة استغلال يحمل معه بفعل المعايير الاجتماعية معنى الخضوع والإذعان والحرمان والكراهية والعداء، وبفضل الأيديولوجيا الثورية التي يحملها بعض الأفراد تتحول تلك المعاني إلى معارضة ومن ثم صراع ينتج حالة من التوازن المؤقت، حيث تنبثق ظروف التفاضل من جديد.

3-2-2: ريتشارد إمرسون:

ريشارد إمرسون Richard Emerson من التبادليين الذين اكتسبوا شهرة واسعة في الآونة الأخيرة، وبشكل خاص، بعد عام 1972، حيث نشر مقالتين طور فيهما المرتكزات الأساسية لنظرية تبادلية تكاملية. تعامل إمرسون في المقالة الأولى مع المرتكزات السيكولوجية للتبادل الاجتماعي، بينما تحول في المقالة الثانية إلى المستوى الأكبر من خلال دراسة شبكات علاقات التبادل في البناءات، وفي مقالة ثالثة ركز إمرسون على التجسير بين المستوى قصير المدى والمستوى بعيد المدى، ويفصح عن هذا بقوله: "أنا أُحاول توسيع نظرية التبادل، والبحث من المستوى قصير المدى إلى المستوى بعيد المدى للتحليل وذلك من خلال دراسة بناءات شبكة التبادل Exchange NetWork Structures (Ritzer: 1992: 484). بمعنى آخر، أراد إمرسون في مقاله الثاني عام 1972، البدء ببناء نظرية في التبادل الاجتماعي يكون فيها البناء الاجتماعي متغيراً تابعاً، بينما كان مهتم في المقالة الأولى بالفاعل الفرد منخرط في تبادل مع بيئته، ولكن في نظريته بعيدة المدى يمكن أن يكون الفاعلون أفراد أو جماعات أو كليات اجتماعية، على امتداد المستويات الاجتماعية المختلفة.

تمثل شبكة التبادل بناء اجتماعي معين يتشكل بموجب اثنين أو أكثر في العلاقات التبادلية المتصلة بين الأفراد، وتتضمن المكونات التالية:

1- هناك فاعلون أفراد أو جماعات.

2- المصادر القيمة توزع بين الفاعلين.

3- هناك تبادل بين جميع الفاعلين في الشبكة.

4- تتأسس علاقات وفرص التبادل بين الفاعلين.

5- تتصل علاقات التبادل إحداها بالأخرى في بناء الشبكة. (Ibid: 485)

لقد لقيت أفكار شبكة التبادل استحساناً وثناءً من قبل العلماء، فقد أكد كارن كوك Cook على أهمية شبكات التبادل في التجسير وردم الفجوة المفاهيمية للتنظير بين الأفراد المنعزلين، والتفاعلات الثنائية، والتجمعات الأكبر من الأفراد، كما أكد كل من ياماجيشي Yamagishi. ومارسدن Marsedn، وتيرنر Turner: أن هذا التزاوج المستمر بين التبادل وتحليل شبكة العمل ينطوي على فائدة ومنفعة كبيرة لإيجاد نظرية تبادلية ذات صبغة بنائية أوسع. (Cook and others: 1990: 158-181).

في إطار فهم البناء الاجتماعي كسلسلة من المواقع المتصلة في شبكة تبادل، يركز إمرسون على أن القوة تفهم وتدرك فقط من خلال البناء، أي أنها تنبثق من أنماط علاقات التبادل، التي تبدو فيها الاعتمادية واضحة، ومن هنا يوضِّح إمرسون في مقالة الموسوم بـ" علاقات القوة - الاعتماد: Power - dependence Relations، أنه بصدد إنشاء نظرية مبسطة حول جوانب القوة في العلاقات الاجتماعية، مع التركيز على خصائِص العلاقة بعيداً عن خصائص الأفراد، ويؤكد أن نظريته معدة لتطبق على البناءات المعقدة كما هو الحال بالنسبة للجماعات الصغيرة، ولذلك إن الفاعل يمكن أن يكون شخص أو جماعة، والعلاقة بين شخص وشخص أو شخص وجماعة، أو جماعة وجماعة. (Emerson: 1993: 48-49).

يلاحظ إمرسون أن العلاقات الاجتماعية تتضمن روابط اعتماد متبادل بين الوحدات (أ) يعتمد على (ب) إذا كانت أهدافه وإشباعاته التي يحققها تتسهَّل بموجب أفعال يقدمها (ب)، وبالنسبة للوحدات المتفاعلة فإن الأمر مغرٍ ليسيطر كل على الآخر،

وهكذا فإن كل طرف يحتل موقع يسهل من خلاله أو يعيق أو يمنح أو يمنع إشباعات الآخر، ولذلك فإن القوة اللازمة للسيطرة أو التأثير تتحقق من خلال السيطرة على الأشياء القيمة بالنسبة للأخر، والتي تمتد من مصادر النفط إلى تدعيم الذات وهي جميعها تقع في سؤال علاقة القوة، وباختصار فإن القوة ترتكز بشكل واضح على اعتمادية الآخر. (Ibid: 50).

يعرِّف إمرسون القوة من خلال المقاومة، فيوضح أن قوة (أ) على فعل الفاعل (ب) هي كمية المقاومة التي يستطيع (أ) التغلب عليها من قبل (ب)، وهكذا تظهر القوة من خلال مستوى الكلفة الممكنة التي يستطيع أحد الفاعلين إرغام الآخر على قبولها، حتى لو كان هناك مقاومة، وفيما يتعلق بشبكة التبادلات البنائيـة، فإن القوة ترتبط بالموقع وقوة الموقع في شبكة التبادلات ترتكز على كمية الاعتماد البنائِية الكلية عليه، ونظام الاعتمـاد الواسع هذا يكشف عن المركزية البنائِية للموقع. (Ibid).

إذن، تتأسس القوة حسب إمرسون على المنافع والخدمات والإشباعات المختلفة التي يزود بها الآنا الآخر، وجوهر ذلك أن إعتمادية الآخر على الآنا قد تحققت، وتتكشف هذه الحقيقة من خلال التبادلات في الحياة الاجتماعية عموماً وفي شبكات التبادل البنائية، ولكن المعيار الحقيقي لممارسة القوة هو التغلب على المقاومة. وهكذا، فإن التبادلات الاجتماعية تكشف عن مستويات الاعتماد المختلفة التي تقود إلى أشكال اللاتوازن في العلاقات والبناءات، ولكن، يؤكد إمرسون - على نحو ما فعل هومانز - أنه مع مرور الزمن تتجه حالات اللاتوازن نحو علاقات اعتماد - قوة متوازنة.

ولكن، على الرغم من ذلك، فإن إمرسون يشدد على أن حالة التوازن في العلاقة التي تنعدم فيها القوة ليست واردة، حتى لو أن قوة (أ) على (ب) ووجهت بقوة معارضة مساوية من قبل (ب) على (أ). فالقوة لا تزول ولا تتحلل، ولكن نمط السيطرة بين المتفاعلين قد لا ينبثق، وسبب الحضور المستمر للقوة هو أن كل من المتفاعلين يستمر

في السعي لإيجاد سيطرة على الآخر، وهذا الطرح أكثر مصداقية كلما اقتربنا من الوحدات المتفاعلة التي تحتكم إلى علاقة بعينها. (Ibid: 51).

ويوضح إمرسون أَن تبادل القوة أو تناوبها يزودنا بدراسة ثلاث خصائِص مميزة لعلاقة القوة:

أولاً: إن صافي فائِدة القوة هو (قوة (أ) على (ب) – قوة (ب) على (أ)).

ثانياً: إن تماسك العلاقة يعرف بمعدل اعتماد (أ) على (ب) واعتماد (ب) على (أ).

ثالثاً: إنها تفتح الباب أمام دراسة عمليات التوازن كتغيرات بنائِية في علاقات الاعتماد - القوة التي تميل إِلى تقليص فائِدة القوة أو اختزال الكلفة Cost Reduction. (Ibid).

إن عملية اختزال الكلفة، تتضمن تغييراً في القيم الشخصية والاجتماعية والاقتصادية والتي تقلل الآلام الناتجة عن مقابلة متطلبات الآخر القوي، وتتم هذه العملية من خلال التماس أحد البدائِل التالية التي تقود العلاقة إلى التوازن:

1- إذا قلل (ب) استثماره الدافعي للأهداف التي تتحقق بواسطة (أ).

2- إذا حقق (ب) مصادر بديلة لتحقيق تلك الأهداف.

3- إذا زاد (أ) استثماره الدافعي للأهداف التي تتحقق بواسطة (ب).

4- إذا افتقد (أ) للمصادر البديلة التي يحقق من خلالها تلك الأهداف. (Ibid: 52-56).

وفي الختام، يوصي إمرسون، بأنه يجب على الدراسات النظرية والإمبريقية أن تذهب في اتجاهين:

الأول: دراسة عملية التفاعل لتحدد بعناية العوامل التي تقود إلى إدراك القوة والاعتماد عند الآنا والآخر، والظروف التي تمارس تحتها القوة بالفعل، **والثاني**: أَن دراسة شبكات القوة ستكون أكثر أهمية وخاصة بصورتها المعقدة التي تقود إلى فهم كافٍ لبناءات القوة المركبة، ويصرِّح إمرسون أن نظريته لم تقدم سوى المرتكزات الأساسية لدراسة الشبكات المركبة. (Ibid: 57).

من خلال ما تقدم، يتبين أن إمرسون وضع القوة في مركز تحليله واهتمامه، وأولاها اهتماماً فائقاً في مختلف مستويات التحليل السوسيولوجي، مبيناً ارتباطها بالفعل ومساراته ومدركات الأَفراد والمعاني المنبثقة عن توغلها في العلاقات التبادلية، فينشأ الاعتماد ويرافقه الخضوع والأَلم، والدونية، و الحرمان، والرغبة في التحرر، لكن الملفت للانتباه، أن إمرسون يقر بحتمية اتجاه اللاتوازن إلى التوازن دون أن يطرح مسار المقاومة كواحد من البدائل التي قدمها، على الرغم من تأكيده على أهمية إخماد المقاومة كمحك لفاعلية القوة، وهنا تظهر ذات المعضلة التي ظهرت أمام هومانز وهي كيف يتحقق التوازن عندما تغيب البدائل؟!. لقد أوضح إمرسون أن ائتلاف الضعفاء الخاضعين أمام صاحب القوة في الشبكة البنائية يزيد من قوتهم، لكن هل يتمخض عن ذلك تحقيق التوازن في علاقة الاعتماد - القوة؟!.

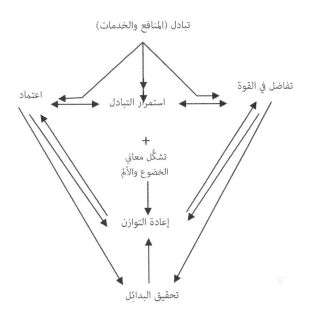

النموذج رقم (4): القوة والمعنى في تبادلية إمرسون

يوضح النموذج رقم (4) أن التبادلات الاجتماعية تكشف عن التفاضل في القوة واعتماد أحد أطراف العلاقة على الآخر، ومع استمرار التبادل تتشكل المعاني التي تنتجها القوة والتي تتمثل في الكلفة والخضوع والألم والدونية، إن استمرار التبادل أو التماس أحد البدائِل التي تحقق الاستقلال أو اختزال الكلفة يؤدي إلى إعادة التوازن للعلاقة.

2-3: النظريات التوليفية (أنتوني جدنز، بيار بورديو):

تتضمن هذه المحاولات تجاوزاً مقصوداً للثنائية التقليدية في علم الاجتماع والتي تتمثل في (الذاتي، الموضوعي)، أو بصورة أوضح، ذلك الانقسام القائم في النظرية السوسيولوجية بين البنائية الوظيفية Structural Functionalism علم الاجتماع التفسيري Interpretative Sociology أو التأويل Hermenutics، وكان من جرّاء

التوليف بين هذين المعسكرين التشديد في كل من المحاولتين (جدنز وبورديو) على أن تكون الممارسة النشطة للأفراد موضوعاً لعلم الاجتماع، بحيث يتم الاحتفاظ بالذاتي والموضوعي في آن معاً.

1-3-2: أنتوني جدنز:

يبدي أنتوني جدنز Giddens في كتابه تشكيل المجتمع The Constitution of society، استياءً فكريـاً واضحاً من الانقسام القائِم في النظرية السوسيولوجية بين البنائية – الوظيفية، علم الاجتماع التفسيري، ويؤكد بأن الفروق بينها ليست معرفية كما تم تداولها في العلوم الاجتماعية، ولكن أنطولوجية Ontology، ولذلك من الطموحات الأساسية لنظرية التشكيل Structuration وضع نهاية لكل من هذه المساعي ذات البناءات الإمبراطورية، حيث تفرض الوظيفية البنائية إمبرياليتها على ما هو موضوعي Objective، بينما يفرض علم الاجتماع التفسيري والتأويل امبرياليته على ما هو ذاتي Subjective، ومن هنا، تقترح نظرية التشكيل أَن المجال الأساس لدراسة العلوم الاجتماعية، ليس خبرة الفاعل الفرد، ولا أي شكل وجودي للكليات الاجتماعية، ولكن، الممارسات المنتظمة عبر الزمان والمكان.(Giddens 1984:1-2).

ويلاحظ جدنز أن استخدام مفهوم القوة في العلوم الإنسانية، جاء ليعكس تلك الثنائية بين الذاتي والموضوعي، ولذلك تعرف القوة، باعتبارها القدرة على تحقيق الرغبة الذاتية من ناحية، وتحقيق الأَهداف الموضوعية للجماعة والمجتمع من ناحية أُخرى. (Ibid: 15).

بطبيعة الحال، لا يميل جدنز إلى أي من هذين التعريفين، ولكن يحاول ربط مفهوم القوة (تحليلياً)، بالفكرة المركزية لنظرية التشكيل وهي ثنائية البنية Duality of strucure التي يوضحها جدنز علي النحو التالي: إن الفاعل agent، والبنى لا يمثلان نوعين منفصلين من الظواهر التي تمثل ثنائيات متعارضة dualism، ولكن إزدواجية Duality، وحسب ثنائية البنية، فإن الخصائص البنائية للأنظمة الاجتماعية تمثِّل في آن

معاً وسيطاً ونتاجاً للممارسات التي تعيد تنظيمها باستمرار، إن البنية ليست خارجية بالنسبة للأفراد، فهي رموز في الذاكرة ويتم إقرارها في الممارسات الاجتماعية. فهي داخلية أكثر منها خارجية بالنسبة لنشاطاتهم، وبذلك فإن البنية لا تعرف فقط من خلال ما تفرضه من قيد، ولكن تعرف دائماً من خلال التقييد والتمكين، فهي تقيدنا، وتمكننا بذات الوقت من فعل أمر ما. (Ibid: 25).

ومن أجل توضيح القوة من خلال ثنائية البنية يشرح جدنز: بأن القوة ليست بذاتها مصدراً، فالمصادر هي وسائل تمارس من خلالها القوة، وهي عبارة عن ملكيات تشيد وتبنى في النظم الاجتماعية، كما تستحضر ويعاد إنتاجها من قبل الفاعل الواعي في مسار التفاعل، والقوة في الأنظمة الاجتماعية التي تتمتع ببعض الاستمرارية عبر الزمان والمكان، تقيم علاقات منظمة من الاستقلال والاعتماد بين الفاعلين أو الكليات الاجتماعية Collectivities في سياقات التفاعل الاجتماعي، ولكن جميع أشكال الاعتماد تقدم بعض المصادر التي يمكن من خلالها لهؤلاء الخاضعين أن يؤثروا في نشاطات أصحاب القوة، وهذا ما يدعوه جدنز ديالكتيك السيطرة في الأنظمة الاجتماعية Dailictic of Control.(Ibid: 16).

وهكذا، قد تحمل طروحات جدنز السابقة على أن الخاضعين هم أصحاب قوة عندما يمتلكون مصادر يؤثرون من خلالها في نشاطات من يسيطرون عليهم، ولكن مثل هذا التصريح ينطوي على افتراض وجود المصادر، ووعي الخاضعين بأهميتها وضرورة استخدامها وأن هذه لمصادر تمثل ضرورة بالنسبة لأصحاب القوة،بحيث تفضي إلى إعتمادية متبادلة، إن هذا التحليل يفرغ علاقة القوة من محتواها الحقيقي، فإذا كان الخاضعون يمتلكون مصادر يؤثرون من خلالها على نشاطات أصحاب القوة، فلماذا إذن يوصفون بالخضوع؟! إن تحليل القوة في ضوء ثنائية البنية جاء على حساب السياق المفاهيمي المرتبط منطقياً بالقوة؛ فالتفاضل، والاستغلال، والصراع المحتمل، جميعها جمدت في هذا الطرح الذي يمثل حلقة مفرغة تبدأ وتنتهي بذاتها. وبموجب هذه الحقيقة فإن جدنز لم يقدم طروحات ثرية حول تفسير الطبيعة التفاضلية للقوة في ضوء ثنائية البنية.

فهل إمكانية فعل شيء ما بموجب الخضوع للقوة، يعني تجنب الخضوع والابتعاد عن الاستغلال؟!.

من هنا، يلاحظ إيان كريب في عرضه لنظرية التشكيل عند جدنز: بأن جدنز، ورغم درايته بأن الأنساق الرمزية يمكن أن تستخدم للحفاظ على القوة، فإن إمكانية أن يكون مثل هذا النسق، نسقاً أيديولوجياً، أي وعياً زائفاً بالمعنى الماركسي، هو أمر غير وارد في رأيه. (كريب: 1999: 174).

وفي كتابه النقد المعاصر للمادية التاريخية A contemporary critique of Historical Materialism يعيب جدنز على الاتجاهات السوسيولوجية التي اختزلت القوة إلى خاصية ثانوية في الحياة الاجتماعية، ويدخل في ذلك مختلف أشكال علم الاجتماع التفسيري، والوظيفية المعيارية التي اعتبرت اتصالية المعنى والجزاءات المعيارية هي المكونات الجوهرية للنشاط الاجتماعي ولذلك، فإن واحدة من التأكيدات الأساسية لنظرية التشكيل هي أن القوة مستدمجة روتينياً في الممارسات الاجتماعية، وأن علاقات القوة المستقرة في الممارسات المنظمة المشكلة للنظام الاجتماعي يمكن اعتبارها علاقات إعادة إنتاج الاستقلال والاعتمادية في التفاعل. (Giddens: 1981: 50).

وكان جدنز في عمله هذا قد ألقى الضوء على مفهوم السيطرة Domination الذي يشير إلى اللاتساوق البنائي للمصادر الذي يستحضر ويعاد تشكيله في هذا الشكل من علاقات القوة، الذي يسمح بالسيطرة على الآخرين وعلى عالمهم المادي وهنا، يصرح جدنز بأن مفهوم الهيمنة يستخدم في النظرية السوسيولوجية باعتبارها - أي الهيمنة - ظاهرة هدامة - باستثناء بارسونز وفوكو - وهو لا يريد استخدامها بهذه الطريقة، فاعتبار الهيمنة سلبية ومعادية لحرية الفعل هو النظر إليها باعتبارها قهرية، وهذه الفكرة مفيدة في تفسير تشكل الصراع ووجوده، ويفضل جدنز أن يبتعد عن الناحية القهرية للقوة أو اعتبارها محرضة للصراع، وينظر بدلاً من ذلك إلى دور القوة في الحياة الاجتماعية، حيث تتشكل الحياة الاجتماعية بشكل جوهري عن طريق النضال من

أجل القوة، وهذه الفكرة تتوافق مع أفكار فوكو حول القوة، حيث أكد على ضرورة النظر إلى القوة كشبكة إنتاجية تسير عبر الجسم الاجتماعي ككل أكثر من كونها ذات وظيفة قهرية، فهي تنتج الأشياء وتدخل السرور وتشكل المعرفة، وتنتج الخطاب. (Ibid: 50-51).

يصر جدنز على الاحتفاظ بهذه الأفكار، رغم إدراكه أن كل من يمتلك أدوات الإنتاج - أي صاحب القوة - هو في وضع امتياز اجتماعي يمكنّه من الهيمنة. وهنا، يبدو بشكل واضح أن جدنز يصرف النظر عن حقيقة أن القوة تمكن أحد أطراف العلاقة من التحكم والتأثير والكسب أكثر من الطرف الآخر،وأن لهذا الأَمر نتائج اجتماعية سلبية كثيرة، وبالعودة إلى المنطق التفسيري لثنائية البنية، فإنه من العبث القول بأن ظروف الاستغلال والخضوع والإذعان مقيدة من ناحية، وذات صفة تمكينية من ناحية أُخرى.

ويقدم جدنز صورة أكثر وضوحاً لاستخدام وتحليل مفهوم القوة في كتابه: قواعد جديدة للمنهج في علم الاجتماع. وهنا يميل بشكل واضح إلى استخدام مفهوم القوة في أكثر معانية عمومية، وهو القدرة التحويلية للفعل الإنساني، معرضاً بذلك عن اعتبار القوة قدرة الفاعل على تعبئة الموارد بهدف تحديد الوسائل لتحقيق الغايات، ولكنه يحتفظ بهذا التعريف لاستخدام أقل عمومية. (جدنز: 2000: 219).

والقوة بمعنى القدرة التحويلية للفعل الإنساني، هي قدرة الفاعل على التدخل في سلسلة من الوقائع. بحيث يفضي هذا إلى تغيير مسارها، وهي بذلك تمثل الممكن الذي يتوسط النوايا والرغبات، والتحقيق الفعلي للنتائج المستهدفة. أما بالمعنى العلائِقي الضيق، فالقوة هي خاصية للتفاعل، ويمكن أن تعرف بأنها القدرة على ضمان تحقيق النتائج، حيث يعتمد تحقيق هذه النتائج على أفعال الآخرين، وبهذا المعنى يمارس البعض قوة على الآخرين، وهذه هي القوة بوصفها سيطرة. (المرجع السابق: 230).

بهذا الموقف النظري، يبقى جدنز في إطار تحليلي، فهو لا يتنكر لحقيقة السيطرة التي تفضي إليها القوة. ولكن يزعم أنها ترتبط بصفة علائقية ضيقة ومحددة ويفضل بدلاً من ذلك، المعنى الأكثر شمولية الذي يتضمن إمكانية التدخل في سلسلة من الوقائع وهنا، ثمة مفارقة يمكن استحضارها من مقال جدنز الموسوم بـ تسع أطروحات من أجل مستقبل علم الاجتماع؛ وهي تكشف عن حضور السيطرة في أكثر العلاقات شمولية وأوسعها نطاقاً، فيوضح جدنز بأن واحدة من المشكلات الأساسية التي ستجذب اهتمام علماء الاجتماع، هي كيفية تشكُّل الانتظام في النظام العالمي؟، ويرى ضمن هذه المقولة ضرورة الأخذ بعين الاعتبار (الهيمنة) التي تحققها الولايات المتحدة على الاقتصاد العالمي الموجّه بقناعات سياسية بأن التحرر في التجارة العالمية ذو منفعة كبيرة لأولئك الذين يشاركون فيها، وهذه المسألة ضرورية للربط بين تقسيم العمل الكوني، والتوزيع الكوني للقوة، بما في ذلك القوة العسكرية وشبكة التحالفات الأمنية التي هي تقف بالضرورة في تلاصق قريب مع مستويات التطور الاقتصادي. (Giddens: 1987: 36).

يعلن جدنز موقفه النظري من مفهوم القوة ضمن جملة من الملاحظات، يمكن توضيحها على النحو التالي:

أولاً: يلاحظ جدنز أن القوة قابلة للاختزان، وذلك يقتضي أن ظهور القوة إلى حيز الوجود مرتبط بالممارسة فقط بمعنى أن صاحب القوة، قد يمتلك المقومات والمصادر التي تهيئ له الاستخدام الفعلي، ولكنه يحجم عن الممارسة، فهو بإمكانه أن يستخدم قوته ويستثمرها في ظروف مواتية بشكل أكبر، وهكذا فإن القوة ذات بعد مستقبلي.

ولكن، قد لا يدرك جدنز، بأن ارتباط الحالة الإختزانية الوجودية، والإمكانية الاستثمارية للقوة، بأذهان الآخرين ومدركاتهم، قد ينتج ما يمكن تسميته بـ (التهديد المضمر)، بحيث يتصرف الآخرون بصورة تكاد تكون مشابهة للحالة التي تشهر فيها

71

القوة، وتعاضدها الرغبة والنية في الممارسة، وهنا تظهر (الطاقة الإختزانية المزدوجة للقوة)، التي تعمل من خلال التلويح بالاستخدام من جهة، والاستخدام الفعلي من جهة أخرى.

ثانياً: إن العلاقة بين القوة والصراع علاقة اعتمادية وليست سببية، وذلك يعني أن مفهوم القوة لا ينطوي منطقياً على وجود الصراع، ويجادل جدنز بأن طروحات فيبر حول مفهوم القوة قد تعرضت لإساءة الاستخدام، حيث يعرف فيبر القوة بأنها: "قدرة الشخص على تحقيق إرادته حتى لو كان هذا بالرغم من معارضة الآخرين له وبعد حذف تعبير (حتى لو) في بعض قراءات المفهوم أمراً ذا أهمية، فهي تتحول عندئذٍ إلى حالة تفترض القوة فيها وجود الصراع مسبقاً، وحيث أن القوة لا توجد إلا في الحالات التي يتوجب فيها التغلب على مقاومة الآخرين فمعنى ذلك أنه سيتم إخضاع إرادتهم.

ثالثاً: يبرر جدنز المقولة السابقة، بأن مفهوم المصالح، وليس مفهوم القوة في حد ذاته هو الذي يرتبط مباشرة بالصراع والتضامن، فإذا كان ثمة تلازم في العادة بين القوة والصراع، فإن هذا لا يعود إلى أن أحدهما ينطوي منطقياً على الآخر، ولكن لأن القوة ترتبط بالسعي لتحقيق المصالح، ومصالح الناس تتعارض مع بعضها، ويريد جدنز من ذلك أنه في حين تعد القوة خاصية لكل أشكال التفاعل الإنساني، فإن تعارض المصالح ليس كذلك. (جدنز، 2000: 220 - 221).

ولكن ثمة التواء منطقي، فإذا كان تضارب المصالح يفضي إلى الصراع، وأن القوة ترتبط حتماً بالسعي إلى تحقيق المصالح، فإن القوة بهذا المعنى ترتبط بالصراع، إلا إذا توفرت بعض الشروط الموضوعية، مثل، السعي إلى تحقيق المصالح الجماعية، أو انعدام البدائل أمام الخاضعين للقوة، أو عدم قدرتهم على تجميع قوة موازية، أو إذا استدمجوا

وعياً زائفاً حول مصالحهم، وضللت مدركاتهم. ولعل الاستغلال الذي يرتبط بانتهاك المصالح غالباً ما يكون بموجب التفاضل في القوة.

وعندما يقف جدنز على مفهوم الاستغلال، يقر بأن إشكالية تأطيره مفاهيمياً في النظرية السوسيولوجية، تعادل من حيث الأهمية البحث في تحليل القوة والهيمنة، وهنا، يجادل جدنز حول طروحات ماركس في الاستغلال، موضحاً أن ماركس قد حمل العلاقات الطبقية الاستغلالية أكثر مما تحتمل في فهم الاستغلال، وعلى الرغم من أن جدنز لا ينكر بأن العلاقات الطبقية استغلالية بشكل جوهري، فليس جميع أشكال الاستغلال طبقية، وبذلك تزداد صعوبة التعامل مع الاستغلال مفاهيمياً. (Giddens: 1981: 60).

وإذ من المفترض أن يتابع جدنز أشكال الاستغلال في المستويات الاجتماعية غير الطبقية، فإنه يوجه الأنظار نحو استغلال البيئة الطبيعية التي لم يجد له متابعة عند ماركس على الرغم من وجود بعض الإشارات إلى ذلك في البيان الشيوعي عام 1844. ولذلك تبنى جدنز تعريف قاموس أكسفورد للاستغلال الذي يشير إلى: انتفاع المرء من غاياته الذاتية وكما يؤول جدنز هذا التعريف، فإن هذا المعنى يتضمن السيطرة على المصالح الذاتية، والبيئة الطبيعية للناس كذلك. (Ibid).

لا شك أن جدنز قد أدرك أهمية القوة في الحياة الاجتماعية، ودورها في توجيه مسارات الفعل وأطر المعنى المرتبطة به، ولذلك فقد أكد أن القوة مستدمجة روتينياً في الممارسات الاجتماعية، كما أكد مسبقاً بأن إنتاج التفاعل يشمل ثلاثة مكونات أساسية تكوينه كتفاعل له معنى، وتكوينه كنظام أخلاقي، وتكونيه كتفعيل لعلاقات قوة معينة. (جدنز: 2000: 212).

ولكن الملفت للانتباه، أن جدنز حرص قدر الإمكان أن يكون تحليلياً، وفي بعض الأحيان يميل إلى الوصف فيما يتعلق بمفهوم القوة، وربما يتوافق هذا الإجراء مع نهجه التوليفي الذي لا يتيح له إعلان انتمائه أو ميله إلى معسكر نظري بعينه، ولكن هذا الأمر

جعل جدنز يغرق في معالجة مفاهيمية أفرغت مفهوم القوة من محتواه، وبشكل خاص في نظرية التشكيل، التي لم تتضمن برنامجاً نظرياً لتوظيف مفهوم القوة، ورصد نتاجاته العملية في مسار الفعل الاجتماعي، وفي كتابه قواعد جديد للمنهج في علم الاجتماع، يجرد القوة من معاني السيطرة والخضوع، عندما يزاوج بين مفهوم القوة، والاشراط المزدوج Double contingency عند بارسونز، حيث يفترض التأثير الفعّال المتبادل بين القوة ومن يخضعون لها. وهكذا فإن التحليل والتوليف قد شغلا جدنز عن وضع القوة في أطروحة متكاملة، على الرغم من أنه امتلك المقدمات المنطقية الكاملة لذلك.

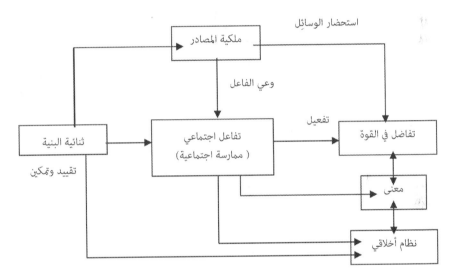

النموذج رقم (5): القوة والمعنى في طروحات جدنز

يوضح النموذج رقم (5) بأن التفاضل في القوة ينتج عن طريق تفعيله بموجب الممارسة الاجتماعية، التي تربطه بكل من أطر المعنى والنظام الأخلاقي، بعد أن يرتكز التفاضل في القوة على تفاوت ملكية المصادر واستحضارها من قبل الفاعلين للتأثير في مسار الأحداث، وجميع عناصر الممارسة الاجتماعية محكومة بثنائية البنية، التي تعمل على التقييد من ناحية والتمكين من ناحية أُخرى.

2-3-2: بيير بورديو:

على نحو ما فعل جدنز، فقد حاول بيير بورديو Pierre Bourdieu، تجاوز متناقضة (الذاتي والموضوعي)، في عمله العام والموحد حول الممارسات الاِجتماعية، عن طريق إعادة الفهم التكاملي للعلاقات بين الأبعاد الرمزية والمادية للحياة الاجتماعية، ومن أجل تحقيق هذا الهدف، فقد دخل بورديو في حوار حاسم مع الماركسية، وبشكل خاص الماركسية البنيوية عند لويس ألتوسير، وخارج هذا التحدي مع الماركسية البنيوية، طور بورديو اقتصاد سياسي للقوة الرمزية، والذي يتضمن: نظرية المصالح الرمزية، ونظرية في القوة كرأسمال ونظرية في العنف الرمزي، ورأس المال الرمزي. (Swarts , 1997: 65).

لقد نأى بورديو بذاته عن الماركسية بموجب إجراءين، فمن ناحية أطلق اصطلاح (المصالح الرمزية)، في محاولة منه لتوسيع فكرة المصلحة الاقتصادية التي تقتصر - بصورة مزعومة غير حقيقية - على البضائع والخدمات الاقتصادية، ومن ثم بموجب إعطاء البنى الاقتصادية صفة مركزية في الحياة الاجتماعية، فإن الماركسية تعيد إنتاج متعارضة الذاتي والموضوعي، وتقلل من قيمة الأبعاد الرمزية والسياسية، كما ترسِّخ التمييز بين البناء التحتي والبناء الفوقي لقد رفض بورديو كل ذلك، وذهب إلى إعطاء فكرة المصالح الاقتصادية مدى أوسع لتشمل المسائِل الرمزية وغير المادية، مثلما شملت المادية. (Ibid: 66).

ومن جهة ثانية، عمل بورديو على توسيع فكرة رأس المال لتشمل جميع أشكال القوة، سواء كانت مادية أم ثقافية أم اجتماعية أم رمزية، فالأفراد يستحضرون مصادر ثقافية، واجتماعية ورمزية مختلفة من اجل المحافظة على مواقعهم ووضعهم في النظام الاجتماعي، ويوضح بورديو، أن هذه المصادر تمثل "رأس مال" عندما تقترن بعلاقة قوة اجتماعية، بحيث تصبح موضوعات ذات قيمة يناضل الأفراد من أجل الحصول عليها. (Ibid: 74).

في المجتمعات الحديثة ذات التنوع والاختلاف، فإن الوصول إلى الدخل في سوق العمل يعتمد على رأس المال الثقافي في شكل وثائق تعليمية وشهادات تحصيل، كذلك يعتمد على رأس مال اجتماعي في شكل شبكات عمل، وهذه الأشكال من القوة، وتوزيعها غير المتساوي بين الأَفراد والجماعات، توضح أن المنافسة التامة والعشوائية ليست كافية لفهم الحياة الاجتماعية، كما توضح أن التركيز الماركسي على رأس المال الاقتصادي يعتمد على مفهوم مقيد وضيق للقوة. (Ibid).

وهكذا، كما يوضح بيار أنصار في كتابه **العلوم الاجتماعية المعاصرة**: إن مقولات بيير بورديو التي تعطي أهمية مركزية للممارسات الرمزية تستجيب لبديهيات أساسية مثل: أن العلاقات الطبقية ليست علاقات اقتصادية فقط، بل هي علاقات قوة وعلاقات معاني معاً، وهذه المقولة تتضمن نقداً كاملاً للمفهوم الماركسي عن الطبقات الاجتماعية حيث يستبعد بذلك الثنائية الماركسية عن الاقتصادي والأيديولوجي، فإذا كان من المقبول القول أن الطبقة الاجتماعية لها في الحقيقة أساس اقتصادي، فإن من المسلم به وبقوة، أنه لا يمكن تقليصها إلى مجموعة من العلاقات الاقتصادية، فالتحليل البنيوي للعلاقات الطبقية يفترض في الوقت نفسه، دراسة العلاقات الاقتصادية والممارسات الثقافية. (أنصار: 1992: 162).

إن التبادلات الرمزية التي تلازم هذه الحقيقة، تمثل صلات جوهرية في إعادة إنتاج العلاقات الطبقية، وجميع عمليات التشريب والممارسات المتنوعة تساهم في الحفاظ على اللامساواة، فالتصور عن رأس المال الرمزي، ينبغي الوقوف عليه، لأنه يدل على أن مختلف مظاهر السلوك وقواعد التصرف ليست فقط من مستلزمات الرقابة الاجتماعية، بل إنها مكونة لمكاسب اجتماعية ذات نتائج فعالة، فالأمر يتعلق أيضاً بتراكم منافع النفوذ من أجل ذاتها ومن أجل المصالح الناشئة عنها، ويؤكد بورديو أَن الثروات الرمزية تشكل موضوع إنتاج متخصص ينبغي أن تستطلع سماته. (المرجع السابق: 163).

إن رأس المال يظهر القوة من خلال السيطرة على إنتاج متجمع من عمل سابق، وكذلك على الآليات التي تضمن إنتاج فئة معينة من البضائع، وعلى مجموعة من العوائد والدخل، والعلم يمكن أن يتجسد في أشكال متنوعة ومختلفة، ويتحدث بورديو عن أربعة أنواع من رأس المال هي: (رأس المال الاقتصادي " المال والملكية)، ورأس المال الثقافي (المنتجات الثقافية والخدمات التي تتضمن الوثائق والمصدقات التعليمية)، ورأس المال الاجتماعي (المعارف الشخصية وشبكة العلاقات) ورأس المال الرمزي (الشرعية). وهكذا فإن مفهوم بورديو لرأس المال، لا يشبه مفهوم رأس المال عند ماركس، فهو لا يميز أنواع من العمل خاص بالرأسمالية. (Swarts ; 1997: 74).

على الرغم من أن بورديو يتعامل مع رأس المال في إطار علاقات قوة، إلا أن مفهومه لا يستطيع أن يميز أشكال العمل الرأسمالية عن غير الرأسمالية، وكذلك فإن مفهومه حول رأس المال لا يرتبط بنظرية عن الاستغلال من خلال انتزاع فائض القيمة، ولكنه اقتصر فقط على عرض نطاق أوسع من أشكال العمل (الاجتماعي، الثقافي، الرمزي، الاقتصادي...) والتي تشكل جميعها مصادر للقوة. (Ibid: 25).

يمكن القول: أن ما يطرحه بورديو على المستوى التحليلي هام جداً، إلا أن المجتمعات الحديثة التي تتمسك بمقولة (لكل شيء سعره)، وتشيء الموضوعات الحياتية المختلفة وتسلّعها، تعتبر رأس المال الاقتصادي من أهم المصادر التي تتحقق من خلالها القوة إلا إذا ارتبط الأمر بالقبول الاجتماعي، أو الحب كما أوضح ذلك أصحاب نظرية التبادل الاجتماعي.

وعلاوة على ذلك فإن طروحات بورديو حول مفهوم القوة، والتي تتوقف عند حد ذكر مصادر متعددة لرأس المال، لا تمتلك الشرعية الكافية لمواجهة النظرية الماركسية فهي لا تقدم مشروعاً نظرياً مكتملاً حول ارتباط رأس المال بالقوة وتبعات ذلك في العلاقات الاجتماعية المختلفة، كما لم يطرح بورديو أية صيغة تفاضلية بين الأنواع المختلفة لرأس المال، ولم يعقد مقارنة بينها، فبالنسبة لماركس، موقع الفرد من ملكية

وسائِل الإنتاج يحدد وضعه في البناء الطبقي، ويترتب على ذلك امتيازات وإمكانيات مختلفة يحظى بها، بينما لم يقل بورديو شيئاً من هذا القبيل بالنسبة لأحد أنواع رأس المال.

وإذا لم يمتلك بورديو مشروعاً نظرياً في القوة. فقد أسقط من حساباته، ما يمكن وصفه بـ (تحالفات رأس المال). وهي تظهر بصورة واضحة بالنسبة للدولة المركزية التي تمثل رأس المال السياسي من خلال السلطة التي تمتلكها، حيث تتحالف جميع أنواع رأس المال مع سلطة الدولة (الثقافي والاجتماعي، والديني، والتربوي...)، ولقد أشار بورديو إلى العنف الرمزي في المؤسسات التعليمية باعتبارها شكل من أشكال الأدوات المستخدمة في إعادة إنتاج هيمنة الدولة، لكنه لم يتابع هذه المسألة عندما انشغل بتفصيل أنواع رأس المال المختلفة.

بعيداً عن تحليل المجتمعات في ضوء الطبقات، استخدم بورديو مفهوم الحقل Field: أي ميدان للتنافس والصراع الاجتماعي، يتنافس الأفراد فيه كما في الألعاب، فهم يناورون ويطورون إستراتيجيات، ويناضلون من أجل الحصول على المصادر المرغوبة، وبدلاً من الحديث عن حقل كرة القدم - كما يشرح ولاس وولف - يتحدث بورديو عن الحقل الأكاديمي والحقل الديني، والحقل الاقتصادي، ويرى بورديو الحقل كشبكة علاقات موضوعية بين أوضاع اجتماعية مختلفة، تعرف موضوعياً في إطارها الوجودي، ومن خلال التحديدات المفروضة على من يحتلونها، وشكل بناء توزيع القوة أو رأس المال، وبكلمات أخرى فإن الحقل يمثل نسق من المواقع الاجتماعية مبنية داخلياً في ضوء علاقات القوة، وكل حقل هو محل لعلاقات القوة. (Wallace and wolf: 1995: 134-135).

يشرح بورديو في كتابه **العقلانية العملية حول الأسباب العملية ونظريتها**، إن أساس تشكل القوة، هو المبدأ الذي يشيد الفوارق على أساس الموضوعية، وهذا المبدأ ليس إلّا بنية توزيع السلطة وأنواع رأس المال التي تختلف تبعاً للأمكنة والأوقات، والمكان الاجتماعي - أو مكانة الوضع - هو حقل، أي أنه بآن واحد، حقل قوى

يفرض ضرورته على الفاعلين المنخرطين فيه، وحقل كفاح يناضل الفاعلون فيه ويتصارعون بوسائل معينة ولأغراض متباينة، بحسب وضعهم داخل بنية حقل القوى، وبذلك يسهمون في المحافظة على بنيته أو في تحويلها. (بورديو: 61:2000).

وفي ذات السياق يقدم بورديو بعض الأفكار الهامة التي تمثِّل مدخلاً لقراءة كتابه **التميز** Distinction، إن ما يدعوه في العادة باسم التميز، ليس في الحق سوى الفارق، وهي خاصية علائقية لا توجد إلاَّ في الصلة مع خصائص أُخرى، وبهذه الصلة. إن هذه الفكرة عن الفارق تشكِّل أساس مفهوم المكان بالذات (أو الحقل). أي جملة أَوضاع متميزة يواكب بعضها بعضاً ويحدد بعضها بعضاً من حيث سمتها الخارجية المتبادلة، وبعلاقات القرب أو الجوار أو البعد، وكذلك بعلاقات ترتيب مثل فوق وتحت وبين. (المرجع السابق 19:2000).

إِذن، يتألف المكان الاجتماعي من مجموعة أَوضاع اجتماعية متمايزة عن بعضها، وهي تترجم في إطار العلاقات إِلى مسافات تفاضلية تحدد الأوضاع المختلفة، بحيث تقابل كل طبقة أَوضاع، طبقة سجايا وأذواق مرتبطة بجملة الشروط الاجتماعية المرتبطة بالوضع إن الفوارق في الممارسات، والخبرات المقتناة، والآراء المعبر عنها، تتحول إلى فوارق رمزية وتؤلف لغة حقيقية، عندما تدرك عبر المقولات الاجتماعية، وهكذا فإِن تشكُّل الفوارق مرتبط بتشكُّل المنظومات الرمزية. (المرجع السابق: 22 – 24).

ومقابل مقولة الطبقة الوسطى التي تروِّج لها المزاعم الألمانية والأمريكية وحتى الفرنسية للتأكيد على أن الفارق في كل بلد آخذ بالتجانس ويزداد ديموقراطية، يشدد بورديو على أَن الفارق يوجد ويستمر، وهذا هو المكان الاجتماعي بجوهريته، مكان فوارق توجد فيه الطبقات ويعاد إنتاجها من قبل الأَفراد. وهنا تجدر الإشارة إلى أن بورديو حريص تماماً على إظهار البنى والمكان الاجتماعي باعتباره مشغولاً من قبل الأَفراد، ولذلك يعترض على المنهجية الإثنية (الأثنوميثودولوجي) التي تزعم أَن البُنى

تعمل في فراغ، فالمكان الاجتماعي، يتضمن البُنى والتصورات التي يكونها الفاعلون عنها. (المرجع السابق: 28).

ترتبط القوة في ديمومتها وبقائِها في الحقل، بإعادة الإنتاج وهي مسألة ترتبط بإعادة إنتاج ثقافة الأوضاع الطبقية عن طريق الأسرة والتنشئة الاجتماعية عموماً، وتعتبر شرعية رأس المال الثقافي حاسمة في تأثيرها كمصدر للقوة والنجاح، وقد ناقشها بورديو تحت مصطلح العنف الرمزي Symbolic Violence الذي يعرف بأنه: العنف الذي يمارس على الفاعل الاجتماعي مع إشراكه في الجريمة، وهذا يعني أن الناس يخبرون أنساق المعنى (الثقافة) على أنها شرعية، ولكن هناك في الواقع عملية من عـدم الفهـم، أو الإدراك لـما يجري بالفعل. (Wallace and Wolf: 1995: 136).

بموجب الآبيتوس Habitus الناتج عن تفاعل الذات والموضوع (الفرد والبناء)، فإن الناس ينخرطون في سلسلة من خطط الإستدماج التي من خلالها يدركون، ويفهمون، ويقدرون، ويقيمون عالمهم الاجتماعي. ومن خلال هذه الخطط فإن الناس يعملون في آنٍ معاً على إنتاج ممارساتهم ويدركونها ويقدرونها، وكما يوضح جورج ريتزر Ritzer فإن الآبيتوس هو إنتاج عملية إستدماج بناءات العالم الاجتماعي ديالكتيكيا. (:Ritzer: 1992 .(483

وعلاوة على ذلك، فإن الآبيتوس يمثل بناءات اجتماعية متجسدة ومستدمجة، تعكس انقسامات موضوعية في بناء الطبقة، والجماعات العمرية، والجندر والطبقات. إن الآبيتوس يُكتسب بفعل طول الفترة الزمنية، ويعتمد على طبيعة موقع الفرد في العالم الاجتماعي، ولذلك لا يملك الجميع الآبيتوس ذاته، ولكن فقط من يحتلون مواقع متشابهة. إنه يمثل (بناء البنية) Structring structur، ويوضح بورديو: إن الآبتوس ديالكتيك استدماج ما هو خارجي، وتجسيد ما هو داخلي، فهو يحدد طرق التفكير، وأسس الاختيار لدى الفرد.(Ibid).

80

وكما يعمل الآبيتوس على ترسيخ القوة بتمايزاتها. وتفاضلاتها، وجميع مظاهرها، فإن الأيديولوجيا تقترب من المهمة ذاتها كذلك؛ فيربط بورديو بين القوة والأيديولوجيا، حيث يرى أن الأيديولوجيا تمثّل مجموعة من التمثلات المشوّهة عن العلاقات الاجتماعية تنتجها فئة أو طبقة لتحقق من خلالها مشروعية صريحة لممارساتها، وكما هو الحال في حقل الإنتاج الرمزي، تمد الأيديولوجيا الناس بعلاقة تشجع بها الممارسات اللازمة لإعادة الإنتاج الاجتماعي، فالأيديولوجيا تلين الناس وتدفعهم لجعل الممارسات الاجتماعية مشروعة تجاه الفئات أو الطبقات الأخرى، وبما أَن العلاقة الواعية بالممارسة هي بعد هام من أبعاد الممارسة الاجتماعية، تصبح البناءات الإيديولوجية هامة والمجابهات الإيديولوجية مجابهات حقيقية تساهم في معركة تثبيت المشروعية. (بورديو: 200: 170-171).

وهنا يلاحظ بورديو أن علاقات القوة الأكثر شراسة هي في الوقت ذاته علاقات رمزية، وأن أعمال الخضوع والطاعة هي أعمال معرفية، ولذلك فإن الدولة كقوة، تسهم إسهاماً حاسماً في إنتاج أدوات بناء الواقع الاجتماعي، فمن حيث أنها بنية تنظيمية وكيان ينظم الممارسات نجدها تمارس باستمرار فعل تكوين استعدادات دائمة عبر جميع أنواع القسر- والتهذيب الجسدية والذهنية التي تفرض فرضاً متماثلاً على جملة الفاعلين. (المرجع السابق: 148).

إن اختراع الدولة لأفكار الجمهور، والخير المشترك، والخدمة العامة، أمرٌ ينفصل عن اختراع مؤسسات تؤسس لسلطة نبالة الدولة ولاطرادها، وهنا يشير بورديو صراحة إلى دور التعليم في مأسسة الوضع القائِم من خلال العنف الرمزي، فيوضح أن دراسة نسق التعليم سوف يقودنا إلى دراسة مكان إقرار الثقافة بامتياز، أِي مكان فرض التعسف الثقافي، وهو مكان إنتاج التدابير الثقافية اللامتكافئة، وبالتالي تدابير إعادة إنتاج النظام القائِم. (المرجع السابق: 167).

ويشرح بيار أنصار بهذا الخصوص: أن الكتاب المعنون "إعادة الإنتاج" ينطلق في هذا التحليل من نقد تصورات التواصل ضمن العلاقة التربوية، وخلافاً للوهم التربوي السائد الذي يعتبر أن عملية التواصل هذه تقتصر على النقل البسيط للمعرفة، يشدد بيار بورديو على واقع أن كل عمل تربوي هو عملية فرض ثقافة معينة، وهي بالضرورة عملية فرض تعسفية. (أنصار: 1992: 167 –168).

من هنا، يلاحظ آلان تورين في كتابه **نقد الحداثة:** أن عمل بورديو له فضل الكشف عن آليات القمع في مناطق تبتعد عن السلطة بمعناها التقليدي، كما أن هذا العمل يكتسب سمة نقدية لا تعرف التواطؤ مع أوهام المجتمع الحديث، ولكن تبقى مشكلة أنها تسد الطريق أمام إمكانيات التغيير. (تورين: 1997: 14)، ولكن تورين لم يلتفت إلى حقيقة أن بورديو يفسر من خلال طروحاته لماذا لا ينشأ التغيير؟، وكيف تفرض المؤسسات سيطرتها على الفكر في إطار عمليات إعادة الإنتاج المفروضة كما تبقى المسألة هنا ظرفية يعتمد فيها الاستمرار أو التغير على قوة ودرجة تنظيم أطراف الصراع.

على الرغم من قيمة وثراء التفاته بورديو حول فعل الترسيخ والتعسف الثقافي للمؤسسة التعليمية، إلاّ أن ما يعيب هذا الطرح. هو المبالغة والتعميم، فإذا كان النسق التعليمي يصطفي دلالات ومعاني ويسقط منها أخرى، مطابقة لثقافة الفئات والطبقات المسيطرة، فإن هذا الفعل لا يمثل فعلاً مطلقاً للنسق التعليمي، ولذلك فإن اعتبار النسق التعليمي واقعياً، كأداة لإضفاء الشرعية فقط، وصورياً لنقل المعرفة العلمية هي مقولة تحتاج إلى مزيد من التدقيق والتمحيص.

لكن، من الواضح حقاً، أن بورديو قد كرّس قسماً كبيراً من أعماله لعلم الاجتماع الثقافي، مركزاً بذلك على تحليل الممارسات الرمزية آخذاً بعين الاعتبار، وبشكل مركزي، القوة التي تغلف الممارسات وتتغلف بها، فهي مرتكزاً أساسياً في الحقل، وهي أساس التمايز والتمييز، وأساس الفارق، وهي تعمل في إطار جدل دائم، وإنتاج وإعادة

إنتاج، مع أطر المعنى والبُنى الرمزية التي تشكل الوجود الاجتماعي، والإطار العام للممارسات الاجتماعية.

لقد قاربت طروحات بورديو حول القوة بعض الأفكار الأَساسية لمشيل فوكو Faucult، وبشكل خاص تلك الطروحات المرتبطة بمصادر القوة، والحقل والتمييز، ويمكن الإشارة إلى بعض أفكار فوكو بعجالة في هذا السياق، وهو أنسب السياقات لذكر فوكو الذي اشتهر باهتمامه بالقوة. ولكن لم يحسب على اتجاه ما في النظرية السوسيولوجية، وربما يسعده ذلك.

بعد أن تخلى فوكو عن ثنائية الرغبة والقوة، ركز على مفهوم القوة فقط، متأثراً بخبراته مع أنظمة القوة التي تعارض النهوض الاجتماعي، وبدأ يدرك الأنساق والأنظمة الاجتماعية المختلفة باعتبارها شبكات للقوة الاجتماعية، حيث تكون فيها التشكيلات المعرفية مساندة للقوة ومعززة لديمومتها، ولذلك فقد تعامل مع الخطابات كأنساق للمعرفة الاجتماعية التي تجد أصولها في متطلبات إستراتيجية تأسيس نظام القوة. ولكن التفت فوكو إلى إنها يمكن أن تعمل أحياناً ضد نظام قوة فعّال. وهكذا تحوّل فوكو من البحث داخل الخطاب ومكوناته إلى اختبار العلاقات الخارجية للأنساق الاجتماعية وتشكيلات المعرفة وعلاقات القوة، وبهذه الطريقة تبرز - كما يوضِّح فوكو - النواحي الوظيفية للأنساق الاجتماعية المعرفية، التي تتكشَّف من خلال تحوّل نظام المعرفة إلى نظام قوة. (:155-154 :Honneth 1999).

إذن، الخطاب الذي يمثِّل جملة المعتقدات والأفكار التي تسود في فترة زمنية معينة يقترب من البُنى الرمزية والآبتوس عند بورديو، وكل من الخطاب والأبيتوس يعمل على تدعيم القوة، وكما يوضِّح هيدن وايت White. فإن الخطاب يتكشَّف في كل مجتمع ضمن سياقات الضوابط الخارجية التي تظهر على هيئة قواعد استبعاد، قواعد تقرر ما يمكن أن يقال، وما لا يمكن أَن يقال، من له حق الكلام حول موضوع ما، وأي الأَفعال يمكن اعتبارها معقولة وأيها حمقاء، وما يمكن عده

صحيحاً، وما يمكن عده خطأ... وهذا هو مصدر التمييز التعسفي الذي تعتبره كل المجتمعات مع ذلك أمر مفروغ منه... وحيثما ينظر فوكو لا يجد شيئاً سوى الخطاب، وحيثما ينشأ الخطاب فإنه يجد الصراع بين تلك الجماعات التي تدعي حق الخطاب، وتلك التي حرمت حقها في أن يكون لها خطابها، ولكن فوكو انحاز إلى جانب الضحايا في خطاب القوة، وضد سلطة أولئِك الذي يمارسون قوة الاستبعاد بحجة خدمة الحقيقة. (ستروك: 1996: 123-126).

وتزداد الطروحات بين بورديو وفوكو اقتراباً من خلال النظر إلى القوة نظرة شمولية من ناحية وإنها ذات ديمومة واستمرار من ناحية أُخرى، ولذلك فقد تنكّر فوكو كما هو الحال بالنسبة لبورديو لمركزية القوة في نقطة واحدة، أو أنها تتضمن تعارضاً ثنائياً فقط ومن هنا يلج كل منهما إلى مفهوم الحقل.

وفي هذا السياق يقول فوكو: يبدو لي أن القوة يجب أَن تفهم في المقام الأَول كعلاقات قوة متعددة متأصلة في المجال - وهو شبكة لنسق القوة داخل النسق الكلي - الذي تعمل فيه. والذي يشكّل لهذه العلاقات تنظيمها، حيث تعاضد علاقة القوة الأَخرى فتشكل حلقة أو نسق، أو بالعكس تشكّل تعارضات تفصل بعضها عن الأُخرى، وهكذا فإن القوة متجذّرة في معركة مستمرة. (Honneth: 1999: 157).

ومن التصريحات الهامة لفوكو: أن القوة تأتي من الأسفل، ويريد من ذلك أنه في ضوء علاقة القوة لا يوجد تعارض ثنائي أو هبوط من الأعلى إلى الأسفل كما هو الحال بين الحكّام والمحكومين، ويجب على المرء أن يفترض، بأن علاقات القوة المتنوعة التي تتشكّل في العائلات والمؤسسات، والجماعات المحددة، تمثّل أصول لتأثيرات منظمة على نطاق واسع للانشقاق الذي يجري في الجسد الاجتماعي ككل. (Ibid: 157-158).

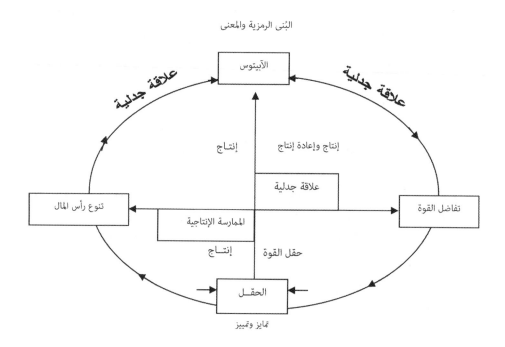

النموذج رقم (6): القوة والمعنى في طروحات بيار بورديو

يوضِّح النموذج رقم (6) أن أساس التفاضل في القوة عند بورديو هو رأس المال الذي يتنوع في أشكاله (السياسي والاقتصادي والثقافي...) ويستحضره الفاعلون في ممارسات كتفعيل لعلاقة قوة معينة ويرتبط رأس المال وعلاقة القوة. بالأبيتوس والحقل في آنٍ معاً، حيث ينتج الأبيتوس في حقل اجتماعي معين وبدوره يعمل على إعادة إنتاج كل من القوة والحقل وشكل رأس المال. وهكذا، تبدأ علاقة القوة في طروحات بورديو، باستحضار الفاعلين لرأسمال معين في علاقة قوة معينة وتنتهي بإعادة إنتاج الوضع القائِم.

4-2: نظرية الصراع الاجتماعي:

تحت عنوان (المصادر المفاهيمية لنظرية الصراع)، يلاحظ دون مارتنديل Don martindale في مؤلفة الأكثر شهرة، **طبيعة وأنماط النظرية السوسيولوجية** The Nature and Types of sociological Theory: أن البحث عن المادة التي تركّز على فكرة الصراع كحقيقة مركزية في المجتمع، يكشف عن ثراء كبير متوفر حولها، فكل مجتمع يتطلب حد أدنى من مواجهة صراعاته للعيش، وتحليل المجتمع من وجهة النظر المرتبطة بصراعاته النموذجية ليست جديدة، ولا ترتبط بالغرب وحده، ولذلك يعود مارتنديل إلى تأصيل المفهوم في الحضارة اليونانية عند (بوليبس). وإلى الصين القديمة عند (هان في تزو) وإلى الحضارة العربية الإسلامية عند (ابن خلدون). وغير ذلك الكثير من الفلاسفة والمفكرين في حِقب زمنية مختلفة. ويؤكد بأن أفكار هؤلاء جميعها دخلت إلى المناقشات الغربية عن طريق جمبلوفتش وحظيت بالاهتمام من قبل نظرية الصراع الاجتماعي.(Martindale: 1960: 129-169).

إن تأصيل مارتنديل - سوسيولوجياً - ينطوي على فائِدة عظيمة، فكما يوضِّح ديفد لوكوود lookwood في نقده للوظيفة: أنه في كل المجتمعات أساليب تجعل من الصراع أمراً لا مفر منه وظاهرة حتمية، وعلى سبيل المثال، فإن تفاوت القوة داخل المجتمع يؤكد أن بعض الجماعات قد تستقل عن الجماعات الأخرى، وتكون بؤرة تعد مصدراً للتوتر والصراع في الأنساق الاجتماعية. وعلاوة على ذلك فإن ندرة الموارد تؤدي إلى تصاعد المقاومة ضد النظام الذي يتولى توزيع هذه الموارد، وأخيراً ثمة حقيقة هي أن الجماعات ذات المصالح المتباينة تتبنى أهدافاً متعارضة ومتضاربة، وتنافس هذه الجماعات يؤدي إلى حتمية انفجار الصراع في أي لحظة. (تيرنر: 1999: 103).

ومن هنا، يصوغ راندال كولنز Collins في مقاله، "نظرية الصراع وتقدم علم الاجتماع التاريخي بعيد المدى"، الأفكار الأساسية لنظرية الصراع على النحو التالي: 1) إن الخاصية المركزية للتنظيم الاجتماعي هي التدرج، الذي يعكس درجة من اللامساواة

بين الأفراد والجماعات وهيمنة إحداها على الأخرى. 2) إن مصالح الأَفراد والجماعات داخل المجتمع تقف وراء نضالاتهم، وهي إما أن تبقي على مواقعهم المهيمنة، أو تخلصهم من هيمنة الآخرين. 3) إن الذي يربح هذه النضالات يعتمد على المصادر التي يسيطر عليها، وتتضمن المصادر المادية للعنف، وللتبادل الاقتصادي، والمصادر اللازمة للتنظيم الاجتماعي، وتشكيل العواطف والأفكار. 4) التغير الاجتماعي ينبثق عن الصراع ومن هنا، فإن الفترات الزمنية الطويلة من السيطرة الثابتة نسبياً، توثق سلسلة أحداث درامية مؤثرة، ومكثفة لحراك الجماعة.(Collins: 1990: 68).

وهكذا، بحكم أطروحتها الأساسية، تعتبر نظرية الصراع الاجتماعي، من أكثر النظريات السوسيولوجية، اقتراباً من مفهوم القوة. بحثاً وتحليلاً ونقطة انطلاق، فالصراع كعملة اجتماعية تجري حتمياً بين قوى مختلفة، متساوية أو متباينة في حجمها وقدرتها بل إن الموضوعات الاجتماعية التي يناضل الناس من اجلها ويكافحون (كالثروة والمال والجاه...) هي أساساً مصادر للقوة. ومرتكزات أساسية لاكتسابها، ولذلك فإن صراع القوة كما تظهره نظرية الصراع، يعتبر جوهر الدينامية في الحياة الاجتماعية، وأساس التغيرات فيها. ويمكن استجلاء ذلك من خلال مناقشة الأطروحات الأساسية لأبرز منظري الصراع.

2-4-1: كارل ماركس:

يؤكد والاس وولف في مؤلفهما، **النظرية الاجتماعية المعاصرة**: "إن العناصر الأساسية لنظرية الصراع، وضعت من قبل اثنان من الرواد العظام في علم الاجتماع: ماركس وماكس فيبر وهما يلتقيان في مسألتين مثلتا مركز اهتمامهما، وهما الطريقة التي تحدد فيها المواقع الاجتماعية قوة أقل أو أكثر لشاغليها، وكذلك دور الأفكار في خلق الشرعية للموقع الاجتماعي الذي هو عبارة عن تعبير لوضع قوة معين".(Wallace and wolf: 1995: 78).

وبالنسبة لماركس، فإن القوة تمثِّل مفهوماً مركزياً في طروحاته، حيث تتجسد وجودياً بالطبقات الاجتماعية، التي تشكِّل المجتمع والتاريخ والعملية الاجتماعية وآلية التغيير. إن نقطة البدء المركزية في الطروحات الماركسية تتمثل في افتراض أن موقع الأفراد والجماعات من ملكية وسائل الإنتاج يحدد وضعهم الاجتماعي في بناء القوة داخل المجتمع، فإما ينتمون إلى الطبقة المسيطرة أو الطبقة الخاضعة، و معادلة القوة هذه ذات بُعد تاريخي لا يمكن تجاهله في النظرية الماركسية وقد أوضح ماركس بأن: كل التاريخ السابق لم يكن إلا تاريخ صراع طبقي، والشيء الواحد البارز في كل الصراعات السياسية المعقدة والمتنوعة كان النظام الاجتماعي والسياسي للطبقات الاجتماعية، ويعود منشأ هذه الطبقات إلى الشروط المادية الملموسة داخل المجتمع. (ماركس، إنجلز، لينين: 1975: 165 -157).

إن هذا الفهم للتاريخ، يصوره كتاريخ قوة تحركه صراعات القوى وتناقضاتها والتي تتمثل في الطبقات الاجتماعية، حيث كان يوجد دائماً طبقات تمتلك وطبقات لا تمتلك وتبعاً لذلك طبقات حاكمة وطبقات محكومة، ولذلك فإن الأغلبية البشرية حسب التصور الماركسي كانت تعمل بمشقة، بينما كانت أقلية ضئيلة تتمتع بالملذات، ويصف ماركس هذا الشكل الوجودي في المجتمع الرأسمالي بقوله: "إن طريقة الإنتاج الرأسمالية الحالية. تفترض مسبقاً وجود طبقتين اجتماعيتين فمن جهة، طبقة الرأسماليين التي تمتلك وسائل الإنتاج المعيشية، ومن جهة أُخرى؛ طبقة البروليتاريا، التي نظراً لتجردها من هذه الملكية، لا تمتلك للبيع سوى سلطة واحدة هي قوة عملها، ولذلك تضطر بيع قوة عملها بغية الحصول على وسائل معيشتها وقيمة هذه السلعة على أي حال، تحددها الكمية الضرورية اجتماعياً والمتجسِّدة في إنتاجها". (المرجع السابق: 158).

إذن، المصدر الأساس، والمركزي الهام للقوة عند ماركس، هو ملكية وسائل الإنتاج، التي تجسد بعداً اقتصادياً مادياً، بالوقت الذي يعزز من فاعلية القوة عوامل اجتماعية وسياسية وفكرية، وبصورة أكثر وضوحاً، فإن ماركس يضع نوعاً من المماهاة بين الملكية الاقتصادية والقوة، ويبدو ذلك في تصريحاته حول النقود حيث يقول: "وها أنا

ذا مالك النقود، لذلك فإن مدى قوة النقود هي مدى قوتي، كما أن مميزات النقود هي نفس مميزاتي وقواي الخاصة، أي قوى ومميزات صاحبها. وهكذا، فإن ما أكون عليه، وما أقدر عليه، لا يتحدد في ضوء إمكانياتي كفرد، فقد أكون قبيحاً ولكنني أستطيع أن اشتري لنفسي أجمل النساء.... ولهذه الأسباب يحتل مالك النقود منزلة رفيعة، ولهذا كانت ملكية النقود شيئاً حسناً، وهي فضلاً عن هذا تجنبي الاتهام بأن أكون غير شريف فمن المسلم به أنني شخص أمين... أليست النقود إذن، هي التي تحول كل نقاط ضعفي إلى نقيض؟. (ريتزر: 1993: 120).

إن مالك النقود، هو مالك وسائل الإنتاج والموارد الاقتصادية، ويحتل موقعاً متميزاً في الطبقة المسيطرة، ولذلك فإن مضمون صيغة القوة يعبر عن مصالح طبقية متعارضة كما أن سيطرة الطبقة تعد الناتج النهائي للعداءات الطبقية التي ترتكز على اللامساواة الاقتصادية، ولكن ينبغي الأخذ بعين الاعتبار أهمية عوامل أخرى تعزز وجود القوة، فكما يلاحظ آلان سوينجوود Swingwood في كتابه **تاريخ النظرية في علم الاجتماع**: إن ماركس قد ميز بين ثلاثة أنماط من السيطرة هي: السيطرة الاقتصادية والاجتماعية والسياسية، وتشير السيطرة الاجتماعية والاقتصادية إلى الطرق أو الوسائل التي يحدد بها رأس المال عمل النظم والمؤسسات بوجه عام، أما السيطرة السياسية فتشير إلى الطرق التي من خلالها تفلح الدولة في خلق وتدعيم الإطار الشرعي للحكم البرجوازي. (سوينجوود: 1996:218 -219). ولذلك فإن المنظرين الماركسيين المعاصرين لم يعودوا يهتمون بقوة الطبقة وبإعادة إنتاجها وتحولها من خلال النضال فقط، ولكن اهتموا أيضاً بالدولة، وبالتحليل النظري لقوة الدولة وعلاقتها بقوة الطبقة.

وفي البيان لشيوعي، وصف ماركس وإنجلز الدولة الحديثة على أنها: "اللجنة لإدارة المسائل العامة لكل البرجوازية"، وحددا القوة السياسية كما لو كانت القوة المنظمة التي تمتلكها طبقة لقهر طبقة أخرى. (أحمد: 1985: 218).

من الملاحظ أن القوة كما تصورها الطروحات الماركسية، ذات طبيعة علائِقية، أي لا تعرف إلا في إطار علاقة اجتماعية، وهي العلاقة القائمة بين البرجوازية والبروليتاريا، وبهذا الخصوص يوضح جفري إسحاق Jeffrey Issac في كتابه **القوة والنظرية الماركسية** Power and Marxist theory: إن النظرية الماركسية أساساً نظرية في العلاقات الطبقية للرأسمالية، وتوزيع القوة في هذه العلاقات، ومن وجهة نظر ماركسية فإن الطبقات تمثل تجمعات تنخرط في علاقات بنائية، وتمتلك المقدرة على التصرف كخاصية لتلك العلاقات لأَن تلك القوى موزعة بشكل متفاضل، وبذلك فإن العلاقات الطبقية للرأسمالية هي علاقات سيطرة خضوع. (Isasc , 1987: 110).

إن النظرية الماركسية تقيم معرفة حول الخاصية التناوبية لعلاقات القوة الاجتماعية والتفاوض المستمر المستوطن فيها. ومفهوم النضال الطبقي Class struggle، واحد من المفاهيم المركزية في التحليل الماركسي، يوضح هذه العملية من التفاوض أو تبادل التأثير المستمر للقوة، والأساس الدقيق لهذا التفاوض في العلاقات البنائية للسيطرة. (Ibid).

وهكذا فإن علاقة القوة بين الطبقات لا تتخذ وضعاً سكونياً، حتى قبل أن تحدث التغيرات الراديكالية، وتبرز صورة الدينامية في علاقة القوة من خلال اتخاذ أطرافها استراتيجيات متضادة، فالبرجوازية مثلاً، تحاول الحفاظ على وضعها والإبقاء على خضوع البرولتياريا عن طريق الايديولوجيا (الوعي الزائِف)، والإعلام، وارتباطها بالنظام السياسي، بينما تحاول البروليتاريا ولو في مرحلة متأخرة وبخطى أبطأ استعادة الوعي الحقيقي، ومن ثم تجميع ذاتها لتشكل قوة مضادة قادرة على الفعل، ومن هذا المنطلق، فإن الطبقة العاملة لا تكون طبقة إلا إذا انتظمت من خلال عمل أو نشاط طبقي، فتزايد أعداد العمال قد يعتبر واحداً من مقومات نجاح هذه الطبقة، ولكن يكون لهذه الأعداد وزنها فقط عندما تتوحد بالتنظيم وتوجه بالوعي. (سوينجوود: 1996: 111).

إن بناء القوة في المجتمع الرأسمالي، يتشكل بموجب جملة من الأدوات التي تكرس علاقة التفاضل في القوة ومرتكزها الأساس المتمثل في ملكية وسائل الإنتاج، وهناك الأيديولوجيا التي تكرس خضوع البروليتاريا بموجب الوعي الزائف، حيث أن الأفكار السائدة في مجتمع معين - كما يؤكد ماركس – هي الأفكار المنبثقة عن القوة، وبشكل خاص أفكار الطبقة الحاكمة.

وتتعزز هذه المسألة بالبناء التشريعي الذي يدعم سيطرة البرجوازية ويضفي عليها شرعية، وتشكل الدولة عنصراً آخر في بناء القوة وتمثل وسيلة الطبقة البروجوازية في الحكم والسيطرة. (ليلة: دت: 267-269).

إذن، الأيديولوجيا ترتبط بالقوة ارتباطاً وثيقاً، بل تمثل أحد مسارات ممارسة القوة، فهي تمثل مصالح الطبقة الحاكمة، كما تمثل انعكاساً مقلوباً ومبتوراً للحقيقة، ولها وجود مستقل يكون ملزماً للأفراد، ونسق الأيديولوجيا هذا، يعمل على تغيير أفعال وأفكار أبناء الطبقة المقهورة، ويُشجع استغلالهم من خلال وسائط تنقل تعليمات الطبقة المسيطرة. (ريتزز: 1993:142-143).

إن القوة توجّه أُطر المعنى المرتبطة بالفعل الاجتماعي بشكل واضح حسب طروحات النظرية الماركسية، بل إن القوة تخلق ثقافة خاصة بالعلاقات الطبقية، وهي (ثقافة الاستغلال)، التي تتجسد في الاغتراب، والخضوع، والقهر وتقييد الحرية وكما يشرح ريتزر: "خلال عملية الإنتاج، لا يغير المنتجون فقط من الظروف الموضوعية للإنتاج، لكنهم يتغيرون هم أنفسهم أيضاً، فهم يكتسبون خصائص جديدة ويطورون أنفسهم في الإنتاج، ويطورن قوى وأفكار جديدة وأنماط جديدة للتفاعل وحاجات ولغة جديدة". (ريتزر: 1993:106).

إن العمال الخاضعين يغتربون عن نشاطهم الإنتاجي، حيث ينتجون من أجل الرأسماليين وبذلك فإن النشاط الإنتاجي ملك للرأسماليين، وهم يغتربون عن موضوع هذا النشاط، أي المنتج، حيث لا يتمكن العمال من استخدام منتجهم في إشباع

حاجاتهم، وعلاوة على ما تقدم فإنهم يغتربون عن زملائهم، حيث يتحطم التعاون الطبيعي، وأخيراً يغتربون عن قدراتهم البشرية الكامنة رويداً رويداً حتى ينحدرون إلى درجة تشبه عمل الحيوانات. (المرجع السابق: 118).

إن الحالة الاغترابية الناتجة عن ممارسة القوة الاستغلالية، تتضمن معنى فقدان السيطرة لدى الخاضعين، ولذلك فإن القوة التي تفضي إلى الخضوع، تقيد الحرية بذات الوقت، ومن هنا فإن فهم ماركس للحرية يلتصق كثيراً بفكرة السيطرة المستقلة على الذات، وهو ما ينافي الاغتراب، ويوضح جدنز هذه المسألة في كتابه الرأسمالية والنظرية الاجتماعية الحديثة Capitalism and Modern Social Theory بقوله: أن تكون حراً يعني أن تكون مستقلاً، وهكذا لا تجبر من قبل قوى داخلية أو خارجية تقف وراء الاختيار العقلاني، وهذا يوضح لماذا تعتبر الحرية امتيازاً إنسانياً، وذلك لأن الإنسان وحده فقط، ومن خلال عضويته في المجتمع قادر على أن يسيطر ليس فقط على شكل الإرادة، ولكن على محتواها كذلك. (Giddens: 1971: 227).

إن ممارسة القوة الاستغلالية، تخالف منطق الحرية، ولكنها بذات الوقت تعزز منطق الحرية، إذا امتلكها الخاضعون أو طبقة البروليتاريا، حيث يدخل في اكتساب القوة هنا إعادة الاعتبار إلى الذات المغتربة، وإنتاج الوعي التحرري، والسيطرة على كامل الحقوق وإعادة توزيع الملكية، وكسر جميع القيود التي تفرضها البرجوازية، بموجب الثورة التي تتفجر بعد استكمال البروليتاريا لقوتها، بتشكيلها طبقة لذاتها في موقف طبقي موحد وشامل ولذلك فقط ربط ماركس القوة بالثورة التي أدخلها في المفهوم الشامل للتاريخ.

يلاحظ جورج ريتزر أن ماركس قد وضع قضية الاستغلال مكان القلب من آرائه السوسيولجية، كما لم يفعل أي عالم اجتماع آخر،(ريتزر: 1993: 145)، وهنا ينبغي الإشارة إلى أن الاستغلال الذي تطرحه النظرية الماركسية، وبشكل خاص في العلاقة بين البرجوازية والبروليتاريا لا ينشأ عن قوة قهر فيزيقي، Physical Force، بل إن علاقة القوة تتضمن قدراً من الحرية ؛ وربما يكون عقد العمل قد شكل بديلاً للسوط في

المراحل قبل الرأسمالية مثل العبودية والإقطاع إلا أن الوجه العلني للعلاقة بين الرأسمالي والعامل لا يتخذ صيغة القهر وبهذا الخصوص يشرح سمير نعيم أحمد: أن العمال في المجتمع الرأسمالي أحرار في بيع قوة عملهم في سوق العمل، ويعني ذلك أن قوة العمل في حد ذاتها سلعة تباع وتشترى في السوق، وقيمة هذه السلعة (أي قوة العمل) تتحدد مثل أي سلعة أخرى على أساس وقت العمل اللازم اجتماعياً لإنتاجها.(أحمد: 1985).

وهكذا، على خلاف جميع الطروحات السوسيولوجية السابقة لمفهوم القوة وارتباطاته، فإن ما يميز الطروحات الماركسية، بأقل تقدير أمرين: الأول: إن القوة ترتكز على مصدر واحد وهو ملكية وسائل الإنتاج، غير أن الحياة الاجتماعية تتعدد فيها مصادر القوة حسب تنوع الحاجات داخل المجتمع، وحيثما يستحضرها الفاعلون كتفعيل لعلاقة قوة معينة، وهنا تظهر مغالطة (التقدير الخاطئ لمصدر القوة) في الشيوعية، حيث تتوزع ملكية وسائل الإنتاج، ومنطق التحليل الماركسي يقتضي غياب القوة ولو بشكل مؤقت، عندما غاب مصدرها، وعلاوة على ذلك فإن حصر القوة بمصدر واحد، يتنكر لعلاقات القوة التي قد تنشأ داخل الطبقات. أما الأمر الثاني فهو: إن مماهاة القوة بالطبقة ونضالاتها، يقود حتماً إلى ربط القوة بالاستغلال من ناحية، وبالتغير والصراع من ناحية أُخرى، علماً بأن ذلك قد لا يتحقق بالضرورة، فقد يظهر التفاضل في القوة، ولكن لا يأخذ شكل الممارسة الاستغلالية، ولذلك لا ينشأ الصراع، ولكن من الطروحات الهامة عند ماركس - وقد أشار بورديو إلى ذلك عندما ربط القوة بالآبيتوس - أن الاستغلال قد ينشأ ويدوم لفترة زمنية طويلة دون وعي من قبل المستغلين، وذلك بفعل الايديولوجيا، واستراتيجيات القوة التي ترسخ الاغتراب.

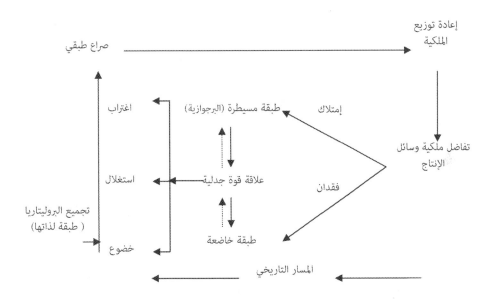

النموذج رقم (7): القوة والمعنى في الطروحات الماركسية.

يوضِّح النموذج رقم (7) أن موقع الجماعات من ملكية وسائِل الإنتاج يحدد موقعها من البناء الطبقي القائم، فالطبقة المالكة هي المسيطرة، والطبقة التي لا تمتلك هي الخاضعة إن علاقة القوة الناتجة عن تفاضل ملكية وسائِل الإنتاج، تؤدي إلى استغلال الطبقة المسيطرة للطبقة الخاضعة وتتشكّل ثقافة الاستغلال التي تتضمن اغتراب الخاضعين وخضوعهم وحرمانهم، وعبر المسار التاريخي لعلاقة القوة تستجمع الطبقة الخاضعة قوتها وتستعيد وعيها، فتناضل من أجل حقوقها، وينشأ الصراع الاجتماعي، حيث تثور الطبقة الخاضعة على الأوضاع القائِمة، فيعاد توزيع الملكية، لفترة زمنية معينة.

2-4-2: رالف دارندورف:

يوضِّح داندورف Dahrendorf في كتابه الأكثر شهرة، الطبقة والصراع الطبقي في المجتمع الصناعي Class and Class Conflict In an Industrial Society، أنه لا يتنكر للطروحات الوظيفية سواء تلك التي وضعها بارسونز أم غيره من البنائيين الوظيفيين، فهي كما يوضح، تساعدنا في فهم العديد من مشكلات الواقع الاجتماعي، ويطرح الافتراضات الأساسية للوظيفية على النحو التالي:

1- إن المجتمع يتضمن بناء ثابت نسبياً من العناصر 2- هذه العناصر متكاملة مع بعضها 3- كل عنصر يؤدي وظيفة تدعم بقاء النسق 4- كل بناء اجتماعي يرتكز على إجماع قيمي بين أعضائه. ولكن، لأن النموذج الوظيفي يخبرنا بصورة بسيطة جداً عن وجود القسر في النسق، فإن دارندورف يستدير ليفسر مشكلات من هذا النوع إلى نموذج معارض هو نظرية القهر، ويضع افتراضاتها على النحو التالي: 1) كل مجتمع عرضة لعمليات التغيير 2) كل مجتمع يتضمن الصراع واللااتفاق وهي عملية شمولية 3) كل عنصر يسهم في عدم التكامل داخل النسق ويؤدي إلى التغيير 4) كل مجتمع يرتكز على قهر بعض أعضائه للبعض الآخر. (Dahrendorf: 1959: 161-162).

يبدو أن دارندورف ليس من دعاة الإطار النظري الموحد والعام، وفي تصريح له يؤكد أن توحيد النظرية غير عملي إلى درجة حيرت المفكرين منذ بداية مسيرة الفلسفة الغربية (زايتلن: 1989: 200)، ولذلك فإنه يحتفظ بالوظيفية إلى جانب الصراع، ويعتبر أن إحداهما قادرة على تفسير ظواهر لا تستطيع الأُخرى تفسيرها. ولكن كما هو واضح من عنوان كتابه يهتم بتفسير الصراع، لأن التأكيد المستمر على التوازن والاستقرار يفضي إلى اليوتوبيا، وهكذا يتبين أن دارندورف لا يكن عداءً للوظيفية - كما يزعم جوناثان تيرنز - بل يعتبرها مفسرة لظواهر بعينها في المجتمع. (تيرنر: 1999: 139).

لقد حاول دارندورف متابعة طروحات ماركس، في إطار التحولات التي طرأت على النسق الرأسمالي، وبشكل خاص وحدة الطبقة الرأسمالية، والدور الثوري الذي تم التعويل على الطبقة العاملة القيام به. ويوضح دارندورف بهذا الخصوص: "... أعتقد أنه بإمكاننا إتباع ماركس في تفسيره الراديكالي لهذه الظاهـرة. إن انفصال الملكية عن السيطرة قد استبدل جماعـة واحدة بجماعتيـن، موقعهمـا، وأدوارهمـا، ونظراتهمـا بعيدة عن التطابق "ويرفض دارنوورف، اعتبار ماركس هذا الانفصال شكل انتقالي من التطور التاريخي. (:Dahrendorf 1959: 47).

يلاحظ دارندورف أَن الرأسمالية قد تعددت وتجزأَت وتنافست، ولكنها لم تفقد خاصيتها الوجودية المرتبطة بالقوة، فالإداري قد يستمد شرعية التحكم والسيطرة من حقه في الملكية التي تبرز على شكل مساهمة، بصرف النظر عن طبيعة الإدارة، وفي الوقت ذاته فإن الشرعية تنبثق عن الاتفاق بين المرتبطين بالمشروع واجماعهم على طاعة الأوامر، ولذلك فإن الإداري يتوقع الطاعة والإذعان، وتبرز قوته في ضوء المتغيرين أو المرتكزين السابقين وهما رأس المال المساهم، والإجماع المتمثِّل بالمعايير المؤسسية. (Ibid: 45).

وهكذا، انطلاقاً من محاورته لكارل ماركس محاورة نقدية، يرصد فيها التغيرات التي طرأت على المجتمع الرأسمالي، والأوضاع الطبقية للرأسمالية، وكذلك ما طرأ على وضع الطبقة العاملة من تغيرات، لم يفض دارندورف الطرف عن توغل القوة في بنى ومؤسسات المجتمع، حتى مع بروز المجتمع ما بعد الرأسمالي، وظهور الشركات المساهمة، وانفصال الملكية عن السيطرة، وتدرج الطبقة العاملة، وتزايد الحراك، ونمو الطبقة الوسطى الجديدة، وتنظيم الصراع الطبقي، لقد أكد دارندوف أن هذا الوضع لا يعني بأنه لم تعد هناك قوة أو سيطرة أو صراع، فالمجتمع ما بعد الرأسمالي شأنه شأن المجتمع الرأسمالي ينطوي على أولئك الذين يسيطرون على المصادر الإستراتيجية ويأمرون، وأولئك الذين لا يسيطرون ويطيعون، فحيثما كانت السلطة كانت علاقات السيطرة والخضوع. (زاتيلن: 1989: 195).

وفي مقابلة أجراها معه هاري كرايسلر Kreisler: يوضّح دارندورف بأن تنظيم الصراع هو سر الحرية في الديموقراطية الليبرالية، فالناس يمتلكون مصالح وطموحات مختلفة، ويطورون مؤسسات يظهرون فيها هذه الاختلافات والفروقات، التي تعكس الديموقراطية، فالديموقراطية هي ليست تشكيلاً لوجهة نظر موحدة يحملها الأفراد، بل هي تنظيم الصراع، والعيش مع الصراع. (Kreisler: 1989).

إن الترابط القسري هو ما يجعل التنظيمات الاجتماعية متسقة، وهذا يعني أنه في كل تنظيم اجتماعي هناك بعض المواقع مدعمه بالحق لممارسة السيطرة على المواقع الأخرى من أجل تأكيد القهر الفعّال، وهذا يعني أن هناك توزيع تفاضلي للقوة والسلطة، (Dahrendorf: 1959: 165). واحدة من الأفكار الأساسية التي يؤكد عليها دارندورف، أن هذا التوزيع التفاضلي الثابت للسلطة يصبح العامل المحدد للصراع الاجتماعي النظامي، وهو نوع وثيق الصلة بصراع الطبقات ضمن الفهم الماركسي التقليدي لهذا المصطلح. (Ibid). إن الأصل البنائي لهذه الجماعات المتصارعة يجب أن يرى في ترتيب الأدوار الاجتماعية التي تقدم توقعات السيطرة والخضوع، وحيثما وجدت مثل هذه الأدوار، فإن الصراع متوقع، حيث ترتبط عملية الصراع بجماعات السلطة.

يسير دارندورف على خطى فيبر في تعريف القوة Power حيث تشير إلى إمكانية أحد الفاعلين في علاقة اجتماعية، فرض إرادته من خلال موقعه رغم مقاومة الآخرين، وذلك بصرف النظر عن الأسس التي ترتكز عليها هذه الإمكانية، ويرى دارندورف أن الفرق بين القوة والسلطة يتمثل في أن القوة ترتبط بالضرورة بشخصية الأفراد، بينما تتمركز السلطة في المواقع والأدوار التي ترتبط بالتوقعات التي تكون مستقلة عن الأشخاص. (Ibid: 166).

يعتني دارندورف بعلاقات السلطة، التي تسمح بتشكل جماعات الصراع بشكل نظامي داخل التنظيمات. إن أهمية جماعات الصراع هذه تكمن في أنها تنتج عندما

تمارس السلطة، وهذا يعني أنه في كل المجتمعات وتحت كل الظروف التاريخية يمكن الإفصاح عن ما يلي:

1- إن علاقات السلطة هي دائماً علاقات سيطرة - خضوع.

2- حيثما وجدت علاقات السلطة، فإن العنصر القيادي يتوقع اجتماعياً أن يسيطر بموجب الأوامر والتعليمات والتقديرات والتحديات الواقعة على سلوك العنصر الخاضع.

3- إن التوقعات الملتصقة باستمرار نسبي بالمواقع الاجتماعية ذات شرعية لأنها لا تلتصق بالأشخاص.

4- بموجب الحقيقة السابقة فإن التوقعات تتضمن تحديدات للأفراد الخاضعين للسيطرة، وفضاءات مسموح بها لمن يسيطرون، والسلطة إذ تتميز عن القوة فإنها لا تتضمن سيطرة معممة على الأفراد. ويوضح دارندورف بهذا الخصوص: أن تعريف السلطة يعتبر حاسماً وحرجاً، فالمدير الذي يحاول السيطرة على الناس خارج حدود سلطته ليصل إلى حياتهم الخاصة في إطار السلطة، فإنه يتعدى الخط الفاصل بين السلطة والقوة، فعلى الرغم من أنه يمتلك سلطة على الأفراد في موقعه، فإن سلطته تتخذ شكل القوة، عندما يذهب خلف الفضاءات الشرعية، وهذا النوع من التعدي موجود في مختلف علاقات السلطة.

5- إن شرعية علاقات السلطة تتضمن إحدى وظائف النسق القانوني (أو العادات والمعايير شبه القانونية)، حيث أن العقاب يكون نتيجة لعدم الخضوع للأوامر، ولذلك فإن السلطة ذات وجهين: فهي من ناحية تنتج الصراع، ومن ناحية أُخرى تقدم تسهيلات وظيفية للمجتمع ككل. (Ibid: 166 -167).

في إطار علاقات السلطة يميز دارندورف بين السيطرة والخضوع، وهما، الثنائية التي تولد الصراع، فالسيطرة تعني المشاركة في ممارسة السلطة، أما الخضوع، فيشير إلى الحرمان من السلطة، أو الاستبعاد من ممارسة السلطة. إن الصراع ينشأ بين موقع السيطرة ومواقع الخضوع، حيث أن مصالح هذه المواقع متعارضة في جوهرها وفي اتجاهها، ويؤكد دارندروف أن المصالح هنا ترتبط بالأفراد، أي رغبتهم بفعل شيء ما، وليست خاصية للموقع، وهي بهذا المعنى تمثل مصالح كامنة، تختلف عن المصالح الموضوعية المرتبطة بالمعايير المؤسسية. (Ibid: 179-175).

لقد حاول دارندورف إجراء نوع من التوليف بين بعض الطروحات الوظيفية وبعض طروحات الصراع ليحصل على فكرة **المنظمة المترابطة بالقسر**، التي تجمع بين السلطة والمصالح السلطوية والمعايير والأدوار، ومن قلب هذه التركيبية الهجينة، يعلن دارندورف هدف نظريته المتمثل في السعي إلى توضيح التغيرات البنائية في ضوء صراعات الجماعات التي يصفها على النحو التالي:

1- في كل منظمة مترابطة بالقسر هناك نوعين من المواقع المحتشدة هي المواقع المسيطرة والخاضعة.

2- يوصف كل تجمع من خلال مصالح كامنة عامة، وتجمعات الأفراد التي تتحقق بموجبها تشكل شبه جماعات.

3- تتحول المصالح الكامنة - التي لا تكون مدركة لدى أصحابها - إلى مصالح معلنة وتتحول شبه الجماعات guasi group إلى جماعات مصلحة منظمة من النوع الطبقي.

4- إن تحول جماعات المصلحة المعلنة إلى جماعة صراع فعلية يمكن أن يكبح بوجود ظروف تقنية (العقود والالتزامات)، والظروف السياسية (الائتلافات)، والظروف الاجتماعية (الاتصال) وظروف سيكولوجية (استدماج مصالح الدور).

ولكن الصراع عملية حتمية تولد القوى المتعارضة داخل التنظيمات الاجتماعية، والظروف البنائية إما أن تعمل على تكثيف الصراع وتعجيلـه أو تثبيطه، وينتج عن الصراع موقف بنائي جديد يقود حتماً تحت ظروف اجتماعيـة محددة إلى نشوب الصراع بين القـوى المتعارضـة من جديد، وهكذا يجري الصـراع الاجتماعي بصـورة ديالكتيكية. (Ibid: 238 -239).

وبهذا المنطق الجدلي للصراع، يتضح، أَن القوة التي تمثل انحرافاً عن نظامية السلطة تمثل بالنسبة لدارندورف خاصية أصيلة في الحياة الاجتماعية، وذات ديمومة واستمرار فالقوة عند دارندورف أطروحة أساسية ومشروعاً نظرياً متكاملاً، فالطبقة تمثل تعبيراً عن جماعة قوة وتجسيداً لها، وصراع الطبقات هو صراع قوى ونتاج لتفاضل القوة، فالقوة ترتبط بالأوضاع الوظيفية (المواقع) والمصالح وتندمج معها، وتقود إلى التغيرات البنائية ومن ثم فإن الأوضاع الجديدة هي أوضاع قوة متفاضلة.

ثمة مسالة هامة ينبغي ذكرها في هذا المقام، وهي أن دارندورف قد استعار مقولة وظائف الصراع الاجتماعي من كوزر ووافق عليها، ويؤكد بأن الصراع من هذا المنظور يؤدي إلى صيانة الأنساق الاجتماعية، ولذلك ينبغي عدم تجاهل نظرية التكامل، لأن ظاهرة الصراع ترتبط بمحددات الدور وبالتنشئة والحراك (Ibid: 207)، وفي مقابلة كريسلر المشار إليها سابقاً صرَّح دارندوف أنه ينبغي إدارة الصراع وعدم تجاهله، من أجل تنظيمه والتعايش معه.

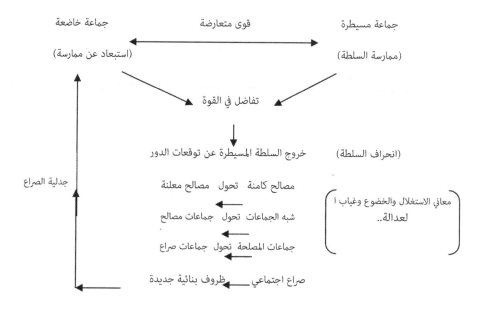

النموذج رقم (8): القوة والمعنى في طروحات دارندورف

يوضِّح النموذج رقم (8) أن التنظيم الاجتماعي عند دارندورف يتضمن نوعين من الجماعات هما الجماعة المسيطرة التي تمارس السلطة، والجماعة الخاضعة المستبعدة عن ممارسة السلطة، وهذا الوضع التفاضلي للقوة يؤدي إلى خروج الجماعة المسيطرة عن توقعات الدور المؤسسة في التنظيم مما يثير جملة من المعاني السلبية لدى الخاضعين كالشعور بالاستغلال والخضوع وغياب العدالة الأمر الذي يؤدي إلى تبلور جماعات مصلحة معلنة تأخذ شكل جماعات الصراع خلال فترة زمنية تحددها الظروف البنائية للتنظيم، وعندما يتشكل الصراع تنبثق ظروف بنائية جديدة، تتضمن بدورها قوى متفاضلة بسبب هرمية السلطة التنظيمية، وتعود دورة الصراع من جديد بصورة جدلية.

3-4-2: لويس كوزر:

يعرف لويس كوزر coser الصراع الاجتماعي في كتابه، وظائِف الصراع الاجتماعي The Functions of Social Conflict بأنه "نضال حول قيم وأَحقية المصادر والقوة والمكانة النادرة وحيث يستهدف الفقراء المتخاصمين من خلاله تحييد منافسيهم أو الإضرار بهم أو التخلص منهم" (زايتلن: 187:1989).

وضمن هذه الصياغة المفاهيمية لمفهوم الصراع، يضع كوزر نفسه في قلب نظرية الصراع حيث يظهر التعريف ضمناً تفاضل القوة، وما ينبثق عنها من استغلال ومطالبة باستعادة الحقوق المفضية إلى الصراع. ولكن منذ البداية يحيد كوزر عن الاتجاه الحقيقي لنظرية الصراع ويفرغ مفهوم القوة من محتواه، ويؤكد بأنه معني بشكل أَساسي، ومهتم بوظائِف الصراع الاجتماعي أكثر من اهتمامه بوظائِفه السلبية أو اللاوظيفية، أي إنه معني بتلك النتائج المترتبة على الصراع الاجتماعي التي تزيد وتنمّي تكيف وتوافق العلاقات الاجتماعية.

ولذلك ينشغل على امتداد نظريته بواقعية وعدم واقعية الصراع تبعاً للأهداف التي يناضل الأَفراد من أَجلها، ودور القيادة في مدة الصراع، ودور البناء الاجتماعي، وطبيعة العلاقات الاجتماعية في شدة الصراع. وأَنواع الصراع (داخلي وخارجي) والوظائف المترتبة عليه.

يلاحظ إرفنج زايتلن: أَن صياغة كوزر هذه تجهل الواقع وتخفيه، فقد صرح كوزر بأَن الصراع لا وظيفي بالنسبة للبناء الاجتماعي الذي لا ينطوي على تسامح أو تنظيم بالنسبة للصراع، أو لا ينطوي إلا على قدر ضئيل منها. إن كثافة الصراع الاجتماعي الذي يهدد بالتمزيق، والذي يهاجم الأَساس الاجتماعي لنسق اجتماعي يرتبط بجمود البناء وما يهدد توازن مثل هذا البناء ليس الصراع في حد ذاته ولكنه الجمود نفسه الذي يسمح بتراكم العداوات ونقلها عبر خط رئيسي واحد للنزاع والتي تنفجر في شكل صراع. (المرجع السابق: 83).

كما يلاحظ ووالاس وولف أن كوزر يشيع اضطراباً مفاهيمياً بين بقاء الجماعة واستمراريتها وتوازنها وبين إجماعها واتفاقها، حيث يصرح كوزر بأن كل ما يولد الاستمرارية يولد الاتفاق والإجماع، ولكن استخدام القوة الهمجية والإرهاب يدعم عدم توازن القوة، ويجعل المجتمع قادراً على البقاء ويبقى متوازن فترة زمنية طويلة في مواجهة قدر كبير من العداء الداخلي. ومثال ذلك ما يحدث في الأنظمة الدكتاتورية. (Wallacle and wolf), 1995: 157).

وهذه الملاحظة. توضح بدقة أن كوزر لم يتابع مفهوم القوة بصيغته التفاضلية، على الرغم من اعترافه به، حيث حوله إلى مفهوم ينطوي على نتائج إيجابية، كما لا بد من الانتباه أن القوة ليست هي العامل الوحيد لانبثاق الصراع، فهناك طبيعة البناء الاجتماعي وطبيعة العلاقات الاجتماعية.

يوضح جوناثان تيرنر أن مدخل كوزر يمثل رؤية تحليلية تؤكد على جانب واحد، وإذا ما أخذ به وحده فقد يؤدي إلى روية مشوهة عن العالم الاجتماعي. ورغم أن كوزر قد بدأ تحليله باقتدار لبيان حتمية القوة والقهر والقمع والصراع، فإن تحليله سرعان ما تحوّل إلى نتائج تظهر تكامل وتوافق هذه العمليات. (تيرنر: 1999: 161).

يقدم كوزر في كتابه استمراريات في دراسة الصراع الاجتماعي Continuities in the Study of Social Conflict. بعض الأفكار الهامة المرتبطة بمفهوم القوة، فيوجِّه الأنظار إلى أن شعوب آسيا وإفريقيا، يمكن في المستقبل الراهن أو البعيد أن تتبنى نظم ديموقراطية ثابتة نسبياً وذلك يتوقف بشكل أساسي على الدرجة التي تتركز فيها القوة أو لا تتركز في السياسات. ويؤكد هنا مرة أخرى على الضرورة الوظيفية للصراعات بين الجماعات الفرعية المختلفة من أجل خلق البناءات الديموقراطية، التي تعني حالة انتشار القوة وتوزيعها داخل المجتمع فالديموقراطية الثابتة نسبياً تتحقق بقدر ما يبتعد النظام السياسي عن مركزية القوة ولذلك فإن مركزية القوة التي يتبعها النظام السياسي تتيح

فرصة ظهور الصراع العنيف من قبل الجماعات التي تحاول الحصول على مصادر القوة، عن طريق اختزال قوة النظام القائم والإطاحة به. (Coser: 1967: 13).

يطلق كوزر على الصراع المادي، أي الذي يأخذ شكل المواجهة المادية، وصف الصراع العنيف violent conflict، وهو الصراع الذي يتضمن تقديراً وتحديداً لحجم ووطأة القوة الفاعلة فيه، وهذا الصراع يحتل الجزء الأكبر من تحليل كوزر للقوة، حيث أن المشاحنات والخلافات تمثّل أشكالاً من الصراع، ولكن ليست عنيفة.

يوضح كوزر بهذا الخصوص: إن امتلاك الواحد معلومات حول قوته وقدرته تمثل واحدة من أكثر الدفاعات المؤثرة والمتكررة المتوفرة لمالكي القوة، وإلى المدى الذي يستطيع فيه أن يمنع الطرف الخارجي من الحصول على معلومات حقيقية عن قوته، وإلى المدى الذي يستطيع فيه أن يضاعف من قوته عليه، لقد كانت السرية تقليدياً واحدة من الأدوات الأساسية للرجال في مواقع القوة، ويقتبس كوزر هنا من فيبر قوله: "إن مصالح القوة، وبناء السيطرة على الطرف الخارجي تمثل رهاناً، وسواء كان منافس اقتصادي لمشروع خاص، أم عدو محتمل، أم دول، نجد دائماً السرية حاضرة". (Ibid: 150).

وأكثر من ذلك فإن كوزر يوضِّح بأن السِريّة حول مقدرات القوة تنطوي على صيغة تفاضلية، بل قد تعكس تفاضل القوة بذاته، وهي ربما تنطوي على فائدة عظيمة بالنسبة للطرف الأضعف، ومثال ذلك، أن هتلر قد أخفى ضعفه عام 1936 عندما كان ضعيفاً، ولكن استخدم علنية عالية عندما أصبح قوياً عام 1939. (Ibid).

يذهب كوزر إلى أن القضايا الخلافية المعلنة للقوة المتعارضة، لا تفضي حتماً إلى الصراع، فيمكن أن تحل بوسائل متعددة غير العنف، كالوساطة أو المساومة، ويوضح أن واحدة من الاستراتيجيات الهامة للقوة، هي إجراء المتخاصمين تقديراً لقوتهم الاعتبارية وتقييمها. ورغم أن التقدير يمثل قوة مدركة وليست فعلية إلا أنها عملية هامة في تشكيل سياسة القوة، ولهذا فإن، خطأ إدراك القوة الاعتبارية وقوة الطرف الآخر، ربما يقود إلى قرارات سياسية خاطئة وخطيرة، وفي معظم الحالات فإن القوة الفعلية للمتعارضين

تصبح واضحة فقط من خلال القتال وبعده، ولذلك فإن الأطراف المتعارضة يمكن أن تحاول الدخول في صراع عنيف من أجل اختبار قوتها الاعتبارية. (Ibid: 247 - 248).

ويستعير كورز مثالاً على ما تقدم من هانتنجتون يوضح فيه أنه في عام 1914 قدر الألمان، أن الجيش الفرنسي يفوق الجيش الألماني من حيث عدد الرجال بـ 121.000 مقاتل بينما قدر الفرنسيون أن الجيش الألماني يمتلك أكثر من 143.000 من ا لرجال زيادة على الجيش الفرنسي. (Ibid).

ولذلك، فإن السرية المحمية من الملاحظة، تحجب صاحب القوة، وتخفيه عن الأنظار، وهذه القدرة على الاحتفاظ بتخمين مختلف عما يقدر الآخرون تمثل سلاحاً قوياً بالنسبة له، ولكن هذه السرية الشديدة، تقود إلى قلة الثبات والاستقرار بالقدر الذي يمكن للآخرين إجراء تقدير نسبي للقوة، متوقف بشكل كبير على المصادفة.(Ibid 250: 251).

من الملاحظ أن كوزر يربط القوة بعنصر السرية، ويجعلها ركناً أساسياً لقيام القوة وديمومتها، إنه محق في ذلك، ولكن ثمة مبالغة حول حصانة السرية ومجهوليتها المطلقة من ناحية، وحاجة الأطراف المتعارضة إلى الدخول في صراع عنيف لاختبار قوتها من ناحية أخرى، فالأطراف المتعارضة قد تجري حسابات تقديرية وأحياناً دقيقة لقوة بعضها بالاستناد إلى القياس الموضوعي، وليس المصادفة، ولذلك نشاهد واقعياً ضروباً مختلفة من علاقات القوة تتضمن التهديد عن بعد، والخوف من التهديد، وممارسة الضغوطات، والهيمنة.

ومن علاقات القوة التي يتعرض لها كوزر، العلاقة بين القائد والأتباع، وهي علاقة تنطوي حسب تقديره على جوانب وظيفية. فالقائد مختلف عن الأتباع ليس فقط في توجهاته الاجتماعية، ولكن في الأفق الإدراكي كذلك، ولذلك فإن القائد يمكن أن يؤسس نتائج وفوائد نسبية أكثر عقلانية من الأتباع. (Ibid: 48).

ولكن القادة، غالباً هم بحاجة إلى جهد كبير من أجل جعل الأتباع يوافقون على تعريفهم للموقف الاجتماعي ويأخذون به، وهو بشكل خاص، موقف النضال، الذي يجب أن يقنع به القائِد الأَتباع بالنضال من أجل المصالح النبيلة التي تمثل الكل، ويتجاهلون المصالح الضيقة وعليه أَن يقنع الأَتباع بأن النضال شرعي ومرغوب به في ضوء مصلحة النظام ككل، وليس مصالح القيادة الخاصة، وبموجب جميع ما تقدم فإن على القائِد أَن يطور نظاماً رمزياً يمكنه من إيجاد حلقة وصل بينه وبين الأَتباع ليعرفوا من خلاله الموقف. (Ibid: 48-49).

في جميع مؤلفاته يصور كوزر القادة على أنهم أكثر عقلانية، ويعملون بشكل متفانٍ من أَجل مصلحة الكل، على الرغم من إقراره بأن القادة يختلفون عن الأَتباع في توجهاتهم الاجتماعية، وهنا تظهر ميول كوزر الوظيفية مرة أُخرى، حيث يتجاهل الامتيازات والمصالح المكتسبة التي يحققها القادة عادة، والأغرب من ذلك، أَن كوزر ينظر إلى النظام الرمزي الذي يطوره القادة بينهم وبين أتباعهم، على أنه، قائم على التوازن، واكتساب الشرعية الكاملة، ويخدم مصلحة الكل، وأنه يستدمج بشغف وتقبل تام من قبل الأتباع، وهكذا ينظر كوزر إلى النظم الرمزية بعيداً عن القهر والخوف كآليات للإستدماج، ويتجاهل الإنحيازات الكامنة في النظم الرمزية، كما يتنكر لما يمكن أَن تفعله الايديولوجيا كنظام رمزي.

إن ما يثير الغرابة، هو أَن كوزر قد أدرك بأن أسباب الصراع هي نفسها أسباب تكمن في الظروف التي تولد سحب الشرعية من النسق السائِد المسؤول عن توزيع الثروة، وعن تعدد مظاهر الحرمان، فكلما زاد تساؤل الجماعات الأكثر حرماناً عن شرعية النظام السائد لتوزيع الموارد النادرة ازدادت احتمالية تفجيرهم للصراع، وهذا يتداخل مع موقف تتضاءل فيه قنوات التعبير لدى الجماعات المحرومة، وتزداد مظاهر حرمانهم، وتقل فيه فرص الحراك. (تيرنر: 1999:148-150).

لقد انشغل كوزر بالوظائِف والنتائج الإيجابية للصراع، فتمسك بمنطلقات نظرية للصراع، كتفاضل القوة، والسيطرة، والامتيازات والمصالح الخاصة، والاستغلال، والتساؤل حول الشرعية، ومن ثم الصراع، ولكنه بعد ذلك ابتعد عن النتائج التي تطرحها نظرية الصراع لمثل هذه المقدمات، وعلى الرغم من أن كوزر قد أكد باستمرار مثله مثل دارندورف على أن النظرية الوظيفية قد أهملت عادة أبعاد القوة والمصلحة، فإنه لم يقتف أثر ماركس ودارندورف في تأكيدهما على نتائج الفوضى والتخريب والتفكك. (المرجع السابق: 145).

ومن هنا، فإن انعكاس القوة على أُطر المعنى حسب طروحات كوزر، يظهر من خلال ازدواجية، تتضمن الهيمنة والخضوع، والحرمان والاستغلال، كما تتضمن التضامن، والتماسك وإعادة البناء، ومن الطبيعي أن تظهر مثل هذه الازدواجية عندما تختلف المقدمات عن النتائج، إن كل جانب من جوانب هذه الازدواجية يمكن أن يظهر لوحده في الحياة الاجتماعية، لكن الأمر الصعب هو أن يظهرا في آن معاً.

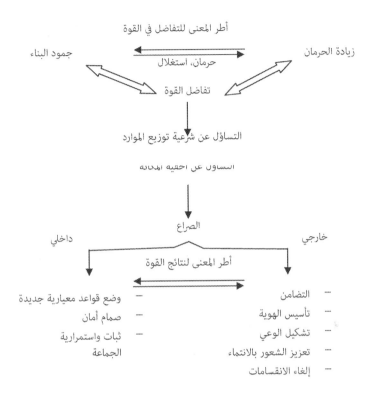

النموذج رقم (9): القوة والمعنى في طروحات لويس كوزر

يوضِّح النموذج رقم (9)، أن هناك شكلين من أطر المعنى تنتج عن القوة في طروحات لويس كوزر، إن مقدمات النظرية توظف القوة بمعناها الصراعي الذي ينطوي على تفاضل يؤدي إلى حرمان واستغلال يقود الخاضعين إلى التساؤل عن شرعية الأوضاع القائمة، وهنا تظهر أُطر المعنى المرتبطة بتفاضل القوة، ومثل هذا الموقف يؤدي إلى إنتاج الصراع الذي يتخذ شكلين، داخلي وخارجي، كل منهما ينبثق عنه وظائِف إيجابية، وهي أُطر المعنى التي تمثل النتائج النهائية لتفاضل القوة.

2-5: النظرية البنائية الوظيفية:

لقد سعت البنائية الوظيفية إلى تفسير التوازن والاستقرار في المجتمع، فتجاهلت ما قد يتعارض مع أطروحتها من عمليات تثير التوتر، أو التفكك، أو الصراع، ومن بين ذلك القوة وتفاضلاتها وما ينشأ عنها من استغلال وصراع وتغير، أي كما هي مستخدمة في نظرية الصراع. ومن هذا المنطلق نظرت البنائية الوظيفية إلى المجتمع، كبناء مستقر وثابت نسبياً يتألف من مجموعة عناصر متكاملة مع بعضها، وكل منها يؤدي بالضرورة وظيفة ايجابية يخدم من خلالها البناء العام، وجميع عناصر هذا البناء تعمل في إطار من الاتفاقات المشتركة والاجماع القيمي، ويمكن متابعة استخدام مفهوم القوة وانعكاساته على المعنى في البنائية الوظيفية من خلال أبرز أعلامها، تالكوت بارسونز، وروبرت ميرتون، ومن ثم الوظيفية الجديدة عند جفري الكسندر.

2-5-1: تالكوت بارسونز:

يقول جدنز في مقاله "القوة في أعمال بارسونز" لقد تعرض بارسونز لهجوم شديد لإهماله البحث في مواضع تتعلق بالصراع والقوة، ولذا فإن طروحاته كانت يمكن أن تكون أكثر ثراءً لو أن بارسونز كرس بعضاً من أحدث كتاباته وخصصها في موضوع القوة، والظواهر المرتبطة بها، الأمر الذي يكشف غيابها عن مسرح الأحداث بالرجوع إلى مؤلفاته الضخمة. (جدنز: 1985: 493)

لقد تصور بارسونز القوة باعتبارها علاقة يكون الربح فيها محتملاً للطرفين، ولذلك فقد عاب على جميع الطروحات التي تفترض ربح أحد الطرفين وخسارة الآخر، ومن ذلك نقده لصفوة القوة عند ميلز، التي قلل من قيمتها ووزنها واعتبرها فكرة خاطئة ووحيدة الطرف حول طبيعة القوة. (المرجع السابق: 494)، ولكن، كما هو واضح يغيب عن فكرة بارسونز السابقة، أن تحقيق الربح بالنسبة لطرفي العلاقة، لا يعني أن العلاقة عادلة، أو متوازنة، أو أن الاستغلال من قبل القوي للآخر الضعيف لا يجري فيها.

فالقوة عند بارسونز، بمثابة طاقة توليدية تخدم القيام بالعهود الملزمة من جانب الوحدات في منظمة ذات تنظيم جماعي، وذلك عندما تكون هذه العهود شرعية بالرجوع إلى توجهها نحو الأهداف الجماعية، ويقصد بارسونز، بالعهود الملزمة، ما يقع بين الذين يمارسون القوة ومن تمارس عليهم القوة من اتفاقات، ترتبط عادة بشرعية أصحاب القوة في إطار العلاقة القائمة. (المرجع السابق: 496).

في معظم أَعماله استخدم بارسونز تعريفاً وظيفياً للقوة، باعتبارها آلية لخدمة المصالح الجماعية، ففي مقاله "نظرية التدرج الاجتماعي" يعرف القوة بأَنها: "القدرة الفعلية لوحدة النسق على تحقيق مصالحها"، وفي مقاله، "توزيع القوة في المجتمع الأمريكي": يعرفها بأنها: "إمكانية أو تسهيل من أجل أداء وظيفة في المجتمع أو نيابة عنه"، وفي مواضع كثيرة يعرفها بأنها "قدرة النسق الاجتماعي على تحقيق وإنجاز الأشياء المتصلة بالمصلحة العامة أو الجماعية": (زايتلن: 1989 :82 -85).

بصورة أكثر وضوحاً، يؤكد بارسونز في كتابه **النسق الاجتماعي The Social System** أنه يتبع هوبز في ما دعاه مشكلة القوة مع تعديل واحد عليه، وهذا التعريف هو "الوسائل الراهنة التي يمتلكها الإنسان لتحقيق أي خير مستقبلي" (Parsons: 1951: 121).

أما التعديل فهو أن تلك الوسائل التي تُكَوِّن قوة تعتمد في ظهورها على علاقة الآنا بالآخرين، الأمر الذي يخلق نوعاً من تبادل الالتزام بالحقوق بين الأنا والآخرين وبشكل خاص احترام الآخر لحقوق الآَنا، وهكذا فإن كافة أِشكال ملكية التسهيلات هي في أحد جوانبها ملكية للقوة، لأنها تنطوي ضمنياً على سيطرة وتحكم في أفعال الآخرين على الأقل بمعنى القدرة على ضمان عدم تدخلهم". (Ibid:121). وفي ذات السياق يجادل بارسونز بأن هناك تضليل كامل بين الجانب السلبي الطارئ للقوة، والجانب الإيجابي المتمثل في قدرة الأنا على التأثير في فعل الآخرين، ضمن إطار الاهتمام بالأَهداف الإيجابية.

يصف زايتلن تحليل بارسونز للقوة بأنه آحادي الجانب، حيث يركز على المصلحة الجمعية والخير للمجموع، ويتجاهل العلاقة بين الحاكم والمحكوم، والمكونات القمعية للقوة، والمكونات اللاقيمية للامتثال والإذعان والخضوع، ومن الواضح أن هذا التأكيد تعسفي، لكن بارسونز يظل مخلصاً لكلمته، ولكل تحليلاته الأخرى للنظام الاجتماعي العام والتدرج والقوة، حيث تبقى بؤرة التركيز هي نسق القيم المشتركة، وأن القوة تحل من أجل المجتمع ومن أجل المصالح العامة. (زايتلن: 1989 :84-86).

يوضح بارسونز أَن القوة تعتمد على ثلاثة شروط فيما يتعلق بفاعليتها وهي:1) نطاق وامتدادية علاقات التبادل النسقية، وهذا يعني أن نطاق القوة على مستوى الممارسة يرتبط بنطاق العلاقات المرتبط بها والمتوغلة فيها، والعلاقة بينهما علاقة طردية 2)، مدى تشكل توجه عمومي داخل النسق يمكن القوة من تجاوز مجموعات خاصة من العلاقات، وهنا ترتبط القوة بمستوى الاتفاقات المشتركة والشرعية 3)، درجة فاعلية أو قوة وعنف الوسائل، والمسألة هنا ترتبط بالقدرة على الضبط والسيطرة.(Parsons , 1951: 122-123).

تنتج القوة عن ثلاث مجموعات من العوامل: 1) كيف يقيم المرء في ضوء معايير القيم المشتركة. 2) درجة السماح له بالانحراف عن تلك المعايير. 3) السيطرة على الممتلكات بما فيها من تسهيلات والتي تشكل مصدراً للامتيازات الفارقة في مجال تحقيق النتائج المرغوبة (بما فيها منع حدوث النتائج غير المرغوبة)، وفضلاً عن ذلك فإن حيازة الممتلكات والتسهيلات هي دائماً وإلى درجة كبيرة نتيجة لعوامل طارئة من زاوية المعايير القيمية للنسق. (زايتلن: 1989: 83).

يذهب بارسونز إلى أن القوة يمكن أن تؤدي إلى ميل مالكيها إلى الوسائل الأكثر عنفاً، ولكن على المدى القصير وبشكل طارئ فقط، حيث أن الأنا يستطيع زيادة قوته بالحصول على وسائل أكثر عنفاً، فقط إذا فشل الآخر مع طول الفترة الزمنية أن يتخذ إجراءات مضادة باتخاذ وسائل من طرفه تزيد من قوته في مواجهة الأنا، والواقع أن لجوء

الأنا والأخر إلى وسائِل عنيفة يؤدي إلى صراع ضار ومتصاعد من أجل القوة، لا يمكن إيقافه إلا بفرض ضوابط على كل منهما، ولذلك فإن الحدود المؤسسة للقوة، تعمل على كسر الحلقة المفرغة لنضال القوة Struggle of power، الذي قد يلجأ الأفراد فيه إلى استخدام وسائل متطرفة. (parsons: 1951:123).

وتبدو الصورة أكثر وضوحاً في كتابه بناء الفعل الاجتماعي The Structure of Social Actions حيث يوضِّح بارسونز أن مفهوم القوة يحتل موقعاً مركزياً في تحليل مشكلة النظام، فالعنصر الأكثر الأهمية في القوة هو السيطرة على إدراك الآخرين والخدمات التي يحتاجونها، وبالنسبة لهوبز - كما يشرح بارسونز - فإن ذلك يعتبر أهم الوسائل، وهي بطبيعة الحال محدودة، ولذلك فإن الناس يحاولون قطع الطريق على غيرهم للوصول إليها، ومن هنا، فإن القوة كغاية تعتبر ضمنياً مصدراً للانقسام بين الناس، وقد يكون ما يتطلع إليه الناس غاية بذاته، وقد يكون وسيلة لغاية أخرى، والمهم في ذلك أن تحقيق هذه الغايات متضمن في العلاقات الاجتماعية، ولذلك فإن أفعال الأفراد قد تكون وسائل ممكنة لغايات الآخرين، وانطلاقاً من مسلمة العقلانية فمن المفترض أن يحاول كل فرد تعظيم قوته والبحث عن تملكها. (Parsons: 1968: 89-93).

ولكن استخدام القوة على الآخرين يؤدي إلى ظهور مجموعة من المشكلات، أبرزها مشكلة النظام كما وضحها هوبز والمتمثلة في النضال الدائِم غير المنتهي للقوة، ولذلك يجب أن يكون هناك تنظيم لجانب القوة في علاقات الأفراد داخل النظام، وبهذا المعنى ينبغي أن يكون هناك نظام توزيعي، قائم على شرعية المعايير المؤسسة، ونسق القيم المشترك، ولذلك فإن نسق الفعل الاجتماعي يتضمن شكلاً من الازدواجية القائمة بين مشكلة علاقات القوة، ومشكلة النظام الذي يمثل حلاً للنضال من أجل القوة. (Ibid: 267: 268).

من الواضح أن نسق الفعل الاجتماعي، أو أي إطار نظري، لا يمكن أن يتحقق إلاّ إذا تم إخضاع أحد أقطاب هذه الازدواجية للأخر، ويبدو أن بارسونز يميل إلى إخضاع علاقات القوة للنظام الاجتماعي الذي يعمل باستمرار على ضبطها وتحديدها بموجب المعايير والقيم المشتركة. ومن هنا يعرف بارسونز علم الاجتماع بأنه: "العلم الذي يحاول تطوير نظرية تحليلية لأنساق الفعل الاجتماعي، بحيث يمكن فهم تلك الأنساق بالاستناد إلى خاصية التكامل القيمي المشترك"". (Ibid: 68).

رغم ذلك، فإن تفاضل القوة، أو مشكلة علاقات القوة كما يرغب بارسونز أن يطلق عليها، تبقى حاضرة في أنساق الفعل، وإذا ما وهنت المعايير والقيم وغابت الاتفاقات المشتركة فإن علاقات القوة سوف تطفو على السطح ويقود هذا إلى الصراع، ومن الأمور الملفتة للانتباه والمثيرة للدهشة أن بارسونز قد أثنى على ماركس في معرض تحليله ومعالجته للنظرية الماركسية فيوضّح أن المعالجة الماركسية للمساومة على القوة وتحصيلها ليس مجرد إحياء للنضال حول القوة ولكنه أحضر إلى الفكر عنصراً لم يكن يرى في الصراع بين المواقع عند هوبز ولوك، حيث أن وضعه الصراع الطبقي في مركز اهتمامه قد جعله يعيد اختلافات القوة وتفاضلاتها إلى الفكر الاجتماعي. (Ibid: 109).

يوضح بارسونز أنه كلما ارتفعت درجة الاختلاف والتفاوت في أدوار النسق، كلما امتدت شبكة العلاقات المتبادلة، يتطلب الأمر هنا عمليات إرساء للاتفاق والتفاهم بين شاغلي الأدوار، وضمن عمليات الاتفاق هذه، تظهر فرصة ممارسة القوة حسب أهمية الوسائل التي يمتلكها الفاعل لتحقيق الأهداف، وذلك يؤكد الصفة العلائقية للممتلكات والتسهيلات، إن الأنا يستطيع أن يحصل على غاياته على حساب الآخر، ولكن عمومية القوة على الآخرين، واتساع شبكة العلاقات المتبادلة، يزيد من نطاق ووطأة الاتفاقات المشتركة الملزمة، وهكذا فإن انهيار الروابط الخاصة هو الغرض الأول لامتداد نسق القوة، الذي تعمل فيه القوة لخدمة مصلحة المجموع. (Ibid: 122).

إن عمومية القوة في الأنساق الاجتماعية تحدث في إطار نمطين بينهما اعتمادية متبادلة، ولكن كل منهما يحمل توجهات مختلفة، وهما نمط القوة الاقتصادية ونمط القوة السياسية، إن القوة الاقتصادية، وبشكل خاص كما تعرف ثقافياً، تتشكل من خلال النقود المؤسسة وتمتلك خصائص معروفة لا تشاركها فيها أي ظاهرة في النسق الكلي للتفاعل الاجتماعي والأكثر أهمية من بين هذه الخصائص أنها عنصر كمي أو متغير في التوازن الكلي للنسق، إن القوة بهذا المعنى مقيدة بالقوة الشرائية، وهذا المجال يمكن أن يتسع باعتبار النقود اختراع ثقافي حيث يمكن معاملة النقود على أنها تعميم رمزي للقوة الشرائية. (Ibid: 199).

أما نمط القوة السياسية فيرتبط بنطاق التأثير، وإمكانية السيطرة على نظام علائِقي معين، وبصورة أكثر وضوحاً فإنها تشير إلى: "تعبئة محتوى العلاقات الكلي كوسيلة لتحقيق الهدف المراد تحقيقه" (Ibid: 126). ويوضح بارسونز الارتباط بين القوة الاقتصادية والسياسية من خلال رمزية الأسلوب style، فملكية الوسائِل الرمزية التعبيرية التي يمتلك المرء بموجبها موقع أكثر قيمة وامتيازاً، في إطار احترام نظام المكافئات، فإنه يستطيع أن يحقق أشياء أكثر وأفضل، فالشخص في المرتبة العليا من الهيراركية، يمتلك أوامر لقوة شرائية وقوة سياسية أكثر، ولذلك هو في موضع أفضل من الذي أقل منه في إطار الهيراركية، إن رمزية الشكل هذه يجب أن تحظى بالشرعية وتتمأسس لتحقق الأهداف الكلية. (Ibid: 240).

يوضِّح جي روشيه Rocher في كتابه علم الاجتماع الأمريكي: أن بارسونز تحدى كثيرين من علماء السياسة عندما أعاد تعريف القوة بنفس طريقة تعريف النقود وجعلها وسيلة للتبادل في النسق السياسي، وبين النسق السياسي والأنساق الفرعية الأخرى في المجتمع لقد نظر بارسونز إلى علم الاقتصاد على أنه ظهر وتطور حول فكرة النقود كوسيلة للتبادل ورمز لقيمة الأشياء، وبنفس الطريقة يجب أن يتشكل علم السياسة حول فكرة القوة التي تناظر فكرة النقود، ويقدم روشيه العناصر الأساسية لفكرة القوة عند بارسونز على النحو التالي:

أولاً: إن القوة ذات طبيعة متحركة ونشطة، ولذلك فهي متداولة في تفاعلات الأفراد وفي الأنساق، وتؤدي إلى التغير وإعادة التوزيع، فالشخص الذي يمتلك السلطة يعتمد على رصيد من القوة يتبادله مقابل السلع والخدمات التي تحتاجها الجماعة التي يحكمها.

ثانياً: القوة تأخذ طابعاً رمزياً، حيث أن قيمتها يمكن الحصول عليها خلال تبادلها،وهي تعمل كمقياس للسلطة،فرصيد القوة الذي يمكن تبادله يزداد بازدياد التدرج في وضع السلطة.

ثالثاً: كما هو الحال بالنسبة للنقود، فإن القوة تتعرض للزيادة أو النقصان، للتضخم أو الانكماش، حيث تزداد كمية القوة المتداولة من خلال تضاعف الرصيد الذي تقوم عليه.

رابعاً: إن القوة أداة لتحقيق الأهداف الجمعية وليس الخاصة، ولذلك ربط بارسونز بين مفهوم القوة والأهداف الجمعية وفكرة الفاعلية.

خامساً: فرّق بارسونز بين مفهوم السلطة ومفهوم القوة، فالسلطة Authority تعني ذلك الجانب المرتبطة بمكانه ما في نسق التنظيم الاجتماعي، وبالتحديد في صورته الجمعية، حيث يشغل الشخص مكانه تمكنه شرعياً من اتخاذ القرارات التي لا تلزمه هو وحده، إنما تلتزم بها الجماعة ككل، وكذلك الوحدات المكونة لها. أما القوة Power فهي قدرة عامة هدفها ضمان أداء الوحدات المكونة لنسق معين ذي تنظيم جمعي للواجبات المنوطة بها، هذه الواجبات تكتسب الشرعية من خلال ارتباطها بالأهداف الجمعية، وفي حالة التمرد عليها، يكون هناك افتراض مسبق لفرضها بالقوة من خلال أساليب العقاب السلبية، أيً كانت الهيئة الفعلية التي تفرض هذه الأساليب. (روشيه، 1981، 145 -148).

يتضح من شروحات روشيه السابقة، أن القوة تتضمن استخدام القسر Force، ولكن - حسب ما يوضح بارسونز - لا يتم اللجوء إلى هذا النوع من القوة إلاّ في أوقات الضرورة، وغالباً ما لا يتم ذلك، لأن السلطة ترتكز على أسس شرعية، ويشبه استخدام القسر استخدام النقود والمعادن النفيسة، كالذهب، التي لا يتم اللجوء إليها إلا في أوقات الأزمات. ولذلك يرى بارسونز أن استخدام القوة القهرية في منطقة إقليمية معينة، هو مرتكز وملاذ نهائي وأخير للقوة، وبهذا المعنى فإن ضبط وتنظيم القوة القهرية التابع لمنطقة معينة، هو دائماً أمر حاسم بالنسبة لنسق القوة السياسية، وهذا ما يمنح الدولة موقفاً مركزياً في نظام القوة داخل مجتمع معقد، حيث أن مشكلة سيطرة القوة السياسية هي مشكلة التكامل، إذ في نسق متسق من السلطة الشرعية تنصهر القوة مع السلطة الكلية. (Parsons: 1951: 127-128).

بهذا الخصوص يشرح جدنز: إن نقد بارسونز لمفهوم حصيلة الصفر في القوة يحتوى فعلاً عدداً من المساهمات القيمة، إذ ما من شك في أن بارسونز على حق عندما أشار إلى أن مفهوم حصيلة الصفر يعمل أحياناً على دعم فكرة بسيطة تطابق مفهوم القوة مع مفهوم القمع بشكل يكاد يكون كامل. (جدنز، 1985: 500).

وفي الحقيقة، غالباً ما يحدث أن الجماعات التي تلجأ أكثر الأحيان إلى استخدام القمع المكشوف ليسوا عادة ممن يتمتعون بأكبر قدر من القوة، إن استخدام القوانين القمعية يشير بوضوح إلى عدم ثبات القاعدة التي ترتكز عليها القوة، ولذلك يمكن حدوث تضخم القوة بالنمو المتزايد للثقة بالقائمين على السلطة السياسية، وفقدان الثقة يخلق اعتماداً متزايداً من جانب القائمين على القوة، لاستخدام القوة القسرية للإبقاء على التكامل. (المرجع السابق: 501).

إن افتراض بارسونز وجود إجماع من نوع معين بين القائمين على السلطة والخاضعين لها يتجاهل حقيقة الامتيازات والمكاسب المرتبطة بالأوضاع الهرمية للسلطة، إن الأوضاع الهرمية للسلطة، وبشكل خاص العليا تهيئ لأصاحبها مستويات مختلفة من

الكسب والنفوذ، ولذلك فإنها تولد الصراع بين من يمتلكونها ومن يطلبونها، وهذا الأمر يستدعي استخدام القسر والخداع والتحايل إما للإبقاء على السلطة أو الحصول عليها، من هنا يصف جدنز، نظرية بارسونز بأنها غير ملائمة، حيث تعالج مسائل القوة والسلطة على أنها عرضية وطارئة وثانوية وثمة حقيقتان جرى تحييدهما دون اهتمام كبير، **أولهما،** أن القرارات النافذة غالباً ما تخدم مصالح فئوية، **وثانيهما** أن معظم الصراعات الأساسية في المجتمع تأتي من الصراع على السلطة باعتبارها مصدراً نادراً. (المرجع السابق: 506).

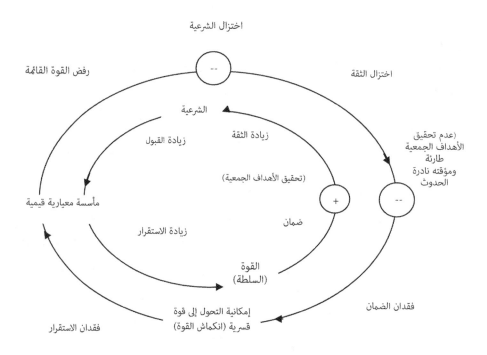

النموذج رقم (10): القوة والمعنى في طروحات تالكوت بارسونز

يوضح النموذج رقم (10) بأن القوة حسب تصورات بارسونز لها، تعمل على خدمة الأهداف الجمعية، ولذلك تحظى بالشرعية المستمدة من المأسسة المعيارية

والاتفاقات القيمية المشتركة في نظام معين، وهذا يزيد من الثقة بمن يمتلك القوة ويزداد القبول بها وتصبح القوة في هذا السياق أكثر استقرار بموجب الشرعية التي تستمدها من تحقيقها للأهداف الجمعية ومنظومة المعايير المؤسسة فيها. ولكن بشكل طارئ ونادر الحدوث قد لا تتمكن القوة من تحقيق الأهداف الجمعية فتفقد الشرعية والثقة، وتفتقد إلى الاستقرار، الأمر الذي قد يؤدي إلى تحولها لاستخدام القسر من أجل إعادة تحقيق التوازن والتكامل.

2-5-2: روبرت ميرتون:

لم يؤمن ميرتون Merton بالنظرية الكبرى Grand التي زعم بارسونز أنه قد أرسى قواعدها، واعتبرها غير دقيقة، وغير واضحة. ولذلك توجه نحو صياغة النظرية متوسطة المدى التي تبنى من مفهومات على مستوى أدنى من التجريد، وتكشف عن مفهومات محددة إجرائياً بصورة واضحة، ومرتبطة بشكل مباشر بالبحث. ومن هنا فقد حذر ميرتون علماء الاجتماع من التعامل مع مفاهيم النظرية الكبرى باطلاقيتها، فلا يوجد تكامل مطلق، ولكن هناك مستويات مختلفة من التكامل والعناصر المختلفة تقود إلى درجات مختلفة من التكامل، كما أن مفهوم وظيفي بحاجة إلى مزيد من الضبط، وعلى علماء الاجتماع أن يتساءَلوا دائماً، وظيفي ولا وظيفي بالنسبة لمن ؟ (Merton: 1967: 39-77)، وهكذا، حاول ميرتون بناء مفاهيم نظرية أكثر واقعية وقابلة للاشتقاق والاختبار، ولكن رغم كل ما فعل بقي ميرتون في الإطار العام للوظيفية، ومخلصاً لها.

لم تمثل القوة فكرة أساسية، في أطروحة ميرتون التي حاول من خلالها التعديل على الوظيفية التقليدية، ولكن يمكن متابعة بعض آرائه حول القوة في سياقات ومواضع مختلفة من أطروحته. لقد أوضح ميرتون في كتابه النظرية الاجتماعية والبناء الاجتماعي Social Theory and Social Structure أنه من الواجب النظر إلى أهمية القوة داخل المجتمع، وقد حاول من البداية إخضاع المفهوم إلى إجراءاته المنهجية التي تقود إلى

صياغة نظرية متوسطة المدى، فالحديث عن شرعية القوة بصورة مطلقة يعتبر من قبيل التضليل، حيث أن القوة قد تكون شرعية عند البعض دون أن تكون كذلك بالنسبة لجميع الجماعات في المجتمع، ولذلك ليس من الكافي الإشارة إلى أن مؤسسات القوة تأخذ شكلاً موحداً من الدعم الاجتماعي، ما لم تحظَ بدرجة معينة من الدعم من قبل جماعات معينة، وهنا يطرح ميرتون فكرة هامة يؤكد فيها: "... ولذلك من المضلل أن نصف اللاتكيف مع مؤسسات اجتماعية معينة كسلوك منحرف مجرد، إنه من الممكن أن يظهر بداية كنمط بديل جديد مع ادعاءاته المميزة للتضامن الأخلاقي". (Merton: 1968: 176).

يوضح ميرتون أنه ليس من الضروري أن تتطابق المعايير المنظمة للمجتمع مع معايير الفاعلية من وجهة نظر أفراد معينين، ولذلك قد تكون القوة وممارسة القمع والقهر أكثر فاعلية في تحقيق القيم المرغوبة، ولكنها تجري خارج المساحة المؤسسية للتصرف المسموح (Ibid: 187) ويستخدم ميرتون مفهوم فيبر للقوة، لكن دون أن يذهب به هذا الاستخدام إلى صفوف الصراعيين فالقوة هي: "المقدرة الملاحظة والمتوقعة لفرض المرء إرادته في الفعل الاِجتماعي، حتى لو كان هناك مقاومة من قبل الآخرين". (Ibid: 426).

وبذات الوقت يعرف ميرتون السلطة بأنها: "قوة الضبط التي تشتق من المكانة المقبولة، المتضمنة في المكتب، وليس في شخص من يؤدي الدور الرسمي" (Ibid: 249) ويشرح ميرتون: أن الفعل الرسمي يحدث عادةً في أطر الدور الموجودة مسبقاً في التنظيم، إذ في التنظيم علاقات مفروضة، وفيها درجة عالية من الرسمية والوضوح وتحدد المسافة بين المواقع المختلفة. إن هذه الرسمية المتكاملة مع توزيع السلطة في النظام، تخدم في تقليل الخلاف بموجب الاتصال الرسمي المقيد والأدوار المعرفة مسبقاً من قبل التنظيم، وكذلك فإن الرسمية تسهل تفاعل أصحاب المكانات بعيداً عن اتجاهاتهم الخاصة نحو بعضهم، وبهذه الطريقة فإن الخاضع محمي من الفعل الاعتباطي للقوة، حيث أن أفعال كل منهما مقيدة بالإدراك المتبادل لنظام الأدوار. (Ibid: 249).

بهذا الطرح، تتطابق أَفكار ميرتون مع بارسونز، ولكنه يحيد عنه عن قصد عندما يطرح إشكالية تمفصل الأَدوار Articulation في نظام الأَدوار، وهي تمثل الوجه الآخر لإشكالية توزيع القوة هرمياً، حيث يؤكد ميرتون: أن نظام الأدوار مدعم بتوزيع القوة الذي يؤثر بثباته، فشاغلوا الأدوار لا يتساوون في القوة، ولا يمتلكون توقعات متشابهة ولكن لا يمكن لفرد أو جماعة، أو شريحة فرض توقعاتها، على المكانات الأَخرى والأدنى مرتبة إلا في حال الاحتكار الفعّال للقوة، واستبعاد جميع من يفوقونها من حيث القوة، وإذا أخفقت في ذلك، فإن الصراع سوف ينشأ في نظام الأَدوار، وهو ما يصفه ميرتون بأنه صراع توقعات. (Ibid: 427- 426).

إن خضوع الأَفراد لتوقعات متصارعة في نظام الأَدوار، يؤثر بشكل متعمد أَو غير متعمد في ائتلاف القوة بينهم، الأمر الذي يؤدِي إلى إحداث تأثير معادل في القوة بحيث لا يمارس أحد الأطراف فرض توقعاته على الطرف الآخر، وهذا ما يجعل توازن القوة هو النمط المألوف في أعمال نظم الأَدوار. وهكذا لا يكون أَصحاب المكانة الدنيا بشكل كامل تحت رحمة أصحاب المكانات العليا. (Ibid: 927).

وهكذا، يكشف ميرتون عن انتماءاته الوظيفية، فالقوة التفاضلية التي تتيح فرصة الهيمنة والاستغلال، تعمل فقط على إحداث صراع التوقعات واضطراب المعنى القائم في علاقات الأدوار، وهي تتميز بوجودها العارض والمؤقت في نظام الأدوار، حيث أن الجماعات الخاضعة سرعان ما تظهر ذاتها في ائتلاف قوة، يحدث توازناً ملموساً، بحيث تتحلل عملية السيطرة ويعود الفعل إلى شكله الانسيابي والمعاني تعود إلى إتساقيتها بعيداً عن ضغوطات القوة، وبذلك يعيد ميرتون تأكيدات بارسونز.

حتى تصبح الصورة أكثر وضوحاً، يسوق ميرتون مثال البيروقراطي الذي لا يخدم موقعه في الهيراركية، ويتصرف كممثل للقوة والهيبة في البناء الكلي، فيقوده ذلك إلى اتجاه إستبداي فعلي وواضح، وهذا التعارض بين متطلبات الموقع والخروج عليها يثير احتجاج المكانات الدنيا ويدعو إلى تضامنها، وهذا الصراع يحدث في المشاريع الخاصة

بصورة أكثر وضوحاً أما في المؤَسسات العامة يزيد التوتر بسبب التناقض بين الأَيديولوجيا والحقيقة. (Ibid: 257).

إذن، يقارب ميرتون المنحى غير الوظيفي لاستخدام القوة، ولكن النتائج النهائية لعمليات الخروج على المعايير المؤسسة داخل التنظيمات ينطوي على نتائج وظيفية، وهو بذلك يقترب جزئياً من طروحات كوزر، وأكثر من ذلك فإن الصراع الذي يتحدث ميرتون عنه يوازي مفهوم التوتر Tention، ولذلك يستخدم المفهومين بالتناوب باستمرار.

ومن الأُمور الملفتة للانتباه في طروحات ميرتون، أنه حينما يطرح نظريته في الانحراف ويقدم بشكل خاص نموذج التمرد، يحاول عن قصد الابتعاد عن مفاهيم نظرية الصراع المرتبطة بتحليل القوة، ومثال هذا، استبدال مفهوم الوعي، بالشعور بالإحباط والحرمان والفشل في تحقيق الأهداف من خلال القنوات الشرعية التي تحددها الثقافة، ولذلك فإن المتمردين أو الثوريين يرتبطون بأهداف ووسائل بنائية جديدة لإحلالها مكان تلك التي يرفضونها.

وهنا، كما يبدو، يعمل ميرتون على تسطيح فكرة التمرد، فالتمرد أو التوجه الراديكالي ينشأ عادة في إطار ظروف اقتصادية واجتماعية تكون بمثابة محرض حقيقي للثورة على الأَوضاع القائمة. إن المضطهدين ومن يتعرضون للظلم والاستغلال والتهميش، يحاولون في مرحلة زمنية معينة اجتثاث ثقافة السيطرة بكل مظاهرها ووسائُلها وأَهدافها، واستبدالها بأخرى خاصة، وأن الأيديولوجيا التي يمتلكها المتمردون في هذه الحالة قد تلقى قبولاً واسعاً من القاعدة المجتمعية. وهذا الأَمر لا يتحقق إلا عن طريق الدخول في صراع مفتوح مع عناصر التصلب البنائي الذين يمثلون قوة راسخة ذات وسائل وغايات، وهكذا فإن نموذج التمرد هو في المقام الأول، نضال من أجل القوة، قوة التحرر وقوة الإخضاع، ومثل هذا النموذج يمكن أن يشكل منطلقاً لنظرية في الصراع، وبذلك يمثل طرحاً محرجاً في الموقف الوظيفي لميرتون.

ولذلك يصرِّح جوناثان تيرنر بأنه كان على ميرتون أن يوضح النظرية متوسطة المدى من خلال المفهومات المحددة والواضحة، ولكن هروبه عن الوضوح خاصة في قضايا القوة والصراع جعله يفشل في صياغة النظرية متوسطة المدى.

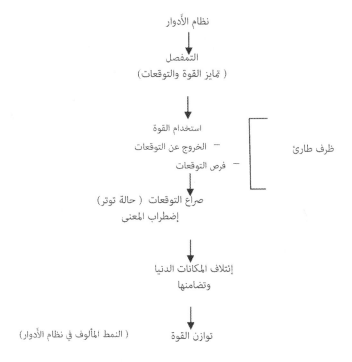

النموذج رقم (11): القوة والمعنى في طروحات روبرت ميرتون

يوضِّح النموذج رقم (11)، أن ميرتون يناقش فكرة القوة بشكل أَساسي في نظام الأَدوار وأكثر ما تظهر علاقات القوة في إشكالية التمفصل التي تشهدها أنظمة الدور، حيث هناك تمايزات في القوة والتوقعات، تدفع أصحاب المكانات العليا إلى فرض توقعاتهم على المكانات الدنيا، ولكنها لا تتمكن من ذلك، فينشأ صراع التوقعات وتضطرب سياقات المعنى في نظام الدور، ولكن هذا الأمر يعتبر ظرفاً طارئاً سرعان ما يزول عندما تتحدد المكانات الدنيا وتعيد إلى القوة توازنها، أي العمل ضمن توقعات

الدور المحدد سلفاً في التنظيم، وهذا هو النمط المألوف في نظام الدور وبشكل خاص في المشاريع الخاصة.

2-6: الوظيفية الجديدة: إعادة الاعتبار لتصورات بارسونز:

تمثّل الوظيفية الجديدة، كما يرغب أَصحابها التعبير عنها، ميلاً نظرياً، Tendency وليس نظرية مطوَّرة، فهي تمثل في حقيقتها مسارات وطرق مختلفة للعمل النظري انطلاقاً من طروحات تالكوت بارسونز، لقد ظهرت الوظيفية الجديدة في الثمانينيات من القرن الماضي في الولايات المتحدة وأَلمانيا، ومن أَبرز روادها جفري الكسندر Alexander في الولايات المتحدة.

يؤكد الكسندر في كتابه الوظيفية الجديدة Neo Functionalism أَن المعركة ضد البارسونية Anti –Parsonian، قد حسمت في عام 1980، فنظريات، الصراع، والتبادل، والتفاعل والإثنوميثودولوجي، والنظرية الماركسية، أَبرزت قضايا هامة بينت من خلالها ضعف نظرية بارسونز في نواحي متعددة، وتمثل وجهة نظر الكسندر في أننا نعيش اليوم حالة ما بعد بارسونية في التنظير السوسيولوجي، وهي تمثل حركة توليفية synthesizing A Movement، تحاول بشكل أساسي، الوصل بين النظريات بعيدة المدى، والنظريات قصيرة المدى. من أجل إنهاء حالة المدارس المتحاربة، بموجب نظرية توليفية تستدمج النظريات المتحيِّزة. (Wallace and wolf: 1995: 69).

يتابع أَلكسندر وبول كولومي Colomy في مقالهما نحو وظيفية جديدة Toward Neo - Functionalism الانفتاحات التي أجراها ايزنشتات Eisenstadt في وظيفية بارسونز، وبشكل خاص إمكانية احتواء نظرية الصراع، والتفاضل الاجتماعي، والتغير، لقد أدرك آيزنشتات أن تمديد وتوسيع طروحات بارسونز لتشمل مسائل القوة وتفاضلاتها وما ينشأ عنها من تغيرات، واحتواء الاتجاهات السوسيولوجية المختلفة يعتبر أمراً مفيداً وينطوي على ثراء عظيم. ومثال ذلك أن النظم السياسية لا تدرك فقط باعتبارها منتجة للتكامل، ولكنها تمثل قوة مؤسسية مهيمنة على المجتمع، ولذلك فإن

معنى (اللاعدالة) قد يظهر من خلال انتهاك هذه القوة لمصالح المجتمع العامة، مع الأخذ بعين الاعتبار إدراك الأفراد وشعورهم بهذه الإنتهاكات وتطويرهم لأدوات رمزية مشتركة توضح الواقع الإشكالي وتفسره. (Alexander and Colomy: 1985: 11-13).

لقد اعترف بارسونز بتفاضلات القوة، ولكنها قائمة بتدرجها من أجل تحقيق المصالح العامة والعدالة الاجتماعية، وما فعله آيزنشتات – كما يوضح الكسندر وكولومي- هو أنه غير اتجاه نظرية بارسونز مستخدماً مقولات نظرية الصراع والتفاعلية الرمزية، ولكن كما هو واضح فإن آيزتشتنات لم يحتفظ إلا بنقطة الانطلاق التي طرحها بارسونز وعمل بدوره على تغيير محتواها.

لقد كانت طريقة جفري الكسندر في التعامل مع الانتقادات الموجَّهة لبارسونز هي التسليم بها، وقد أفضى هذا إلى بعض الأعمال القيمة، فقد عمل الكسندر على تخفيف حدة النظرية الوظيفية عن طريق إلغاء حتمية التفسير السببي الذي تحتمه فكرة التراتب السبرنطيقي ولذلك فإن التطور الاجتماعي قابلاً لكل الاحتمالات، ويستخدم الكسندر فكرة التوازن بصفتها نقطة مرجعية، حيث أن التوازن دائماً هو توازن متحرك، كما تقر الوظيفية الجديدة بفكرة التمايز أو التفاضل التي تمثل صيغة من صيغ التغير الاجتماعي. (كريب: 1999 : 92).

تتضمن الوظيفية الجديدة مسارات وميول مختلفة للعمل، أهمها ما يلي:

1- خلق شكل من الوظيفية متعدد الأبعاد، ويتضمن مستويات التحليل بعيدة المدى وقصيرة المدى.

2- دفع الوظيفية إلى ترك ورفض تفاؤل بارسونز بالحداثة.

3- العمل من أجل حركة ديموقراطية واضحة في التحليل الوظيفي.

4- استدماج منظور الصراع.

5- استدماج الإبداعية التفاعلية والتأكيد عليها.

.(Wallace and wolf: 1995: 68)

وقد أشار الكسندر - كما يلاحظ كريب - في مؤلفه **المنطق النظري في علم الاجتماع:** أن بارسونز كان يميل إلى دمج ما هو عيني وما هو نظري، ويتجاهل مسألة القسر الذي يمارسه المجتمع لفرض المعايير والقيم فضلاً عن النواحي المادية للفعل، وميزة الكسندر الكبرى هي أنه على الأقل واعٍ لكل هذه الأبعاد، ولهذا فهو يقدم منطلقاً لنظرية سليمة، ويجعل هذا التناول دخول مختلف ضروب الفكر إلى نظرية بارسونز أمراً ممكناً. (كريب: 1999 :93).

حتى الوقت الراهن، فإن ما يطلق عليه وظيفية جديدة يعاني من مشكلة أساسية وهي الاحتفاظ بالانتقادات التي وجهت إلى تالكوت بارسونز أكثر من الاحتفاظ بمقولاته أو الاحتفاظ بكل مقولاته والانتقادات الموجهة إليها في آن معاً. ولذلك فإن هذا الإجراء الجديد أي الوظيفية الجديدة، قد لا يعتبر وظيفية ولا جديدة، فالانطلاق من وظيفية بارسونز دون الاحتفاظ بكامل مقولاتها وتوظيفها أو سحبها وتمديدها قد يعني القضاء عليها، واستخدام مقولة تمثل نقطة انطلاق من نظرية بارسونز لا يكفي وحده للإبقاء على سمة الوظيفية، ومن ناحية أخرى فهي ليست جديدة لأن المنظورات التي تحاول أن تجد لها ركائز في طروحات بارسونز هي قائمة فعلاً وتشكل الإطار العام للحركة النقدية حول طروحات بارسونز. ولذلك من اللائِق فعلاً. استخدام علم الاجتماع متعدد الأبعاد Multidimensional sociology أكثر من الوظيفية الجديدة ولذلك يصف **كريب** الوظيفية الجديدة بأنها: تمثل نوعاً من الصراع الداخلي للنظرية، فكأن أحداً اقتحم خزائن ملفات بارسونز وخلط محتوياتها ثم أدعى أن النظام الذي حفظت به الملفات غير ذي أهمية. (المرجع السابق: 92).

لقد سعى بارسونز إلى وضع إطار تصوري، ولذلك فقد صاغ طروحاته على مستوى عالٍ من التجريد والشمولية، وهذه الخاصية التي تميز طروحات بارسونز، قد

تمكنها من استيعاب المنظورات السوسيولوجية المختلفة، وربما كان ذلك من دواعي سرور بارسونز ذاته، لكن المحاولة لم تتم بعد حتى بالنسبة للوظيفية الجديدة، ولعل إنجاز هذه المهمة يتطلب قراءة طروحات بارسونز كما أراد صاحبها أن تقرأ، والعمل من داخل النظرية وفي داخلها مع أحقية الإضافة والتعديل، لكن دون إهمالها أو تجاوزها. فالفعل - كما يقول لكنر - يخلق الفوضى كما يخلق النظام، وقد أدرك بارسونز هذه الحقيقة لكنه لم يتابعها، مع أن ذلك أمر ممكن، وبالاشتقاق من القضايا التي صاغها حول الانتظام.

وبكل الأحوال، فإن ما يسجل للوظيفية الجديدة، هو التفاتها إلى أهمية التوليف بالنسبة للنظرية السوسيولوجية في المرحلة الراهنة، وأنها قد أدركت الإطار العام الذي يمكن أن يجري فيه التوليف، وهي نظرية بارسونز الأكثر اتساعا وشمولية في النظريات السوسيولوجية، وكذلك السعي نحو ردم الهوة بين المستويات النظرية المختلفة، والقضاء على حالة الجمود والتكلس التي تبقي على انحياز النظريات السوسيولوجية وتبعثرها.

7-2: ملاحظات ختامية:

تضمن هذا الفصل، محاولة للكشف عن استخدام مفهوم القوة في النظرية السوسيولوجية وانعكاساته على المعنى أو التطورات الدلالية التي تتشكل في العلاقات الاجتماعية وترتبط بمدركات الأفراد وذلك من خلال إبراز انعكاسات مفهوم القوة على سلسلة الإجراءات والأحداث التي تطرحها النظرية، وارتباط مفهوم القوة بالأيديولوجيا التي تتبناها النظرية، ومدى مركزيته بالنسبة لمقولاتها وطريقة توظيفه. ومثل هذا الإجراء، يعد منهجياً خطوة لازمة وضرورية لتحديد موقع الدراسة الراهنة من النظرية السوسيولوجية وطبيعة الإضافة التي تقدمها، ويمكن استكمال أغراض هذا الفصل من خلال الملاحظات الختامية التالية:

أولاً: حظي مفهوم القوة بمستويات مختلفة من الاهتمام في النظرية السوسيولوجية، حيث اختلفت مركزية المفهوم في الأطروحة الأساسية للمنظورات المختلفة.

وبصورة أكثر تفصيلاً يمكن العثور على متصل في أحد قطبيه تقع هامشية القوة وفي القطب الآخر مركزية المفهوم ومحوريته. فالنظريات قصيرة المدى وبشكل خاص، التفاعلية الرمزية، والظاهراتية والإثنوميثودولوجي، ركزت اهتمامها على المعنى وانبثاقه وتأويله، ونأت بذاتها عن مفهوم القوة، وغيبته من حساباتها للحياة الاجتماعية، وإمكانية تأثيره على سياقات المعنى التي تتخذها موضوعاً لها. وفي الجهة المقابلة، شكل مفهوم القوة، قضية مركزية بالنسبة لنظرية الصراع وبشكل خاص النظرية الماركسية، حيث ارتبطت سلسلة الأحداث والإجراءات التي تطرحها النظرية بالقوة، وبين هذين القطبين تظهر استخدامات ومستويات مختلفة من التركيز على المفهوم وارتباطه بمقولات النظرية المختلفة. وضمن كل منظور يمكن العثور على مستويات مختلفة من الاهتمام بمفهوم القوة، مما يعكس حالة من اللاتجانس الفكري في محتوى هذه المنظورات، ومثال ذلك الفروقات القائمة بين هومانز وبلاو وإمرسون في مركزية المفهوم وطريقة استخدامه ضمن إطار التبادلية، وكذلك الأمر بالنسبة للأعمال التوليفية عند جدنز وبورديو، حتى في الوظيفية والصراع.

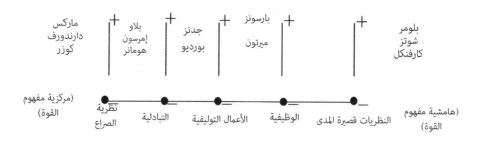

النموذج رقم (12): متصل مركزية مفهوم القوة في النظرية السوسيولوجية

قد يؤخذ على هذا المتصل أن الترتيب الرأسي لاهتمام العلماء بمفهوم القوة يتعارض أحياناً مع الترتيب الأفقي للمنظورات السوسيولوجية، ومثال ذلك أن هومانز لم يمنح مفهوم القوة ذات الاهتمام الذي منحه إياه بورديو أو جدنز وكذلك الأمر بالنسبة لوضع كوزر مع ماركس ودارندورف، علماً بأن هومانز وكوزر قد وضعا على المتصل في مكان أقرب إلى مركزية المفهوم، ولإزالة هذا اللبس ينبغي الأخذ بعين الاعتبار أن هذا المتصل مؤسس على المنظورات بصورتها الشمولية، وليس على الحالة الجزئية لروادها وأعلامها.

ثانياً: ارتبط استخدام وتوظيف مفهوم القوة، بالأيديولوجيا التي ترتكز عليها النظرية فالنظريات قصيرة المدى التي كان همها الأساس إعادة الاعتبار إلى الفاعل الإنساني بنشاطه وإبداعيته، عن طريق إنتاجه المعنى وتحويره بين الفاعلين، أسقطت من اعتبارها مقولات البناءات الكلية الخارجية التي يمكن أن تؤثر على الذوات الفاعلة، بما في ذلك بناءات القوة ومؤسساتها، وانزلق هذا الإجراء إلى تجاهل القوة حتى في إطار العلاقات القائمة بين الفاعلين في الحياة اليومية والآثار المترتبة عليها. أما بالنسبة للنظرية الوظيفية، التي ركزت على مقولات التوازن والاستقرار وإمكانيات تشكيل النظام فقد اعتبرت القوة بتفاضلاتها ونتائجها عنصراً وظيفياً، يحقق المصلحة العامة ويؤدي تحقيق الضبط وحفظ التوازن والاستقرار، حتى عند استخدام الشكل المتطرف من القوة الذي اعتبرته النظرية طارئاً وبالنسبة للأعمال التوليفية عند جدنز وبورديو التي حاولت التوفيق بين الذاتي والموضوعي أو البناء والفرد، فقد كانت أكثر ميلاً إلى تحليل مفهوم القوة وارتباطاته أكثر من متابعته كأطروحة ذات بداية ونهاية، حيث كانت أطروحتها الأساسية التوليفية هي الممارسات الاجتماعية، ولذلك من الطبيعي أن يأتي استخدامها للقوة وسطياً لا متجاهلاً ولا مركزاً. بينما كان التركيز على مفهوم القوة وتوظيفه في الأطروحة الأساسية واضحاً بالنسبة لنظرية الصراع

ونظرية التبادل - مع التحفُّظ على هومانز وكوزر - حيث حاولت هذه النظريات تفسير التناقضات وما يترتب عليها من صراعات وتغييرات اجتماعية. مما دعى إلى استخدام مفهوم القوة بصيغته التفاضلية وربطه بحتمية الاستغلال والصراع والتغير.

وكما هو واضح، فقد انعكست الأيديولوجيا على المعنى المستخدم للقوة، فالأعمال التوليفية وبشكل خاص جدنز، استخدمت المعنى التحليلي للقوة، الذي يتضمن إعادة النظر في مفهوم فيبر للقوة، عن طريق إلغاء سمة الحتمية لارتباطه بالممارسة القهرية أو الاستغلالية وكذلك ارتباطه بالصراع والتغير، بينما استخدمت نظرية الصراع وكذلك التبادلية مفهوم فيبر للقوة بصورة مختلفة تتضمن حتمية ارتباطه بالاستغلال والصراع والتغير، حيث يشير إلى "قدرة أَحد الفاعلين على فرض إرادته بصرف النظر عن المقاومة"، وكما أَوضح جدنز فإن إِسقاط عبارة (حتى لو) كان هناك مقاومة، يفترض ضمناً أن المفهوم ينطوي على صراع.

أما النظرية الوظيفية، فقد استخدمت تعريفاً للقوة يستبعد عملية الصراع ويتنكر لها ويغض الطرف عن النتائج السلبية التي قد تترتب على القوة. حيث تمثل القوة - وظيفياً - قدرة وحدة اجتماعية معينة على تحقيق النتائج المرغوبة، مع الاعتراف بتفاضلية القوة وهرميتها واختلاف مستويات التأثير التي تمتلكها المكانات المتفاضلة، ولكن في كل مستوى هرمي للقوة ثمة مصلحة عامة وخير للمجموع يتحقق.

ثالثاً: بناءً على ما تقدم يمكن استخلاص ثلاثة سياقات للمعنى في النظرية السوسيولوجية بالاستناد إلى استخدام مفهوم القوة فقد برزت (اتساقية المعنى وحياديته) بالنسبة لنظريات المعنى قصيرة المدى، والتي حررت المعنى من البناءات والقوى والقيود المفروضة عليه. بينما برزت (لا اتساقية المعنى وانحيازه) في نظرية الصراع والتبادلية وكذلك الأعمال التوليفية، وخاصة عندما انتقلت من تحليل مفهوم القوة - حيث مارست الحيادية - إلى وضعه

في الممارسة الاجتماعية، وفي هذا السياق تبرز سلبية المعنى في إطار جميع الدلالات المدركة المنبثقة في علاقات القوة، مثل اللاعدالة، والاستغلال، والخضوع، ويرتبط بذلك مشاعر العداء والكراهية والاستياء. أما بالنسبة للوظيفية، فقد أظهرت (اتساقية المعنى وإيجابيته) بالنسبة للقوة وتفاضلاتها، ومظاهر ذلك، العدالة، والمصلحة العامة، وخير المجموع، ويرتبط بذلك مشاعر الرضا والارتياح.

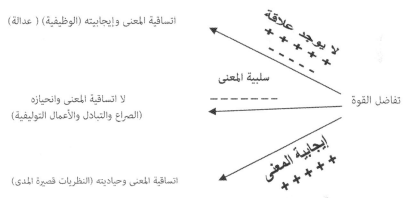

اتساقية المعنى وإيجابيته (الوظيفية) (عدالة)

لا يوجد علاقة

سلبية المعنى

لا اتساقية المعنى وانحيازه
(الصراع والتبادل والأعمال التوليفية)

تفاضل القوة

إيجابية المعنى

اتساقية المعنى وحياديته (النظريات قصيرة المدى)

النموذج رقم (13): تفاضل القوه وسياقات المعنى في النظريه السوسيولوجيه

رابعاً: يظهر أن معظم النظريات التي تناولت مفهوم القوة قد انطوت على ثلاثية متلاحمة وهي (القوة، والمعنى، والشرعية)، حيث يبرز المعنى في علاقة القوة، باعتباره معياراً دلالياً، يرتبط بصورة جوهرية بتوقعات الأفراد ومدركاتهم، وتقديراتهم الدينامية للعلاقة القائمة وهذا يقود إلى قبول وتسويغ للعلاقة أو رفضها، ولذلك يبرز دور المعنى من خلال ارتباطه بالشرعية، وسواء كان إضفاء الشرعية أم سحب الشرعية، فإن الأمر مرتبط بالمعنى ودلالاته في العلاقة، وهنا، يظهر قصور النظريات قصيرة المدى مرة أخرى، بعد أن

تجاهلت سياقات القوة وارتباطها بالمعنى وشرعية العلاقات القائمة، على الرغم من أنها تمثِّل نظريات في المعنى بشكل أساسي.

خامساً: إن مختلف النظريات السوسيولوجية عكست في محتواها مصادر متعددة للقوة مثل رأس المال، وملكية أدوات ووسائل الإنتاج، أو الموقع التنظيمي، أو الموقع السياسي أو امتلاك المعلومات والمعرفة... ويمكن اعتبار مصدر القوة، أي شيء يمكِّن الجماعة أو الفرد من فرض إرادته على الآخرين، وهنا لا بد من الوقوف على مسألة هامة، تتمثل في أن علاقة القوة ترتبط بمتغير الحاجة. أي أن أحد أطراف العلاقة بحاجة إلى الآخر ولكن تحويل العلاقة إلى ممارسة للقوة قد لا يظهر بالضرورة عند ظهور الحاجة والاعتمادية وربما يحدد ذلك رغبة صاحب القوة في الممارسة، مع قدرته الفعلية على ذلك، عندما تبدأ الممارسة بمظهرها الاستغلالي والقهري، الذي يولِّد التناقض الحقيقي والفعلي في العلاقة والذي يأخذ شكل تضارب المصالح، بحيث تصبح مصالح كل من الطرفين تمثل تهديداً لمصالح الآخر.

ولكن، ينبغي الأخذ بعين الاعتبار أَن التناقض والتضارب لن يشكل حقيقة وجودية في العلاقة، ما لم يرتبط بالبعد الإدراكي - الدلالي للأفراد. وسواء كان الحكم على الظروف الموضوعية للعلاقة من داخلها أم من خارجها فإن ذلك يرتبط بالمعايير الاجتماعية التي تمثل وعاءً أساسياً لسياقات المعنى، وهي تتوغل في مختلف العلاقات الاجتماعية، ولذلك فإن غياب البعد الإدراكي (الوعي) لدى الطرف الخاضع للقوة، لا يعني أن المعنى غائب عن العلاقة وغير موجود فيها، بل هو حاضر، ولكن قد يعمل لخدمة صاحب القوة، من خلال تمويه وعي وإدراك الطرف الخاضع، وهنا تبرز حقيقة، أَن المعنى لا يمثل نتوءاً خارجياً في العلاقة، بل هو منبثق عنها ويتطور فيها، ويتشكل حسب ديناميتها.

وبناءً على ذلك، يمكن التمييز بين (موقف القوة)، و(ممارسة القوة). حيث يشير موقف القوة إلى ظهور علاقة القوة بظهور حاجة الأنا للآخر، بحيث يتضمن هذا الموقف الشروط الموضوعية لاستغلال الآخر وتوظيفه لخدمة المصالح الخاصة، ولكن ذلك لم يتحقق. أما ممارسة القوة، فهي تبدأ برغبة صاحب القوة بتوظيف شروط الموقف لخدمة مصالحه على حساب الآخر، ولذلك فقد تحدث فيبر في تعريفه للقوة عن القدرة، التي لا تعني بالضرورة الممارسة، ولكنها تعني بالضرورة الشروط الموضوعية المفضية إليها. ولكن ما غاب عن فيبر هو أن إجراء حسابات التوازن قد لا يكون كافياً لتحديد الطرف الأقوى في العلاقة فالنتائج النهائية لممارسة القوة ومقاومتها هي التي تحدد ذلك.

وهنا، ينبغي الإشارة إلى أن انتصار القوة وسحق نضالات الاحتجاج، أي التغلب على المقاومة، قد يترك المجال مفتوحاً لإخضاع الآخر والتلاعب به، أو نزع ذاتيته وإلغاء قدراته وإرادته على التصرف كذات فاعله، وهنا، غالباً ما تتدخل الأيديولوجيا والبناءات الرمزية لتكرس الوضع القائِم وتسوغه، بالإضافة إلى استخدام القهر الصريح ولكن جميع النظريات السوسيولوجية، لم تستخدم القوة بمعناها القهري المطلق أو بمنطق حصيلة الصفر، ولكن بمعناها التبادلي الاستغلالي، بحيث أن أحد الطرفين يكسب والآخر يخسر ويستغل ولكن لا يفقد الآخر نصيبه بشكل كلي.

سادساً: لقد أدركت مختلف المنظورات السوسيولوجية التي تناولت مفهوم القوة، أهمية الأيديولوجيا والبُنى الرمزية والثقافة والتنشئة الاجتماعية والتعليم في إضفاء الشرعية على نسق القوة القائم، ولكن أي من تلك المنظورات لم تقف على طبيعة العناصر البنائية لنسق القوة القائم بفعل الأيديولوجيا والبُنى الرمزية – كغاية بذاتها – وغالباً ما مرت مروراً سريعاً على هذه المسألة مكتفية بالإشارة إلى أهمية البُنى الرمزية في تكريس الخضوع وإطالة مدته.

وفي ضوء جميع ما تقدم تبرز أَهمية المحاولة التي تقدمها الدراسة الراهنة، والتي تعنى أساساً بالوقوف على نسق القوة القائم، واستجلاء عناصره الأساسية التي تغلفها البنى الرمزية، وذلك من خلال توليف نموذج التوازن التفاضلي عن طريق إدماج مفهوم القوة بمعناها الصراعي في تصورات بارسونز حول بناء الفعل الاجتماعي، وعلى خلاف التوازن غير الإشكالي الذي يقدمه بارسونز فإن هذا النوع من التوازن الذي تقدمه الدراسة الراهنة هو توازن إشكالي يرتكز على التفاضل في القوة الذي يمتلئ بالتناقضات والالتواءات والمعاني المشوَّهة المرتبطة بالفعل، وبنيته النسقية.

الفصل الثاني
نظرية الفعل الاجتماعي عند
بارسونز
(محاولة تحليلية نقدية)

الفصل الثاني

نظرية الفعل الاجتماعي عند بارسونز

(محاولة تحليلية نقدية)

يعرض هذا الفصل لطروحات الفعل الاجتماعي عند تالكوت بارسونز بمستوياتها التحليلية المختلفة، (المستوى الطوعي، والمستوى النسقي، ومستوى أنظمة المجتمع)، ومن ثم نقد الأفكار الأساسية لكل مستوى في ضوء مفهوم القوة، وتتمثل مهمة هذا الفصل في الكشف عن عناصر المادة الخام التي سيتم التوليف بموجبها، بالإضافة إلى إظهار ثراء طروحات بارسونز حول الفعل الاجتماعي وتنظيمها، ومدى أهمية وشرعية التوليف بموجبها.

3- الفصل الثاني: نظرية الفعل الاجتماعي عند بارسونز (محاولة تحليلية نقدية)

3-1 سوسيولوجيا الفعل عند بارسونز:

يوضح بارسونز في كتابه بناء الفعل الاجتماعي The Structure of Social Action، أن الموقع المعرفي لنظرية الفعل يتمثل فيما يطلق عليه (الواقعية التحليلية Analytical Realism فهناك عالم خارجي يدعى الواقع الإمبريقي Emperical Reality، وهو ليس من خلق العقل الإنساني، ولا يمكن أن يرد إلى نظام مثالي بالمعنى الفلسفي، لذلك فإن النظرية العلمية لا تعكس تمثلات مباشرة Representations للواقع الإمبريقي، ولكنها ترتبط وظيفياً معه، بحيث تمثل صياغة مثالية للظاهرة الإمبريبقية تظهر تفاعلاً مستمراً بين المفهوم والواقع، فالتصور العقلي الذي يمثِّل ركيزة أساسية في بناء النظرية العلمية يتطابق مع الواقع باستمرار من خلال التقديرات التقريبية المتتالية. (Parsons: 1968: 753-654).

يؤمن بارسونز بأَن أحداث الواقع الإمبريقي لا تحدث بصورة اعتباطية أَو عشوائية. إنما هناك نظام يمثل خاصية متأصلة في الواقع الإمبريقي بما يشمل من أَحداث مختلفة، وهذا النظام مقترن بنظام المنطق الإنساني، ومن هنا، فإن اختبار النظرية العلمية Verification يثبت أَن الفكر محدود، وقضايا العلم الإنساني ليست اعتباطية، ولكنها مرتبطة بشكل كاف بجانب معين من الواقع. (Ibid:757)، وهكذا، يريد بارسونز، إيضاح أَن التصور العقلي الذي يمثل سمة واضحة للواقعية التحليلية، لا يمثل ضرباً من الخيالية أَو التأملات الذاتية المنفصلة عن الواقع، إنما هو تجريد لحقائِق الواقع الإمبريقي، ومتفاعل معها بصورة دائمة.

يوضح ستيفن سافاج Savage، أَن المكون المركزي لمعرفة بارسونز يتمثل في فهمه وإدراكه لعملية المعرفة كشكل من التجريد، وفي هذه الحالة هناك نقطتان مرجعيتان في

عمليـة المعرفـة هـما: (التحلـيلي) Analytical، و(الـواقعي) Realist والتـي مـع بعضها تشكِّل أطروحة معرفية توصم بأنها (الواقعيـة التحليليـة)، وهي أطروحة تشمل نقداً مزدوجاً للخيالية والإمبريقية. (Savage: 1981: 64).

يُبدي سافاج تعاطفاً واضحاً مع أُطروحة بارسونز، حيث يؤكد بأن بارسونز حسـب جميع نقاده، لم يقدم جسداً نظرياً تجريدياً بشكل مميز فقط، ولكنهُ طوَّر كـذلك فهـماً للمعرفة وتحولها، والمعرفـة التـي يقـدمها بارسـونز يمكـن وصـفها كإسـتراتيجية تعـارض الإمبريقية Empericism، وكذلك المعرفة المرتبطـة بـالنمط المثـالي Ideal Type، والتـي هي على الأقل ضمن الفهم السوسيولوجي، تمثِّل تطوراً وإحكاماً مفاهيمياً. (Ibid).

إن النظريـات لا يمكـن أن تـرى كانعكاسـات مـرآة للواقـع Mirror Reflections، وكعلاقة واحد لواحد بين المفـاهيم والواقـع، فهـذه الأطروحـة تنـدرج في إطـار مغالطـة الوضـع الخـاطئ للمحسـوس The Fallacy of Misplaced Concreteness - مفهـوم استعاره بارسونز من وايتهيد Whitehead بمعنى أن ما نراه ليس هو شيء كما هو، إنمـا هو موضوع فكري بناه وعينا -، وكذلك، فإن النظريات ليست خيـالات، تمثِّـل تأكيـدات مسبقة أُحادية الجانب، كما هو الحال في النمط المثالي. (Ibid)، وهكـذا، فـإن المفـاهيم العامّة المسـتخدمة في بنـاء الفعـل الاجتماعـي - الفاعـل، الغايـة، الموقـف، التوجّيهـات المعيارية - قدمت على أنها (عناصر تحليلية)، تجسِّـد شـكلاً مـن العلاقـة المعرفيـة بـين العالم الإمبريقي ومكوناته التحليلية. (Ibid).

يضيف هانز أدريانسنس Adriaansens، في كتابـه تـالكوت بارسـونز والمعضـلة في المفاهيميـة Talcott Parsons And The Conceptual Dilema أَن الموقـع الابستمولوجي لنظرية بارسـونز يبتعـد عـن الإمبريقيـة والاتجـاه التحلـيلي الفيـبري، إن بارسونز يستخدم الواقعية التحليلية ليوضح الفرق بين تحليلـه وتحليـل مـاكس فيـبر في تفسير العلاقة بين المفهـوم والواقـع، وجـذر هـذا الفـرق أو الاخـتلاف هـو التمييـز بـين الأنماط المثالية، والعناصر التحليلية أو تصنيف المفاهيم العامّة، ولكن على الرغم من

ذلك فإن الاستنتاج الأسهل الذي يمكن اشتقاقه، هو أن الواقعية التحليلية متناقضة مفاهيمياً Paradoxical، فالشق الأول (تحليلي) يقف في مواجهة التفسير الإمبريقي وعلاقته بمفهوم الواقع، ولكن دلالة المكّون الآخر (واقعية) ليست واقعية في توثيقها للعلاقة بين المفهوم والواقع، وهي في صراع أثيم مع الطبيعة التحليلية لتلك العلاقة. (Adriaansens: 1980: 21).

بمعنى آخر، فإن الأنماط المثالية - كما يلاحظ أدريانسنس - ترتبط بواقع محدد كبناء فرضي Hypothetical construction، إنها تشكّل مساراً للفعل الممكن موضوعياً وبصورة منطقية، بينما بالنسبة لاقتراح بارسونز فإن تصنيف المفاهيم العامّة يتسع ليشمل عناصر تحليلية، أي مفاهيم عامة لا تشير إلى ظاهرة محسوسة متصورة، ولكن تشير إلى النواحي المجرّدة لمثل هذه الظاهرة، وهكذا فإن العلاقة بين النمط والظاهرة المحسوسة سوف تصبح العلاقة بين العنصر التحليلي والجانب المجرَّد، وإنه من السهل القول بأن هذه العلاقة الأخيرة واقعية Realistic بالمعنى الحرفي. (Ibid: 22).

ويرى إدريانسنس. أن نظرية الفعل لدى بارسونز تستحق عن جدارة لقب نظرية طالما أنها، كإطار مرجعي، لا تشكّل إنتظامات إمبريقية، بل تقدم تشكيلاً عاماً لما عناه بارسونز بالفعل الاجتماعي، والأبعاد الهامة التي يرتكز عليها، بالإضافة إلى المفاهيم المطلوبة من أجل دراسة وتفسير الفعل. (Ibid:12).

بذات الخصوص، يلاحظ بوتومور في كتابه علم الاجتماع، منظور نقدي: أن بارسونز يستبعد عنصرين اثنين من مجال النظرية، كان ينظر إليهما - عكس بارسونز - أنهما عنصرين حيويين في علم الاجتماع النظري، العنصر الأول هو: محاولة التوصل إلى تعميمات إمبريقية، وإثبات ارتباطاتها المنهجية، والعنصر الثاني هو المنهجية أو منطق الموضوع وهذا المجال ينتمي إلى ما وراء النظرية أكثر من النظرية، بقدر ما يشمل تأمل طبيعة ومكانة الافتراضات الاجتماعية والنظريات ذاتها. (بوتومور: 1985 : 45-47).

في إطار الواقعية التحليليـة، يؤكد بارسونز أن الوقائع الاجتماعيـة Social Facts يمكن فهمها بأنها مقولات إمبريقيـة يمكن التحقـق منها حول الظاهـرة في ضوء مخطط مفاهيمي Conceptual Scheme، وبذلك، فإن الواقعـة ليسـت هـي الظاهـرة، ولكنهـا قضية عن ظاهرة أو أكثر، وجميع النظريات العلمية تبنى على الحقائق، وهي ضروريـة لوصف أي نظرية، إن نسق النظرية العلمية هو تجريد عام محـدد لأن الوقائـع التـي تجسّدها لا تشكّل وصفاً كاملاً لظاهرة معينة، ولكن الوقائع تعكس بناء النظريـة في وقت محدد وبمعنى آخر، ينبغي التمييز بين الحقيقة التي تمثِّل مقولـة أو قضية عـن الظاهـرة، وبين الظاهرة الملموسة التي تمثِّل كليات موجودة فعليـاً. (Parsons: 1968: .(41

ومن هنا، يلخص بيرشادي Bershady المبـادئ المعرفيـة للواقعيـة التحليليـة علـى النحو التالي:

1- الظواهر هي بيانات العلم، لكن....

2- الظواهر بذاتها محكومة بمنظومة من الفئات العامّة والعناصر، التـي يجـب أن تظهر في التحليل...

3- نتيجة لذلك، فإن هـذه الفئات العامّة لا تكون مثالية، بـل مـن الممكن أن تلاحظ، وهي تشكّل الظاهرة، وتعكس أجزائها وعلاقاتها...

4- إن هذه الأجزاء والعلاقات التي تشكّل الظاهرة، تمثِّل نسقاً من العناصر، أو أن هذا النسق، هو على الأقل، الهـدف مـن العمـل العلمـي. (Bershady: 1973 .(:40

بنـاءً علـى مـا تقدم، يشرـح جـي روشيه: إن العلـم بالنسبة لبارسـونز تحليلي Analytical، والمقصود بذلك أن العلم يحاول إعـادة بناء الواقع اعتمادا على الرمـوز التصورية، وهذه الرموز يجب عدم الخلط بينها وبين الواقع الملموس، فهي ليست

انعكاسات كاملة للعالم الموضوعي، ولكن يتم تكوينها عن طريق اختيار ملامح معينة من الواقع والتركيز عليها، وهذه بدورها تُسهم في بناء الإدراك والمعرفة. البناء العقلي الذي تُمكننا الرموز التصورية من تشييده ما هو إلاّ جانب معين من الواقع الموضوعي. وهكذا فإن المعرفة تمثِّل وسيطاً بين الواقع الموضوعي والبناء التصوري، لأن البناء التصوري ما هو إلا تشييد عقلي ناتج عن عملية تحليلية يتم التركيز من خلالها على عناصر منتقاة على حساب عناصر أخرى. (روشيه: 1981 : 49).

لقد أكد بارسونز، بأن بناء العلم لا يستكمل من خلال البحث الإمبريقي فقط، فنتائج البحث الإمبريقي، يجب أن توضع في إطار نظري عن طريق التصور العقلي، فوجود النظرية ضروري لكي تزودنا بالتصورات والفروض والعلاقات المنطقية والتأويلات التفسيرية، ولكي تمدنا في النهاية بمرتكزات التنبؤ العلمي ولذلك فإن جوهر معاداته للبحث الإمبريقي يتمثل في حالة التبعثر والتجزئة والوقوف عندها، وليس احتقاره أو نفيه المطلق، ولا بد من الإشارة هنا إلى أن بارسونز قد وصف مؤلفه بناء الفعل الاجتماعي، بأنه عمل إمبريقي حيث اعتبر أفكار فيبر ودوركايم، وباريتو ومارشال، بيانات خام، يستطيع أن يستخدمها في إظهار التشابه الكامن بينهم خلف الاختلافات السطحية الواضحة للعيان. (المرجع السابق: 47).

بصف بارسونز نتائج البحث الامبريقي المتجزئة بأنها (فئات راسبة) Residual Categories وهذه الفئات أو المعرفة المبعثرة لا تشكّل علماً - بالمعنى الذي تسعى إليه دراسة بارسونز - ولذلك ينبغي أن توضع في إطار نسق نظري مرجعي واضح، يحدد المسار الفكري لعدد كبير من الناس، وهذا النسق النظري أو المخطط المفاهيمي - وهما مفهومان يستخدمهما بارسونز بالإضافة إلى النظرية بالتناوب - الذي يعتمد على مرجعية إمبريقية، يمثل نقطة مضيئة، وما يقع خارجها هو في الظلام، وليس ذو قيمة أو أهمية إلاّ إذا ارتبط بعلاقة مع النسق النظري فقط. (Parsons: 1968: 16-17).

لقد شكَّل هذا المستوى من العمل النظري تحدياً كبيراً أمام بارسونز، في وقت سادت فيه النزعة الإمبريقية، والنظريات قصيرة المدى التي ترتبط مع البحث بشكل مباشر حيث أن الجيل الأول من الرواد في أمريكا (1980-1920) سمنر وكولي وبارك وثوماس، قد استخدموا النظرية في البحث من خلال اختيارهم لمشكلات محددة، وقد حرصوا على هذا المستوى المباشر من العمل النظري، تخوفاً من سيادة الأنساق التأملية ممثلة بالنمط السبنسري - نسبة إلى هربت سبنسر - الأمر الذي أدى إلى ظهور الإمبريقية البرجماتية، وهذه النزعة كما يوضح بارسونز في مقاله الموسوم بـ "آفاق مستقبلية في النظرية السوسيولوجية" The Prospects of Sociological Theory. قد شككت في النظرية، وبشكل خاص، أي شيء يدعو نفسه عام، أو نظرية نظامية، إلى حد عدم قول أي شيء عن النظرية. ولكن بارسونز - الذي يضع نفسه في الجيل الثاني - يوضح أن هذه الموجه من الامبريقية المعادية للنظرية، لحسن الحظ، قد اضمحلَّت، مع بقاء بعض الرفض لإدراك أهمية المستويات العالية من العمومية، ويعني بذلك تخوف ميرتون من الوقوع في شرك التأمل، بعد قراءة كتابات فيبر ودوركايم. (Parsons: 1964: 349-352).

وفي السياق ذاته، يميز هانز أدريانسنس بين معنيين للنظرية هما: المعنى الإمبريقي: ويشير إلى مجموعة من القضايا المترابطة التي توضع قيد الاختبار، وهذا المعنى الذي يتحدد بالخاصية الامبريقية قد ظهر في مناخ سوسيولوجي في الفترة بين عامي 1950 و1960، ووجهة النظر هذه متطابقة مع النتائج المتمخضة عن البحث الامبريقي الكمي، وبذلك فإن النظرية نتيجة، و العلاقة بين النظرية والبحث تتبع دائماً مشكلة ذات حجم محدد، إن وجهة النظر الأحادية هذه، يمكن أن تفهم كردة فعل للخاصية التأملية، التي ارتبطت بالأنساق السوسيولوجية الأولية ما قبل دوركايم وفيبر. أما المعنى الثاني، فهو المعنى القائم على المضمون Substantive لمفهوم النظرية ويشير إلى: المعرفة التي تأخذ بالعلاقات بين الظواهر، التي لا تبنى فقط على الأساس الكمي للواقع، ولكن على البناءات العقلية والرموز التصورية كذلك، والتي تقرر علاقات بين متغيرات متعددة في

النظرية، وتمثل أداة استرشادية للبحث، مما يسمح بظهور علاقة جدلية بين النظرية والبحث. (Adriaansens: 1980).

لقد حرص بارسونز على بناء نظرية عامة، وأوضح أن النظرية العلمية التي تعرف على أنها جسد مترابط منطقياً من المفاهيم العامّة، لا تمثل متغيراً تابعاً، ولكنها متغير مستقل كذلك في تطور العلم، فالحقائق لا تكتشف بشكل مستقل عن النظرية، وبذات الوقت فإن الحقائق قد تحدد ما الذي يجب أن تكون عليه النظرية، من خلال الاكتشافات الهامة أو الاكتشافات التي تكون ثورية بأهميتها، ولذلك فقد أكد بارسونز أن هناك عملية تناوبية Reciprocal Process بين النظرية والحقيقة الإمبريقية. (Parsons: 1968: 6-9).

ولكن يرى بارسونز أن هناك خوف وتخاذل عن بناء النظرية العامّة ناتج عن اختفاء الثقة بالتقدم العلمي لعلم الاجتماع، وأن النظريات متوسطة المدى التي ينادي بها ميرتون يمكن نسبتها إلى النظرية العامّة. (ليلة، د ت، 560). ربما يكون بارسونز محق في ذلك، ولكن اختبار النظرية العامّة التجريدية، لن يكون متاحاً إلا إذا تمخضت عن اشتقاقات أو استنباطات بالمستوى الذي قدمه ميرتون على الأقل.

لذلك، فإن فكرة النسق تحتل مكاناً مركزياً في طروحات بارسونز، حيث يمكن صياغة أي جانب من جوانب الواقع صياغة عقلية، ونظرية، فقط عندما ننظر إليه على أنه يشكل نسقاً بالمعنى الدقيق للكلمة، وتتضمن فكرة النسق عند بارسونز الاعتماد المتبادل بين الأجزاء التي تشكّل كلاً بحيث ترتبط ببعضها إلى درجة أن التغير أو الحركة داخل هذا الكل لا يمكن أن تظهر بطريقة عفوية أو غير منظَّمة، وإنما تظهر كنتيجة لتفاعل معقد في الأبنية والعمليات. (روشيه: 1981:51).

إن منهج الفهم النسقي في الواقعية التحليلية، يعتمد، كما يريد بارسونز على التفكيك وإعادة التركيب، لأن تفكيك الظاهرة قد يبدي عناصر كانت مضمرة وخفية، ولذلك فإن تحليل الوحدة Unit analysis هو تحليل الخيوط المشكلة للواقع

الامبريقي، بينما تحليل العنصر- Element analysis، هـو تحليـل للنسـيج العـام، وبهذا فإن العنصر ليس ذو علاقة مباشرة مع الواقع، وإنما الوحدة، فكل وحـدة أو جـزء يشكّل ارتباطاً محدداً في عنصر تحليلي أو أكثر. (Parsons: 1968: 748).

وهنـا يلتفـت بارسـونز إلى مفهـوم الانبثـاق Emergence - الـذي اسـتعاره مـن دوركايم- ويؤكد أنه ليس هناك شيئاً عينياً أو تأملياً يتعلق بمفهوم الانبثاق، إنه ببسـاطه إبراز لخصائص حقائق مشاهدة معينة، فما هو منبثق له معنـى إمبريقـي محـدد بدقـة يعيد ويظهر الخصائص العامّة للأنساق المعقدة للظـواهر، والتـي هـي قابلـة للمطابقـة الإمبريقية من خلال وحداتها المختلفة، وما يميز خصائص المنبثق عن الخصـائص الأوليـة للوحدات هو أن خصائص الوحدات لا تكـون قابلـة للمشـاهدة وراء الخصـائص العامّـة المنبثقة. (Ibid: 749).

إذا كان بارسونز يسعى للوصول إلى نظرية عامة، فإنه من المنطقي أن يـرى الفعـل الاجتماعي موضوع الدراسة، في دائرة تتقاطع مع أنساق علميـة مختلفـة، ولـذلك يؤكـد بارسونز إن عالم الاجتماع لا يمكن أن يحقق عملاً مقنعاً، إمبريقياً أو نظرياً دون الرجـوع إلى علم النفس وعلم الاقتصاد وعلـم السياسـة. وهـذه الحقيقـة غـير واضـحة بالنسـبة للمنهجية الإمبريقية، والفكر التحليلي الريادي للفعل، ومن الملاحـظ أن المكـان المعطـى لعلم الاجتماع في هذا التصنيف يجعله علماً تحليلياً. (Ibid: 779). وكما يشرـح روشـيه: لقد قدم بارسونز ضرباً من ايكولوجيا علم الاجتماع، حيث سعى جاهـداً إلى وضـع علـم الاجتماع في بيئته من العلوم التي تدرس الإنسان. (روشيه: 1981: 63).

يقول بارسونز: لأن الفكر الاجتماعي كان منقسماً بين الوضعية والمثالية، فلـم يكـن هناك مكان للنظرية السوسيولوجية التحليلية بالطريقة التـي تـم اقتراحهـا بهـا، ولـذلك كان الأمر يتطلب تغيـيراً عميقـاً في الفكـر الاجتماعـي مـن أجـل إيجـاد مكـان للنظريـة التحليلية. (Ibid: 773). من هذا المنطلق فقد نأى بارسونز بذاته عن الوضـعية بشـكلها السلوكي المتطرف، الذي ينفي ويطرد كافة عناصر الوعي من الحظيرة الإنسـانية، وحيـث تعترف

فقط بالمعرفة الموضوعية والخارجية حول النشاط الإنساني، كما ابتعد عن المثالية التي رفعت من مكانة الأفكار والعناصر الأخلاقية والذاتية، متنكرة لوجود أي دور هام للعوامل المادية في السلوك الإنساني، والأهم من ذلك أن المثالية تؤكد بأن كل ثقافة هي بالطبع صيغة فريدة أو كل متميز وهذا الموقف من شأنه أن ينفي وينكر إمكانية قيام علم اجتماعي قائم على المقارنة والتعميم. (زايتلن: 1989: 39).

إن هذا الموقف الوسط بين المثالية والوضعية، والمتمثل بالواقعية التحليلية والنظرية التحليلية، هو بمثابة التغير العميق في الفكر الاجتماعي الذي أشار إليه بارسونز، وهو بمثابة الإسهام الأصيل الذي قدمه، لكن إرفنج زايتلن يشكك في أصالة هذا الإسهام ويوضح أن مفكرين من كلا التيارين التقوا نحو ما اعتبره بارسونز بصورة واضحة إسهامه الأصيل، فقد انطلق دوركايم وباريتو من موقف وضعي لكنهما سرعان ما اعترفا بالدور البالغ الأهمية للقيم والغايات والمثل، ومن ناحية أخرى فإن فيبر وزمل وتونيز الذين يفترض أنهم بدأوا من مواقف مثالية وأكدوا عليها لم يغفلوا دور الأسباب والظروف الموضوعية، وبذلك ثمة مفكرون من بين الوضعيين والمثاليين تخلوا عن المواقف المتطرفة لمذاهبهم وتقاليدهم العلمية والتقوا في موقف أكثر اعتدالاً وتوازناً. (المرجع السابق: 39).

استناداً إلى ما تقدم، يتخذ بارسونز مساراً أكثر تحديداً يوضح من خلاله وجهة الواقعية التحليلية عنده، ويرسم صورة أكثر وضوحاً لسوسيولوجيا الفعل في إطار النظرية التحليلية؛ فيوضح بارسونز: إن حل سؤال القوة، وكذلك تعددية الخصائص المعقدة لأنساق الفعل، تتضمن إطاراً مرجعياً عاماً، يعكس حقيقة تكامل الأفراد مع مرجعية النسق القيمي العام، ويظهر ذلك في شرعية القيم المؤسسة، والغايات المحددة للفعل وهذه الظواهر يمكن ردها إلى خاصية منبثقة لأنساق الفعل الاجتماعي يمكن تسميتها بـ (التكامل في القيم العامة) (Common – Value integration)، وهي خاصية تميز السوسيولوجي عن الاقتصادي والسياسي، ومن هنا، فإن علم الاجتماع

يمكن أن يعرف على أنه "العلم الذي يحاول تطوير نظرية تحليلية لأنساق الفعل الاجتماعي، بحيث يمكن فهم تلك الأنساق في ضوء خاصية التكامل في القيم العامة" (Parson: 1968: 768).

وهكذا فإن نقطة البدء المركزية التي ينبغي التفكير بها عند استخدام الواقعية التحليلية هي أن التكامل القيمي، يمثل المرجعية التحليلية لأنساق الفعل الاجتماعي، وهي مهمة أساسية ينبغي على علم الاجتماع الالتزام بها والعمل على تطويرها.

أما بالنسبة للنظرية السوسيولوجية، فهي تمثل جزءاً تكاملياً من نظرية الأنساق التحليلية التي يسعى علم الاجتماع إلى تطويرها، وبذلك يكون بارسونز قد فصل بين ما يسعى علم الاجتماع إلى صياغته كإطار مرجعي للفهم والتفسير (نظرية الأنساق التحليلية)، وبين النظرية السوسيولوجية كحالة جزئية متخصصة،، إن هذا الإجراء ليس من قبيل الفصل بين العلم وهويته، ولكن على علم الاجتماع أن يستعين بأنساق علمية أخرى، تفسر الفعل الاجتماعي ضمن موجهاته المختلفة، السياسية، والاقتصادية، والسوسيولوجية، بالإضافة إلى الاجتماعية، وبكل الأحوال فإن كل من النظرية التحليلية والنظرية السوسيولوجية، تمتلكان المرجعية التحليلية ذاتها، وهي التكامل القيمي، ومأسسة الأنماط القيمية، وفيما يتعلق بالنظرية السوسيولوجية يقول بارسونز: "النظرية السسوسيولوجية، هي بالنسبة لنا، ذلك الجانب من نظرية الأنساق الاجتماعية، والتي تهتم بظواهر مأسسة أنماط التوجيه القيمي Value-Orientation في النسق الاجتماعي. مركزة بذلك على ظروف هذا التمأسس، وتغير الأنماط، وظروف التكيف معها، والانحراف عنها، والعمليات الحافزية المتضمنة فيها" (Ibid).

بهذا الخصوص، يحاول كريغ كالهون وزملاؤه Craig Calhoun صياغة المسلمات الأساسية لتنظيم النظرية عند بارسونز على النحو التالي:

أ- النظرية المنتظمة Systematic ذات أهمية جوهرية لأي علم.

ب- النسق النظري الأساسي لعلم الاجتماع، يجب أن يكون أوسع من نسق نظرية علم الاجتماع ذاته، بحيث يكون نظرية للأنساق الاجتماعية.

ج- النظرية المنتظمة الأكثر نفعاً لعلمنا يجب أن تتكيف مع النمط البنائي – الوظيفي.

د- يجب أن تتشكَّل النظرية فيما يمكن تسميته الإطار المرجعي للفعل Action Frame Of Reference.

ه- يجب أن يؤطر النسق النظري، قدر المستطاع بمفاهيم إجرائية، وتصنيفات نظرية للقيم الإمبريقية التي تمثِّل نتاجاً فورياً لإجراءات مشاهدتنا (Calhoun and Others: 2002: 359-360).

إذن، يبدو أن بارسونز يبني نظريته على أساس التحليل النسقي الشمولي، الـذي يتضمن في محتواه شكلاً آخر من التحليل يعكس إلى حد كبير أيديولوجيا النظرية، وهـو البنـائي – الـوظيفي Structural – Functional، بحيـث تفهـم المجتمعـات كأنسـاق اجتماعية، وأن صفات وملامـح معينـة للبناءات الاجتماعيـة توضـح في ضوء إسهاماتها لبقاء وديمومة تلك الأنساق، فالطقوس الدينية مـثلاً تفهـم في ضوء إسـهامها في تحقيـق التكامـل الاجتماعـي، وحسـب القاموس المعاصر لعلـم الاجتمـاع Contemporary Dictionary of Sociology لجـورج ثيودورسـون وزمـلاؤه Theodorson فإن هـذا النوع من التحليل يدرك المجتمع كنسق مكون مـن أجـزاء متداخلـة علائقيـاً بحيـث لا يمكن فهم أي جزء بمعزل عن الكل، والتغـير في أي جـزء يـرى علـى أنـه يقـود إلى درجـة معينة من اللاتوازن، تؤدي بدورها إلى أن تعمـل أجـزاء أخـرى مـن النسـق علـى إعـادة ترتيب النسق ككل وتحقيق التوازن. (Wallace and Wolf: 1995:18).

إن تشـديد بارسونز في تعريفه لعلـم الاجتماع والنظريـة السوسيولوجية، علـى التكامل القيمي العام، ومأسسة الأنماط القيمية، يختزل الجهد في الكشف عن

الأَيديولوجيا التي ترتكز عليها سوسيولوجيا الفعل عنده، وهـي أيـديولوجيا تشـدد على إبراز التوازن والاسـتقرار والتكامـل في الأنسـاق الاجتماعيـة، ولـذلك، يلاحـظ سـمير أَيـوب في كتابـه تـأثيرات الأيـديولوجيا في علـم الاجـتماع: أن الغايـة الأساسـية للنسـق الاجتماعي عند بارسونز، كانت كما عند غيره من الوظيفيين، تحقيق الاستقرار والتكامل، ويترتب على ذلك أن كل ما يعوق هذه الغاية، أَو يحول دونهـا، يكـون بالضرـورة عائِقـاً وظيفياً، بل ويعد خروجاً على متطلبـات النسـق وانحرافـاً عـن بنائِـه المعيـاري. (أِيـوب: 1983:180).

للاعتبار ذاته، فقد أَشار ألآن تورين في كتابه نقد الحداثة إِلى أَن بارسونز هو الـذي أَعطى الصيغة الأكثر تبلوراً للسوسيولوجيا الكلاسيكية، لأنه في نهاية الأمـر لم يسـتطع أن يتجاوز إطار المؤسسات لينتقل إِلى دراسـة الحركـات الاجتماعيـة. وقـد أَكـد تـورين بـأن السوسيولوجيا- التي يطرحها بارسونز – هي صورة تخلقها الرأسمالية عن نفسـها حيـث تنحصر السوسيولوجيا في نمط معين من المجتمعات، وهي المجتمعـات الرأسـمالية التـي تكرس سيطرة النظام الاجتماعي على الفاعلين، وتغفل دراسة الجانب الآخـر في المجتمـع وهي الحركات الاجتماعية التي يعبر بها الفاعلون عن ذواتهم في مواجهـة سـيطرة وقهـر هذه المؤسسات وبشأن المهمة الملقاة على عاتق علم الاجتماع يقـول تـورين: "أن يكـون المرء عالم اجتماع اليوم هو أن يتأمل شروط وجود مجتمع جديد، والطريقة التـي يمكـن بها للأزمة والقطيعة من جانب، والصراعات الاجتماعية من جانب آخر، أن تتحد جميعاً لوضع تنظيم اجتماعـي وثقـافي جديـد. مـن العبـث الحلـم بمجتمـع مثـالي مـع نسـيان التمزقات والانقلابات التي توشك على الحدوث". (تورين: 1997 : 8-9).

لم تأتِ سوسيولوجيا الاتساق والتـوازن عنـد بارسـونز مـن فـراغ، فقـد ركَّـز إدوارد ديفيريـوكس Devereux في مقالـه النظريـة السوسـيولوجية لـدى بارسـونز Parsons Sociological Theory على بعد عميق في إنتاج هذا الشكل من السوسيولوجيا في فكـر بارسونز، وهو مسار حياته فقد رسخت فيـه نزعـة الإصلاح الاجتماعـي عنـد والـده – الذي كان عاملاً في الكنيسة – الاهتمامات الاجتماعية، كما أن دراسته للاقتصاد

المؤسسي أو اقتصاد النظم على يد والتن هاملتون Hamelton في كلية امهرست Amherst قد رسخت لديه فكرة ربط الظواهر الاقتصادية بالبناء الاجتماعي الكلي، كما أن دراسته للفلسفة، حول النظام الأخلاقي مع كلارنس آيرز Clarence Ayers، قد عرَّضه لأعمال سمنر وكولي، ودوركايم، وعزز حسه بالنظام الأخلاقي. ومن ثم فقد تأثر برواد التحليل البنائي الوظيفي في الأنثروبولوجيا مثل مالينوفسكي، وبعدها إعجابه الشديد بأعمال ماكس فيبر وهكذا فإن التحول الأخلاقي والاقتصادي المؤسسي والانثروبولوجيا البنائية الوظيفية وغيرها من الأحداث قد أنتجت فكرهُ وبقيت مركزية فيه. (Devereux: 1961: 2).

لقد أشار بارسونز في مطلع كتابه بناء الفعل الاجتماعي، إلى الدور الذي أحدثه سبنسر في تاريخ الفكر للناطقين بالانجليزية، ولكن - كما يصرح بارسونز - فكره قد مات وكان ضحية للتحول في النظرية العلمية، لقد قتله إلهه الحاسد المنتقم، الذي دعاه التقدم Progress، لقد قتله لشدة إخلاصه وولائه له. إن هذه العبارات، وبالاستناد إلى وجهة نظر تورين المشار إليها سابقاً، تكاد تنطبق على بارسونز الذي اتخذ من التكامل القيمي العام، والتوازن النسقي إلهاً له، وتجاهل تعارض القوى والمصالح والانقسامات، والسيطرة والخضوع، والقهر.

وكما يلاحظ روشيه، فإن هناك ثلاثة اتجاهات كان يمكن لبارسونز أن يتحرك بها ولم يفعل، وهي بمثابة انتقادات جوهرية لسوسيولوجيا الفعل عنده:

أولاً: كان بإمكانه اكتشاف المركب الكلي للعوامل البنائية التي يرتكز عليها الاتفاق القيمي العام، ويتدعم من خلالها، مثل تدرج القوة والسلطة، والطبقات الاجتماعية، وأشكال كثيرة من الاغتراب علماً بأنه قد مهد الطريق لذلك واقترب من هذه القضايا.

ثانياً: إن تحليل الاتفاق العام يجب أن يكتمل بتحليل الصراع، فلم يجد بارسونز مكاناً في نموذجه النظري لدراسة الصراع، كما ذهب النقاد.

ثالثاً: أخذت النظرية عند بارسونز المعايير والقيم كمسلمات، دون التساؤل بعمق عن كيفية ظهورها. (روشيه: 1983 : 249).

وهكذا، ثمة إشكالات هامة في تصورات بارسونز النسقية، لسوسيولوجيا الفعل، وهذه الإشكالات - حسب مقتضيات الدراسة الراهنة على الأقل - ترتبط بالقوة وعلاقاتها وتوازناتها، وأهمها ما يلي:

أولاً: إن شرعية القيم المؤَسسة، وكذلك التنظيم المعياري للنسق، يمثل حقيقة كاملة لحل إشكالية القوة في إطار التحليل النسقي، الذي يقدمه بارسونز، وكما سبق، فهو يعرف القوة من منظور التحليل النسقي، بأنها قدرة وحدة النسق على تحقيق المصلحة العامّة والخير للمجموع، وهنا، تكمن شرعية جميع الانتقادات الموجهة إلى نظريته باعتبارها محافظة أو كما وصفه بوتومور بأنه خارج هذا العالم، أو الرجل المحافظ، إن الافتراض المضمر في تصورات بارسونز هو أن منظومة القيم والمعايير تنطوي في إطار التكامل بالضرورة على العدالة الاجتماعية، وأن نظام التوزيع الذي يتحدث بارسونز عنه كآلية ضبطية هو نظام عادل، وأن شرعية القيم والمعايير المؤسسة هي شرعية حقيقية، انبثقت عن رضا جميع الأفراد، ومن ثم فإن وجود الشرعية يعني بالضرورة وجود الرضا والاتفاق والعدالة، وكل ما تقدم قد يعتبر على صعيد الحقائِق الواقعية انتهاكاً معرفياً لحقائِق الواقع الموضوعي.

ثانياً: إن علم الاجتماع، من منظور بارسونز للواقع الاجتماعي، معني بالتحليل النسقي للأفعال ذات الطبيعة الاتساقية، وهي الأَفعال التي استقرت في إطار عملية التكامل القيمي العام، ولذلك فإن التفاضل في القوة القائِم على تضارب المصالح والتناقضات الاجتماعية، والحركات الراديكالية، والصراعات، وجميع عمليات القهر والاستغلال، وكذلك الأيديولوجيا التي تنفذ إلى منظومة الأفكار العامّة هي ليست من مجالات البحث التي يعنى بها

علم الاجتماع ولا أحد العلوم الفرعية الموازية للأنساق الفرعية المشكلة لسوسيولوجيا الفعل النسقية، بما في ذلك علم السياسة.

ثالثاً: بناءً على ما تقدم، فإذا كانت النظرية السوسيولوجية - كما يزعم بارسونز - معنية بمأسسة أنماط التوجيه القيمي، فإنه بذلك، يفرض على النظرية السوسيولوجية، مساراً أحادياً للفهم، يفضي- إلى إلصاق صفة الاتساق بالأنساق الاجتماعية، وبذلك يتجاهل التناقضات الداخلية للأنساق، وعلاقاتها القائِمة على السيطرة وتضارب المصالح.

رابعاً: وهكذا، فإن التشكّك المركزي الهام ينبغي أن يوجه إلى المنهجية التي اعتنى بها بارسونز كثيراً، وهي الواقعية التحليلية، فقد مضى بارسونز طويلاً وهو يدافع عن ارتباطات تجريداته، في إطار الواقعية التحليلية بالواقع، ولكنه بوعي وقصدية لم ينظر إلى الواقع بموضوعية، ولذلك فإن الأساس الذي قامت عليه الواقعية التحليلية هو أساس مشوَّه، يغفل جوانب هامة من المسارات الواقعية الممكنة للفعل والمشار إليها سابقاً. ولذلك على الرغم من شمولية الإطار الذي يطرحه بارسونز إلا أن المحتوى الوظيفي قد اختزل الشمولية على ما يبدو وحصرها في مسارات ضيقة للواقع، ومن هنا، كان من الأجدى أن يستخدم بارسونز مفهوم(الواقعية التحليلية الوظيفية) بدلاً من الواقعية التحليلية.

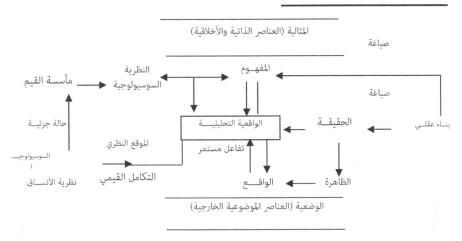

النموذج رقم (14): سوسيولوجيا الفعل عند بارسونز

يوضح النموذج رقم (14) أن سوسيولوجيا الفعل عند بارسونز ترتكز على التحليل النسقي الشمولي الذي تمثل النظرية السوسيولوجية حالة جزئية منه تعنى أساساً بمأسسة الأنماط القيمية، وكل من السوسيولوجيا بوجه عام والنظرية السوسيولوجية بوجه خاص، تتم صياغتها في إطار الواقعية التحليلية التي تعكس شكلاً من التجريد يتخذ موقعاً وسطاً بين الوضعية المتطرفة والمثالية التاريخية والأخلاقية، بحيث يعكس هذا التجريد تفاعلاً مستمراً بين الواقع والمفهوم، الذي يصاغ عقلياً ويجسد حقائِق تمثل مقولات حول الظواهر الفعلية.

3 - 2: النظرية الطوعية:

أَقام بارسونز النظرية الطوعية للفعل الاجتماعي، من خلال مراجعه تحليلية لأفكار مارشال وفيبر وباريتو ودوركايم، من حيث تفسيراتهم للرأسمالية، والطريقة التي حلل كل منهم فيها، العلاقات بين النشاط الاقتصادي والسياق الاجتماعي الأَوسع، ولذلك فقد بدى للبعض - جي روشيه مثلاً - أَن بارسونز يتابع أطروحة الدكتوراه، التي كانت حول مفهوم الرأسمالية في كتابات ماركس وزمبارت وفيبر. وفي ضوء مراجعته لأفكار

المفكـرين الأربعـة تبنـى بارسـونز وجهـة النظـر التاليـة حـول الرأسـمالية: "إن الرأسمالية يجب أن تحلل كنظام اقتصادي وكبناء للملكية والإنتاج يعتمـد بصـورة كليـة على الأبنية الاجتماعية والقيم والاتجاهات والسـلوك غـير الاقتصـادي". (روشـيه: 1981: 23-25).

ومن المسائل الهامة التي أبرزها بارسونز في مراجعته: أن المفكرين الأربعة التقوا – على عكس ما كان مُعْتَقَداً حول الخلاف الفكري بينهم – في مقـولات النظريـة الطوعيـة للفعل الاجتماعي حيث رفض كل منهم الوضعية، كما أكد كل مـنهم عـلى دور الذاتيـة، بالتركيز على حافزية الأفراد والأهداف التي يختارونهـا ويسـعون إلى تحقيقهـا، والقـيم التي يلتزمون بهـا، عـلاوة عـلى أن كـل مـنهم قـد تجـاوز النفعيـة المتطرفـة كحافزيـة للسلوك مؤكديـن على القيم والمعاييـر كقواعد سلوكية. (Parsons: 1968: 719 -793).

بمعنى آخر، فإن طوعيه بارسونز تمثل أطروحة توليفية على المستوى المنهجي، كـما على مستوى أنماط الفكر بين الاتجاهات والتيارات غير المتصالحة حتى الآن، فقـد سـعى بارسونز إلى تجسير الفجوة بين الأفكار المتعارضة لتقاليد الوضعية والمثاليـة (الموضـوعية والذاتية) أو الفرد والمجتمع في الفكـر السوسـيولوجي، ولـذلك فقـد ميـز بارسـونز بـين بعدين: الأول، هو البعد الذي يهتم بالتساؤل عن، ما هو نوع العوامل التي تقع في جذر الفعل؟ ومن ثم ما هو المجتمع الذي ينتج عنه ذلـك الفعـل؟ فهـل هـي عوامـل تـرتبط بالبيئة الطبيعية الموضوعية للفاعل؟ أم هي توجيهات ذاتية تنبثق عـن الفاعـل نفسـه؟ أمـا البعـد الثـاني: فهـو يطـرح الفكـرة المتضـادة بـين الاسمية الاجتماعيـة والواقعيـة الاجتماعية، وهنا يرتبط التسـاؤل بمنطلق تحليـل الفعـل هـل هـو الفـرد أم المجتمـع؟ وكيـف يمكن لعلم الاجتماع حل هذه المشكلة على المستوى المنهجي؟ فهل ينبغي دراسة الفعل الإنساني من وجهة النظر التي تؤكد عـلى البنـاءات المؤسسـية التـي ينتمـي إليهـا الفـرد؟ أم مـن وجهـة النظـر التـي تؤكـد عـلى أفعـال الأفـراد أنفسهـم. وكـما يوضـح إدريانسنس فقد حاَول بارسونز في نظريته الطوعية الربط بين البعد الأوَل: (الوضـعية – المثالية، مع البعد الثاني الواقعية – الاسمية). (Adriaansens: 1980: 33).

ومن أجل صياغة أُطروحته الطوعية، فقد انطلق بارسونز بشكل أساسي من إخفاقات وجهة النظر النفعية، أَو ما يدعوه بالاتجاه النفعي Utilitarian Approach والمعضلة المركزية التي تعاني منها النفعية، أنها تنظر إلى الفاعل على أنه يسعى إلى تحقيق غايات أنانية Egoistic في موقف معين يتضمن ظروف مادية معطاة ينبغي أن تؤخذ بعين الاعتبار، بالإضافة إلى وسائل مادية ممكنة لتحقيق الأهداف المتوفرة. إن النفعية تصور الغايات على أنها عشوائية وغير منتظمة في الحياة الاجتماعية، ولا تمنح الفاعل حرية في الاختيار. وقد تجاوز بارسونز هذا المستوى الضيق من التحليل، معتبراً المنهج النفعي اختزالياً Reductive. فالحاجات والغايات التي تولد الفعل بهذه الصورة هي داخلية، بينما لا يوجد شيء خارجي بالنسبة للذات الفردية الفاعلة وبذلك، فإن النتيجة ليست فعلاً حقيقياً على الإطلاق. ولكن - كما يذهب بارسونز - شيء مقارب للسلوك الحيواني المحدد بالفطرة، وليس ذو الطابع الاختياري.

النموذج رقم (15): أبعاد الفعل حسب الاتجاه النفعي

وهكذا، لقد امتلك بارسونز حجة قوية للانطلاق من إخفاقات المنهج النفعي، فإذا كانت الغايات الأنانية هي المسببة للفعل، فلن يكون هناك نظام اجتماعي، وهنا يقتبس بارسونز مقولة هوبز بأن الأفراد الذين يتصرفون بشكل أناني لإشباع رغباتهم الأنانية سوف ينخرطون في "حرب الكل ضد الكل" Aware of All Against All، ولكن يمكن التغلب على هذه الحرب، بتأسيس نظام اجتماعي سلمي يضبط أنانية الأفراد ويوجهها، وهذا النظام يشمل التوجيه المعياري للأفراد. وبذلك يتصرف الفرد في ضوء

رغباته، ولكن في إطار المعـايير الاجتماعيـة المسـتدمجة، وكـما يؤكـد بارسـونز فـإن الفعل يكون بهذه الصورة موجه معيارياً أكثر منه رغائبياً وبذلك يمكـن توضيـح تعـديل بارسونز على النفعية من خلال النموذج التوضيحي التالي:

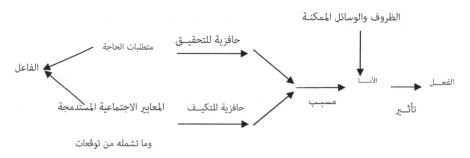

النموذج رقم (16): تعديل بارسونز على النفعية

يقول بارسونز بهذا الخصوص: "يجب أن نفكر دائِماً بالفعل على أَنه يتضـمن تـوتراً بين نظامين مختلفين من العناصر المعياريـة والظرفيـة، والفعـل في الحقيقـة هـو عمليـة تغيير وتعديل العناصر الظرفية في اتجاه التكيف مـع المعـايير" (Parsons: 1968: 722)، وهكذا، فإِن بارسونز يرفع مـن شـأن المعـايير الاجتماعيـة كموجهـات وضـوابط مركزيـة للفعل، فيظهر المستوى الثقافي والرمزي كأطر مرجعيـة يتحـرك الفعـل فيهـا. ومـن هـذا المنطلق، فإن الفعل الاجتماعي بالمعنى الذي استخدمه بارسونز هو كل ضروب السـلوك البشري التي تدفعها وتوجّهها المعاني التـي يكونهـا الفاعـل عـن العـالم الخـارجي، وهـي معاني يأخذها الفاعل في اعتباره ويستجيب لها وبناءً على ذلك فإن الخاصـية الجوهريـة للفعل الاجتماعي، هي حساسية الفاعل لمعاني الأفراد والأشياء من حوله، وإدراكـه لهـذه المعاني وردود فعله تجاه المؤثرات التي تنقلها. (روشيه: 1981 :64).

من هنا، يرى البعض (تيرنر، توبي). بأن هناك قدراً كـبيراً مـن التفاعليـة الرمزيـة في نظرية بارسونز، وقد أشار جكسون توبي Toby، إِلى ذلك بقوله: يعني بارسونز بالفعل

محاولة الأفراد تحقيق أهدافهم المحددة، رمزياً في بنيات محددة، ويبدو أن بارسونز كما لو كان تفاعلياً رمزياً على نحو كولي وميد وبلومر، ويتعين علينا القول بأنه لا يوجد فرق فكري هام بين الإطار المرجعي للفعل والإطار المرجعي للتفاعلية الرمزية. وفي تعقيب بارسونز على مقال لتيرنر بذات الخصوص، يؤكد بأنه متعاطف مع هذا الرأي، وخاصة تداخل نظريته مع طروحات ميد، ولكن هاتان النظريتان ليستا متطابقتين على الإطلاق. (انظر: عبد الجواد: 2002 : 307).

يقول بارسونز، لأغراض نظرية الفعل فإن أصغر وحدة تحليل في هذه النظرية هي وحدة التصرف (Unit – Act)، ويمكن أن تحلل إلى عناصرها الأساسية وهي: الفاعل والوسائل والظروف والمعايير الموجهة، وكل عنصر ــ من هذه العناصر ذو قابلية للإدراك Conceivability كوحدة في ضوء الإطار المرجعي للفعل أو وحدة التصرف. (Parsons: 196 : 44, 48).

وبهذا المعنى، فإن التصرف أو الفعل Act يتضمن منطقياً ما يلي:

1- الفاعل Agent وهو الخلاق المبدع القادر على الاختيار.

2- يجب أن يكون للفعل هدفه أو غاية End، وهي تعني جملة الشؤون المستقبلية التي تتوجّه نحوها عملية الفعل.

3- يجب أن يدخل الفاعل في موقف Situation يتضمن نواحي هامة تختلف عن الغاية التي يتوجّه نحوها الفعل، ويمكن تحليل الموقف إلى عنصرين هما: العنصر الذي لا يتمكن الفاعل من ضبطه أو تغييره أو منعه وهو ظروف التفاعل Conditions والعنصر الذي يتمكن الفاعل من ضبطه والسيطرة عليه وهو الوسائل Means.

4- التوجيه المعياري للفعل Normative Orientation، وهو رابط علائِقي بين العناصر السابقة، كما يسمح باختيار وسائل بديلة لتحقيق الغاية، بقدر ما يتيح الموقف من بدائِل. (Parsons: 1968: 44)

ويضيف بارسونز بأَن هناك ضوابط هامة لهذا المخطط المفاهيمي Conceptual Scheme (النظرية الطوعية) يجب أن تأخذ بعين الاعتبار:

أولاً: إن فئة الزمن أَساسية بالنسبة للمخطط، فالفعل هو عملية مستمرة في الزمن. إن مفهوم الغاية يوضح الإطار المرجعي المستقبلي الذي لن يتحقق إلا إذا قام الفاعل بعمل شيء ما من أجل تحقيقه، وبذلك فإِن الغاية ليست موجودة في موقف الفاعل، وإِن وجدت فإنها لن تبقى دون تغيير.

ثانياً: إِن حقيقة مدى الاختيار المفتوح للفاعل بالرجوع إِلى الغايات والوسائل وارتباط كل منها مع مفهوم التوجيه المعياري يوضح إمكانية الخطأ، والفشل في تحقيق الغايات أَو الاختيار الصحيح للوسائل، وقد يحمل هذا الخطأ معاني مختلفة.

ثالثاً: إِن مرجعية هذا المخطط ذاتية Subjective، بمعنى أَن هذا المخطط يتعامل مع الظاهرة، والأشياء، والأحداث، كما تظهر من وجهة نظر الفاعل. وهنا لا بد من الإشارة إِلى أن بارسونز لا يغفل العالم الخارجي، حيث يميز بين الذاتي والموضوعي، باعتبار أن الموضوعي Objective يشتمل موضوعات البيئة الموجودة في موقف الفعل والخارجة عن تصور الفاعل بينما الذاتي Subjective يتضمن تعريف الفاعل للموقف من وجهة نظر الفاعل.

رابعاً: يتضمن موقف الفعل عناصر طبيعية Physical وبيولوجية، والباحث لا يختزلها إلى عناصرها الدقيقة، فهو لا يُعنى بها إلا بموجب ارتباطها بعناصر وحدة الفعل. (Parsons: 1968: 48).

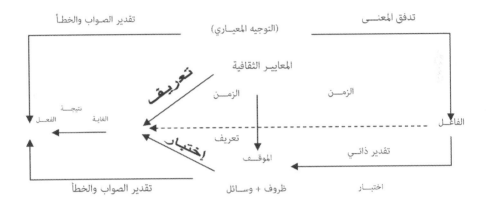

النموذج رقم (17): النظرية الطوعية عند بارسونز

يوضح النموذج رقم (17)، بأن الفاعل الموجَّه معيارياً يتحرك في الإطار الزمني لتحقيق غاية مُعَرفّة أصلاً في منظومة المعايير الثقافية، ومن أجل بلوغ غايته عليه أن يتجاوز الظروف الموضوعية التي لا يتمكن من السيطرة عليها في موقف التفاعل. وأن يختار بين وسائِل مختلفة في ضوء المعاير الثقافية وعند بلوغ الغاية يكون الفعل قد تحقق، وهنا تجري عملية تقدير للخطأ والصواب في الفعل الناتج عن طريق المعايير الثقافية التي تحدد مستوى الالتزام ومواءمة الوسائِل.

يوضح بارسونز أَن الإطار المرجعي للفعل، يمكن أَن يقسم إِلى مستويين، الأَول: هو المستوى العيني أَو المحسوس Concrete ويشير إِلى وجود فعل عيني محسوس، وعناصره تمثل كيانات عينية محسوسة، وهكذا، فإِن الغاية المحسوسة، تمثِّل جملة الشؤون المستقبلية المتوقعة، والتي تعكس غاية محددة تنتمي إِلى الإطار المرجعي للفعل، ولكن لأَغراض

التفسير، لا بد من التجريد لتعميم المخطط المفاهيمي بحيث يستحضر العلاقات الوظيفية التي تربط الحقائِق المرتبة بطريقة وصفية، وهذه المسألة تمثل واحدة من الوظائِف الهامة المرتبطة بالمستوى الثاني: وهو المستوى التحليلي Analytical، كحالة مقابلة لعملية الوصف، وهنا يتم تمييز دور العناصر المعيارية من غير المعيارية، ويستخدم بارسونز المعياري هنا ليشير إلى العناصر الغائية فقط من وجهة نظر الفاعل ولا تحمل أي معنى أخلاقي بالنسبة للملاحظ، فالغاية بالمعنى التحليلي تعرف على أنها الاختلاف بين الغاية المحسوسة الفعلية، وتلك التي تم التنبؤ بها عند دخول الموقف، وكذلك فإن المعنى التحليلي للوسائِل، لا يشير إلى أشياء بعينها يمكن أن تستخدم في مسار الفعل، ولكن تلك العناصر التي يمكن السيطرة عليها من قبل الفاعل لتحقيق غايته. (Ibid: 49).

يلاحظ ستيفن سافاج Savage؛ أن عناصر وحدة الفعل، تمثِّل الحد الأدنى من العناصر أو المكونات لأي عملية فعل معينة. وأي من هذه العناصر لا يمكن تجاهله في أي محاولة لتحليل هذه العملية، بينما العناصر الثقافية، أو ذات المعنى تدخل في كل نقطة من وحدة الفعل وهكذا، فهناك مركب كلي للفعل يعني بالتمييز بين المعياري، والظرفي في وحدة الفعل، ولذلك يمكن اعتبار الفعل كمفصل بين المستويين. (Savage: 1981: 92)

الآن، يمكن العودة إلى توليفة بارسونز الطوعية لتوضيح محتواها بعد أن أَصبح من الواضح أَن هناك فضائيين أَو مجالين يشكلان الطوعية هما: المجال المثالي، ويتضمن الثقافة بعناصرها المعنوية المختلفة كالقيم والأفكار والمعاني. والمجال الطبيعي، أَو الموضوعي الذي يتضمن أي شيء سواء من العضوية البيولوجية أَو الأنساق الاجتماعية، ويمكن تقديم صورة لموقع توليفة بارسونز من خلال النموذج التوضيحي التالي:

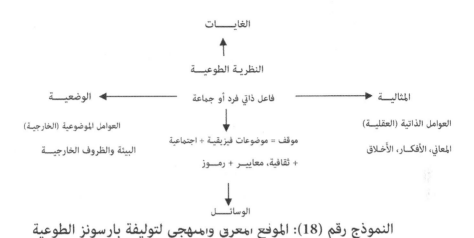

النموذج رقم (18): الموقع المعرفي والمنهجي لتوليفة بارسونز الطوعية

الخط الرأسي كما هـو واضـح في النمـوذج رقـم (18)، يشـير إلى نقطـة البدايـة في تحليل بارسونز، وهي عقلانية الفاعل. المتمثلة في مخطـط الوسـائِل - الغايـات النفعـي، إن هذه الصورة من العقلانية تقـود إلى مشـكلة النظـام، والخـط الأفقـي يعكـس هـذه المشكلة، حيث يتضمن في القطب الأيسر منـه الفهـم الوضـعي للنظـام، بيـنما يتضـمن القطب الأيمن الفهم المثالي، وبـين القطبـين يـبرز موضـع النظريـة الطوعيـة التـي توحـد القطبين في نمط واحد من التفكير حول الإنسان والمجتمع، يجمع بين العقلانيـة والمثاليـة الذاتية والموضوعية الوضعية.

إذن، ما حاول بارسونز فعله بالضبط هو، تقييد التوجيه النفعي الرغائبي للسـلوك الإنساني فعمل على تقييده بالقواعد الاجتماعية والبنى الرمزيـة، ولكـن هـذا الإجـراء لا يمنع من ارتباط الفعل بالحرية والعقلانية. حيث يظهر شكل من العقلانية يمكن وصفها بالعقلانية المعيارية أو شكل من الحرية يمكن وصفها بحرية الاختيار العقـلاني المعيـاري. وبموجب هذه الصورة من الاختيار العقلاني المعياري، فقد يمتنع الفرد عن تحقيـق غايـة يريدها، مقابل الالتزام الأخلاقي، أو الديني كما أنه قد لا يحقق الغاية التي يريدها في

أقصى كمالاتها، إن بارسونز لم يشرـ إلى هـذا الجانـب مـن العقلانيـة، ولكـن يمكـن تأويله في إطار المستوى التحليلي للنظرية الطوعية.

لكن عدم خوض بارسونز في طبيعة القوى والعناصر التـي تعطـل أهـداف النـاس وجهودهم أو تلغيها، قد أثار سخرية البـعض مـن طروحاتـه أحيانـاً، وبهـذا الخصـوص يوضح آلفن جولدنر بأن زومبارت، وفيبر، وبارسونز في بناء الفعل الاجتماعـي، ومـاركس الشاب في المخطوطات الفلسفية الاقتصادية جميعهم يتفقـون عـلى أن الموقـف الـذي يصاغ فيه الناس بموجب قوى اجتماعية مستقلة، أو تتعطل أهدافهم، وتلغى جهـودهم فيه، هو موقف غير مرغوب به. إن زومبارت وفيبر يميلان إلى أن هـذا الموقـف لا يمكـن تجنبه في الحضارة الصناعية الحديثة، ويرى ماركس أنـه موقـف جـوهري في الرأسمالية بينما يمكن تجنبه في الشيوعية. أما بارسونز فإنه يرى أنه يمكن تجنب هذا الموقف حتى في الرأسمالية. (Gouldner: 1970: 185).

ويضيف جولدنر: بأن رؤية الناس كمخلوقات تبحـث عـن أهـداف، وأَن جهـودهم تغير حياتهم - وهي مسألة مركزية في طوعيـة بارسونز - تميـل للالتقاء مع مشكلة الاغتراب عند ماركس، ولكن بارسونز لم يكـن يـدرك ذلك لأن كتابات مـاركس لم تكـن مألوفة بالنسبة له. (Ibid).

لقد برر بارسونز ذلك بان أعمال ماركس لا تندرج في نفس الفترة الزمنية للكتابات التي تناولها. حيث أن أعمال مـاركس تنتمـي إلى الحقبة الثانية مـن المسار التاريخي للنظرية السوسيولوجية. بينما النظرية الطوعية هـي مـن إنتاج الحقبة الثالثة، وهـذا بطبيعة الحال تبرير متهاو وضعيف، والحق أن الأفكار الجوهرية لماركس تعارض المنحى الفكري الـذي حـاول بارسونز بموجبه صياغة أطروحتـه، ولـو تنـاول كتابات مـاركس لانطوت أطروحته على ثراء عظيم، ولكـن الأمـر يتطلـب جهـداً فكريـاً إضافيـاً، وموقعـاً أيديولوجياً مغايراً.

من جهة أخرى يجادل جولد Gould في مقاله بارسونز مقابل ماركس. Parsons Versus Marx ....: أن بارسونز قد اعتبر ماركس مساهم أساس وهام لتطور العمل القابل للتطبيق، ولكنه لم يشاهده كذلك بالنسبة لتطور النظرية الاجتماعية العلمية، ولذلك فإن ماركس قد أستبعد في بناء الفعل الاجتماعي من التجميع النظري المنبثق الذي أطلق عليه النظرية الطوعية للفعل، وعلى الرغم من أن ماركس قد كامل بين الوضعية والمثالية، وهو أمر يستحق عليه أن يعتبر مؤسس الطوعية، إلا أن بارسونز اعتبره نفعي، وحجة بارسونز أن نظرية ماركس تنحصر في نمط الإنتاج الرأسمالي، بينما جاءت القوانين النظرية التحليلية والمعممة في الجيل اللاحق لماركس وهو جيل مارشال ودوركايم وفيبر. (Gould: 1981: 199).

ولكن، حتى بالنسبة للمفكرين الذين تناول بارسونز أعمالهم، فقد تعامل مع طروحاتهم الفكرية بصورة انتقائية، فقد أرسى فيبر قواعد مفهوم القوة القائم على تضارب المصالح، كما اعترف دوركايم بمكان المصالح والقوة مثلما اعترف بدور القيم الأخلاقية، فعدم القدرة على اختزال عدم المساواة الاجتماعية، لن يحقق توافق معياري، ولكن تظل القيم والعناصر الأخلاقية في تصور بارسونز تحتل مكانة عليا بينما يهمل صراع المصالح وأشكال القهر. (زايتلن: 1989 : 41).

يوضح ستيفن لويال وباري بارنز Loyal and Barens أن القوة تحقق قدراً من الحرية بالارتباط مع موضوع الفعل الآني، وتقف فوق وضد التقييدات البنائية، وإلى المدى الذي يمتلك فيه الناس قوة، يمكن أن يتصرفوا بشكل مستقل في معارضة التقييدات البنائية، وإعادة تشكيل البناءات من خلال أفعال الاختيار الحرة، وبالمقابل فإن افتقاد الأفراد للقوة يجعلهم يتصرفون بصورة آلية إزاء تفصيلات وإملاءات البناء الاجتماعي. ولا يمارسون أي اختيار فيما يفعلونه. (Loyal and Barens: 2001).

إن مقولة لويال وبارنز السابقة، تلفت الانتباه إلى أن مفهوم القوة يغيب عن النظرية الطوعية للفعل عند بارسونز، ويشكل خاص يمكن الإشارة إلى أن الطوعية لم تأخذ القوة

كشكل من أشكال التقييد البنائي، ولم تقع القوة ضمن الظروف التي لا يستطيع الفرد السيطرة عليها، أي كظرف خارجي، وكذلك فإن القوة تغيب عن تشكيل المعايير وأدلجتها وعن قسرية استدماجها، وهنا تظهر : إشكالية (المعايير السلمية)، كما يتصورها بارسونز باستمرار، حيث صرح بأن حل إشكالية النظام يتمثل في تأسيس نظام اجتماعي سلمي عند طريق المعايير الاجتماعية التي تضبط أفعال الأفراد، وفي هذا التصور حيادية للمعايير الاجتماعية وكأنها تهبط من السماء، ولذلك لم يتساءل بارسونز ولو مرة واحدة عن نشأة المعايير وتشكّلها، وتعامل معها باستمرار كواقع معطى، وعلاوة على ذلك فلم يلتفت بارسونز إلى الوسائل كعنصر تحليلي في الطوعية يمكن أن تحقق سيطرة الفرد على الآخرين، عندما يحتاجون الوسائِل التي يسيطر عليها.

وهكذا، يمكن القول إن القوة تظهر في منطقتين من الموقف الاجتماعي: من ناحية تظهر في طبيعة المعايير الاجتماعية التي تحكم الموقف، حيث تظهر انحيازاً كامناً فيها، كما تظهر من ناحية أخرى في طبيعة الظروف المادية المحيطة التي لا يستطيع الفرد أن يسيطر عليها وهنا تظهر القوة في التداخل مع الظروف والمعايير حتى على المستوى التحليلي للفعل، ولذلك فإذا كانت طوعية بارسونز تظهر نوعاً من العقلانية، والحرية في الاختيار، فإن إدخال القوة إلى طروحات الطوعية يشكل تحدياً تحليلياً راديكالياً، حيث يستدعي الوقوف على حالة من اختزال الحرية، أو انعدام البدائل، أو احتكارها، بالإضافة إلى ضرب من العقلانية المقيدة التي يقدم الأفراد بموجبها تنازلات ويرضون بالقليل، أو يرضون فقط بحماية أنفسهم، أو بقائِهم على قيد الحياة.

يعرض مارفن أُولسن Olsen ثلاثة مستويات لممارسة القوة وتقدم تصوراً مخالفاً للطوعية حول امتلاك الفاعل للقرارات: المستوى الأول هو "قوة صناعة القرار" حيث يؤثر أحد المتفاعلين في قرارات الآخرين من خلال اتخاذه قرارات معينة والمستوى الثاني هو "قوة منع القرار" حيث يستطيع صاحب القوة منع الآخرين من اتخاذ قرارات معينة أو القيام بأفعال معينة. أما المستوى الثالث فهو "قوة وضع الأجندة"، حيث يستطيع الأفراد

الذين يمتلكون القوة تشكيل سياقات اجتماعية واسعة، وكافة المواضيع التي تتخذ فيها القرارات.(Olsen: 1993 :35).

إن المستويات التي يقدمها أولسن، تكشف عن حدة الخطأ الناتج عن تجاهل القوة في التفاعل مع المعايير المستدمجة عند الأفراد، وبشكل أكثر تحديداً فإنها تميط اللثام عن التشوهات الكامنة في بنية المعايير الاجتماعية، التي يتعامل معها بارسونز على أنها عادلة وتوجّه الأفراد بما يتوافق مع مصالحهم، ولذلك، فإن توغل القوة في النظام الاجتماعي كحقيقة واقعية، تستدعي مراجعة معمقة لبناء المعايير الاجتماعية، والآليات أو العمليات التي تفضي إلى استدماجها.

إذن، ما يتصوره بارسونز على أنه وحدة فعل ذات طابع اتساقي، يمكن تصوره على أنه قائِم على أساس التفاضل في القوة، وذلك ليس بعيد عن طروحات بارسونز، حيث أن الفاعل والوسائل والغايات، هي محددة بالتوجيهات المعيارية الراسخة في بنية النظام الاجتماعي، والفارق الوحيد هو الاعتراف بالقوة وما يرتبط بها من امتيازات ومكاسب وانحيازات. إن سيطرة الفرد على الوسائل التي تُفضي- به إلى تحقيق غاية معينة في إطار الظروف والقيود المعيارية يعني أنه مستقل وقوي، حتى وإن لم يكن مسيطر على غيره، وإذا افتقد إلى الوسائِل فإنه غالباً ما يحتاج غيره، إلاّ إذا تخلّى عن غايته. ولكن في إطار تصوري أشمل، فإن المجتمع يحدد الغايات ويحدد الوسائل الشرعية التي ترتبط بها وعند استحضار مفهوم القوة، فإن المعايير الاجتماعية التي تعكس التمايزات والانحيازات هي ذات البيئة التي تضفي شرعية على الوسائِل والغايات وتوجّه الظروف الاجتماعية.

يوجِّه ستيفن سافاج الأنظار إلى إشكالية حقيقية تنطوي عليها طوعية بارسونز وتتمثل هذه الإشكالية في أن الطوعية لا تشير إلى موضوع إنساني متشكّل بحرية، ولكن بموجب آليات توجد بالنسبة لبارسونز بين الحقل المعياري والحقل الظرفي، فإعطاء المعايير صفة أساسية يتعين وجود آلية يتحقق بموجبها إدراك المعايير والقيم في مستوى الفعل،

والفاعل الإنساني يمثل هذه الآلية،ولذلك فقد أخفق بارسونز في إيضاح كيف تعمل الذاتية Subjectivity والطوعية Voluntarism في معادلته،ولم ينجح في تسجيل العلاقة بين الظرفي والمعياري ولذلك لا يبدو الإنسان اختيارياً وطوعياً إنما مقيداً. وهنا تظهر المسافة بين التفاعلية والظاهراتية، وطروحات بارسونز. (Savage: 1981: L96).

إن هذه المسألة تثير الاهتمام بحق، فالصيغة الكلية الاتساقية لمنظومة المعايير والقيم هي مقولة واضحة في طروحات بارسونز، وقد أفضى ـ به ذلك ـ إلى تجاهل تمايز السياقات الاجتماعية والثقافات الفرعية والثقافات المضادة، ولذلك فإن طوعية بارسونز تعجز عن تفسير الاختيار العقلاني للفرد عندما ينخرط – بإرادة ووعي – في حركة اجتماعية معينة، من أجل تحقيق غاية معينة، قد تكون استبدال الظروف الاجتماعية القائمة، أو حتى منظومة المعايير التي تحكم قطاعات اجتماعية معينة كالعمل مثلاً أو حقوق الإنسان في مجالات مختلفة.

وكما يرى سملسر ـ Smelser في كتابه نظرية السلوك الجمعي Theory of Collective behavior، إن السلوك الجمعي هو بالضرورة، محاولة من قبل الناس لتغيير بيئتهم عندما يكونوا تحت ظروف غير موثوق بها، وضغوطات وقيود وخوف. (Smelser: 1962).

ولكن بارسونز لم يعتني بالظروف المحيطة باختيار الفاعل، بل أكد أنها تنحني أمام المعايير، وضمناً، فإن ذلك يعني انحناء الفاعل أمام المعايير وكذلك الظروف. لقد أشار لويس كوزر إلى أهمية المعايير الاجتماعية في تحقيق التضامن على المستوى الداخلي للجماعات المتصارعة، وتشكيل الهوية والجماعة المرجعية السلبية، وهذا يوضح أن المعايير في الوقت الذي تشكِّل فيه آلية هامة لتبلور التضامن، فإنها بذات الوقت تشكِّل الفرقة والصراع بين قوى مختلفة.

يعتبر بارسونز الفعل الذي يخرج عن المعايير العامّة - بصرف النظر عن اعتبارات خروجه - بأنه فعل لاعقلاني Irrational أو خاطئ Erroneous، ومثل هذا الفعل بالنسبة لبارسونز طارئ ومؤقت وفردي، فالعنصر الأساس في الوجود الإنساني هو الالتزام المعياري الأَخلاقي، ولذلك يوضح بارسونز فكرته حول (الإرادة) بقوله: إن الفاعل ليس حراً ليفعل ما يشاء إنه مرتبط وملتزم، وحيثما تظهر الإرادة، تدخل في الجهد والطاقة المطلوبة من جانب الفاعل لإدراك المستويات المعيارية والقيمية الموجودة. (Parsons: 1968: 385).

ويبدو ذلك على عكس ما يتصور سكوت Scott بأَن طروحات بارسونز تظهر جوهر الفعل كاستقلال ميتافيزيقي لمجال الذاتية، أَو أَنها محاولة للتأكيد على ذاتية الإنسان كخاصية مميزة. (Scott: 1963)، كما يرى البعض أن نظرية الفعل البارسونية هي طوعية لأنها معيارية، أي أن الفاعل حر في أن يتكيف مع المعايير أم لا. (Charles: 2004)، ولكن الصواب أن الحرية تقع في دائِرة القيد المعياري، فهي حرية مقيدة، واختيار عقلاني مقيد ليس بموجب القوى، أو الظروف المحيطة، ولكن بموجب المعايير الاجتماعية. ويشرح الكسندر Alexander بصورة أكثر وضوحاً: أن بارسونز نجح في بلورة نقطتين هما: الأساس الاجتماعي لاستقلالية الفرد والأساس متعدد الأبعاد للنظام الاجتماعي، فقد أَظهر بارسونز مدى اتساع حرية الفرد وضبط الوعي المرافق للحرية. (Alexander: 1978)، ويوضح جوناثان فيش Fish، أن بارسونز قد حاول فهم كيف يتحقق النظام في المجتمع الغربي، والعنصر الأساس في هذا التحليل الإدراكي هو اعتقاد بارسونز بأَن النظام يكون ممكناً من خلال القيم المعيارية. (Fish: 2004).

يمكن القول، بأَن المعايير الاجتماعية، قد تمثل غاية بذاتها في طروحات تالكوت بارسونز، الأمر الذي دعى منزس Ken Menzies إلى القول بأن بارسونز معادٍ للطوعية، فتركيزه على المعايير الاجتماعية قاده إلى درجة غير مقبولة من الطوعية. (Menzies: 1977)، ولكن في موقف القوة مثلاً لا يمكن القول بأن الخاضعين،

يمارسون الخضوع لأنهم يرضون بالمعايير الاجتماعية، وأن الإرادة الحرة تقف وراء الخضوع، وهنا يمكن أن تظهر المعايير بصورة مزدوجه فهي توضح للخاضعين مستوى الإجحاف، وبذات الوقت، يتم الالتزام بها لما قد تحمله من شرعية، ولذلك فإن الرغبة في الخضوع ليست حقيقية، كما يمكن أن تظهر هنا وسائلية الغاية وليس غائيتها، حيث أن الغاية هي التي تلزم الأفراد بالخضوع للمعايير المجحفة أحياناً، وخاصة عندما لا تتوفر الوسائل والبدائل.

لذلك، يقول هابرماس: إن التوجّه نحو المعايير، لا يرتكز فقط وببساطه على اعتقاد الأَفراد بشرعيتها، ولكنه يرتكز كذلك على الخوف، والخضوع، والجزاءات المخيفة غير المباشرة، والاعتقاد الراسخ في تصورات الأَفراد حول افتقادهم للقوة وندرة البدائِل المتوفرة لديهم. (Habermas: 1976: 96)، وبذات الوقت يلاحظ ديفد سيولي D.Sciulli إن المعايير الاجتماعية قد تلعب دوراً هاماً في تأسيس المرتكزات الاجتماعية للسلطوية القائمة على التكامل الاجتماعي، وهي تعمل عكس المعايير الرسمية المعلنة، ولذلك فإن على بارسونز إدراك إمكانية التكامل الاجتماعي وضغوطات السيطرة الاجتماعية. كما يلفت سيولي الانتباه إلى أن الدولة تمتلك الأَدوات والقنوات التي تحرك من خلالها المعايير الاجتماعية وتصنعها. (Sciulli, D. :1986).

كما يلفت سيولي الانتباه إلى مسألة هامة، وهي أن الفعل لا يرتبط مع المعيار بصورة سببية مطلقة، والمعيار الظاهر يحكم الفاعل بموجب قوى حقيقية، لكن المعيار يمثل جانب واحد من الفعل، فهناك معوقات ومقاومة لإنجاز الفعل، إن هذه المقاومة تعكس عنصراً آخر وهو الجهد. (Ibid)، وحول هذه المسألة يوضِّح رالف مليباند Miliband: ليس هناك شيء محتوم أو أوتوماتيكي حول انبثاق الرجال العظام في أي لحظة معينة... فهناك ظروف وأحوال تجعل تدَخَل الأَفراد ذو فاعلية، أكثر من غيرها. .(Miliband: 1983: 138)

ومعنى ذلك، أن الظروف ليست واحدة، ولا محايدة، وأن جهود الأفراد، وقدراتهم على التدخل ليست متساوية، وبذلك فهل يمكن الحديث عن توجيهات معيارية واحدة ترتبط بالأفراد والظروف والغايات؟!. لقد عارض الكثيرون من العلماء، أفكار بارسونز حول الطوعية، وبشكل خاص مستوى الحرية، وأهمية المعايير الاجتماعية، وتجاهل القوة، لكن تبقى مسألة هامة، وهي أن كثيرين من نقاد بارسونز قد ترجموا مشكلة النظام العام إلى أداة أيديولوجية، ومن القلائل الذين يدافعون عن بارسونز في هذه المسألة جي روشيه حيث يعتبرها جي روشيه مشكلة تحليلية، لكن التحليل الموضوعي يقتضي الأخذ بالعناصر التي تُشكِّل النظام، بالإضافة إلى العناصر التي تحدث الفوضى. وإذا أراد بارسونز أن يظهر نوعاً من الحرية الرأسمالية المسؤولة في المجتمع الأمريكي، فإن كثيرين من المحللين لبنية النظام الرأسمالي، يرون الاختيار الشخصي والحرية الفردية أسطورة مصاحبة لوجود المشروع الخاص يرافقها تضليل إعلامي. (انظر: شيلر: 1999 : 17-18).

وإذا كانت المعايير تخضع لإعادة صياغة وتعديل، من قبل أصحاب القوة، وبما يخدم مصالحهم الخاصة، فأين الموقف التحليلي لبارسونز من هذه المسألة؟ وكيف يمكن الحديث عن حرية في الاختيار؟ وما هي طبيعة العقلانية المرافقة لمثل هذا الاختيار؟، فكما يذكر جيبارد Gibbard في كتابه نظرية الحكم المعياري Theory of Normative Judgment، وبشكل خاص تحت ما يدعوه (مصادقة المعيار) Norm-endorsement، أن المعايير الأخلاقية قد ينتجها عدد من الأفراد لتحقيق هدف ما على نطاق واسع، ويصادق الآخرين على هذا المعيار ويتصرفوا بموجبه باستمرار، وتظهر هذه المصادقة شكلاً من العقلانية تدعم المعايير الأخلاقية العامّة. وربما تتم هذه العملية بصورة خداعية، بحيث تخدم عملية المصادقة من أنتجوا المعيار بشكل أساسي. (Gibbard: 1990).

رغم جميع المثالب التي تعاني منها الطوعية، إلاّ أنه - كما يقول الكسندر - "لقد أسس بارسونز خط المصطلحات الأساسي لعلم الاجتماع المعاصر، والإطار المرجعي

لعلماء الاجتماع المعاصرين، من خلال آرائهـم الاحتجاجيـة عليـه". (Alexander: 1988: 97).

تبقى مسألة هامة، وهي أهميـة مـا يمكـن أن تثـيره القـوة مـن تسـاؤلات، إذا مـا أدخلت إلى العناصر التحليلية لوحدة الفعل، إذ يمكن أن تطرح تساؤلات، حول مستوى حرية أو خضوع الفاعل، ومستوى إجحـاف المعـايير، والإشـباع المـرتبط بالغايـة، ووفـرة الوسائل، والمقاومة المرتبطة بـالظروف، واسـتمرارية الموقـف في الإطـار الزمنـي، ويمكـن توضح الصورة، من خلال النموذج التوضيحي التالي:

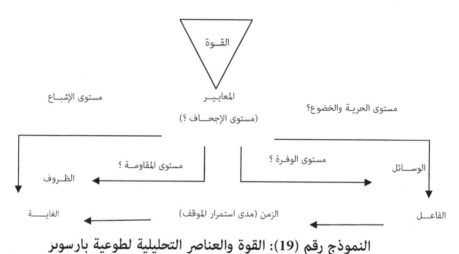

النموذج رقم (19): القوة والعناصر التحليلية لطوعية بارسونز

3-3: أنساق الفعل:

أشار بارسونز في مطلع كتابه بناء الفعل الاجتماعي، إلى أن النظرية الطوعية للفعل الاجتماعي، لا يمكنها أن تفسر الأبنية والنظم الاجتماعية تفسيراً ملائِماً، مع أنها تسـتطيع البحث في أهم صور الحياة الاجتماعيـة، ويعنـي بـذلك فعـل الاختيـار العقـلاني الموجـه معيارياً ولقد كان ذلك الإفصاح نـذيراً لمـا لمسـه كثـيرون في الأعـمال اللاحقـة لبارسـونز، وبشكل خاص كتابه النسق الاجتماعي، حيث تحول من الطوعية إلى التحليل

النسقي، أو الاتجاه البنائي - الوظيفي، وهو الاتجاه الأكثر ملاءمة - كما يرى بارسونز - في دراسة الأبنية الاجتماعية والثقافية. ومن هنا، يشير بارسونز في كتابه النسق الاجتماعي إلى أن "الأفعال والتصرفات لا تحدث بصيغة منفردة، أو منفصلة، ولكنها تنتظم في أنساق" (Parsons: 1951: 7).

بمعنى آخر، لقد تحول بارسونز من حيز التركيز على اختيار الفرد الفاعل، إلى حيز التركيز على السبل التي يقيد بها النسق الاجتماعي اختيارات الفرد أو يحد منها. ولكن لا بد من التأكيد هنا، أن بارسونز لم يتنكر لمحتوى النظرية الطوعية، كما يعتقد البعض، ولكنه اعتبر النظرية الطوعية خطوة أساسية في بناء النظرية العامّة للفعل الاجتماعي، إذ لا يمكن الانتقال "منطقياً" إلى مستوى تقييد الفعل في إطار البنى والمؤسسات والعلاقات الاجتماعية عموماً دون إظهار الصورة الطوعية التي تعكس مجال الحرية في الفعل الإنساني، ولكن يبدو أن المسألة ترتبط بالانتقال إلى مستوى آخر من المقدرة على التعميم، بالإضافة إلى تجسيد الأطر التي يتحرك الفعل فيها، علماً بأن هذا الإجراء يتضمن تهميشاً لمدى حرية الفاعل في الاختيار وفي الوقت نفسه ابتعاد عن الجانب الذاتي لصالح الجانب الموضوعي المتمثل في الدور المرسوم ثقافياً.

بصورة أكثر وضوحاً، يلاحظ بارسونز أن وحدة الفعل تقتضي تقسيم الفعل تحليلياً إلى عدة عناصر هي، الفاعل، والغاية، والموقف، والمعيار، ولكن الأفعال بذاتها لا تتجزأ إمبريقياً إلى أفعال مادية (محسوسة) مستقلة، ولكن ينبغي النظر إلى الفعل على أنه منظَّم، ولذلك فإن عناصر الفعل توجد في مستويات تجسد إمبريقياً أنماط مختلفة من التنظيم، وبكلمات أخرى، فإن الفعل يوجد في أنساق، والأنساق التي تحتل مكانة مركزية بالنسبة للفعل هي: نسق الشخصية، والنسق الاجتماعي، والنسق الثقافي، وهذه الأنساق تعكس بصورة مرتبة منطلقات الحاجة، وتوقعات الدور، والتوجيهات القيمية، إن أنساق الفعل لا ترتبط بأفراد معينين أو مجتمعات معينة، وفعل الفرد، مثلاً، يجب أن يتضمن على أغلب تقدير، الأنساق الثلاثة، ولهذا السبب، فإن أي فعل يجب أن يتضمن علاقات بين الأنساق. (Parsons and shills: 1965: 54-56).

إن هذه الأنساق مترابطة مع بعضها كوحدة لا تقبل الانفصال، ولكن لا بد من التمييز بين الارتباط الوثيق، والانصهار، أو ابتلاع أحد الأنساق للآخر، أو الاختزال. إذ لا بد من فهم كل نسق في مستواه.

يقول بارسونز: إن هذا الاعتماد المتبادل، والتداخل بين الأنساق، هو أمر مختلف عن الاختزال، وهو يشير – أي الاعتماد المتبادل – إلى أن الخصائص والعمليات المرتبطة بأحد الأنساق، يمكن اشتقاقها نظرياً من معرفتنا بأحد النسقين الآخرين أو كليهما. (Parsons: 1951: 6).

إن الإخفاق في تسجيل الخصائص التحليلية والامبريقية بين الأنساق، يقود إلى الاختزالية في اتجاه أو أكثر، ومن هذا المنطلق، فقد رفض بارسونز بشدة وجهة النظر السيكولوجية التي تتعامل مع الأنساق الاجتماعية كنتيجة لعمل ووظائفية الشخصية، فهذا الاعتبار يتجاهل انتظام الفعل حسب مقتضيات الأنساق الاجتماعية. كما رفض بارسونز النسبية الاجتماعية Social Relativism للثقافة، والتي تقلص الثقافة بصورتها الشمولية إلى نظام اجتماعي ومن الجدير بالذكر أن بارسونز قد وجَّه هذا النقد لتصور دوركايم حول الدين والأخلاق، وطوره في النسق الاجتماعي. وهكذا؛ فهناك علاقة مستمرة بين أنساق الفعل، وكل منها يعيش في ظروف وبيئة وجودية تتمثل في النسقين الآخرين، وقبل توضيح كل من هذه الأنساق على حدة، يمكن تقديم صورة موجزة حول العلاقة بين هذه الأنساق على النحو التالي:

إن نسق الشخصية يعتبر حاسماً للعمل الوظيفي المناط بالنسق الاجتماعي، وذلك من ناحية أنه يزود النسق الاجتماعي بالأفراد المنشئين بصورة كافية. إن الفعل بالمعنى الاجتماعي لا يمكن أن يوجد دون وجود فاعلين مدفوعين بشكل كافٍ للاستجابة لظروف ومعايير الفعل التي هي منظَّمة حسب مقتضيات الوجود الاجتماعي، مثلاً: تصنيف الفاعل لذاته يجب أن يرتبط بشكل أساسي بمكانته الفعلية في النسق الاجتماعي، ومنطلقات الحاجة Need-Dispositions لديه يجب أن ترتبط مع توقعات الدور في

النسق الاجتماعي وفي هذه الحالة يجب أن تتحقق درجة معينة من التماسك بين النسقين وبصورة مستمرة، وهنا تبرز أهمية التنشئة الاجتماعية كآلية يتحول من خلالها الكائن الإنساني العضوي إلى اجتماعي، لكن هذه العملية تتطلب أن يمتلك الفرد الإنساني مقدرة على الاستجابة بهذه الطريقة، وهنا تظهر العلاقة بين العضوية الإنسانية والفعل، وهذا يدل على أن التنشئة الاجتماعية لا تنتج الكائن الاجتماعي، ولكنها تحوله بينما هو موجود.

إن العلاقة بين الشخصية والنسق الاجتماعي ليست اعتباطية، لكن الاتصال الحاسم بين هذين المستويين للفعل يتحقق بواسطة الثالث. فالنسق الثقافي، وبموجب مكونه الأساس المتمثل بالتوجيهات القيمية Value - Orientations يحقق التماسك بين الشخصية والنسق الاجتماعي، كما أن العلاقات الداخلية للنسق الاجتماعي تكون ممكنة من خلال الثقافة، وكما يوضح هرين Herein، فإن النسق الثقافي يقدم أنساق المعنى التي تخلق الظروف المواتية لفعل اجتماعي مناسب. (Savage: 1981: 155).

1-3-3: النسق الاجتماعي:

إن لكل نسق بيئة تتكون من الأنساق الفرعية المحيطة به، والتي ترتبط معه في شبكة من الاعتماد المتبادل، على الرغم من احتفاظ كل نسق بدرجة من الاستقلال بحيث يمكن تمييزه عن الأنساق الأُخرى، ومن هنا، تجدر الإشارة إلى أن محاولة شرح كل نسق على حدة، لا تعني بالضرورة، أن هذه الأنساق يمكن أن تقطع بالسكين، فتوضيح نسق ما قد يحتاج إلى استحضار الأنساق الأخرى، كما أن بعض العناصر التوضيحية لنسق ما يمكن استكمالها من شروحات الأنساق الأُخرى.

يقول بارسونز: لأغراض التحليل بعيد المدى للأنساق الاجتماعية، فإنه من الملائم فكرياً، استخدام وحدة نظام أعلى من التصرف أو الفعل Act - كما هو موضح في النظرية الطوعية - وبشكل أساسي يمكن استخدام مفاهيم (المكانة - الدور)، ومن هنا فإن النسق الاجتماعي يمثل بناء العلاقات بين الفاعلين. كما هي متضمنة في العملية

التفاعلية، وبناء على ذلك فإن مشاركة الفاعل في علاقة تفاعلية نمطية هي الوحدة الأكثر أَهمية في النسق الاجتماعي. (Parsons: 1951: 25).

وفي نسق العلاقة، يعتبر كل فاعل موضوع Object بالنسبة لتوجّه الفاعلين الآخرين (وبالنسبة لنفسه). وأَهمية الفرد الوظيفية تشتق من مكانته. لكن في توجّه الفاعل نحو الآخرين، فهو ليس موضوع، حيث يمتلك القدرة على التصرف، وهذا هو المقصود بأن الفاعل يلعب الدور. وبصورة أوضح، فإن المشاركة Participation تتضمن جانبين أساسيين - حيث أن المشاركة هي الوحدة الأساسية في تشكيل النسق-: الجانب الأول هو المكانة Status وهي تشير إلى الوضع الذي يتحدد فيه الفرد بالنسبة للآخرين داخل النسق الاجتماعي، أما الجانب الثاني: فهو الدور Role، وهو يمثل الجانب العملي للمكانة، أي ما يقوم به الفاعل في علاقته مع الآخرين الذين يتعامل معهم في إطار الدلالة الوظيفية بالنسبة للنسق. (Ibid: 25).

يؤكد بارسونز بأن المكانة والدور، كوحدات في النسق الاجتماعي، لا تنسب إلى الفاعل ولكن إلى النسق، على الرغم من أن مكانة معينة قد يتم التعامل معها على أساس نسبتها إلى الفرد. إن هذا الاعتبار لا يلغي الفاعل وجودياً، فهو يمثل بالنسبة لبارسونز وحدة عليا تمثّل مركب المكانة - الدور، ولكنه لا يمثّل الشخصيّة كنسق، حيث يحاول بارسونز حفظ الشخصيّة كنسق بعيد عن أي اختزال إلى مستوى أدنى.

ويوضح بارسونز بهذا الخصوص: إن هناك ثلاث وحدات في الأنساق الاجتماعية تعزى إلى الفرد الفاعل، ويمكن ترتيبها من الأبسط إلى الأكثر تركيباً على النحو التالي: **الأُولى**: التصرف الاجتماعي، وهي تشكّل من قبل الفاعل وتوجّه نحو واحد أو أكثر من الفاعلين كموضوعات اجتماعية. **الثانية**: المكانة - الدور، كنسق فرعي منظِّم لتصرفات الفاعلين الذين يحتلون مكانات ذات علاقات تبادلية دائمة، ويتصرفون تجاه بعضهم في ضوء توجيهات تبادلية معينة. **الثالثة**: الفاعل نفسه كوحدة اجتماعية، فهو المنظِّم لجميع المكانات والأدوار التي تنسب إليه كموضوع اجتماعي. (Ibid: 26).

إذن، لقد أصبحت نقطة البدء المركزية لتحليل الفعل عند بارسونز، هي النسق الاجتماعي، الذي يعكس عملية تفاعلية علائقية تحت ظروف معينة، وهذا النسق - كما يصف بارسونز - يمكن التعامل معه كنسق بالمعنى العملي، ويمكن إخضاعه لنفس نظام التحليل النظري الذي طبق بنجاح على أنماط أُخرى من الأنساق في علوم أُخرى. (Ibid: 3).

يتألف النسق الاجتماعي بالنسبة لبارسونز من عدة أفراد يتفاعلون مع بعضهم في موقف، يتضمن على الأقل، نواحي طبيعية أو بيئية، وفاعلين مدفوعين باتجاه تحقيق أقصى- كمالات إشباعهم Optimization of Gratification، ونسق الرموز المشتركة المبنية ثقافياً والتي تتوسط علاقتهم بموقفهم. (Ibid: P 5-6)، بعبارة أخرى، فإن الموقف يمثل بالنسبة لبارسونز تكوين لموضوعات التوجيه، بمعنى أن توجيه الفاعل يختلف نسبياً حسب الموضوعات التي تشكّل موقفه وترتيبها في الموقف، والموضوعات المشكَّلة للموقف ثلاث طبقات: الاجتماعية والطبيعية، والثقافية، فالاجتماعي، هو الفاعل الآخر مقابل الأنا، وقد يكون مجموعة، والطبيعية، هي إمبريقية لا تتفاعل مع الأنا ولا تستجيب له، أما الثقافية فهي العناصر الرمزية، من أفكار ومعتقدات، أو رموز تعبيرية، أو أنماط قيميه، تعامل كموضوعات ظرفية من قبل الفاعل الأنا، ولم تستدمج كعناصر مؤسسية في شخصيته. (Ibid: 4).

إن التوجيه المرتبط بعمليات الفعل يمتلك حافزية لتحقيق الإشباع أو لتجنب الحرمان من قبل الفاعل، وهنا، ينبغي الإشارة إلى أنه ثمة ترميز لمستويات الإشباع والحرمان في إطار المواقف الاجتماعية، ومعنى ذلك أن مسألة الإشباع والحرمان ليست عملية عضوية بإطلاقها، حيث يأخذ بارسونز بعين الاعتبار البعد الزمني، أو تاريخ العلاقة بين الفاعل والموقف، وهذا ما يدعوه (الخبرة) Experience، ودلالة كل ذلك أن الفاعل مدرك ويجري حسابات، ليس في ضوء معادلة الإشباع - الحرمان الراهنة في سياق الموقف، ولكن في ضوء مخزون الذاكرة التاريخية، وهنا، تبدو الحقيقة الكاملة لخصائِص الفعل، حيث لا تعتبر مجرد استجابة أو إضافة زائِدة على الموقف. إن الفاعلين

يطورون أنساقاً من التوقعات ترتبط بمختلف موضوعات الموقف، وهي تبنى في ضوء متطلبات الحاجة وإمكانيات الإشباع، والحرمان التي تطرأ على البدائِل المختلفة المرتبطة بالفعل. (Ibid: 5).

في إطار التفاعل الاجتماعي، أي التفاعل مع الموضوعات الاجتماعية تحديداً، يمكن اعتبار التوقعات Expectations من جانب الأنا حاسمة، حيث تتشكَّل في إطار رد الفعل المحتمل من قبل الآخر للأَنا، ورد الفعل هذا، يصبح متوقعاً مع مرور الوقت، وهكذا يؤثر في خيارات الأنا الذاتية. (Ibid: 5). وعلى مستوى أكثر شمولية، فإن عناصر الموقف تحمل معاني خاصة بالنسبة للأنا، وتمثل علامات أو رموز تصبح منظَّمة لنسق توقعاته، ولكن بشكل خاص، حيث يوجد تفاعل اجتماعي، فإن العلامات والرموز تحقق معاني عامة، وتعمل كوسيط للتفاعل المنبثق بين الفاعلين وعندما تنبثق الأنساق الرمزية التي يمكن أن تتوسط التفاعل والاتصال، ربما يمكن الحديث عن بداية نشأة الثقافة التي تصبح جزءاً من أنساق الفعل التي تنسب إلى فاعلين معينين.

بناءً على ما تقدم، يمكن الكشف عن النسق الاجتماعي في أبسط مستوياته التحليلية وهو نسق التفاعل الثنائي، ويقول بارسونز بهذا الخصوص: إن الصيغة الثابتة للنسق الاجتماعي هي عملية تتام التفاعل Complementary بين فردين أو أكثر، بحيث يتوافق ويتكيف كل منهما مع توقعات الآخر، فتكون ردود فعل الآخر لأفعال الأنا بمثابة جزاءات إيجابية تعمل على تدعيم منطلقات الحاجة لديه Need Dispositions، بالتالي يحقق توقعاته، إن عملية التفاعل هذه، بوصفها ثابتة ومتوازنة، هي النقطة المرجعية الجوهرية لكل التحليل الدافعي الدينامي للعملية الاجتماعية. (Ibid: 205).

لقد أدرك بارسونز، أن طرحه هذا، قد يثير انتقادات كثيرة، ولكن رغم ذلك يؤكد أن صيانة تتامية توقعات الدور Complementarity المؤسسة، ليست إشكالية Not Problematical، إن الميل لصيانة عملية التفاعل هو "القانون الأول للعملية

الاجتماعية" (Ibid: 205). ويضيف بارسونز: أنه لا يوجد اعتراض نظري على مثل هذه الافتراضات إذا كانت تعمل على تنظيم وتعميم معرفتنا، بتعبير آخر، لا توجد ميكانزمات خاصة متطلبة لتفسير صيانة تتام توجيه التفاعل Complementary Interaction - Orientation (Ibid: 205). إذن الحالة الغالبة على طبيعة النسق هي التوازن، وهذا التوازن بطبيعته غير إشكالي ولا يحتاج إلى تفسير، وإن ما يحتاج إلى التفسير بحق، هو الخروج عن حالة التوازن.

إن تصور بارسونز لنسق التفاعل الثنائي، ينطوي على افتراض أن الطرفين المتفاعلين متكافئين، وأن كل منهما يحقق إشباعات الأخر بصورة متكافئة، ولذلك فإن هذا التوازن غير إشكالي، حيث يحاول كل من الطرفين صيانة نسق التفاعل، والعمل على ديمومته واستمراره، ولكن جميع افتراضات بارسونز بهذا الخصوص قد تتهاوى بالفعل، عندما يتغير المنطلق الافتراضي، بحيث أن أحد الطرفين يعتمد على الآخر بصورة أكبر، أو حسب تعبير هومانز أن يكون (صاحب مصلحة أقل). ومن الطبيعي أنه إذا تعرض الطرف الضعيف أو الخاضع للقوة إلى حرمان وضغوطات، فليس من مصلحته الإبقاء على نسق التفاعل، ولكن أحياناً، لا يستطيع القيام بأي تحرك، فقد تنعدم البدائل، وربما تتمأسس المعايير في علاقة القوة وتغلف الوعي والفعل ولذلك سوف تختلف الصورة النسقية. وثمة مسألة هامة أشار إليها جولدنر وهي أن استمرار تدفق الإشباعات في العلاقة بصورة نمطية قد يقلل من قيمتها وجاذبيتها، الأمر الذي يختزل الرغبة في الاستمرار.

إن منطلقات الحاجة Need - Disposition للفاعل تتضمن مكونين أوليين هما: المكون الإشباعي Gratificational، وهو يشير إلى تفاعل الفرد مع العالم الموضوعي وما يمكن أن يحقق منه، بحيث يدخل في حساب الربح والكلفة، والمكون الثاني التوجيهي Orientational وهو يتضمن كيفية تنظيم علاقته بالعالم الموضوعي. (Ibid: 7) ومعنى ذلك أن إشباع الحاجات يتم وفق معايير محددة، تمثّل نقطة التقاطع أو التقاء الفاعل مع النسق الاجتماعي والثقافي.

علاوة على ذلك، فإن بناء التوقعات في النسق الاجتماعي يتضمن ثلاث توجيهات حافزية Motivational Orientations أساسية هي: التوجيه العاطفي Cathectic، ويشير إلى دلالة علاقة الأنا بالموضوع أو الموضوعات محل الإشباع أو الحرمان، والتوجيه الإدراكي Cognitive ويشير إلى تعريف جوانب الموضوع في إطار علاقتها بمصالح الفاعل، والتوجيه التقويمي Evaluative، وهو يشير إلى الحكم والتفسير المرتبط بالاختيار المنظِّم بين بدائِل مختلفة وفق مقتضيات التكامل النسقي وانتظام الأفعال. ويوضح بارسونز: أن نظام الترميز الذي هو أساس انبثاق الثقافة القائمة على الرموز والعلامات، يتضمن كل من التوجيه الإدراكي والتقويمي، والتطور اللاحق للدور والبناء في الأنساق الرمزية للفعل تتضمن اعتبارات التمايز (التوجيه العاطفي) في العلاقات مع النواحي المختلفة لنسق الفعل، وجانب المشاركة وعلاقتها بالتواصل مع الثقافة.

إن هذه التوجيهات الثلاثة متضمنة في بناء التوقعات، ولذلك فإن تبادلية التوقعات التي تمثِّل نقطة حاسمة في توازن واستقرار النسق، موجَّهة نحو نظام المعاني المشتركة، حيث تصبح إشباعات الأنا معتمدة على ردود فعل الآخر، وتصبح العلاقة بين ردود الفعل ومستوى الإشباع جزءاً من نسق المعاني بالنسبة لتوجيه الأنا في الموقف. وكما يؤكد بارسونز هنا، فإن توجيه النظام المعياري والنظرة المتبادلة للتوقعات تمثل نقطة جوهرية في تحليل الأنساق. (Ibid: 11).

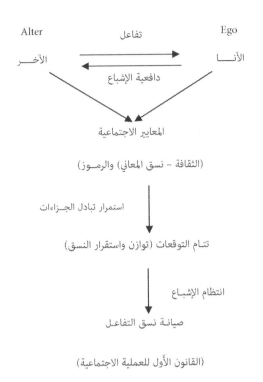

النموذج رقم (20): نسق التفاعل الثنائي

إن بلوغ النسق مرحلة تتام التوقعات، يعني أنه قد بلغ درجة عالية مـن التـوازن. فالأنا في هذه المرحلة يكافئ سلوك الآخر، وذلك بأن يتصرف في ضوء ما هو متوقع منه، وكذلك الأمر بالنسبة للآخر. لكن الأمر الذي لا يستحضره بارسونز هنا. هـو أن تصرف الفرد في ضوء ما هو متوقع منه، قد لا ينتج بالضرورة عن قناعة ورضا متشكّل بموجب معايير العدالة أو المعاني التي تنطوي على الحق. فهذا الشكل مـن الفعـل قد ينبثق في أنساق الخضوع، وعندما تستحضر القوة أو تستثمر في العلاقات الاجتماعية، وإذا تحقق ذلك فإن هذا البناء النسقي الـذي يقدمه بارسونز سوف يتعرض لإخـتلالات عميقة تصيب نزاهة المعايير، واتساق التوقعات والأهم من كل ذلك، أن القانون الأول للعمليـة الاجتماعية (صيانة نسق التفاعل)، سوف يتحول إلى قانون إجحاف، وربما هو القانون

الأكثر خطورة من قوانين الإجحاف. حيث يعمل على صيانة التفاعل في أنساق الخضوع، والهيمنة.

ولا شكَّ أن خطورة هذا القانون، بما ينطوي عليه من أنساق معنى وبناءات رمزية تبدو أكثر وضوحاً إذا ما أخذنا بعين الاعتبار ما يدعوه بارسونز (الإشراط المزدوج) Double Contingency - وهو مفهوم يقارب ثنائية البنية عند جدنز - حيث أن عملية التفاعل تنتج الرموز، وما يرتبط بها من معنى، ومن ثم تصبح الرموز جزءاً من الموقف الذي يعمل على تقييد الفعل. ويتسع نطاق عملية التقييد عندما تصبح العلامة تجريداً يتجاوز موقف معين (Ibid: 11)، عندما تجري هذه العملية في علاقات القوة، فإنها تقارب ما أطلق عليه بورديو العنف الرمزي، حيث يصبح الأفراد شركاء في إنتاج ما يبقيهم في موقف الخضوع.

لكن، تبقى المسألة الأكثر أهمية بالنسبة لبارسونز - كما يلاحظ جولدنر - أن الانقسامات في العالم الاجتماعي لا تمثل الحقيقة أو الواقع، ولكن الانسجام والتوحد غير المتصدع، والذي ينعكس في التعبير الأكثر أهمية بالنسبة لبارسونز وهو النسق (Gouldner: 1970: 210).

ما يريده بارسونز بالفعل هو تطبيق طروحاته على مستوى أكثر عمومية، ولذلك ينتقل من مستوى التفاعل الثنائي إلى مستوى المؤسسات عبر ترتيبات الحاجة بالنسبة للشخص (نسق الشخصية)، وأنماط القيم التي تحدد توقعات الدور في النسق الاجتماعي، ويقول بارسونز بهذا الخصوص: إن مأسسة Institutionalization منظومة توقعات الدور ومنظومة الجزاءات المرتبطة بها على درجة عالية من الأهمية، وتؤدي وظيفتها من خلال منظومتين من المتغيرات، من ناحية، تلك التي تؤثر بمستوى المشاركة الفعلية في أنماط التوجيه القيمي، ومن ناحية أخرى، إنجاز التوقعات ذات العلاقة بمنظومة القيم. (Parsons: 1951: 39).

إن عملية تبلور المؤسسة، تتم بموجب رسوخ توقعات الـدور في علاقات اجتماعيـة محددة عبر الزمان والمكان، بحيث يبقى الفعل ثابتاً بعد انبثاق المكانـة بصرف النظر عمن يحتله. يوضح بارسونز: إن المؤسسة Institution، تستخدم للإشارة إلى مركب الأدوار الممأسسة المتكاملة. والتي هـي ذات أهميـة بنائيـة إسـتراتيجية في النسـق الاجتماعي، إذ يجب اعتبار المؤسسة على أنها أعلى وحدة نظام في البناء الاجتماعي، وتنشأ من خلال اعتمادية متعددة متداخلة ومتبادلـة بـين أنمـاط الـدور أو مكوناتهـا، وهكذا، عندما نتحدث عن مؤسسة الملكية في النسق الاجتماعي، فنحن نستحضرـ في آن معاً الأدوار وتوقعاتهـا، حيـث أن أنمـاط القيمـة تحكـم تعريـف الحقـوق في الملكيـات، والواجبات المرتبطة بها. (Ibid: 39).

وبهذا المعنى، تختلف المؤسسة عن الجماعية Collectivity، التـي تشـير إلى نسـق أدوار تفاعلية محددة، وفعلية، تمثل جزءاً من المؤسسة، حيـث يمكـن أن تطبـق المؤسسـة على عدد غير محدود من الجماعية، باعتبار أن المؤسسة تشمل عناصر نمطيـة مركبـة في توقعات الـدور، وهكذا فإن مؤسسـة الـزواج، تتشـكَّل مـن عـائلات معينـة كوحـدات جماعية. (Ibid: 397-400).

إن مستويات القيمة التي تعـرف توقعـات الـدور الممأسسـة، تفتـرض درجـة مـن الأهمية الأخلاقية، بحيث يصبح التكيف معها، موضوعاً لإنجاز الواجبـات التـي يحملهـا الأنا وترتبط بعالم نسق الفعل الأكبر. وهنا، يتعرف الأنا على معنـى المسـؤولية في إنجـاز الواجبات، كما يتشكَّل التضامن بين أولئك الموجهين بالقيم العامة. إن الالتصاق بـالقيم العامة ينطوي على اعتبارات حافزية أداتية مرتبطة بالفاعلين وتعمل على تـدعيم أنمـاط القيمة، فالتكيف مع التوقعات من هذا المنطلق، يعامل على أنه أمر جيد، فيما يتعلـق بالحصول على فائدة أو تجنب جزاء سلبي. ويرى بارسونز أن الأفراد يمتلكـون عواطـف تدعم أنماط القيمة، وهي تشير إلى الأخلاق المنظَّمة نحو موضوعات معينة. (Ibid: 41)

بعبارة أُخرى، إن الالتصاق مع القيم العامّة Common values والتكيف معها يلائِم إشباع الحاجات الآنية للفاعل، وينطوي دائماً على جانب أَخلاقي، حيث تتحدد مسؤوليات الفاعل في النسق الاجتماعي الأوسع الذيَ يشارك فيه. وكما يوضِّح بارسونز، فإنَّ تكامل أنماط القيم العامّة مع بناء ترتيبات الحاجة بالنسبة للشخصية هي الظاهرة الجوهرية في ديناميات الأنساق الاجتماعية. (Ibid: 41).

ينظر بارسونز إلى الأدوار المؤسسية، باعتبارها متفاضلة ومتمايزة ولكن في إطار تكاملي، إن هذه الأَدوار البنائية ترتبط بعملية توزيع Allocation تتضمن ثلاثة أمور أساسية:

1) توزيع الأشخاص الفاعلين في الأدوار. 2) توزيع التسهيلات. 3) توزيع المكافئات. إن كل من التسهيلات والمكافئات ترتبط بالملكية، وهي مسألة ترتبط حيازتها بالقوَّة وتفاضلها لكن بارسونز يؤكد باستمرار أن القوة ذات طبيعة وظيفية تحقق الخير للمجموع.

إن عملية المأسسة، باعتبارها تكامل توقعات الدور وأنماط الجزاءات مع نسق القيم المعمم، لا تظهر تضامناً جماعياً أو جمعياً على امتداد النسق الاجتماعي أو المؤسسة، عندما ترتبط بوجه خاص، مع المجموعات الإجتماعية، فالمجموعة كنسق ممأسس تضم أهداف مشتركة ونسق واحد للتفاعل في إطار حدود تعرف من قبل شاغلي المناصب والأدوار في المجموعة كنسق، ولذلك فإن المجموعة الاجتماعية تتحرك من أجل خدمة مصالح أعضائها في إطار تتام التوقعات ونسق القيم المشتركة، التي لا توجد عند الأفراد خارج المجموعة، وهنا يبرز مفهوم (الحد) Boundary بدلالته الهامة في تعريف المجموعة، إن حدّ المجموعة يمثِّل معيار يتم بموجبه تضمين بعض الأفراد كأعضاء، واستبعاد آخرين باعتبارهم غير أعضاء. وهكذا، فإن التضمين والاستبعاد قائم على العضوية، ولذلك فإن جميع الأَعضاء الذين يمتلكون أدوار في الشبكة المشكِّلة للمجموعة هم داخل الحد. (Ibid: 192).

إن المجموعة الاجتماعية، كما يبدو تتميز بتضامن عالٍ بين أعضائها، ولكنها بذات الوقت تثير الفرقة والشقاق، وعندما تمتزج الحدود مع تفاضل الأدوار، والامتيازات والمكاسب، فإنها تعكس البناء الهرمي للقوة، الذي يتضمن البذور الناضجة للصراع الاجتماعي، وهنا، فقد وقف بارسونز - كما يبدو - مكتوف الأيدي، إزاء تفسير كيف تتآلف القيم والأهداف الخاصّة للمجموعة مع الأهداف العامّة للمجتمع. إن وجهة نظر بارسونز حول تفاضل الأدوار من حيث التسهيلات وتوزيع المكانات. بالإضافة إلى مفهوم الحدّ الذي يمايز الجماعات، كان من الممكن أن يضع بارسونز أمام توليفة خصبة جداً لمنظور فرعي في الصراع، ولكنه قيّد كل تلك المقولات في إطار وظيفي.

علاوة على ذلك، فإن بارسونز يؤكد على أن البعد الأخلاقي كآلية للتضامن والتكامل، يمثّل قيمة بذاته بالنسبة لنسق التفاعل، ويترتب على ذلك طرح مسألة الثقة والولاء Loyalty كمقومات للتضامن، وهكذا بموجب الولاء الممأسس يصبح الفرد مجبراً على التصرف بطريقة معينة أو يخاطر بتلقي الجزاءات إن لم يفعل ذلك، إن الإجبار هنا يحمل معنى مواز للمسؤولية، ولذلك فإن الخروج عليه هو خروج على المسؤولية. (Ibid: 97 -99).

وكما هو واضح فإن هذه المفاهيم (البعد الأخلاقي، الثقة، الولاء، التضامن، المسؤولية) جميعها تطرح بجهد بارسونز الواعي في إطار وظيفي، وهي قابلة للتهشم أو الزوال إذا استخدمت منطلقات نظرية مغايرة، فإدخال القوة إلى هذه المفاهيم، قد يحوّل الأخلاق إلى نفاق، والولاء إلى دعائية، والثقة إلى شك، والمسؤولية إلى خضوع.

يتضمن محتوى الأدوار، ثلاث مشكلات ينبغي على شاغلي الأدوار أن يحلوها:

1) مشكلات التفاعل الأداتي، وهي تنعكس في العلاقات التي يرتبط بها الأنا من أجل الأهداف الأكثر إشباعاً. 2) مشكلات التفاعل التعبيري، وهي تنعكس في العلاقات التي ينخرط فيها الفاعل من أجل الإشباعات المباشرة التي يزوده بها الآخرون. 3) المشكلات التكاملية وهي تظهر عندما يحاول أحد الأفراد الإبقاء على علاقات

ملائمة بين الأدوار مع الأخذ بعين الاعتبار التكامل البنائي في النسق الاجتماعي. إن محتوى الأَدوار وكذلك الطبيعة التفاضلية لها، تمثل مؤثرات حقيقة على فكرة التوازن النسقي Equilibrium، لكنها لا تقوّض أركانه، إنما تفضي إلى التغير في إطار التوازن، وذلك بموجب الآليات المختلفة التي تعيد إنتاج التوازن، ولذلك فإن التوازن بصورته الواقعية هو توازن دينامي.

بمعنى آخر، فإذا لم يتأثر النسق بأي نوع من المؤثرات، فإنه سوف يستمر في حالة لانهائية من الاستقرار - حسب قانون القصور الذاتي - ولكن باعتبار المؤثرات حقيقة واقعة تسبب الاضطراب وتخل بالتوازن، فإن الفاعلية المرتبطة بشاغلي الأدوار، وتعلمهم المستمر يؤدي إلى اختزال الاضطراب، وإعادة تحقيق التوازن. ويتضح هنا، أن بارسونز يستثني التغيرات العنيفة والراديكالية، التي قد تنتج عن الظلم والقهر. ومعنى ذلك أن مشكلة التكامل، مثلاً، يمكن حلها باستمرار، بصرف النظر عن الامتيازات والمكاسب التي ترتبط بمكانات شاغلي الأَدوار، كما يعتبر بارسونز أن مشكلة التفاعل الأَداتي يمكن أن تحل بصورة مستمرة. إن انشغال بارسونز بتصنيف هذه المشكلات جعله يتجاهل حقيقة أن مشكلة التفاعل الأَداتي قد تكون منبثقة عن مشكلة التكامل خاصة عندما تبرز التفاضلات بين المكانات والأدوار.

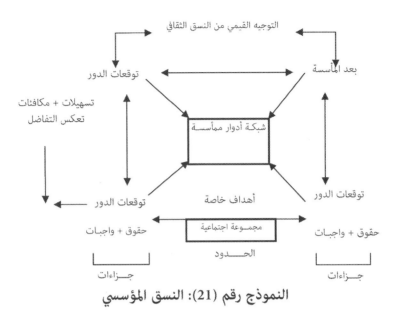

النموذج رقم (21): النسق المؤسسي

يوضح النموذج رقم (21)، أن النسق المؤسسي- يتجسّد في شبكة أدوار ممأسسة تتضمن حقوق وواجبات، وتعكس حالة من التفاضل بموجب ما تمتلكه من تسهيلات ومكافئات ويتحقق التكامل بين توقعات الأدوار بموجب التوجيه القيمي لشاغلي الأدوار. بهذا المعنى فإن النسق المؤسسي يعكس التضامن على المستوى الداخلي، ولكنه يثير الشِقاق، حيث يظهر الحد بينه وبين المجموعات النسقية الأخرى بموجب الأَهداف المشتركة الخاصة.

وهكذا، فإن النسق الاجتماعي - كما يتصوره بارسونز - يمثِّل وحدات بنائِية مترابطة في إطار من التفاضل التكاملي، الذي يسمح بتحقيق الأهداف الجمعية، الراسخة في نسق التوجيه القيمي العام، ولذلك يبدو مفهوم النسق الاجتماعي، كأداة لتحليل المجتمع وإظهاره بمظهر التوازن والاستقرار، ومن هنا، يعقِّب ثوماس بيرنارد Thomas Bernard، ناقداً لتحليل بارسونز بقوله: لقد أمضى بارسونز وقتاً طويلاً

يحلل المجتمع الأمريكي على أنه نسق اجتماعي فقد وصفه بأنه مجتمع مترابط بنائياً، تعرف عضويته بموجب المواطنة، وتنظم فيه الأدوار في نظام معياري هيراركي، يسمح بإنجاز الأهداف الجمعية، وهذا النظام المعياري الهيراركي يبرر ويكتسب شرعية من خلال نسق القيم المؤسسة والراسخة التي وصفها بارسونز بالفعالية الأداتية Instrumental Activism (Bernard: 1983: 148).

3-3-2: النسق الثقافي:

هنالك علاقة جوهرية بين النسق الاجتماعي، والتوجيه المعياري للفعل، وقد أصبح واضحاً أن أنساق الفعل لا يمكن أن تقوم بعيداً عن الأنساق الرمزية الثابتة نسبياً، حيث أن المعنى غير طارئ بالنسبة للمواقف الاجتماعية، والأهم من ذلك أن الاتصال الأولي لا يمكن أن يحدث دون درجة من التكيف مع دلالات النسق الرمزي. كما تشكّل التوقعات عنصراً ثقافياً مركزياً في بناء الأدوار المكوِّنة للنسق الاجتماعي، حيث تحتضن التوجيهات الدافعية العاطفية، والإدراكية والتقويمية. تتطور العناصر الثقافية بموجب تفاعل الأفراد مع الموضوعات المختلفة وتصبح موجهاً وضابطاً لتفاعلاتهم وعلاقاتهم على امتداد البنى والمؤسسات داخل المجتمع، حيث أن جوهر عملية التوجيه والضبط للأنساق الرمزية، يجب أن تفهم - كما يؤكد بارسونز - في ضوء عناصر بنائية وظيفية، وهنا تظهر أهمية العناصر الثقافية في تحقيق النظام والتكامل النسقي، التي يعبر عنها بارسونز بالمثل القائل: إنك لا تستطيع أن تأكل الكعكة وتحتفظ بها كذلك. You can't eat your cake and have it.

يوضح بارسونز: إنَّ الفرد يتعلم التكيف مع معايير السلوك، والتعلم بهذا المعنى يشير إلى إدماج عناصر الثقافة في أنساق فعل الفرد، وتحليل المقدرة على التعلم يرتبط بمسألة إمكانية إدماج الثقافة في الشخصية. إنَّ كل فرد يخضع لمتطلبات التفاعل في النسق الاجتماعي، وهذه المسألة هامة بالنسبة للجانب الشراكي للثقافة، وهنا لا بد من الانتباه إلى أن نسق الثقافة يرتبط بمتطلبات كل من نسق الشخصية والنسق الاجتماعي،

وبموجب ذلك يتحقق التكيف مع المستويات المعيارية، ولذلك فهناك نوع من التعاقد يبين وجود التماسك بين الشخصية والمكونات الاجتماعية والثقافية. وبصورة محددة، فالشخصية والنسق الاجتماعي كل منهما يرتبط مع الآخر بموجب العناصر الثقافية. (Parsons: 1951: 17).

إن هذا الموقع المركزي للنسق الثقافي يدعوه بارسونز "**نمط التماسك**"، الذي ينعكس من خلال وظيفة التكامل التي تؤديها الأنساق الرمزية، ولكن التكامل لا يتوقف فقط على الأنساق الرمزية، فالنسق الاجتماعي يلعب دوراً حاسماً في هذه المسألة من خلال درجة المرونة التي يمتلكها، وبهذا الخصوص يوضِّح بارسونز: أَن النسق الاجتماعي الذي يقود إلى توزيع جامد للثقافة مثل إغلاق عملية الاكتساب، سوف يتعرض إلى حالة من اللاتكامل الاجتماعي والثقافي. (Ibid: 34).

هذه الملاحظة تقود إلى الخصائص الأساسية للثقافة كما وضحها بارسونز، والتي يعتبرها افتتاحية مناسبة لمناقشة النسق الثقافي، وهذه الخصائص هي: إن الثقافة متحولة أو منقولة عبر الأجيال Transmitted، فهي تمثِّل الموروث، وتعمل كمعيار هام للتمييز بين الأنساق الاجتماعية، حيث يمكن أن تتغير من نسق إلى آخر. كما أَن الثقافة متعلمة Learned، فهي مكتسبة وتعكس دوام واستمرارية الثقافة، ولذلك يؤكد بارسونز بأن الثقافة تتميز عن أنساق الفعل الأُخرى، بأنها قابلة للنقل من نسق فعل إلى آخر، فهي تنتقل من شخصية إلى أخرى عن طريق التعلم، ومن نسق إلى آخر عن طريق الانتشار وذلك لأن الثقافة تتضمن طرق التوجيه والتصرف، وهذه الطرق تتجسد في رموز ذات معنى. وكذلك فإن الثقافة مشتركة (جماعية) Shared ومعنى ذلك أنها لا ترتبط بأفراد بعينهم ولكنها محددة في أنماط التفاعل العامّة. (Ibid: 16) وبصورة أوضح، فإن التوجيهات القيمية متضمنة في عملية التفاعل الاجتماعي، ولهذا السبب، فإن استمرارية التوجيه المعياري لا يمكن أن تعزى إلى فاعل معين، بل يجب أن يكون هناك تكامل بين جميع الفاعلين في نسق التفاعل وهذا - كما يؤكد بارسونز - متطلب أولي للنظام الاجتماعي. (Parsons: 1965: 165).

وبذات الخصوص، يوضِّح بارسونز بأن أهمية عملية الترميز Symbolization لأنساق الفعل تظهر من خلال (البينشخصانية) Interpersonalization كصفة ملازمة للرمـوز والموضـوعات الثقافيـة، بالإضافـة إلى التجريـد Abstraction، أو التعمـيم Generalization الذي يصـف ويجسِّد جميـع أنسـاق التوجيـه الثابتـة نسبياً، والتـي بدورها تصف تنظيم توجيه معين للفعل في علاقته بأي نسق فرعي أو الأنساق الفرعيـة عامة وتشكل هنا منطلقـات الحاجـة Need Dispositions، ولـذلك فإن كل منطلـق حاجة في نسق الشخصية هو توجيه معمم يسمح للفاعل بالتوجـه إلى أحداث مختلفـة في فئة معينة، بمعنى آخر، فإن مفهوم التعميـم في الشخصيـة يشير إلى "التوجـه بنفس الطريقـة في أوقات وأماكن عديدة" (Parsons: 1951: 162).

وعندما يمتلك أعضاء مجموعة اجتماعية معينة منطلقات حاجة محددة، فإن ذلك يقود إلى نفس نـوع التوجيه عنـد جميـع أعضاء المجموعـة الاجتماعيـة. ولـذلك فإن مرجعية الرمز في هذه الحالة تمثل طريقة التوجيه التي يعمل علـى ضبطها، وهذا مـا يدعو إلى القول بأن الرموز قابلة للانتقال من فاعل إلى آخر ومن نسق إلى آخر، كـما أن طريقة التوجيه المرتبطة بالرمز يمكن انتقالها كذلك. (Parsons: 1965: 161).

يقول بارسونز: إن التجسيد الفيزيقي للرمز أو موضعة الرمز، هـو النظـام الثـاني المشتق من توجيه الفاعل الـذي ينتج الرمـز، حيـث يـؤدي التجسيد إلى ضبط نفـس التوجيهات عند فاعلين آخـرين يتوجهون نحو الرمـز، ويطلق بارسونز على التجسيد الاشتقاق الثاني لأن الاشتقاق الأول مـن توجيه الفاعل هـو الفعل بذاته. إذ في بعض الأحيان يكون الفعل بذاته رمزاً، وفي أحيان أخرى يشتق الرمز من الفعل. (Ibid: 161)، إن هذا الطرح يقترب إلى حـد كبير مـن الطرح الظاهراتي، وبشكل خـاص عنـد بيرغـر ولكمان، حيث يعكس نوعاً من الجدل بين الفاعل والمنتج الثقافي ولكن مـن الواضح أن بارسونز لم يستثمر هذه الفكرة بقدر كافٍ، فقد مرَّ عليها مرور الكرام مما

جعل كثير من نقاده يتشككون في مدى اعترافه بالفاعل وعلاقته المستمرة بالبناء والموضوعات التي ينتجها.

إذن، الخاصية الأساسية للرمز كتشكيل ثقافي مركزي، ليست فقط في وجوده الخارجي بالنسبة للأنساق، ولكن مقدرته على ضبط توجيهات ذات طبيعة داخلية مرتبطة بالفعل. إذ في نسق الشخصية تأخذ التوجيهات صورة منطلقات الحاجة، وفي المجتمع تأخذ صورة توقعات الدور، ولا بد من الإشارة إلى أن نسق توقعات الدور في النسق الاجتماعي تتداخل بصورة واضحة مع نسق منطلقات الحاجة في الشخصية حيث يعمل على ضبط تفاعلات وتوجيهات الفاعل للحصول على غايات معينة. وكل من هذه التوجيهات ذات الطبيعة الداخلية تعمل وظيفياً بالنسبة للمجموعة التي تتمأسس فيها، بحيث تشكِّل تفاعلاً متكاملاً. (Parsons: 1965: 159).

إن الرموز والموضوعات الثقافية ترتبط بمنطلقات الحاجة، وتوقعات الدور بمعنيين: **الأول**: لأنها تمثِّل طرق للتوجيه والتصرف. **ثانياً**: أنها تعمل على ضبط التوجيهات والتصرفات، وذلك على خلاف منطلقات الحاجة وتوقعات الدور فإن الرموز Symbols ليست متطلبات داخلية بالنسبة للأنساق التي تعمل على ضبط وتوجيه الأفعال فيها، ولكنها موضوعات للتوجيه توجد في العالم الخارجي على امتداد الموضوعات التي توجه نسق الفعل، بينما توقعات الدور ومنطلقات الحاجة تمثِّل عوامل بنائية داخلية. (:Ibid 160).

يعرف بارسونز الرموز بأنها: طرق للتوجيه متجسدة في موضوعات خارجية، ويصنفها على النحو التالي: 1) المعتقدات Beliefs أو الأفكار Ideas وهي تمثِّل أنساق الرمز التي تتمركز حول الوظيفة الإدراكية. 2) الرموز التعبيرية Expressive وهي تمثل أنساق الرمز التي تتمركز حول الوظيفة الانفعالية، وهناك علاقة بين الإدراك والانفعال، حيث يمكن أن تكون الإدراكية متضمنة في الانفعالية، فإدراك خصائص مناسبة مؤثرة يدعم الموقف المرتبط بهذه المناسبة. 3) الأفكار المعيارية أو الرموز

التنظيمية Regulatory Symbols، وهي تمثل أساليب توجيه القيمة، وهذه الأساليب التقويمية يمكن أن تصنف إلى إدراكية وانفعالية وتقويمية، تعمل الرموز التقويمية على حل المشكلات في المستويات المختلفة. فالرموز التقويمية التي تظهر طرق حل المشكلات الإدراكية تمثل مستويات تقويمية إدراكية، والتي تعمل على حل المشكلات الانفعالية تمثل مستويات تقويمية انفعالية، وتعبيرية، والتي تعمل على حل المشكلات التقويمية هي أخلاقية. (Ibid: 163).

بالإضافة إلى ما تقدم فإن المستويات الرمزية الثلاثة يمكن أن تشكِّل موجهات أولية لأنواع معينة من الفعل:

1- الفعل الذي توجه فيه المعتقدات الإدراكية لتحقيق هدف معين هو فعل (أداتي).

2- الفعل الذي تحتل فيه الرموز التعبيرية منزلة هو فعل (تعبيري).

3- حيثما توجد المستويات التقويمية في الفعل، ويكون موجهاً نحو إشباعات الآخرين فإنه يمثِّل فعل (أخلاقي). (Ibid: 165).

إن العناصر الرمزية المختلفة، تفرض قيداً على الفاعل من حيث التوجيه والاختيار، وذلك – كما يوضح بارسونز – بمعنى أن الفاعل ملتزم لتوجيه ذاته في ضوء الموازنة بين النتائج والقواعد المطبَّقة، أكثر من كونه حراً في توجيه ذاته لرمز ثقافي معين نحو مستحقاته الحالية. وهكذا فإن توجّه الفاعل نحو مركب رمزي معين يجب أن يتكيف مع متطلبات التوجيه المعياري للنسق الأكبر الذي يكون جزءاً منه، وإذ لم يتم ذلك، فإن النسق المعياري يُصبح غير منظّم. (Ibid: 164).

إن الانصياع لمتطلبات تنظيم النسق المعياري، ينطبق حتى على الأفعال الأداتية ولذلك يعتبر بارسونز الأفعال الأداتية بأنها تابعه، بمعنى أن الرغبة بالهدف تقدم من قبل أنماط التوجيه القيمي، بحيث يكون مدفوعاً لتحقيق الهدف، مع تقديره للكلفة المترتبة

على الاختيار، أي التضحية بأهداف بديلة ممكنة. (Ibid:165)، ومن هذا المنطلق يوضِّح بارسونز بأن المعنى ذو أَهمية غائية Teleological، وهي تشير إلى الرغبة من جانب الناس ليعلموا لماذا ينبغي أن تكون الأشياء بطريقة معينة أو أخرى (Ibid: 167)، وهكذا فإن الرموز الإدراكية Cognitive (المعتقدات والأفكار)، ذات أهمية بالغة بالنسبة لتكامل واستمرارية النسق الثقافي، وكذلك بالنسبة لتكيف الفعل مع متطلبات الموقف، فالعناصر الإدراكية التي تمثِّل انعكاساً مباشراً للواقع تتضمن مدى واسع من الحرية في الاختيار، وهذا ما يسمح بتكيّف وتوافق أكثر مرونة.

ولكن، الرموز الإدراكية أو أنساق الأفكار، لا تمثِّل انعكاساً مباشراً للواقع كما هو الحال بالنسبة للعلم الإمبريقي، ولكنها تمثِّل (نسق اختياري) Selective للتوجيهات الإدراكية المرتبطة بالواقع، وبالنسبة لأجزاء أو نواحي معينة في موقف الفعل، ويستشهد بارسونز هنا بما أطلق عليه فيبر مشكلات المعنى، حيث أن بعض التساؤلات بحاجة إلى إجابة إدراكية، لا تقوى الوسائل الامبريقية على تقديم إجابة لها. ومن أمثلة ذلك، لماذا يجب أن توزع المكافئات وأشكال الحرمان على الناس بشكل غير متساوٍ؟، وما هي العلاقة بين هذا التوزيع ورغباتهم؟ إن هذه التساؤلات - كما يؤكد بارسونز - لا تشبع إجابتها بمصطلحات علمية محضة.

وهنا، تبرز إمكانيات ظهور اللاتوازن Disequilibrium، الذي ينشأ من حقيقة أن الأفكار اللاإمبريقية ليست دائماً عامة لكل أعضاء المجموعة، ولكن يتم اختزال حالة اللاتوازن هذه بموجب تدخل الميكانزمات اللادراكية من أجل فرض شكل من التوحد والثبات في المعتقدات وهي نوعين: التقاليدية Traditionalism وتتضمن مسارات محددة للتصرف. والإلزام السلطوي ولكن الضرورة الوظيفية لاستخدام هذه الميكانزمات، تخلق قيود في نسق القيم الإدراكية وهذا يتعارض مع أن المعايير النهائية للصدق والحقيقة يجب أن تكون إدراكية، ليست تقاليدية، ولا سلطوية. (Parsons: 1951: 168).

يبدو أَن استخدام ميكانزمات الإلزام هو أمر عارض، حيث يؤكد بارسونز باستمرار أَن الرموز الأَخلاقية - وهي جزء من الرموز التقويمية - تمثِّل التقنيات التكاملية الأقوى تنسيقاً لنسق الفعل، فهي تعمل على ربط جميع أَنساق الفعل وتتغلغل في أنماط التوجيه القيمي بحيث تؤدي إلى تكامل تام Perfect Integration. إنها تختزل المشكلات وتقيد الصراع في نسق الفعل، مما يؤدي إلى دوام واستمرارية أنماط الفعل. (Parsons: 1995: 170-171).

يتضح أَن الرموز التقويمية، تمثِّل المفتاح السحري لحل جميع مشكلات الأنساق الرمزية بمختلف أشكالها. وعلاوة على ذلك، يبدو أن هناك نوعاً من الاتساق والتكامل بين الإدراكي والانفعالي (التعبيري)، والتقويمي، فما هو انفعالي يتعزز بموجب إدراك الفاعلون لسماته وأَهميته وتجري عملية تنظيم الانفعال والإدراك يجري بموجب العناصر التقويمية. ولذلك فإِن عميلة التقويم أو التنظيم بموجب الرموز المعيارية تمثِّل العنصر المركزي الهام في جملة الأَنساق الرمزية بالنسبة لبناء الفعل. ولكن المشكلة المعرفية الواضحة في هذا الطرح تتمثل في تصور الثقافة كبناء متوازن ومنسق في مكوناته الداخلية. وهذا التصور يتجاهل الأَفكار المتعارضة في علاقات القوة وكذلك الأمر بالنسبة للمصالح، مما يفضي إلى خروج واضح وصريح عن آليات التقويم، وتصبح الحالة الموقفية العامة غير أخلاقية.

الإشكالية الواضحة على امتداد تحليل بارسونز للنسق الثقافي أَنه يتعامل مع الثقافة على أنها متغير أو كيانات مستقلة على الرغم من إشارته إلى أصول نشأتها التي حصرها بالتفاعل بين الأفراد، حيث لم يشاهد أي تمايزات بين الفاعلين يمكن أن تقوض الاتساق والتكامل. وبهذا الخصوص يوضح فرد هالدي Fred Hallidy في مقاله الثقافة والقوة "Crlture and power" أن الثقافة مشروطة بأمرين: أنها معتمدة، أو بحاجة حتى تتشكل وتستدمج ويعاد إنتاجها إلى عوامل اجتماعية أخرى، وكذلك أنها متنوعة

ومتفاوتـة، وهـذا التفـاوت يسـير حسـب مـا يقـرر أصحـاب القـوة وبطـانتهم.
(Hallidy: 1999: 1).

لا شك أن الظروف والبيئـات تختلف حسـب مواقـع الأفراد في مستويات القوة
داخل المجتمع وقد أشار فيبر في كتابه نظرية التنظيم الاجتماعـي والاقتصـادي – الـذي
ترجمـه بارسـونز وهاندرسـون – أن الأفراد أصحاب القوة يعيشـون في بيئـات وفيرة
بالمكافئات تظهـر في المصـادر الماليـة، والطعـام، والراحـة الماديـة، والجسدية، والجمال،
والصحة، كما هو الحال بالنسبة للمصادر الاجتماعية مثل الإطراء، والمداهنة، والتملـق
والتقدير، والجاذبية، والثناء، بالإضافة إلى ذلك فإن خبرة القـوة تتضمن (الإدراك) بـأن
المرء يستطيع أن يتصرف بإرادة دون تدخل، أو نتائج اجتماعية خطيرة (Weber: 1947:
164). وهذه مسألة هامة تنعكس على الفعل الأداتي الموجه بـالرموز الإدراكية، وبـذلك
تختلف أهداف الأفراد، واشباعاتهم في علاقات القوة، وهي مسألة تجاهلها بارسونز.

يطرح بـول كيفـل P.Kivel في مقالـه ثقافة القـوة "The Culture of Power"
مسألـة هامة تتحدى طروحات اتسـاق وتكامـل الثقافة عنـد بارسونز بامتيـاز. فيوضح
كيفـل أن مشكلة ثقافة القوة تكمن في أنها تقوّي الهيراراكية، فإذا كنت امرأة وذهبـت
إلى اجتماع رجـال، أو كنـت ملـون وذهبـت إلى اجتماع للبيض، أو يهـودي أو مسـلم
وذهبت إلى تنظيم مسيحي فإنك سوف تدرك أنك قد ذهبت إلى ثقافة قوة ليست لك.
ولذلك ربما تشعر بأنك غير آمن أو لا تشعر بالثقـة، أو تفتقـد إلى الاحـترام، أو تشـعر
بالهامشية، وأنه عليك أن تتعامل مع الموقف بحذر.

وعندما تستجمع جماعة معينة قوة أكبر مـن الجماعـات الأُخـرى، فإن الجماعـة
الأكـثر قوة تخلق بيئة تضع من خلالها أعضائها في المركز الثقـافي، والجماعات الأخـرى في
الهامش، ومن المسائل الهامة التي يلتفت إليها كيفل أن الأعضاء في الجماعة الأكـثر قـوة
(In group) من الصعب عليهم مشاهدة المنافع التي يتلقونهـا، بمعنـى لأننـي ذكـر،
وأعيش

في ثقافة يمتلك الرجال بموجبها قوة اجتماعيـة وسياسـية واقتصاديـة أكـثر مـن المرأة، فإنني غالباً لا ألاحظ أن المرأة تعامل بشكل مختلف، فأنا أتوقع أن أشاهد الذكور في مواقع السلطة، والكتب والصحف مكتوبة من قبل أناس مثلي، وتعكس منظـوري، وتظهرني في أدوار مركزية. (Kivel: 2004: 1).

لقد تعامل بارسونز مع الأخلاق باستمرار، على أنها تحقق التكامل وتعمل على حل الإشكالات الرمزية المختلفة، ولم يلتفت، كما فعل إنجلزتـاد Engelstad إلى أن ممارسـة القوة تتجاوز مصادر كثيرة من بينها المعرفة والأخلاق، ولكنها تمارس بشكل غـير مبـاشر عن طريق أساليب التعريف بالأشياء، والتظاهر، والتمويه. (Engelstad: 2003: 1).

ولو أخذ بارسونز بهـذا المعنـى، لعـثر عـلى مقومـات كثيرة لعـدم نجـاح الرمـوز التقويمية على المستوى الشمولي لعلاقات القوة بين الأفراد والجماعات، كـما سـيعثر عـلى مزالق كثيرة للرموز الإدراكية والانفعالية التي تصاغ من قبل أصحاب القوة، والتي يعمل بموجبها الخاضعون.

وهكذا، فإن الثقافة ليست محايدة، ولا متسقة، وتمثِّل مصدراً يستحق الصراع مـن أجل السيطرة عليه. وبهـذا الخصوص توضح سـوزان رايـت Susan wright، في مقالهـا "تسييس الثقافة" "The Politicization of culture" : إن الثقافـة عمليـة نشـطة لصناعة المعنى، والنضال للسيطرة على تعريف الأشياء، فالناس يختلفون في مـواقعهم في العلاقات الاجتماعية وعمليات السيطرة ولذلك يستخدمون الاقتصاد والمصادر المؤسسية المتوفرة لديهم لمحاولة وضع وإلصاق تعريفهم للموقف، ولمنـع مفـاهيم وتعريفـات الآخرين من أن تسمع، ولذلك فإن الأفكار غالبـاً مـا اتخـذت شكل الهيمنة، واقترنت بالأيديولوجيا، لذلك فإن كانت تتضمن الاتساق، فإن خلفها تقع القوة. (Wright: 1998: 6).

وفي السياق ذاته يوضح جون صقار John Schaar، إن المعرفة العليا المتفوقة والثقافة العامة تخفي الحقائق كما تعمل على حجب وتبرير الثروة والقوة، فقط في المجتمع البدائي يمكن أن لا تسير الثقافة بهذا الاتجاه، حيث لا يوجد فائض إنتاج. (Schaar: 1989: 318).

لذلك، فقد أوضح دمهوف Domhoff، أن حيازة الأفراد والجماعات للمصادر التي يكافئون من خلالها الآخرين أو يعاقبونهم (مثل المال، وصناعة القرار)، لا يمكن أن تقف محايدة إزاء التوجيهات القيمية الثقافية، كما أن الأفراد الأقل قوة يرتبطون بكبح متزايد لأفعالهم، ويخضعون بشكل أكبر للمخاوف الاجتماعية والعقوبات. (Domhoff: 1998) وهذا بطبيعة الحال. يلفت الانتباه إلى أن هناك فروقات جوهرية ترتبط بالتوجيهات القيمية للأفعال في المستويات الاجتماعية المختلفة، وهي كما يتضح ترتبط بمستوى الحرية والإشباع والغايات التي يسعى إليها الأفراد.

ومما يثبت ذلك، ما أظهرته دراسة فيسك Fiske من أن أصحاب القوة المرتفعة يميلون إلى تنميط الآخرين أكثر من أصحاب القوة المنخفضة، لأنهم أقل دافعية للميل إلى الآخرين بعناية، كما أظهرت الدراسة عدم انتباه أصحاب القوة للآخرين في الحياة الاجتماعية. (Fisk: 1993).

وهذه النتيجة تظهر مفارقة هامة في طبيعة التوجيهات الإدراكية التي يحملها الأفراد في المستويات الاجتماعية المختلفة، خاصة وأن التنميط قد ينطوي على إجحاف وإصدار أحكام ظالمة بحق الآخرين، مما ينعكس على طبيعة الرموز التعبيرية والأخلاقية.

بالنسبة لبارسونز فإن أهم العناصر الثقافية في تنظيم نسق الفعل، تتمثل في أنماط المؤسسات التي تجسد أنماط التوجيه القيمي، ويصنفها بارسونز كما يلي:

1- المؤسسات العلائقية: وهي التي تتضمن تبادل توقعات الدور، التي تشمل مصلحة الطرفين المتبادلين.

2- المؤسسات التنظيمية، وهي تتضمن المحددات الشرعية المرتبطة بانبثاق المصالح الخاصة مع الأخذ بعين الاعتبار الأهداف والوسائل، وهي تتضمن ثلاثة أنواع:

أ- أداتية: تكامل الأهداف الخاصة مع القيم العامة، وتعريف الوسائِل الشرعية.

ب- تعبيرية: تنظيم الأَفعال التعبيرية المباحة، والتي ترتبط بالمواقف والأَشخاص والمناسبات.

ج- الأخلاقية: تعريف المساحات المباحة والمسموحة للمسؤولية الأَخلاقية.

3- المؤسسات الثقافية: الالتزامات والواجبات لقبول أنماط الثقافة، تعمل على تحويل القبول والرضا إلى التزام مؤسسي (Parsons: 1951: 57-58). ولا بد من الإشارة هنا إلى أن اتخاذ نمط التوجيه القيمي شكل المؤسسة، يعني أنه أصبح يرتبط بعملية التقويم وفرض الجزاءات، ولذلك فإن المؤسسة القيمية راسخة في النظام الاجتماعي، وتدعم تكامله.

ومن العناصر الثقافية الهامة التي تخضع لعملية المأسسة، (الأيديولوجيا)، ويعرفها بارسونز، بأنها: نسق معتقدات يحظى بالاتفاق العام من قِبل أعضاء المجموعة، أو المجتمع، أو جماعة فرعية بما في ذلك الحركة المنحرفة عن ثقافة المجتمع الأساسية، إنَّ الأيديولوجيا تمثِّل نسق الأفكار الموجّه نحو التكامل التقويمي في المجموعة وذلك من خلال تفسير الطبيعة الإمبريقية للمجموعة، والموقف الذي توجد فيه، والعملية التي تطورت ونمت من خلالها، والأهداف التي تتوجّه نحوها، ومسار الأحداث المستقبلية. (Parsons: 1951: 350)، وفي مقال آخر يعرِّف بارسونز الأيديولوجيا بأنها برنامج ثابت لتنظيم العمليات الاجتماعية والسيكولوجية، حيث يحاول هنا، إظهار أن المستويات

السيكولوجية تُنظَم بموجب الأفكار والمعتقدات، في محاولة لإجراء مقاربة بين علم النفس والعلوم الاجتماعية. (Parsons: 1959).

يقول بارسونز: إنَّ نَسق المعتقدات لا يعني الأَيديولوجيا، إلا إذا ارتبط بتفسير الموقف المرتبط بأهداف معينة، مثلاً، إن نسق المعتقدات المرتبط بالنصر- بالحرب هو مجموعة معتقدات أَداتية ولتشكيل أيديولوجيا لا بد من وجود بُعد إضافي، وهو الالتزام التقويمي للمعتقد كجزء من العضوية في المجموعة، وهذه المعتقدات تتمأسس ويترتب عليها جزاءات، ولذلك فإن الأيديولوجيا تتميز عن المعتقدات الإدراكية بالواجب لقبول المعتقدات والتعليمات كأساس للفعل.

تعمل الأيديولوجيا كأساس أولي للشرعية الإدراكية المرتبطة بأنماط التوجيه القيمي، فالتوجيهات القيمية تشكِّل دائِماً تعريفات للموقف في ضوء اتجاهات حل المعضلات المرتبطة بالفعل وهذه الشرعية الإدراكية لها أهمية مشتقة من مصدرين هما: الأهمية العامة للتوجيه الإدراكي للفعل، والحاجة لتكامل التوجيه الإِدراكي مع مكونات أخرى في نسق الفعل. (Parsons: 1951: 350-351).

كما هو الحال بالنسبة للأيديولوجيا، فإن المعتقدات الدينية، تمثِّل جزءاً من المعتقدات التقويمية، فهي تحدد طريقة النظر للأشياء، والتصرف حيالها، وقد تعتبر الأفكار الدينية بمثابة إجابات لمشكلات المعنى، فهي تهتم بالتعريف الإدراكي لموقف الفعل ككل، وتتضمن المستويات الانفعالية والتقويمية. إن المعتقدات الدينية تُعنى بالمشكلات الأخلاقية للفعل الإنساني، وملامح الموقف الإنساني وموقع الإنسان والمجتمع في الكون. وهي ذات طبيعة مقدسة فوق طبيعية Super Natural، يظهر الناس نحوها الاحترام، كما يظهرونه نحو الالتزامات الأخلاقية. ولأن هذه المعتقدات ذات أهمية إدراكية، فإنها يجب أن تتصل مع الشرعية الإدراكية للمعايير الأخلاقية والعواطف. إذ يجب أن تهتم بتفسير الالتزامات نحوها وما يميزها كمعايير أخلاقية عن الوسائِل الأداتية التي تتشكَّل نحو اتجاه فعل مختلف. إن المعتقدات الدينية تؤدي إلى

تكامل العواطف والمشاعر مع المعتقدات، وهذا التكامل مهم بالنسبة لثبات النسق. (Ibid: 368).

يلاحظ جولدنر أن طروحات بارسونز تتضمن نسجاً قوياً بين الدين والأَخلاق، وأَن بارسونز قد أظهر المعتقدات الدينية، وكأنها أحضرت إلى الوجود عمليات جميع ما يمكن اعتباره مجتمع وثقافة معاصرة تتضمن اقتصاد قوي وتكنولوجيا وعلم علاوة على جودتها وصلاحيتها، إن بارسونز يحل كل بشاعة الحياة عن طريق المعتقدات الدينية، كما فصَّل بشكل واضح بين القوة والأخلاق، إن بارسونز لم يمنح أي مؤسسة الفعالية والجودة مثلما منح الكنيسة والتي اعتبرها اللبنة الأساسية في الحضارة الحديثة، فقد أظهر العلاقة الاقتصادية بين التركيبة البروتستانتية والرأسمالية، وارتباط الثورة التعليمية في القرن التاسع عشر- بالبروتستاتية مقارنة بالثقافة الفكرية للكاثوليكية. وبالنسبة لشخصية الفرد فإنها أساس هيبته واستقلاليته، ومن الناحية السياسية فإن المسيحية الفردية هي أساس الديموقراطية الحديثة. ويعقِّب جولدنر: إن روسيا الستالينية وألمانيا النازية كانتا مسيحيتان، لكنهما لم تقدمان ديموقراطية سياسية، ولا هيبة للفرد ولا استقلالاً فكرياً، ولا دفاعاً عن الفرد ضد السلطة المتوحشة، وبالمقابل فإن اليابان وهي ليست مسيحية طورت علوماً وتكنولوجيا وصناعة وديموقراطية (Gouldner: 1970: 254-257).

ولقد أدرك بعض العلماء - على خلاف بارسونز - باراك وباراتز مثلاً Bachrach and Baratz أن القوة تمثّل أداة لتعبئة التحيُّز Mobilisation of bias، تعمل بموجب مجموعة من القيم المسيطرة والمعتقدات الدينية والإجراءات المؤسسية النظامية، التي توجّه لفائدة عدد معين من الأشخاص على حساب الآخرين، وهؤلاء الذين يحتلون مواقع القوة بإمكانهم زيادة منافعهم بالطريقة ذاتها باستمرار. (Bachrach and Baratz: 1970: 44).

وبذات الخصوص، يشرح كلفورد جريتس سياسات المعنى Politics of Meaning عند فيبر بقوله: إن الأفكار سواء كانت دينية أم أخلاقية، أم جمالية،

تستخدم من قبل الجماعات الاجتماعية صاحبة القوة لتحدث تأثيراً اجتماعياً قوياً، ولذلك تجد أحداً ما، يبجلها Revere، ثانٍ يحتفل بها، ثالث يصونها ويحميها، ومن ثم تسعى جماعات القوة إلى مأسسة هذه الأفكار من أجل أن تجد وجوداً مادياً في المجتمع، بالإضافة إلى الوجود الفكري. (Greetz: 1973: 311).

ويلاحظ دافيد رونكبوف، أن الدين قد يشكل عنصراً تحريفياً في النسق الثقافي، بحيث يثير الفرقة والخلاف والصراع، فالاختلافات السياسية كثيراً ما تكرس من خلال ارتباطاتها بالجذور الغامضة للثقافة سواء الروحية أو التاريخية، ونتيجة لذلك يصبح تهديد ثقافة المرء تهديداً لدينه ولأسلافه، وبالتالي تهديداً لجوهريته. وقد استخدمت هذه الصيغة الملتهبة لتبرير أسوأ الأفعال الإنسانية، ولا شك أن خطوط الصدع الثقافي هي الخطوط التي تندلع عندها الصراعات الثقافية كالصراعات الدينية والإثنية والعرقية. (رونكبوف: 1979 : 27-28).

يوضِّح ثوماس بيرنارد Bernard، أَن مفهوم الإجماع القيمي Consensus of values كما استخدم من قِبل بارسونز، فيه قدر من التضليل، إن المفهوم يستخدم عادة ليشير إلى الإجماع بين أعضاء المجتمع، لكن بارسونز استخدمه للإشارة إلى الإجماع فقط بين أولئك الذين يكونون أعضاء في مجتمع محلي Societal Community، أي الأعضاء الأكثر تكاملاً الذين يمكن وصفهم بأنهم مواطنين تامين Full Citizen، ولذلك فقد أوضح بارسونز بأن الإجماع القيمي يختلف في درجته Matter of Degree، ولعل التساؤل حول مدى شمولية أعضاء المجتمع فيه هو تساؤل إمبريقي، والمسألة لا تتوقف عند حد الإجماع، لأن التسليم بذلك سوف يؤدي إلى التشكيك في إمكانية تحقيق النظام. ولذلك فإن نسق القيم المؤسسة يلعب هنا الدور الأهم، فهو يضم القيم التي تبرر النظام المعياري، وتضفي عليه شرعية، والتي بدونها لا يكون النظام ممكناً، وهذا يشمل المجتمع بأسرة. (Bernard: 1983: 156-157).

إن افتراض بارسونز حول الإجماع في المجتمع المحلي، قد يكون ممكناً عندما يكون المجتمع المحلي متجانساً، وهو أمر نادر الحدوث ولكن عندما يتشكل المجتمع من جماعات مختلفة اثنياً فإن الأمر مختلف تماماً، ومثال ذلك. ما توضحه دراسة دونالد هوروفيتز Donald Horowitz الموسومة بـ جماعات إثنية في الصراع، Ethnic Groups in Conflict، أنه في جزر الفيجي والسولومون Fiji and Solomon، تظهر الجماعات الإثنية حالة من المقاومة وعدم الاستسلام للظروف الاجتماعية، فهم لا يستدمجون بشكل تام، أو لا يستدمجون معايير وقيم أولئك الذين يعتبرونهم أجانب أو أغراب، وكنتيجة لذلك، فإن صراعاً اجتماعيا وسياسياً ينبثق في جزر الفيجي والسولومون، فالناس في هاتين البلدتين ليسوا متلقين سلبيين ولكنهم فاعلون نشطون يتحركون ضد الظروف الاجتماعية والبنائية التي لا ترضيهم أو تقنعهم. (Horwitz: 2000: 30)

إذن، المشكلة لا تكمن في مستويات الإجماع كما يوضّح هوروفيتز، وأن الخلط بينها قد لا يقود إلى فهم خاطئ في الإطار الكلي لطروحات بارسونز، حيث أن اتساق منظومة القيم والمعايير ودورها في تحقيق التكامل والتوازن الاجتماعي هو الأمر الواضح لدى بارسونز، فلم يوضح بارسونز متى تختلف؟، ولماذا تختلف؟ ولمصلحة من تتجه؟ وكيف يمكن تغييرها؟ ولعل إشارة بارسونز إلى أن الإجماع القيمي يختلف في درجته، يزيد من ثقل الموقف المحرج لطروحاته، حيث يظهر أنه اتخذ مساراً محدداً بالتحليل على الرغم من خطورة الافتراضات المرتبطة به على المستويين التحليلي والامبريقي، علماً بأنه قد أدرك وجود مسارات تحليلية مغايرة، ولكنه تجاهلها لأنها تتعارض مع فكرة النظام التي حاول أن يؤسسها متجنباً لكل ما يمكن أن يظهر زيف النظام، والانحياز الذي يرتكز عليه. لقد أتقن بارسونز فن توظيف المفاهيم لصالح أطروحته على الرغم من التصنيفات الكثيرة لها، والتي يمكن أن تقود إلى طروحات مغايرة.

ولكن، كما يلاحظ بيرشادي Bershady، فإن النسق الاجتماعي عند بارسونز قد أبقى المجال مفتوحاً أمام اختبار واكتشاف الاختلاف البنائي والثقافي، والصراعات

الأثنية والسياسية. (Bershady: 2002: 528)، وهذا بطبيعة الحال يتطلب اتخاذ مسارات محددة من طروحات بارسونز ومحاولة إظهار ما يغايرها تماماً.

لقد تعامل بارسونز، كما يبدو، مع الأنماط الثقافية المؤسسة بعيداً عن المتغيرات والقوى التي تحكم تشكّلها، وكان ذلك جوهر المشكلة في عملية التحليل، وقد أظهرت طروحات بارسونز ثلاثة مفاهيم أساسية ترتبط بالمأسسة، فالنمط الذي يحكم الفعل في النسق الاجتماعي ممأسس Institutionalized، وهو يعرف الأنماط الأساسية للسلوك الشرعي المتوقع للأشخاص الذين يتفاعلون في أدوار معينة، وهذه التوقعات ذات أهمية بالغة للنمط. أما النمط المؤسسي- Institutional، فهو نمط ثقافي ترتبط به مجموعة من الدوافع والجزاءات في تركيبة بنائية، إنه نمط مثالي، ولكن لأن التكيف هو توقع ذو شرعية فهو ليس يوتوبيا. والمفهوم الثالث هو المؤسسة Institution، فهي كل مركب من مثل هذه الأنماط والمؤسسية، والتي يمكن التعامل معها على أنها وحدة بنائية في النسق الاجتماعي. (Calhoun: 2002: 364-365).

يظهر من خلال هذه المفاهيم، أن المأسسة والمؤسسي والمؤسسة، ترتبط بالتوقعات وبالشرعية، وبالتكامل البنائي، ولكن دون النظر في محتوى هذا التكامل، والمتغيرات التاريخية لنشأة المؤسسة والتي عملت على تثبيتها، ولكن من وجهة نظر مغايرة، يميز جرامشي Gramsci بين نوعين من الهيمنة الثقافية، كل منها وثيق الصلة بعملية التثبيت الاجتماعي Social stabilization: من ناحية انتشار قيم الحكام، وتقبل ثقافتهم على أنها متميزة وجيدة من قبل كل الجماعات في المجتمع، ومن ناحية أخرى خلق وإعادة إنتاج ثقافة الخضوع، حيث أن القيم تحدد وتعين لإخماد وقمع الجماعات. فبعد مأسستها تمنع من تشكيل أي تحدي للجماعات الحاكمة. ولذلك فإن على الجماعات الخاضعة أن تجري قراءة بديلة للتقليد، إذا أرادت أن تحقق التغيير، وتتحرر من الأوضاع القائمة، فهذه الطريقة تجعل من الممكن تحديث الأنساق المؤسسة والراسخة للحكم. (Hallidy: 1999: 3)، ولهذا السبب فقد اعتبر لوكاش Lukacs أن الأشكال الثقافية تتشكل من خلال الممارسة التاريخية، الأمر الذي يتطلب إعادة النظر في مفهوم الثورة،

فهو لا يرى الثورة حدثاً سياسيـاً، ولا تغيراً اقتصـادياً، ولكن إعادة تشـكيل الأسـس الثقافيـة للنسق الاجتماعي. (Feenberg: 1986: 180).

وهكذا، يمكن القول بان النسق الثقافي يحتل مكانـة مركزيـة في التشـكيل النسـقي للفعل، حيث يعمل النسق الثقافي بما يتضمنه مـن رمـوز إدراكيـة، وتعبيريـة، وتقويميـة، بالإضافة إلى الأيديولوجيا والدين، كوسيط بين ترتيبات الحاجـة في الشخصية، وتوقعـات الدور بالنسبة للنسق الاجتماعي، ولكنه يتميـز عنهـا بأنـه يـرتبط بموضـوعات خارجيـة، وأنه بينشخصاني، وهذا الموقع المتوسط، بالإضافة إلى آليات حل المشكلات الرمزيـة التـي يتضمنها، تجعل منه أداة هامة في تحقيق التضامن، والولاء، والتكامل الاجتماعي عموماً.

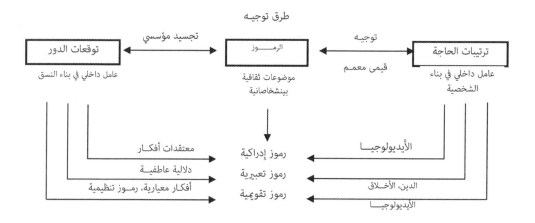

النموذج رقم (22): النسق الثقافي كوسيط بين الشخصية والنسق الاجتماعي

3-3-3: نسق الشخصية:

الشخصية هي نسق علائِقي لعضويـة حية تتفاعـل مع موقـف، ولـذلك يجـب أن تفهـم الشخصـية في إطـار المتطلبـات الوظيفيـة لوحـدة العضويـــة - الشخصـية Organism-Personality (Parsons: 1951: 18)

وبمعنى أخر فإن الشخصية تمثِّل المنطقة التي تتجمع فيها العلاقات بين الكائِن العضوي والموضوعات في البيئة الخارجية، خاصة الموضوعات الاجتماعية والثقافية. (روشيه: 1983: 164)، وبهذا المعنى فإن الشخصية تتجسَّد في سلوك أو وحدة فعل تحددها الدوافع والاتجاهات وعناصر الإدراك.

لقد صاغ بارسونز نسق الشخصية في إطار العلاقة بالكائِن العضوي والنسق الاجتماعي، والنسق الثقافي تجنباً لطروحات المدرسة السيكولوجية العضوية التي ردت الشخصية إلى الغرائِز والبناء الفسيولوجي من ناحية، وتجنباً للمدرسة الثقافية الأنثروبولوجية التي ردت الشخصية إلى عوامل ثقافية بعيداً عن العوامل البيولوجية من ناحية أُخرى، وبهذا المنظور يقدم بارسونز طرحاً متوازناً للعلاقة بين الشخصية والأنساق الاجتماعية الأخرى للفعل.

وهكذا، فإن الشخصية كنسق للفعل تجسِّد العلاقة بين حافزية الفعل، وتوجيه الفعل وهنا تبرز الحافزية Motivation كتعبير عن الشق الأول من العلاقة، كما تبرز منطلقات الحاجة Need – dispositions كتعبير عن الشق الثاني من العلاقة. أما بالنسبة للدافعية، فيستخدمها بارسونز بمعنيين: إما أن تعني الطاقة المتولدة عضوياً، والتي تتحرر في الفعل، وإما أن تعني دافعية العضوية، أي مجموعة ميول تظهر من جانب العضوية لتحقيق غايات موضوعية معينة مثل دافعية الجوع، ودافعية الجنس. كما يستخدم بارسونز مفهوم الدافع Drive إشارة إلى الطاقة السيكولوجية التي تجعل الفعل ممكناً. (Parsons: 1965: 112).

ولكن، عندما يتحدث بارسونز عن الفعل الإنساني فإنه يهتم بشكل أساسي بترتيبات الحاجة وهذا المفهوم يحمل دلالة مزدوجة: من ناحية، يشير إلى ميل لتحقيق بعض متطلبات العضوية أو جملة من الغايات، ومن ناحية أُخرى يشير إلى ترتيب لفعل شيء ما، بمعنى آخر، فإن منطلقات الحاجة تمثِّل تنظيماً للميول الحافزية حسب مقتضيات النسق الاجتماعي والثقافي، ولذلك فهي تأتي عن طريق التعلم، لذلك يقول بارسونز:

إن الأهم من الطاقة الدافعية، هو كيف تظهر هذه الطاقة؟. وما السلوك الذي سينتج عنها؟ وماذا سيترتب على هذا السلوك؟ وهذا يتطلب مناقشة منطلقات الحاجة في إطار الفعل. وهناك ثلاثة أنواع من منطلقات الحاجة، ذات أهمية بالغة بالنسبة لنظرية الفعل وهي:

1) منطلقات الحاجة التي تقابل العلاقة مع الموضوعات الاجتماعية، وهذه الترتيبات تتوسط علاقة الشخص - بالشخص.

2) منطلقات الحاجة التي تقابل ملاحظة المستويات المعيارية. وهذه المنطلقات هي القيم الاجتماعية المستدمجة.

3) منطلقات الحاجة التي تقابل توقعات الدور.

إن الأنماط الثلاثة من منطلقات الحاجة في الشخصية ترتبط بأنماط النسق الثلاثة التي أخذت بعين الاعتبار، الأول: علاقات الشخصية - الشخصية (نسق التفاعل الثنائي)، الثاني، نسق علاقات الشخصية - الثقافة، والثالث، نسق علاقات الشخصية - النسق الاجتماعي. (Ibid: 116).

إذن، تشمل منطلقات الحاجة، حاجات Needs ترتبط بمتطلبات وظيفية في النسق وهي تنظم وتشبع في إطار تكاملي، إما بموجب الاستجابة من الآخرين، أو القيم العامة، أو توقعات الدور، وجميع هذه المستويات تستحضر طريقة محددة للإشباع في العلاقات الاجتماعية، وبذلك، تظهر منطلقات الحاجة كدائِرة تمفصل للشخصية الاتساقية، والنظام النسقي العام باعتبارها تفصل بين الصراعات وعمليات الإشباع، وتوجِّه الإشباع نحو المستويات المعيارية والقيمية، فالمحقق - كما يوضِّح روشيه - أن الشخصية تدخل إلى النسق الاجتماعي في شكل أدوار اجتماعية، فالدور هو ذلك الجزء من الشخصية الذي يطلق عليه الهوية الاجتماعية، والأدوار الاجتماعية هي التي تمكِّن الفاعلين من النظر إلى بعضهم على أنهم موضوعات اجتماعية. إن الاشباعات التي يسعى الفاعل إلى تحقيقها

في علاقات معينة، ترتبط من ناحية بالجزاءات الإيجابية التي يمكن أن يقدمها الآخرون، وترتبط من ناحية أُخرى بالاشباعات التي ينتظر هؤلاء الآخرون الحصول عليها من الفعل الناتج عن الفاعل الأول. (روشيه: 1983 : 166).

وفي عملية التبادل بين الشخصية والنسق الثقافي، فإن العناصر المنظمة تؤدي نفس وظيفة التحكم التي تؤديها الجزاءات في التبادل بين الشخصية والنسق الاجتماعي، فالوظيفة الرئيسية للثقافة – من زاوية الشخصية – هي التزويد بالمعايير والقيم التي تنمي التوافق السيكولوجي الداخلي، وتقدم للشخصية الشرعية، بمعنى، الأساس المعياري الذي يثبت الأهداف ويوجِّه السلوك. (المرجع السابق).

هناك ثلاثة ميكانزمات تعمل باستمرار من أجل الحفاظ على حالة التوازن في نسق الشخصية، وبين الشخصية والأنساق الفرعية (الثقافي، والاجتماعي)، وهذه الميكانزمات هي:

1- التعلم Learning: ويشير إلى جملة العمليات التي يكتسب الفاعل بموجبها عنصر جديد من توجيهات الفعل، مثل توجيهات إدراكية، أو قيم جديدة، أو مصالح تعبيرية جديدة، وهي عملية مستمرة عبر الحياة، وباختصار فإن عملية التعلم هي التكيف مع التغير في المواقف الاجتماعية.

2- الميكانزمات الدفاعية Defense. وهي التي يتم بموجبها التعامل مع التوترات التي تدخل إلى حيز العلاقة المنتظمة بين منطلقات الحاجة والأنساق الفرعية.

3- ميكانزمات التعديل Adjustment. وهي التي يتم بموجبها التعامل مع عناصر التوتر في العلاقة مع موضوع التفاعل في إطار الموقف، مثل مواجهة الخوف من فقدان الموضوع، أو الإحباط.

إن التعلم هو عملية تغير في نسق الشخصية، بينما الدفاع والتعديل هي عمليات توازن، حيث تتصدى لميول التغير في النسق بطريقة تحفظ له التكامل والتوازن، ولذلك

يؤكد بارسونز: "نفترض أن استمرارية العملية الدافعية المنظمة في علاقات ثابتة مع موضوعات معينة لا تنطوي على إشكالية". (Parsons: 1965: 203).

من الواضح أَن التوجيهات التي يطبقها الفاعل في تفاعله المتكامل مع توقعات الدور ليست مسألة فطرية، ولكن اكتسبت عن طريق التعلم، وربما يمكن القول: بأن الفاعل يميل إلى التصرف بطريقة تفسد التوازن في التفاعل قبل أن يتعلم توجيه دور معين، يرتبط هذا بجهله في أداء واجبه ومسؤولية دوره. إن اكتساب التوجيهات المطلوبة للعمل الوظيفي المرضي في الدور هي عملية تعلم، وهي تمثّل عملية جزئية من عملية أَكثر شمولاً وعمومية وهي عملية التنشئة الاجتماعية Socialization التي ترى عملياتها الدافعية في ضوء دلالتها وأَهميتها الوظيفية بالنسبة لنسق التفاعل. (Ibid: 205)، وهذه العمليات الحافزية هي مكيانزمات التنشئة الاجتماعية مثل: التدعيم، والاستئصال، والمنع، والاستبدال، والمحاكاة، والمطابقة.

التنشئة الاجتماعية بمعناها الواضح هي: عملية تعلم أية توجيهات ذات أهمية ودلالة وظيفية بالنسبة لنسق تتام توقعات الدور، عبر الحياة، وهكذا، فإن أثر عملية التنشئة الاجتماعية يدرك كحالة تكامل للأنا مع توقعات الدور، حيث أن القيم العامة تستدمج في شخصية الأنا، ومسلكياتها الاعتبارية تشكل نسق تتام التوقع - الجزاء. (Parsons: 1968: 211).

ولذلك، يقول بارسونز: إن مشكلات التنشئة الاجتماعية تصاغ على افتراض أن العوامل التي تنتج التوازن في عملية التفاعل يتم تثبيتها، ويستثنى من ذلك التوجيهات المطلوبة للقيام بعمل وظيفي كافٍ من قبل فاعل معين في دور معين، ولكن، لم يتعلمها بعد، وغالباً ما تظهر التغيرات التي تطرأ في الموقف مشكلات تعلم جديدة. (Parsons: 1951: 2006).

بالإضافة إلى ذلك، فإنه من الممكن النظر إلى التنشئة الاجتماعية في ضوء حافزية الفرد الفاعل. فهو يتعلم أن يقرر ويختار بين بدائل مسؤولية وواجبات الدور التي يتركها

النسق الاجتماعي مفتوحة أمام الفرد، ومثل هذا القرار يوضح التوجيهات القيمية المكتسبة بموجب التنشئة الاجتماعية، إن عملية الاختيار بين البدائل، تمثل ميكانزم التعديل، الذي يمكن للفاعل أن يتعلمه بنجاح من خلال ميكانزمات التنشئة الاجتماعية، ولكن يبقى المجال مفتوحاً لتوفر عوامل تنتج ميول الانحراف، والتكيف مع المستويات المعيارية التي وجدت كثقافة عامة، وبهذا المعنى فإن الميل للانحراف يمثِّل عملية دافعية من جهة الفاعل، الذي يمتلك بلا ريب فرصة تامة ليتعلم التوجيهات التي تقوده إلى الانحراف، وهكذا فإن الانحراف يفرض على النسق الاجتماعي تحدي مشكلات الضبط Control، حيث أن الانحراف خلف حدود معينة، قد يؤدي إلى عدم تكامل النسق، ولذلك فإن ميكانزمات الضبط تظهر من أجل دفع الأفراد للتخلي عن انحرافهم واستبداله بالتكيف، ومن الجدير بالذكر أن ميكانزمات الضبط تتضمن جانبين من ميكانزمات الشخصية وهي ميكانزمات الدفاع والتعديل. (Ibid: 2006).

وهكذا، فإن نتاج عملية التنشئة الاجتماعية هو شخصية تتوحد مع الأهداف الثقافية والمعايير الاجتماعية في المواقف المنظمة. (فرح: 1989 :257)، ولذلك يوضحّ روي بوين Roy boyne، أن طروحات بارسونز تظهر الشخصية على أنها مُطبّعة بصورة مفرطة Over socialized. (Boyne: 2001).

ولذلك، فقد حاول بارسونز تجنب شعور الفرد بالحرمان، من خلال التأكيد على أن مشكلة الحصول على أقصى حد للإشباع، يمكن أن تحل من خلال النظر إلى أقصى حد للإشباع على أنه أفضل ما يمكن أن يتحقق في إطار الظروف الموجودة، مع الأخذ بعين الاعتبار ترتيبات الحاجة الموجودة وكذلك منظومة الموضوعات المتوفرة، وهكذا يمكن إدراك الشخصية كنسق للمواظبة على تحقيق المستوى الأعلى من الإشباع. (:Parsons 1951: 121).

بهذه الصورة، فإن المستوى الذي يمكن أن يحقق الفاعل عنده اشباعاته بصرف النظر عن مستوى الإشباع أو رضا الفاعل عنه، هو أقصى حد للإشباع ويجب على

الفاعل أن يظهر توافقاً وتكيفاً مع ما حققه، لذلك فإن عدم حصول الفرد على كامل حقه نتيجة الاستغلال الواقع عليه هو بكل بساطة الحد الأقصى للإشباع، الذي يجب أن يرضى به الفرد. وهنا يمكن التمييز بين نوعين من الحد الأقصى للإشباع في إطار التوقعات التي تمثّل جوهر التوجيهات القيمية:

1- الحد الأقصى الفعلي للإشباع، وهو ما يتحقق واقعياً. 2- الحد الأقصى المتوقع للإشباع وهو ما يفترض تحقيقه من إشباع.

وهكذا فإن الفارق بين ما هو محقق واقعياً كأقصى حد للإشباع، وبين ما هو متوقع، يمثل قدر الحرمان الذي تعرض له الفاعل.

الحرمان = الحد الأَقصى المتوقع للإشباع - الحد الأَقصى الفعلي للإشباع.

المشكلة الأساسية في تصور بارسونز هذا، تكمن في منطلقات الحاجة، التي تفرض سياجاً من التمويه حول مستوى الإشباع من خلال إستدماج الفرد لمحتوى ثقافي معين، وهي مسألة تضمن تحقيق الرضا بأقل تقدير، ولكن إذا نظرنا إلى تنوع الغايات والقيم أو الموضوعات الاشباعية في الحياة الاجتماعية، فسوف تظهر مستويات تفاضلية، ترتبط بالمستويات المعيشية والطبقية والمواقع الاجتماعية التي يحتلها الأَفراد في الأنساق الاجتماعية، ومن هذا المنظور، فإن مستويات الإشباع ترتبط أساساً بطبيعة بناء الشخصية الذي يتشكل في موقع اجتماعي معين، وهذا ما يوجّه النظر إلى تفاضلية إشباع الشخصية على مستوى البناء الاجتماعي العام (مستوى إشباع مرتفع، مستوى إشباع منخفض). وأكثر من ذلك فإن الخضوع بذاته قد يشكل بديلاً للإشباع (تبادل الخضوع مع الإشباع)، ولذلك يمكن إيجاد الوجه الآخر لتكامل التوقعات في نموذج الشخصية الخاضعة، ونموذج الشخصية المسيطرة، وهذه النماذج تأخذ شكلاً وجودياً نمطياً بفعل ارتباطها بمنظومة القيم التي تستدمج وترسخ على هذا الأساس.

إن الحاجة تتطلب عملية إشباع في الإطار الاجتماعي - الثقافي، ولذلك فإن الميول المرتبطة بإشباع الحاجة تخضع لعملية ترتيب وتنظيم، وهذا ما يطلق عليه بارسونز منطلقات الحاجة ولكن بين عملية ظهور الحاجة وتنظيم إشباعها، فقد أسقط بارسونز المقدرة التي تتحقق بموجب السيطرة على وسائل الإشباع، أو على أنواع معينة من وسائل الإشباع، حيث أن القيمة الاجتماعية المرتبطة بموضوع الإشباع، تعكس المسافة الفاصلة بين الفرد الفاعل وموضوع الإشباع. وهكذا فإن السيطرة على وسائل الإشباع تعكس في جوهرها مشكلة القوة داخل المجتمع، مما يسمح بتصنيف الشخصية أحياناً حسب معيار السيطرة على الوسائل الإشباعية.

علاوة على ما تقدم، فإن الثقافة المشكّلة لبناء الشخصية لا تعد تعبيراً عن العدالة، وثمّة فرق واضح بين الفاعل الذي يمكنه بحكم موقعه الخروج عن توقعات الدور، والآخر الذي بحكم موقعه، لا يجد إلاّ أن يمتثل لتوقعات الدور. ومن هنا، فإن نمط منطلقات الحاجة - كبعد ثقافي - في بناء الشخصية، لا يتعارض لدى الغالبية العظمى من الأفراد مع ثقافة القوة داخل النسق الاجتماعي الأكبر، ولذلك فإن الشخص قد يتعلم عدم مواجهة القوة وتحاشيها، أو قد يتعلم فن الخضوع والمداهنة والتملق، من أجل الحفاظ على مصالحه، وتحقيق إشباعاته، وهنا يمكن التمييز بين صناعة ترتيبات الحاجة وتلقي ترتيبات الحاجة.

لقد أظهر بارسونز انحراف الشخصية، بخروجها عن توقعات الدور، والمستويات المعيارية التي تشكل ثقافة عامة. وذلك يعود بطبيعة الحال، إلى أن بارسونز يتعامل مع النمط الإمتثالي للشخصية، ولم يميز، بين أدوار الخضوع التي قد تنطبق عليها حالة الانحراف، وبين أدوار القوة التي تُصيغ القواعد وتستبدلها. بالإضافة إلى ذلك، فإن بارسونز يعتبر كل خروج عن المستويات المعيارية والثقافية السائدة على أنه انحراف، ولكن، في هذا التصور، تجاهل واضح لثقافة القهر والخضوع التي قد يتمرد عليها الأفراد، من قبيل المطالبة بالحقوق، وهنا يمكن استبدال مقولة بارسونز (تعلم ميول انحرافية) بـ (الوعي). ولذلك فإن ميكانزمات الضبط في هذه الحالة قد تكون أدوات

القهر والقسر. ولكن بارسونز الذي كان يخشى الاقتراب من أية مقولة قد تؤدي إلى عدم تكامل النسق، لا يمكن أن يتصور الفعل الذي يؤدي إلى التغيير أو إنتاج معايير جديدة من خلال رفض الوضع القائِم.

من الواضح أَنه كما تعامل بارسونز مع المعايير والقيم على أنها متحررة من توجيه القوة الاجتماعية، فإنه يعيد الخطأ ذاته مع الآلية التي تستدمج فيها هذه العناصر الثقافية في بناء الشخصية. وهنا لم يلتفت إلى أن التنشئة الاجتماعية قد تكون عملية موجهّة، وأن عملية ترسيخ القيم وتثبيتها تخدم مصالح أَصحاب القوة، وتضفي عليها شرعية، وهنا يمكن أن تبرز أهم ميكانزمات التنشئة الاجتماعية، وهما التطابق والتقليد. وهما ما يعتبرهما بارسونز بالفعل الأهم، إذ تتحول التنشئة الاجتماعية بموجبها إلى عملية تلقين، وقولبة لبناء الشخصية. وبذلك تفرض الشكل الأكثر تنظيمياً من أشكال فرض السلطة وتثبيتها. إن التنشئة الاجتماعية الموجّهة بهذه الطريقة تدعم نزعة الامتثال، وتضعف طاقة الإبداع والتجديد، ولذلك ثمة تسلطية وقمع وإذلال في جوهر هذه العملية. (انظر: شرابي: 1977 :32-47).

يقول بارسونز: إنه على كل فرد أن يلتزم بتوقعات الدور التي يلزمه بها النسق الاجتماعي، وأن بناء منطلقات الحاجة الذي يضبط استجابات الفرد للتوقعات يعرف الأدوار المختلفة للفرد وهو أحد الجوانب الهامة في أي شخصية، وتعتبر الموضوعات الاجتماعية أهم عناصر الموقف الذي يتفاعل فيه. وخلال عملية التنشئة الاجتماعية ينظم نسق منطلقات الحاجة في ضوء الحافزية لانجاز توقعات الدور. والأمر الأكثر أهمية، هو استندماج أنماط التوجيه القيمي من خلال عملية التطابق، حيث تحل مشكلات التكيف باستمرار عن طريق التطابق مع توقعات الدور. (Parsons: 1965: 148).

تتمفصل الشخصية مع النسق الاجتماعي من خلال عدة مسارات: المسار الأول هو تصنيف الناس في عناصر موحدة داخل النسق الاجتماعي، وهذه العملية تتضمن

جانبين: 1) الطرق التي يصنف فيها الفاعلين كموضوعات توجيه بموجب خصائص، السن، والجنس، ومكان الإقامة وعدد أفراد العائلة. 2) الطرق التي تعرف بموجبها الأدوار التي يتصرفون داخلها. المجموعة الأولى تعرف خصائص الفاعلين التي يلتصقون بموجبها بالأدوار، والمجموعة الثانية: تعرف الأدوار، بمعنى من يجب أن يحتلها، والمتطلبات التي يجب تحقيقها، والعلاقات بين الأدوار داخل النسق. المسار الثاني: يجب على كل نسق أن يمتلك تعيين وتحديد منظم للتوجيهات مقابل نمطين من المصالح الجوهرية المرتبطة بالموضوعات الأداتية Instrumental والتعبيرية Expressive وهذا المسار يتضمن توزيع موضوعات قابلة للانتقال. مثل التسهيلات، و المكافئات، والمصالح ولهذا فهو يتضمن نسق بناء القوة والهيبة. أما المسار الثالث: فهو أن كل نسق اجتماعي يتطلب بناءات ذات أهمية تكاملية على المستويين الثقافي والمؤسسي، ولذلك فإن الظاهرة الأكثر أهمية في انبثاق الأدوار، هي ظهور الأدوار التي تحمل مسؤولية مؤسسية خاصة، بحيث تكون بسلطتها وهيبتها أكبر من تلك التي يحتلها معظم الفاعلين في النسق. (Ibid: 147).

تنعكس المسارات السابقة على الشخصية في ناحيتين: الأولى هي العلاقة بين صورة الذات، أو الصورة التصنيفية للفاعل عن ذاته والمكان الذي يحتله في فئة أو شريحة معينة داخل المجتمع الذي يكون جزءاً فيه، إن تصنيف الذات أو صورة الذات يجب أن يتم تعلمها في مسار التنشئة الاجتماعية. حتى عندما يكون هناك نقطة مرجعية بيولوجية، كما هو الحال بالنسبة للجنس أو اللون، كذلك الأمر بالنسبة لعضوية الجماعة الإثنية. فالفرد يجب أن يتعلم رؤية ذاته كما يشاهده الآخرون، أي قبول المعنى الاجتماعي لمكانته. أما الناحية الثانية فهي ترتبط بما يعتقده الفرد عن ذاته. مع الأخذ بعين الاعتبار ذكاءَهُ وقدراته لعمل أَشياء متعددة، بمعنى آخر التصنيف حسب قدرات الأداء والسمات الشخصية، وهذه المسألة تستدمج كجزء من نسق ترتيبات الحاجة. (Ibid ; 147-148).

إن المقولات السابقة حول تمفصل الشخصية مع النسق الاجتماعي، وانعكاسات ذلك على الصورة التصنيفية للشخصية، يمكن أن ترى - على عكس ما يتصور بارسونز- في إطار التناقضات الاجتماعية والتفاضل في القوة، ومثال ذلك ما أظهرته دراسة روماسوامي. Romaswami mahalingam من أن هناك علاقة واضحة بين الثقافة والقوة تظهر بين المستويات الطبقية العليا والدنيا داخل المجتمع الهندي، حيث تتفاعل المكانة الاجتماعية للأفراد مع القوة التي يمتلكونها في إنتاج ثقافة متمايزة من حيث مستويات تقدير الذات، والقدرة على التحقيق والإشباع ومستوى التوقعات. (Mahalingam: 2003).

كما أظهرت مناقشة روزمبرغ Morris Rosemberg لمفهوم الذات، أن الجماعات التي تتعرض لإجحاف وتحيُّز من قبل الأغلبية في محتوى اجتماعي معين، تميل إلى امتلاك مفهوم متدني للذات وتتعزز هذه المسألة بالتنافر الاجتماعي في الفضاء التفاضلي الذي ينطوي على تحيُّز وإجحاف. (Rosemberg ; 1990).

وهكذا، رغم أَن بارسونز قد أَدرك، ما تعكسه المكانات المتفاضلة من قوة وهيبة وامتيازات بالإضافة إلى الاختلاف في تصنيف الشخصية المرتبط بالتنشئة الاجتماعية، وترتيبات الحاجة، إلا أنه أظهر جميع هذه التناقضات في إطار تكاملي يحفظ التوازن في النسق الاجتماعي، وبذلك ثمة تنكر للتنافر الاجتماعي ومشاعر الكراهية والاستياء المتولد بين المكانات المسيطرة والمكانات الخاضعة. لقد اعتبر بارسونز أن الأدوار الأداتية في المكانات العليا تمتلك مسؤولية أَخلاقية، تجعل أهداف الفرد متكاملة مع أهداف المجموعة بموجب إستدماج التوجيهات القيمية، وهذا ما جعله يتجاهل جميع أشكال التناقض في النسق الاجتماعي. لكنه بذات الوقت يشير إلى مجموعة من العوامل التي تؤدي إلى سوء تكامل الشخصية مع النسق الاجتماعي منها: 1) الاغتراب: أي عدم توافق توقعات الفاعل مع توقعات المجموعة. 2) عدم القدرة على الامتثال بتوقعات

الدور وتوجيهاته. 3) عدم إشباع منطلقات الحاجة في الموقع الأداتي. 4) إشكالية الضبط، ويربطها بانخفاض الوازع في الأنا العليا.

ولكن، يبدو أن جميع هذه المشكلات تحل من خلال ميكانزمات الشخصية (الأداء والتعلم)، حيث أن جميع التغيرات في نسق الشخصية محكومة بالمتطلب العام لصيانة النسق والذي يمثل (أقصى حد من الإشباع). لقد أكد بارسونز أن الجزاءات ذات أهمية بالغة بالنسبة للعلاقات التفاعلية وهي تمثِّل نقطة حاسمة بالنسبة لنظرية الفعل. وهذه المسألة ترتبط بتدعيم منطلقات الحاجة في النسق أكثر من أي شيء آخر. ولكنه لم يوضح لماذا لم تشبع منطلقات الحاجة بالدور الأداتي، كواحد من عوامل سوء التكامل، وماذا يمكن أن ينتج عن ذلك.

يقدم بارسونز مجموعة من المتغيرات التي يعتبرها محاور أساسية في تنظيم الفعل بالإشارة إلى احتياجات الشخصية، ويطلق عليها اسم متغيرات النمط Pattern variables. إن هذه الأزواج من المتغيرات تتضمن نوعاً من المزاوجة بين التوجيه الحافزي من ناحية، والتوجيه الثقافي من ناحية أخرى، وبشكل خاص التوجيه القيمي الذي هو على درجة عالية من الأهمية. كما يمكن تمثيل هذا التصنيف نقطة بدء مركزية لتصنيف محتمل لأنواع معينة من البناءات الاجتماعية، أو المجتمعات، ولكن بصورته الحالية غير كافٍ لمثل هذا الإجراء، حيث يتضمن فقط عنصر التوجيه القيمي، ولا يتضمن باقي مكونات النسق الاجتماعي. (Parsons: 1951: 107)، وهذه المتغيرات هي:

العمومية مقابل الخصوصية Universalism, Particularism، أي التوجُّه نحو موضوع باعتباره عاماً أو في ضوء معايير عامة أو باعتباره خاصاً، حيث ينظر إلى الخصائص التي تميز الموضوع عن غيره. الانتشار والتخصيص Diffuseness, specificity، أي علاقة الفاعل بالموضوع بمعرفة كل جوانبه أو يعرف جوانب محددة عنه، وهنا تظهر الصفة الخاصة للشخصية مقابل الصفة العامة لها. النوعية والإنجاز

Quality , Performance، بمعنى تقييم الشيء لذاته، أو لإمكاناته الأداتية، وهنا تظهر المسافة الموضوعية بين الفرد والموضوع. الوجدانية والحياد الوجداني Affectionality, Neutrality فإما أن يقحم عواطفه ومشاعره، وإما أن يطرحها. التوجه نحو الذات والتوجه نحو الموضوع .Self, Collective، وهنا تظهر مصالح الفرد الخاصة مقابل مصالح المجموعة التي ينتمي إليها. (Ibid: 105).

ترتبط متغيرات العمومية والخصوصية. والنوعية والانجاز بالموضوع، كما ترتبط متغيرات الانتشار والتخصيص، والوجدانية والحياد الوجداني بالفاعل ويحددان توجهه نحو الموضوع ونمط العلاقة التي يبنيها معه، وثمة حركة واسعة بين هذه المتغيرات كالارتباط بين العمومية والانجاز أو التخصيص الحياد الوجداني، ولكن بكل الأحوال، ورغم ما يمكن أن يقام من تحفظات على هذه المتغيرات، فمن الواضح أنها لا تتضمن الإشارة إلى ضغوطات القوة والقهر في عملية التوجيه أو حتى تشويه التوجيه والاختيار، ولا شك أن التوجيهات سوف تختلف بين الأفراد في مواقف القوة ومواقف الخضوع.

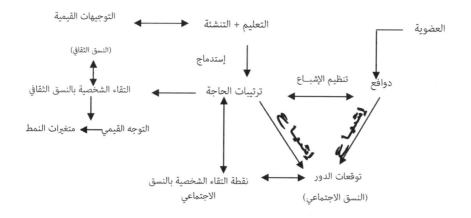

النموذج رقم (23): نسق الشخصية

يوضح النموذج (23) أن نسق الشخصية يجمع بين العضوية والنسق الثقافي، عن طريق منطلقات الحاجة، التي تتضمن عملية تنظيم إشباع الدوافع في إطار إستدماج التوجيهات القيمية من النسق الثقافي، والالتزام بتوقعات الدور في النسق الاجتماعي. حيث يتحقق الإشباع، وبذلك فإن منطلقات الحاجة ـ تمثِّل مركزاً أساسياً في بناء الشخصية، يربط الشخصية بالنسق الثقافي، والنسق الاجتماعي، حيث تُمكِّن الشخصية من الإشباع، كما تُمكِّنها من الاختيار بين بدائِل مختلفة.

وهكذا أصبح من الواضح أن الأنساق الفرعية الثلاثة للفعل تتفاعل مع بعضها في إطار شبكة من الاعتمادية المتبادلة، رغم أن كل نسق يحتفظ بدرجة من الاستقلالية تميزه عن الأنساق الأخرى، لكن، لكل نسق بيئته من الأنساق الأخرى ويعرف من خلالها، فنسق الشخصية يزود النسق الاجتماعي بالفاعلين المدفوعين للتوافق مع توقعات الدور، حيث تتم عملية تنظيم إشباع الحاجات، ولكن هذه العملية لا تتحقق إلا عن طريق النسق الثقافي، الذي يزود الفاعلين عن طريق التنشئة الاجتماعية بالتوجيهات القيمية، كما يزود النسق الاجتماعي بالشرعية، حيث يستمد النسق الاجتماعي القيم والمعايير التي تساعد على خلق التضامن والضبط والولاء.

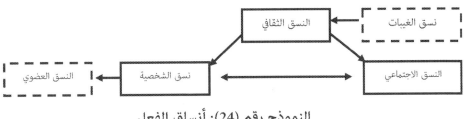

النموذج رقم (24): أنساق الفعل

إن نسق الفعل لا يمكن أن يوجد إلّا إذا أشبعت حاجات الأنساق الأساسية فيه، بما في ذلك النسق العضوي، ولذلك فقد قدم بارسونز في كتابه المشترك مع روبرت يلز Bales وإدوارد شلز Shills والموسوم بـ أوراق عمل في نظرية الفعل، Working

Papers in the Theory of Action 1953، ما يعرف بنموذج الوظائِف الأربع (AGIL)، والتي تمثِّل مستلزمات وظيفية Functional Prerequisites أساسية لأي نسق من أنساق الفعل، حيث أن عملية الإشباع حتمية، ولو بشكل جزئي على الأقل. ولكن، كما يلاحظ ادريانسينس أن بارسونز أصبح يتحدث مؤخراً عن نموذج تبادل وتقاطع Interchange أكثر من الحديث عن نموذج الوظائف الأربعة، حيث أن هذا النموذج لا يهتم بإنجاز وظائف من قبل أجزاء منفصلة، بمعنى آخر، إنه لا يمثِّل مخطط بنائي وظيفي، ولكن يهتم بالطريقة التي يتشكَّل من خلالها الفعل بموجب النواحي التحليلية مع بعضها في إطار تبادلي وتعاوني. (Adriaansens: 1980: 117).

ويمكن توضيح المستلزمات الوظيفية على النحو التالي:

أولاً: التكيف: (Adaptation (A، وتتضمن مركب من وحدات السلوك التي تعمل على إقامة علاقات بين النسق وبيئته الخارجية التي تحتوي الفاعلين والعناصر المادية، ويكون التكيف عن طريق حشد وأخذ المصادر التي يحتاجها النسق من أنساق البيئة، ومن ثم إعداد ونقل هذه المصادر لخدمة حاجات النسق، وتستلزم هذه الوظيفة من النسق التكيف مع بيئته بحدودها وضوابطها، وقدرته على تكييف البيئة لإشباع حاجاته وأن يعدل عليها ويتحكم فيها ويستغلها، وهذه الوظيفة ترتبط بالنسق العضوي في حال وحدة الفعل الصغرى، بينما ترتبط بالنسق الاقتصادي في حالة التحليل النسقي للمجتمع.

ثانياً: تحقيق الهدف: (Goal Attainment (G، وتتضمن الأفعال التي تعمل على تحديد أهداف النسق وتتحكم في الموارد وتستغلها من أجل تحقيق أهداف النسق، وهذه القدرة على تحديد الأهداف والسعي نحوها بطريقة منهجية هي التي تميز أنساق الفعل عن غيرها من الأنساق المادية. وترتبط

هذه الوظيفة بنسق الشخصية في وحدة الفعل الصغرى، بينما ترتبط بالنسق السياسي في التحليل النسقي للمجتمع.

ثالثاً: التكامل: (Integration (I، وتمثّل جملة الأفعال التي تحافظ على التنسيق بين الأجزاء المختلفة للنسق، وكف الميول المنحرفة، وحماية النسق من التغييرات الفجائية والاضطرابات الخطيرة، ويحافظ على قدر من التماسك والتضامن الضروري لديمومة النسق، وهذه الوظيفة ترتبط بالنسق الاجتماعي في وحدة الفعل الصغرى، بينما ترتبط بنسق الروابط الاجتماعية في التحليل النسقي للمجتمع.

رابعاً: المحافظة على النسق وإدارة التواترت (Latent Patterns of maintenance and tension-management (L)) وهي تتضمن الحفاظ على مستوى مناسب من الحافزية متفقة مع القيم الثقافية، ومكافأة الامتثال، وضبط السلوك المنحرف وإدارة التوترات، وتعد وظيفة المحافظة على النمط نقطة التقاء بين أنساق الفعل والعالم الرمزي والثقافي، وهو العالم الذي يزود أنساق الفعل بالرموز، والأفكار، وأشكال التعبير، والأحكام الضرورية لخلق الدافعية وتوجيهها لدينامية الفعل، وترتبط هذه الوظيفة بالنسق الثقافي في وحدة الفعل الصغرى بينما ترتبط بالنسق الائتماني أو الثقوي (وهو يعتمد على افتراض قاعدة ثقافية عامة ومشتركة تضمن تقبل الجمهور وامتثالهم مما يولد توقعات تبادلية مشتركة) في التحليل النسقي للمجتمع.(سيأتي توضيح النسق الثقوي لاحقاً).

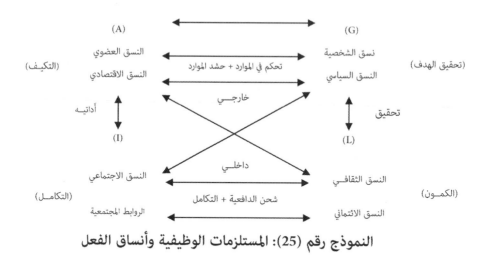

النموذج رقم (25): المستلزمات الوظيفية وأنساق الفعل

- **الأنشطة التي تتجه لتحقيق الغايات هي تحقيقية Consummatory**
- **الأنشطة التي تعمل على توفير وسائِل إشباع الحاجات هي أداتية Instrumental.**

(تم توضيح الوظائِف الأربعة والنموذج (23) بالاعتماد على عدة مراجع منها. روشيه، أدريانسينس، سافاج).

لقد تعامل بارسونز مع المستلزمات الوظيفية لأنساق الفعل، باعتبارها تحقق في تبادلها وتقاطعها التكامل والتوازن، ولكن يمكن النظر للعملية التفاعلية بين الأنساق في ضوء مستلزماتها كعملية تولِّد التفاضل في القوة، وتحقق السيطرة أحياناً، ومثال ذلك، أن النسق السياسي - مالكي القوة والهيمنة فيه - الذي يتولى مهمة تحقيق الهدف ويتحكم بتوزيع الموارد، يمتلك قوة أكبر من الأنساق الأخرى، ويستطيع أن يوجِّهُها لخدمة مصالحه، وبالإضافة إلى ذلك فعند الأخذ بعين الاعتبار أنساق مجتمعية متباينة يمكن، أن تظهر القدرة على التكيف (الاقتصاد والموارد) بحد ذاتها كأساس لنشأة القوة

وتفاضلها بين الأنساق المجتمعية، وهنا، يمكن أن تنشأ علاقة القوة مـن تبـادل الخضوع والتبعية بالإمداد بالمصادر الضرورية.

إن التبادل بين المستلزمات الوظيفية والأنساق التي تؤديها، يعكس صفة تنظيميـة للواقع، بموجب ما يطلق عليه بارسونز التدرج السيبرنطيقي Cybernetic وهو مبـدأ – مأخوذ من عمليات السيطرة والتوجيـه في الأنسـاق الإلكترونيـة والبيولوجيـة – يـرتبط بالنظام والتغير وبشكل خاص التغير المنضبط والموجَّه، إنه يـرتبط بالنظام لأنـه يحكم التكامل بين أجزاء النسق ويرتبط بالتغير لأنه يحكم الاتجاه الـذي تعمـل فيـه عوامـل التحكم والضبط. وتتمثَّل الفكرة الأساسية في أن كل نسـق يسيِّره ذلك النسـق الفرعـي الذي هـو أقـوى منـه في المعلومات وأضعف منـه في الطاقة، وهنـاك تـداول مسـتمر للمعلومات والطاقة في النسق، وهي التي تخلق الحركة والديناميـة في الفعل.

بصيغة أخرى، هناك فروقات بـين الأنسـاق مـن حيـث الطاقـة والمعلومـات التـي تمتلكها فالأجزاء التي تمتلك درجة عالية من المعلومات تفرض ضوابط على الأجزاء التـي تمتلك درجة عالية من الطاقة، ونتيجة ذلك تنشأ داخل النسق سلسلة منظمة تنظيمـاً تدريجياً من الضوابط المتتالية والمتراكمة، وفي قاعدة هـذا التـدرج تكون الأجـزاء الأكـثر طاقة، التي تعمل على تكيف الفعل، أما في القمـة فتقع العناصـر الخاصـة بالمعلومـات التي تضبط الفعل، ويمكن إعادة ترتيب مخطط المستلزمات الوظيفيـة وأنسـاق الفعـل على النحول التالي:

الوظيفية	نسق الفعل	النسق المجتمعي	الخاصية السيبرنطيقية
الكمون	النسق الثقافي	النسق الائتماني	كثير المعلومات كثير المعلومات
التكامل	النسق الاجتماعي	الروابط المجتمعية	كثير الطاقة كثير الطاقة
تحقيق الهدف	نسق الشخصية	النسق السياسي	↑ دفع الطاقة ↓ دفع المعلومات
التكيف	النسق العضوي	النسق الاقتصادي	

النموذج رقم (26): التدرج السيبرنطيقي

إن تجاهل بارسونز للقوة في التدرج السيبرنطيقي، يعد مضللاً، وبشكل خاص فيما يتعلق بترتيب الأنساق ووظائفها، ومثال ذلك، أن النسق السياسي الذي يعده بارسونز كثير الطاقة، يكون عملياً كثير المعلومات وكثير الطاقة في آن معاً، وذلك من خلال استحواذه على المعلومات والطاقة في الأنساق الأخرى، فكما يمكن أن يستحوذ على مقدرات النسق الاقتصادي فإنه يستحوذ على محتوى النسق الائتماني (الثقافي) ويعمل على تشكيل صورة معينة من الروابط الاجتماعية، وهكذا فإن سيبرنطيقا القوة، تعمل على توجيه النظام، كما تعمل على توجيه التغير وبموجب هذه الحقيقة فإن التبادل بين المعلومات والطاقة، يتعرض للتشوه، ويخضع لضغوطات القوة ومطالبها عوضاً عن الصورة الانسيابية للتبادل التي يقدمها بارسونز، وهنا، قد تظهر معادلة التبادل بصورة مختلفة، فعندما يظهر النسق السياسي كنسق قوة بصورتها السلطوية، فإنه يستهلك الكثير من الطاقة (الاقتصاد) لصالحه الخاص، ويقدم مستوى متدني من المعلومات من خلال

السيطرة على أنساق المعلومات، وقد تكون هذه المعلومات مشوهة، بما يخدم مصلحته كذلك.

4-3: الأنساق المجتمعية:

يقول بارسونز: إذا اعتبرنا المجتمع هو الشكل الأكثر شمولية للنسق الاجتماعي، فإننا نستطيع استخدام نموذج الوظائف الأربع لتوضيح التباين في هذا النسق التفاعلي الشمولي، عن طريق تقسيمه إلى أنساق اجتماعية فرعية. ومن هنا، فقد أعطى بارسونز أسماء محددة للوظائف الأربعة في مستوى المجتمع، حيث دعى وظيفة التكيف الاقتصاد Economy ووظيفة تحقيق الهدف، السياسة Polity، والوظيفة التكاملية، الروابط المجتمعية Societal Community، ووظيفة الكمون، النسق الائتماني Fiduciary System، ويمكن الإشارة هنا، إلى أن بارسونز قد استخدم مفهوم الروابط المجتمعية لأول مرة في كتابه (المجتمعات، والتطور، والمنظورات المقارنة Societies, Evolutionary and Comparative Perspectives أما مفهوم النسق الائتماني فقد ورد في كتابه المشترك مع بلات G. Platt الجامعة الأمريكية، 1973 The American University. (See, Adriaansens: 1980: 185).

لقد انبثقت فكرة تحليل الأنساق المجتمعية وظيفياً في ضوء نموذج الوظائف الأربع، بعد أن حاول بارسونز جعل النظرية الاقتصادية، أحد الجوانب التحليلية للفعل، ولذلك فهو يؤكد بأن النظرية الاقتصادية بالمعنى التحليلي تهتم بالجانب الواقعي المجرد من الفعل، أي الجانب الاقتصادي، حيث يظهر مخطط الوظائف الأربع بأن الاقتصاد لا يدرس إلا في إطار علاقته مع الأنساق الفرعية الأخرى. ولذلك فإن فهم العلاقة بين الاقتصاد والأنساق الثلاثة الأخرى يتم في ضوء مفاهيم المدخلات والمخرجات. فالمدخلات في الاقتصاد هي عوامل الإنتاج، حيث تضمنت النظرية الاقتصادية أربعة عوامل إنتاج هي الأرض، والعمل، ورأس المال، والتنظيم، وترتبط هذه العوامل مع بعضها في إنتاج المخرجات الاقتصادية على صورة سلع وخدمات. ولكن ثمة مدخلات

يستمدها الاقتصاد من الأنساق الأُخرى، وبالمقابل ثمة مخرجات يقدمها للأنساق التي يتفاعل معها ويمكن توضيح صورة العلاقة التفاعلية التبادلية بين الاقتصاد والأنساق الأخرى على النحو التالي.

بالنسبة لعلاقة الاقتصاد بالنسق الائتماني. فهي تظهر من خلال تزويد النسق الائتماني الاقتصاد بنوع من الدافعية والتضمين الثقافي Cultural Involvement، فهو ينتج الالتزامات والتعهدات Commitments، إنه ينظم الالتزام القيمي لشركاء التفاعل ولذلك، فهو يزود الفاعلين بالرغبات والاستعدادات الجوهرية للقيام بعملهم، حيث أن تقديم العمل كعامل إنتاج يظهر انخراط الأفراد في الأهداف التي يسعى الاقتصاد إلى تحقيقها، ومن هنا فقد اعتبر بارسونز العمل كعامل متأصل في نسق الكمون الفرعي للمجتمع، وتجدر الإشارة إلى أن نسبة كبيرة من العملية التي تجري في نسق الكمون تتم في الأسرة، فهي تتضمن عملية التنشئة الاجتماعية، والآليات الضبطية التي تشحذ دافعية الأفراد باتجاه معين. ولكن هذا لا يعني أن نسق الكمون مرادف للأسرة ولكن الأُسرة تمثِّل مكانة هامّة في هذا النسق. وبالمقابل فإن النسق الائتماني وبشكل خاص الأسرة، تتلقى البضائع والخدمات مقابل العمل الذي تقدمه.

أما بالنسبة لعلاقة الاقتصاد بالسياسة، فإن النظام السياسي يزود الاقتصاد بالفاعلية Effectiveness، وذلك من خلال رأس المال الذي يمثِّل مدخل النظام السياسي الذي يمنح الاقتصاد الفرصة ليزيد من فعاليته، وهنا يؤكد بارسونز على ضرورة التمييز بين الدولة Polity والحكومة Government، فعلى الرغم من أن الحكومة تلعب دوراً هاماً في عمليات الدولة، إلا أن مؤسسات الإقراض المالي، مثل البنوك تلعب دوراً هاماً بالنسبة لاقتصاد الفاعلية، أو عامل رأس المال، وبالمقابل فإن النظام السياسي أو الدولة، يتلقى من الاقتصاد الخدمات Services أو الوسائِل التي يستطيع من خلالها تحقيق الأهداف.

وبالنسبة للروابط الاجتماعية، فهي تنتج التضامن الذي يشكل في محتواه التكيف المشترك والتنسيق، الذي يساعد الاقتصاد في ربط عناصر الإنتاج ببعضها، وهذا ما يدعى في النظرية الاقتصادية بالتنظيم Organization. ولكن الأرض لا تدخل هنا بصورة مباشرة، إنما ترمز إلى مجموعة من الظروف التي تأخذ العمليات الاقتصادية مكاناً فيها، وبذلك فإن عملية الإنتاج لا تتوقف فقط على المواد الخام ولكن على أنماط القيم الثقافية التي تتشكل فيها العملية الاقتصادية. وبالمقابل فإن المنتج الاقتصادي يزود النسق التكاملي بتشكيلات إنتاج جديدةNew Product Combinations، تمتلك أهمية رمزية في السياقات غير الاقتصادية، مثل النظم القانونية، والمحاكم، والسلك القانوني، والبوليس، إن منتجات العملية الاقتصادية، تمتلك معاني رمزية متنوعة في المجتمع، ومثال ذلك أن توزيع الثروة يظهر مشكلات تكاملية كثيرة. (Adriansens: 1980: 118-125)

بتعبير آخر حاول بارسونز وضع النظرية الاقتصادية في النظرية العامة للفعل، وذلك من خلال العلاقات التبادلية المتنوعة للنظام الاقتصادي مع الأنساق المجتمعية الأخرى، فبين الاقتصاد والسياسة يتم تبادل فرصة الفاعلية التي يقدمها النظام السياسي، بالخدمات التي يقدمها الاقتصاد كما يتم تبادل رأس المال بالمصلحة Interest، وبالتبادل مع الروابط الاجتماعية. يقدم الاقتصاد الفائدة والربح مقابل التنظيم، كما يقدم تشكيلات إنتاج جديدة (بضائع) مقابل الإنفاق. وبالتبادل مع النسق الائتماني، يقدم الاقتصاد المال أو الأجور مقابل العمل، كما يقدم البضائع مقابل الإنفاق.

بعد أن عمل بارسونز على وضع النظرية الاقتصادية في إطار النظرية العامة للفعل حاول أن يكتشف ما إذا كان المال ينتمي إلى طبقة معينة من وسائط التبادل، وقد شجّعه نموذج الوظائف الأربع على المضي في هذا الاتجاه، ولذلك فقد ميَّز بين أربعة وسائط رمزية للتبادل، كل منها يمثّل جزءاً تكميلياً لنسق فرعي معين، فالوسيط الذي ينتمي إلى الاقتصاد هو المال، حيث يسيطر المال على مدخلات الإنتاج من ناحية، وتظهر من

خلاله مخرجات العملية الاقتصادية وتعبِّر عن ذاتها من ناحية أُخرى، وترتبط القوة كوسيط للتبادل بالنسق السياسي، بينما يرتبط التأثير بالروابط الاجتماعية، والالتزام القيمي بالنسق الائتماني. (Ibid: 129). إن هذه الوسائط الاتصالية تسمح بتداول وتدوير الموارد بين الأنساق، أي عناصر الإنتاج التي يتضمنها كل نسق فرعي. وهنا يمكن أن تظهر العلاقة التبادلية لكل نسق فرعي مع الأنساق الثلاثة الأخرى بما في ذلك النسق الاقتصادي، وكما هو واضح فإن بارسونز يحاول إظهار شبكة العلاقات الاعتمادية المتبادلة بين الأنساق المجتمعية المختلفة.

الوسيلة الأولى من وسائل التبادل هي المال Money، وقد وصف المال في النظرية الاقتصادية الكلاسيكية بأنه يؤدي ثلاث وظائِف أساسية هي: أنه وسيط للتبادل يمتلك قيمة بذاته من خلال تبادله مع البضائِع، ويمثِّل مقياساً لقيمة البضائِع والخدمات، كما أنه يسمح بقابلية القيمة للاختزان. ولكن بالنسبة لبارسونز، فإن الخاصية الأبرز بالنسبة للمال هي أنه يمثِّل شيئاً رمزياً. وبمقتضى طبيعته الرمزية فإن المال لا يتضمن قيمة جوهرية بذاته، ولكن قيمته مرتبطة بمجموعة من القواعد والاتفاقات، وبدونها لا يمكن أن يكون وسيطاً للتبادل. بمعنى أنه لا يمتلك معنى خارج النظام الرمزي، وتكتسب هذه الوسيلة معنى حقيقي عندما تتجسَّد في نظام مؤسسي- تترسَّخ فيه منظومة القواعد والاتفاقات. ومثال ذلك أن مؤسسة الملكية تتيح للمال أن يدور من خلال حقوق الملكية، حيث يمكن انتقاله من مالك لآخر. (Ibid).

إن وجهة النظر هذه، تتفق مع الطرح الأكثر شمولية، حيث حاول بارسونز إدماج النظرية الاقتصادية في النظرية العامة للفعل، حيث يؤكد في كتابه المشترك مع سملسر- أن تحديد الغايات الاقتصادية يقع في النسق الاجتماعي، وبهذا المعنى فإن الاستهلاك لا يُمثل ظاهرة اقتصادية مباشرة، حيث أن غايات الاستهلاك تنبثق خلال عمليات تتضمن تنشئة الشخصية ومأسسة القيم الثقافية، والدخل وحاجات الاستهلاك، وبذلك

فهي مقولات للأنساق الاجتماعية، وليست ميول فردية. (:Holton and Turner
1986: 53).

وبذات الخصوص، فقد أشار بارسونز في مقاله الموسوم بـ دافعية النشاطات
الاقتصادية The Motivation Of Economic Activities: إلى أن النشاط الاقتصادي
يأخذ مكاناً له في الإطار المؤسسي ـ للمجتمع، حيث يمثّل السلوك الاقتصادي وجهاً
ملموساً للسلوك المؤسسي. والمؤسسات، أو الأنماط المؤسسية تمثّل بالمعنى العام البناء
الاجتماعي، إنها أنماط معيارية تعرف ما هو ملائم وشرعي وأنماط متوقعة من الفعل.
ومن أبرز ما يميّز الإطار المؤسسي للنشاط الاقتصادي: أن التكيف معها ليس ذرائعياً أو
نفعياً بل هو واجب أخلاقي Moral duty، وكذلك أن الأفعال ليست عشوائية وإنما
تخضع لتوقعات تحظى بالشرعية داخل المجتمع. (Parsons: 1964: 55).

وما أراده بارسونز بالنسبة للمال تحديداً، أنه يمثّل الرابطة الأساسية بين الاقتصاد
والمجتمع، ومن خلال المال يتم التبادل بين النسق الاقتصادي والأنساق الأخرى، حيث
تجري عملية التبادل في إطار رمزي مؤسسي، ولذلك فإن المال ذو طبيعة رمزية تحدد
قيمة الأشياء والخدمات.

الوسيلة الثانية هي القوة Power، وتشير إلى قدرة معممة لفرض أداء الالتزامات
من قبل الوحدات في نسق ذي تنظيم جمعي، عندما تكون الالتزامات ذات شرعية
مستمدة من تحقيق الأهداف الجمعية، وفي حالة الإخلال في أداء الالتزامات، فهناك
افتراض مسبق لفرضها بالقوة من خلال الجزاءات السلبية. وتمثّل القوة وسيلة النسق
السياسي في التبادل، حيث يشمل النسق السياسي، كل أشكال صنع القرار وتعبئة الموارد
البشرية لتحقيق أي هدف محدد تسعى إليه جماعة معينة. فالسياسة تتضمن تحديد
هدف جمعي أو أكثر، وتعبئة الموارد لتحقيق هذه الأهداف، واتخاذ القرارات الضرورية
لتحقيق هذه الأهداف، وكما يوضّح روشيه فإن، هذا النشاط لا يوجد فقط في
الحكومة.

226

ولكن في أي مؤسسة داخل المجتمع، حيث أن جميع المؤسسات ذات وظيفة سياسية ضمن المعنى السابق. (روشيه: 1983 :148).

إن ممارسة القوة، ترتبط بإنجاز الالتزامات والواجبات في محتوى ذي شرعية، وحسب ما يرى بارسونز فإن الشرعية تمثّل وسيط رمزي للتبادل، فكما أن المال يكتسب قيمة تبادلية في سياق الملكية، فإن القوة تكتسب معنى وقيمة تبادليه من خلال الشرعية في موقف السلطة. وهكذا فإن السلطة هي النظام الرمزي الذي يجعل القوة وسيلة هامة وذات دلالة في الاتصال. (Adriaansens: 1981: 130).

بالنسبة لبارسونز فإن السلطة تمثّل نظاماً رمزياً تعمل فيها القوة وتكتسب معنى كوسيط للتبادل. فمؤسسة السلطة هي التي تعطى معنى لاستخدام القوة، ومعنى ذلك أن السلطة لا يمكن تداولها، ولكن القوة التي يمتلكها شاغلوا الأوضاع هي التي تستخدم في التبادل مع الآخرين. (Ibid).

يعتبر التأثير أو النفوذ Influence الوسيلة الثالثة للتبادل حيث أن مصدر هذه الوسيلة هو نسق التكامل أو الروابط المجتمعية. ويشير التأثير إلى القدرة على اكتساب الموافقة أو القبول أو الولاء عن طريق الإقناع Persuation، ويختلف التأثير عن القوة في أنه لا يعتبر صورة من صور الإجبار، كما أنه لا يتطلب أي ضرب من ضروب القسر، حيث يرتبط التأثير أو النفوذ بمقدار الهيبة التي يتمتع بها الشخص، أو الذي في مقدوره أن يدعو إلى التضامن. والنفوذ حالة متغيرة يمكن أن يزداد أو يتقلص، طبقاً لدرجة استخدامه من قبل الأفراد أو الجماعات التي تمتلكه. (روشيه: 1983 :114).

ويشرح أدريانسنس أن كمية النفوذ متغيرة وتخضع للتضخم والانكماش، وعندما يحدث الانكماش فإن المعيار الذي أصبح الفرد بموجبه مؤثراً أو في موقع مؤثر، وصنع لنفسه صيتاً ومكانة مرموقة، أصبح يعرف بشكل ضيق أو أخذ بالانحسار، ومعنى ذلك أن ولاء الجماعة قد اختزل أو تقلص ويمكن مشاهدة هذه الحالة في جميع التنظيمات الاجتماعية. (Adriaansens: 1981: 137).

إن النفوذ يمثِّل طريقة للحصول على نتائج مثل المال والقوة، فإنفاق المال يُنتج السيطرة على البضائع، وممارسة القوة تُلزم الناس بالقرارات، وممارسة النفوذ تُقنع الناس بالتصرف بطريقة معينة، ليس لأنهم مُجبرون على فعل ذلك، ولكن لأَنهم أصبحوا مقتنعين بأحقية ومصداقية مثل هذا الفعل، وهكذا يمكن اعتبار النفوذ وسيط في الاتصال أو التبادل. إن أكثر ما يصف النفوذ هو مفهوم الصيت والسمعة Reputation، فالناس أكثر ميلاً واستعداداً للاقتناع بشخص ما ذو مكانة مرموقة وسمعة عالية، ولكن دون النظام الرمزي المؤسسي يصبح مشكوكاً به أو قوته غير شرعية، إن النظام الرمزي الذي يمنح النفوذ يتألف معناه أساساً من مجموعة الاتجاهات التي تنظم الطرق التي يجب أن يرتبط بها الأفراد الواحد مع الآخر. (Ibid: 138).

بمعنى آخر، فإن النفوذ يعرف من خلال الروابط المجتمعية التي تعمل على إقامة علاقات اعتماد متبادل تحتاج المجتمعات إلى وجودها بين أعضائها وإدامة هذه العلاقات، وهي النظم التي تقيم مبادئ التنسيق اللازمة لاستمرار المجتمع دون كثير من الفوضى والصراع، حيث تمثِّل مجال الضبط وتقوم على الاتفاق لا على القهر، وتتمثَّل في صورتها البنائية بالقانون والنظم والحركات الاجتماعية والجماعات الضاغطة، إلى غير ذلك من التنظيمات التي تجمع أفراد المجتمع سوياً، يدافعون من خلالها عن مصالحهم ويشبعون حاجاتهم، وهذه الفكرة تقترب من فكرة دوركايم حول التضامن.

الوسيلة الرابعة للتبادل هي الالتزام القيمي Value - Commitment، ومصدرها النسق الائتماني، فمن خلال هذه الالتزامات تنتقل المقومات الثقافية إلى الواقع الاجتماعي وتدخل في نطاق علاقات التبادل، ويمكن النظر إلى كل فاعل من الناحية النظرية على أنه يجب أن يكتسب التزامات تربطه ببعض المعايير والقيم الضابطة بثقافة معينة، وهذا ما يجعل الفاعل ينتمي إلى مجتمع معين، ويعي هذا الانتماء. بعد أن يكتسب الفاعل الالتزامات التي تجعله يتكامل مع مجتمعه، فإنه يستطيع أن يستخدمها كضمان للحصول على حاجاته ورغباته. إن مفهوم الالتزام القيمي كوسيط للتبادل يمثِّل

قدرة معممة تؤثر في تطبيق القيم، إنه يعمل على ضبط الطريقة التي تصبح فيها القيم واضحة وملموسة في التفاعل. (Ibid: 139).

إن الالتزام القيمي كوسيط للتبادل يرتبط بالبعد الأخلاقي، فالمؤسسة أو المجتمع الذي ينصب قائداً أخلاقياً يمكنه أن يقرر ما هي الأشكال الشرعية من تطبيق القيم، ولذلك يعتبر بارسونز أن القيادة الكارزمية عند فيبر واحدة من أهم المعادلات السوسيولوجية في عملية خلق الالتزامات القيمية، وهذا يقود إلى التضخم والانكماش في هذا الوسيط، فالتضخم يشير إلى زيادة الالتزامات غير المنجزة، وبذلك فإن التضخم يقاس بالمدى الذي تكون فيه مطالب مستجدة أو غير مستجدة في مجموعة من الإجراءات المؤسسية، أما الانكماش فهو يشير إلى اختزال درجات الحرية أو محدودية إمكانات التطبيق. (Ibid: 140).

وهكذا، فإن الوسائل الإتصالية الرمزية للأنساق تسمح بتداول وتدوير الموارد بين الأنساق المختلفة، منتجة بذلك أنساق تبادلية فرعية، تحدد صيغة أو صفة التبادل بين كل نسقين، بحيث يتمخض عن ذلك ستة أنساق تبادلية فرعية يمكن وصفها كما يلي: التبادل بين الاقتصاد (المال) والسياسة (القوة) يشكِّل نسق تعبئة الموارد، والتبادل بين الاقتصاد (المال)، والنسق الائتماني (الالتزام القيمي) يشكِّل نسق سوق الاستهلاك والعمل والتبادل بين الاقتصاد والروابط الاجتماعية (النفوذ) يشكِّل نسق المعيار التوزيعي، والتبادل بين السياسة (القوة) والروابط الاجتماعية (النقود) يشكِّل نسق التدعيم السياسي، والتبادل بين السياسة والنسق الائتماني (الالتزام القيمي) يشكِّل نسق الشرعية والسلطة، والتبادل بين الروابط الاجتماعية (النفوذ) والنسق الائتماني يشكِّل نسق التضامن والالتزام والولاء.

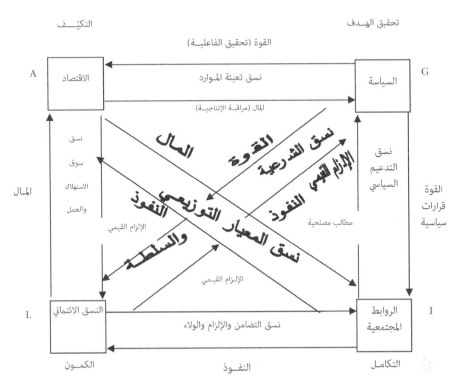

النموذج (27): تبادل الموارد بين الأنساق المجتمعية

يبدو أن هذا النسق التبادلي يتعذَّر وجوده في الواقع، حيث أن عملية التبادل بين الأنساق يترتَّب عليها بعض التعديلات أو الاضطرابات في واحد أو أكثر من الأنساق البنائية. مثال ذلك، أن النسق الاقتصادي قد لا يلتزم بتوفير الخدمات للمجتمع، وكذلك فإن النسق السياسي قد لا يوزع الموارد بصورة عادلة، ومقابل هذه الحالة فإن الروابط المجتمعية قد تصدر ردود فعل سلبية واحتجاجات تهدد استقرار النسق السياسي، ويعزز هذه الحالة النسق الائتماني الذي قد يعمل على سحب الشرعية. إن صورة التبادل بين الأنساق المجتمعية تحتفظ بمفهوم التوازن كأداة استرشادية بمعنى أنه

230

يمكن أن يمثِّل نقطة انطلاق نظرية تفيد في تفسير التغيرات داخل الأنساق والعلاقات القائِمة بينها.

لكن، يبدو أَن مضامين هذا التحليل النسقي، لم تلقَ قبولاً عند الكثير من العلماء، حتى باعتبارها استرشادية، ومن قبيل ذلك، يقول رايت ملز في كتابه الخيال السوسيولوجي: "…. ونحن لكي نقبل بمخطط بارسونز، مطلوب منّا أن نقرأ ونستخرج من الصورة الحقائِق الخاصة بالقوة، بل وفي واقع البنى المؤسسية وخاصة الاقتصادية والسياسية والعسكرية، وسوف نجد في هذه النظرية العامة أن بنى الهيمنة والسيطرة ليس لها أي موقع ينظر". (ملز: 1997 :730).

ويضيف ملز: أَننا لا نستطيع اليوم أن نفترض بأن البشر لا بد أَن يكونوا في نهاية المطاف محكومون طواعية، فمن بين وسائل القوة السائِدة الآن هي القدرة على إدارة ومعالجة رضاء الناس. أما كوننا لا نعرف حدود هذه القدرة - ونأمل في أن يكون لها حدود - لا يلغي الحقيقة بأن قدراً كبيراً من القوة بات يستخدم اليوم بنجاح دون مجاراة عقل أو وعي الخاضع الممتثل. (المرجع السابق: 71).

وبذات الخصوص يلاحظ هابرماس في مقاله الموسوم بـ "مشكلات النظرية عند بارسونز": Problems of Theory Construction: Talcott parsons: إن عالم الحياة الرمزي للفاعلين في المجتمع الحديث يعاني من التحريف والتشويه بسبب خضوعهم لاتجاهات عقلنة المال والقوة. (Habermas: 198).

إن نسق التدعيم السياسي القائم بين النسق السياسي والروابط المجتمعية يحتاج إلى دولة قوية مستجيبة، ولكن عندما لا تكون الدولة مستجيبة أو تكون مؤسساتها غير ديموقراطية، أو لا تعترف بمطالب المواطنين ولا تستجيب لها، فإن طابع العمل الجماعي سوف يتعرض للإحباط مما يشكِّل أشكال أكثر عدوانية للمجتمع المدني. (فولي وبوب: 1998 :18). ويؤكد أوجين أنريكيز أنه في كثير من البلاد لا تعاني السياسة من فقد ثقة

واضـح فقـط، ولكـن المجتمـع المـدني ينحـو إلى التنظيـم خـارج الإطار السياسـي. (أنريكيز: 2000 : 32).

وبالمثـل، يلاحـظ كلاوس أوفـه: أن الدولة قـد تخـدم برجوازيـة الدولـة عـن طريـق إنتاجهـا سلـع فئويـة تتمتـع بهـا برجوازيـة الدولـة، وبـدلاً مـن أن تخـدم المجتمـع المـدني بـأي شكل محسـوس فإنهـا تمـارس سيطرة القلـة مـن الفاعليـن، كـما أن الأسـواق تميل دائـماً إلى تخريـب نفسـها بتحولهـا إلى ترتيبـات القـوة الاحتكاريـة، حتـى أن رأس المـال الاجتماعـي الذي يمثِّل الميول المعرفيـة والأخلاقيـة للمواطنين ليس محايداً فيما يتعلـق بالسـلطة، بـل هو جوهـر قدرة المجتمـع المدني على تحدي السلطة وتحديد مداها. (أوفه: 2001).

لقد استخدم بارسونز القوة كمورد لتدعيم النسق أو توجيه التغيرات فيه، وتجنب اعتبارهـا السيطـرة علـى كل ما هـو ذا قيمة أو مرغوبـاً بـه، وأنها تستخدم لتحديـد طبيعـة النسـق المعيـاري، ولذلـك فقـد أشار ديفد لوكـود إلى أن بارسونز قد تجاهـل بصفة ضروريـة أو أسـاء فهم الدور الحقيقـي لتأثير القوى في النسـق الاجتماعي، وذلك مـن خلال تجاهلـه للمصالـح المتصارعـة، وقصر اتجاهـه علـى مجال المعاييـر والقيم المنظمـة داخليـاً. (أنظـر: كوهـن: د ت: 165-183) ويؤيـد جـون ركـس هـذا الـرأي، حيـث يؤكـد أن بارسونز قـد تجنب مناقشة القوة، ونظر إلى النسق كما لو كان متكاملاً تمامـاً في ضوء أنماط القيم، علمـاً بأن ندرة التسهيـلات التي يفرضهـا التوزيـع غير المتعـادل للقـوة هـي أمر يجـب أن يتوافـق مع النسـق الاجتماعي، كما أن نمط القيم يدعم وجود نسق خاص لتوزيع القـوة والتسهيلات. (ركس: 1973 : 170).

مـن المشكلات الأساسيـة في المخطط التصوري للنسـق المجتمعـي عنـد بارسونز أنـه يتصور جميع الأنسـاق صاحبة قوة بناء على المورد الذي تقدمه للأنسـاق الأخرى، ومثل هـذا التصور يفضي إلى حقيقـة اشتراك الأنسـاق مجتمعـة في تشكيـل السياق المجتمعـي الراهـن. بالإضافة إلى ذلك فإن بارسونز لا يلتفت إلى أي شكل مـن الصناعة التاريخيـة لارتباط الأنساق المجتمعيـة ببعضهـا، ومن هنا، يوضِّح ملز Mills: أنه في مجتمع مثل

الولايات المتحدة، عدد قليل من الرجال يؤثرون ويحركون ويعدلون حياة كثير من الناس إن القرارات المنبثقة عن القوة، وقوة اتخاذ القرارات المؤثِّرة على المستوى القومي والدولي يبدو بشكل واضح أنه يتم اتخاذها في المؤسسات السياسية والعسكرية والاقتصادية، بينما المؤسسات الأخرى تقف على جانب الأحداث، بل إن مؤسسات مثل الدينية والتعليمية والأسرة تتشكَّل من خلال تلك الثلاثة الكبار وتخضع لها. حيث أن هذه الكبار الثلاثة تحدث فيها عملية صناعة القرارات التاريخية History Making Decision (Olsen: 1993: 161-168).

ولهذا السبب، يرى إرك أولن رايت Erik Olin Wright، أن القول بأن الدولة الرأسمالية ضرورية لإعادة إنتاج العلاقات الاقتصادية الرأسمالية، لا يعني القول بأن الدولة الرأسمالية تعمل وظيفياً بشكل دائم، وبطريقة نموذجية لإعادة إنتاج تلك العلاقات الاقتصادية. (Wright: 1985: 20).

ولا بد من الإشارة إلى أن عملية إعادة الإنتاج هي عملية كلية اقتصادية، وسياسية وأيديولوجية، ولكن في المجتمعات الطبقية، هناك ميكانزمات إعادة إنتاج، تبقي على سيطرة الطبقة الحاكمة وتصونها. وهي القهر الاقتصادي، والعنف، وأيديولوجيا الحرمان والعزل، وهي ميكانزمات تؤدي إلى اختزال قوة الدولة التي تمتلك – من منظور ماركسي وليس وظيفي – صفة طبقية. وبذلك تفقد طاعتها بالشرعية والقبول. (Thereborn: 1980: 176).

وضمن هذا المنظور، هناك من يطرح آراء تشككك بالتبادلية القائمة بين النسق الاقتصادي الذي يقدم المال والنسق الائتماني (الثقافي) الذي يقدم الالتزام القيمي. وذلك لأن المجتمع الرأسمالي يسمح بانزلاق النقود إلى نطاق الأخلاق والسلوك الإنساني مما يحيلها إلى موضوعات اقتصادية لا تندرج في قائمة العناصر المكونة للنسق الثقافي أو المنعكسة في النسق الاجتماعي. ولذلك فإن نسق سوق الاستهلاك والعمل ينطوي في أعماقه على أخلاق الطبقة الحاكمة التي تسيطر على الوعي السائِد في المجتمع،

ويوجه بأيديولوجية استعبادية. (بيوخوفسكي: 1987 : 27-28)، ولذلك، فإن الأفكار السائِدة في البُنى والمؤسسات، تعكس أفكار الطبقة الحاكمة، وتأخذ صفة المادية عبر نشاطها، وتحافظ على وجودها. (أنظر: رازين: 1980 :37).

ومن هذا المنطلق، فإن النسق السياسي أو الحكومة بشكل محدد لا تعمل بالحيادية التي يتصورها بارسونز، ضمن إطار خدمة المصالح المجتمعية العامة. وضمن هذا الإطار، يؤكد وليم دمهوف William Domhoff: إن قرارات الحكومة الفيدرالية وعملية صناعة السياسة من أسعار النفط إلى خفض الضريبة ترتبط بمصالح صفوة القوة. (Egan :2005: 79-89). لكن، يبدو أن التصور الليبرالي للدولة، كما يقدمه بارسونز، لا يعطي قيمة للطبقات، ويتجاوز تنوع الفئات الاجتماعية، وأَن ثمة أثرياء وفقراء، فهي من هذا المنظور، تمثِّل معطيات اجتماعية ليس لها أي معنى من الناحية السياسية. (أنظر، بوردو: 1985 :122).

وبموجب هذه الحقيقة، ربما كان بوتومور محقاً عندما وصف بارسونز بأنه قليل الحساسية للقضايا السياسية والاجتماعية الحقيقية، وأنه لا يملك اهتماماً مستمراً بالحياة السياسية ومشكلاتها الحقيقية، وعندما يشرع في دراسة مسألة سياسية هامة متجاوباً مع الضغوط الخارجية، فإنه يصيغ الأحكام حول الموضوع طبقاً لمشروعه الذهني. ومن ضمن ذلك، أنه عندما يتناول مسائِل انكماش القوة وتمددها، فإنه لا يقدم إشارة مطلقاً للأسباب المحتملة لهذه التذبذبات السياسية (بوتومور: 1985 :43-44). ولذلك فقد كان على بارسونز – وهو الأجدر بهذه المهمة – أن يوضح كيف يمكن لإطاره التصوري أن يفسر حالات الفعل التي تمثِّل خروجاً على التوازن والتكامل، مثل الحركات والقوى المعارضة، والفساد، والاغتراب، وقمع الحريات، وانتهاك حقوق المواطنين.

لقد أبرز بارسونز نسق الشرعية بصورة بالغة النعومة، حيث أن الدولة أو النسق السياسي يضمن لنسق المحافظة على النمط نوعاً من المسؤولية الأخلاقية المرتبطة

بالمصالح الجمعية للمجتمع، وبالمقابل يكتسب الشرعية بموجب الالتزام القيمي الأخلاقي المرتبط بالأوضاع المختلفة للسلطة. ولكن رغم أن الشرعية تتضمن خطوطاً تبادلية بين القادة والأتباع أو الدولة والمجتمع، إلاّ أنها تمثِّل وظيفة لقدرة النسق على إقناع الأعضاء بملائمته. وغالباً ما يضع القادة القواعد، ويصممون السياسات، وينتجون الرموز التي تخبر الأتباع كيف وماذا عليهم أن يفعلوا ويشعروا، ولذلك فإن الشرعية قد تعرَّف على أنها قدرة النسق على إبقاء الاعتقاد بأن المؤسسات السياسية الموجودة هي الأكثر ملائمة للمجتمع، ولذلك فإن الحكومة شرعيّة باعتبارها ملائمة أخلاقياً للمجتمع بموجب مبدأ الملائمة أو ما يجب أن يكون الأمر. Oughtness. **(Schaar: 1984: 108-109)**.

ولذلك يؤكد مارتن مارجر Marger، بأن وسائل الإعلام الجماهيري (المطبوع الإلكتروني) تعمل كوكلاء للتنشئة الاجتماعية، حيث تزود الناس بمعايير وقيم مجتمعهم. ولكنها تمكِّن الوحدات القوية في الحكومة والاقتصاد من إقناع الجمهور العام بدعم سياساتها، أو شراء منتجاتها، ولذلك فهي تعمل كوكلاء للشرعيّة، باعتبارها تولِّد معتقدات الجماهير حول قبول المؤسسات السياسية والاقتصادية. **(Olsen: 1993: 238)**.

لكن يبدو أن بارسونز بعزله القيم عن المصالح والطبقات الاجتماعية - كما يوضِّح زايتلن - يتجاهل الحقيقة التي مؤداها أن غرس القيم وصيانتها ينطوي غالباً على ألم عظيم ومعاناة. يدعم زايتلن رأيه هذا بما يذهب إليه بارنجتون مور: أنه من أجل صيانة نسق القيم ونقله من جيل إلى جيل يتعرض البشر للإرهاب والعقاب والزج في السجون ومعسكرات الاعتقال والتملق والمداهنة والرشوة، أو تحويلهم إلى أبطال، وتشجيعهم على قراءة الصحف أو إطلاق الرصاص عليهم ووجوههم إلى الحائط. إنَّ الحديث عن قصور ذاتي ثقافي، يتجاهل المصالح والامتيازات الملموسة التي تخدمها التربية والتعليم وتلقين المبادئ ومجمل العملية المعقَّدة لنقل الثقافة من جيل إلى جيل. (زايتلن: 1989 :64).

إنَّ تصوّر بارسونز لتبادل الأنساق المجتمعية، يُظهر النسق الاقتصادي كنسق كافٍ لإشباع المجتمع ذاتياً، وبذلك ثمّة تصوّر مضمر يُفضي إلى اعتبار المجتمع نسق مكتفي ذاتياً، وبمعزل عن التبادل مع المجتمعات الأخرى. لكن الأمر مخالف لذلك واقعياً، حيث أن المجتمعات تُظهر تبادلات مكثَّفة من أجل إشباع احتياجاتها. أو تعزيز تفوقها، وهنا، يمكن أن يظهر نسق التكيف (النسق الاقتصادي)، كمعيار لتفاضل القوة بين المجتمعات، ومحدداً لعلاقات التبعية حتى على المستوى السياسي والعسكري، وقد يمتد ذلك إلى الثقافي، فالاقتصادات القوية تُفضي إلى إملاءات سياسية على المجتمعات ذات الاقتصادات الضعيفة، ولذلك فإن ما يميّز الاقتصاد العالمي في الوقت الراهن - حتى في إطار العولمة - أن الدول القومية الكبرى والكتل التجارية الناشئة هي الأطراف المهيمنة. (أنظر: هيرست وطومبسون: 2003 : 288)، وبالإضافة إلى ذلك، فإن الشركات العملاقة أصبحت تتمتع الآن بموقع مسيطر في قطاعات بعينها من الاقتصاد، بحيث تستطيع أن تسيطر على الأسواق بدلاً من أن تكون الأسواق هي المسيطرة عليها. (جدنز: 2002 : 72-73).

وهكذا، أصبح من الواضح، أنّ العلاقات التبادلية بين الأنساق المجتمعية، وما يرتبط بها من متطلبات وظيفية، وما ينتج عنها من أنساق فرعية، ليست مرضية تفسيرياً إذا ما تمت مطابقتها مع الواقع الاجتماعي، أو إذا ما تم اعتبارها تجسيداً لمجتمع واقعي معين. ولعل ذلك هو بالفعل ما أثار سَخط الكثير من نقّاد بارسونز الذين قدموا علاقات نسقيه واقعية لإثبات طوباوية طروحات بارسونز، أو فشلها في التفسير، أو اعتبارها ضرباً من الأيديولوجيا المحافظة. قد تكون جميع الاتهامات التي وجهت إلى طروحات بارسونز، محققة، وذات وجه شرعي، لسبب واحد فقط، وهو أن بارسونز قد اكتفى برسم صورة العلاقات الوظيفية الافتراضية بين الأنساق المجتمعية، دون أن يبذل جهداً إضافياً لإيضاح وتفسير احتمالات الاختلال في العلاقات التي تصورها، ولو

استخدم القوة بمعناها الصراعي، بعد أن استخدمها بمعناها الوظيفي، لساعده ذلك، وعفاه من انتقادات كثيرة وجهت إليه، ولكن يبقى من الواجب والموضوعية أن يتم التعامل مع هذه الطروحات في مستواها التحليلي دون اختزالها إلى ما دون ذلك، حيث هي معدة لتكون إطاراً تحليلياً، يتخذ من التوازن مرجعية استرشادية.

3-5: التغير الاجتماعي:

لقد أكد بارسونز أن الإطار التصوري للتحليل النسقي يجب أن يحتوي على المقولات التي تستطيع وصف وتحديد المكوِّنات البنائية للنسق الاجتماعي وطبيعة العلاقات المتبادلة بينها، والمقولات التي ترتبط بتحليل العمليات الدافعية داخل النسق بالإضافة إلى العمليات التي تؤدي إلى إحداث التغير في بناء النسق الاجتماعي. (Parsons: 1951: 48).

إذن، يعترف بارسونز بأهمية تفسير التغيُّر الاجتماعي. ولكنّه يرى بأن تحليل كل شيء على أنه في حالة جريان وتدفق، يتنكر لشرعيّة العلم، وينطبق هذا على كل العلوم، وبشكل خاص علم الاجتماع. إن مفهوم التغير ذو معنى فقط في ضوء شيء ما قابل للتحديد، أي، شيء ما، يمكن أن يوصف بأشكال بنائية. (Savage: 1981: 201)، إن ثبات عملية التفاعل وحالة التوازن المتمثِّلة في الاتصال بين الأنساق، هي افتراضات نظرية، وليس تعميماً إمبريقياً. ولذلك فإنّ مفهوم التوازن في النظرية، هو توازن متحرِّك Moving Equilibrium حيث أن عملية تغير إمبريقي، يمكن أن تحدث. (Parsons: 1951: 481).

يوضِّح بارسونز: إن الصفة الحاسمة للبنائية الوظيفية هي استخدامها لمفهوم النسق دون معرفة كاملة بالقوانين التي تحدِّد العمليات داخل النسق، ومن هنا، فإن نظرية عامة لعمليات التغير في الأنساق الاجتماعية ليست ممكنة بالصيغة الراهنة للمعرفة المتوفِّرة، وسبب ذلك أن مثل هذه النظرية بحاجة إلى معرفة تامّة بقوانين عملية النسق ونحن لا نمتلك هذه المعرفة حالياً. (Ibid: 483: 86)، لكن هناك تحليل للظروف أو العوامل

التي تـؤثِّر في العمليـات الدافعيـة باعتبارهـا آليـات وليسـت قـوانين. لـذلك فـإن العمليات الدافعية تقدم نموذجاً نظرياً Paradigm، وليس نظرية، غير أن هناك معرفـة جزئية ببعض القوانين المتضمنة في بنـاء العمليـة التفاعليـة، والعمليـات الدافعيـة التـي تتضمنها - مثل بناء الأدوار والمأسسة وإستدماج أنماط التوجيه القيمي وتوقعات الـدور - ومثال ذلك أن عوامـل سـحب الشرعية والاصـطدام بمـا هـو مُبـاح، وانتهـاك المعـايير المستدمجـة، ورفض قبول أداء القيم، التي تظهـر في بعـض ردود الفعـل، مثـل الغضـب والفنتازيـا تمثِّل مصدراً لميكانزمـات الدفاع والتعديل. (Ibid: 485).

يصوغ بارسونز إشكالية التغير بالإجابة عـلى التسـاؤلين التـاليين: لمـاذا يـؤدي تغـير معين في الظروف المرتبطة بالنسق، إلى تغير النسق بطريقة معينة؟ ولماذا يفشل النسـق في إحداث تغييرات لمواجهة تبدلات Alterations في الظروف؟، وبنـاء عـلى ذلـك، يميِّـز بارسونز بين العمليات التي تجري داخل النسق، وعمليات التغير التـي يحـدثها النسـق، حيث يمكن الجمع بين هاتين العمليتين تحت مفهـوم ديناميـات التـوازن، وهـو مفهـوم مشـتق مـن مفهـوم آخـر هـو "صيانة حـدود النسـق" Boundary-Maintaining System.

وينبغي الإشارة إلى أن ديناميات التوازن تمثِّل الوسائِل التـي يسـتطيع مـن خلالهـا المجتمع، أن يحقق وظائِفه دون تغيرات بعيدة المدى. ومعنى ذلـك بالنسـبة لبارسـونز، أنها لا تمس منظومة القيم، لذلك يوضِّح: "كل مناقشتنا للتغير تستند إلى افـتراض أسـاس يؤكد أن نمط القيم في النسق ثابت لا يتغير برغم حـدوث التغـير في بنـاء النسـق، وهـو الأمر الذي يؤكد أن التغير الـذي يحـدث في بنـاء النسـق ينبغـي أن يكـون متوافقـاً مـع الالتزامات القيمية الأساسية، وأن يظل هذا التغير في نطاق سيطرة نسق الثقافـة دائمـاً". (أنظر: الجوهري: 1992 :129).

ولـذلك، يجـب أن تصـل قـوى التغـير إلى أعـلى درجـة ممكنـة داخـل التـدرج السيبرنطيقي، بحيث يصل إلى مستوى الرموز والقيم، فهناك تكمن أعتى قوى الضبط.

وإذا لم تصل قوى التغير إلى هذا المستوى فمن المحتمل أن تسيطر عليها العوامل التي تقاوم التغير. (أنظر: روشيه: 1981: 119).

بالنسبة لبارسونز فإن القوة الدافعة للتغير، ربما تأتي من منظومة الأنماط الثقافية، وربما تأتي من خلال التغيرات السكانية أو من المناخ، أو التكنولوجيا أو غير ذلك، وأهمية أحد هذه العوامل يقرره الواقع، لكن من الواضح أن هناك صورتين من عوامل التغير عند بارسونز، وهما: التغيرات الخارجية التي تقع في البيئة الخارجية للنسق – وعلاقته بالأنساق الأخرى – فما يحدث من تغيرات في نسق الشخصية، يمكن أن تؤثر بصورة طبيعية في النسق الاجتماعي والتغيرات في النسق الثقافي، يمكن أن تؤثر في نسق الشخصية، وهكذا يتم تبادل التأثير بين الأنساق.

وبخصوص العوامل الداخلية يقول بارسونز: هناك مصدر متأصل للتوتر يظهر من الندرة Scarcity، وهذا ما يتعذَّر اجتيازه في التمييز بين الشخصية(المنظمة حول منطلقات الحاجة) والمستويات الاجتماعية للفعل (المنظمة حول توقعات الدور). إن تمفصل الشخصية والأنساق الاجتماعية يظهر مساحة يستوطن فيها التوتر. (:Parsons 1965: 231).

إذا وقع التوتر في بناء النسق فهناك ثلاثة ميكانزمات للتصدي قبل وقوع التغير:

1- إدارة التوتر: استعادة التوافق الكامل والتوقعات المعيارية.

2- الإيقاف أو العزل: بعد فشل الاحتمال الأول، قد تتم الموافقة على إنجاز أقل من الإنجاز العادي من قبل الوحدات المعيبة، وعلى الوحدات الأخرى أن تتحمل عبء هذا الفشل، ولكن التوتر لا يزال قائماً.

3- تفريغ التوتر عن طريق التغيير في بناء النسق، ويعني استبدال أو تغيير الثقافة المعيارية التي تحدد التوقعات التي تحكم العلاقة المتبادلة بين الوحدات الفرعية للنسق. (الجوهري: 1992: 128).

-4

إن المقولات السابقة تتضمن إجابة كاملة على بعض اعتراضات جولدنر، التي أخطأت التقدير حيث يقول: إن منظروا الصراع أشاروا إلى أن العلاقات الاجتماعية تتضمن مصادر داخلية للتوتر Strain فالمصالح المتفاضلة والمصادر النادرة ترى على أنها تدخل الصراع إلى العلاقات، وتؤدي إلى التغير الاجتماعي، وقد تجاهل بارسونز مصادر التوتر، وافتراض أن الآنا والآخر لا يعيشان في عالم من الندرة وأن هذه الندرة لا تنعكس على سلوكهما أو علاقاتهما. (Gouldner: 1970: 237).

وهكذا، يبدو أن مقولة جولدنر بحاجة إلى مزيد من الدقة والضبط، حيث أن بارسونز لم يتجاهل مصادر التوتر ولا المصادر النادرة، ولكنه لم يمنحها دوراً مركزياً في نظريته، كما لم يفسر من خلالها الصراع أو التغير كما هو الحال بالنسبة لنظرية الصراع، فهناك إجراءات مختلفة ينفذها النسق ليحول دون وقوع الصراع فيه، أو إحداث تغيرات جوهرية، لكن بكل الأحوال (حتماً) سوف ينشأ التوتر والاضطراب في النسق.

وبهذا الخصوص يقول بارسونز: "لا يوجد نسق توجيه قيمي ذو استمرارية كاملة في نمطه بحيث يمكن أن يتمأسس بشكل كامل في مجتمع معين، إذ سيكون هناك باستمرار توزيع متفاوت بين الأجزاء المختلفة في المجتمع. وسوف يكون هناك صراعات قيميه وصراعات دور، ونتيجة ذلك هو التكامل غير التام، اللاثبات، ومن هنا تنشأ القابلية للتغير". (Parsons: 1965: 231).

لكن، قابلية الأنساق للتغير، وكذلك التوتر الناشئ في نسق التوقعات الذي هو ضروري للتكامل، يطلق عمليات إعادة التوازن Re- Equilibrating Processes، ومثال ذلك، أن هذه العمليات تدعى في نسق الشخصية ميكانزمات الدفاع والتبرير، ولذلك فإن نمط التكامل في نسق الفعل بالنسبة للشخصية، يظهر مقاومة للتغيير بقدر ما يتم الاصطدام بالأنماط المؤسسة للفعل، وبهذا المعنى فإن التغير لا يشمل فقط استبدال أو تغيير النمط، ولكن التغلب على المقاومة، التي تحاول الإبقاء على التوازن قائماً عن

طريق تثبيت المحتوى الثقافي وليس عملية الفعل، وهـذا مـا عنـاه بارسـونز أصلاً بمفهوم التوازن المتحرك. (Parsons: 1951: 491).

وبالمثل فإن عملية التنشئة الاجتماعية تظهر شـكلاً مـن التـوتر في أطـوار تقـدمها، بموجـب ضرورة غيـاب شـكل التـوازن القـديم، وإحلالـه بتـوازن جديـد يظهـر أهميـة إستدماج منظومة قيم جديدة، وينطبق الأمر ذاته على الأنساق الاجتماعية مـن العائلـة إلى المجتمع، حيث يفرض النسق التوتر، ويقدم طرق استيعابه. (Ibid).

وفي خلفية مشكلة التغير الاجتماعي، يتحدث بارسونز عن ظاهرة المصالح الراسخة Vested Interests في الأنساق الاجتماعية، وهي ظاهرة مرتبطة بظاهرة المأسسة التـي تنتج شكلاً من التكامل لترتيبات الحاجة لفاعلين معينين مع أنماط توجيـه قيمـي معينـة ولذلك، فإن المصالح الراسخة تعكس المصلحة في الإبقاء على مستوى محدد مـن الإشـباع في إطار نسق توقعات الدور الموجودة، وهي ستكون دائماً مشـكلة لأي تغير اجتماعـي، حيث أن التغير سيؤدي إلى اضطراب التوازن الممكن في الإشباع، لذلك يقابل بمقاومة من قبل أصحاب المصالح الراسخة، مـما يقـود إلى التـوتر الـذي يـتم التغلـب عليـه بموجـب عمليات التوازن. ومن هنا، يؤكد بارسونز: "يمكن التعامل مـع ظـاهرة المصالح الراسـخة على أنها تقع في خلفية مشكلة التغير الاجتمـاعـي، وباسـتثناء عمليـات التغـير المؤسسي- فإن التغير في النسق الاجتماعي ممكن فقط من خلال عمـل الميكانزمـات التـي تتغلـب على مقاومة المصالح الراسخة". (Ibid: 492).

ويرغب بارسونز في هذا المقام، باستخدام مصطلح المصالح بالمعنى الواسع للكلمـة، فهي لا تمثِّل المصالح المادية أو الاقتصادية مع أنها قد تستوعبها، فهي إشباعات لترتيبات الحاجة وليس للغرائز بالمعنى الضيق، لذلك فهي تتضمن مصـالح مـن النـوع الاعتبـاري والأخلاقي مثل المكافئات العلائِقية، كالحب والقبول والتقدير، ويمكن أن تشـمل جميـع الإشباعات المرتبطة بترتيبات الحاجة الراسخة في نسق توقعات الدور المُمأسس. (Ibid).

حـول المصالـح المكتسبة عنـد بارسـونز، يجـادل إرفنـج زايـتلن. بـأن بارسـونز قـد استخدمه بطريقة تعسفية تماماً، حيث لا توجد علاقة بينه وبين إطـاره التحليلي العـام، كما لا توجد علاقة أيضاً بين المصالح المكتسبة وبين الاتجاه الـوظيفي، ثـم إذا كـان عـلى بارسونز أن يقدم ويطرح هذا المفهـوم القيم والمهـم. فلـماذا لم يوظِّفه ويسـتخدِّمه في علاقته بالظاهرة التي يسميها التوازن؟ لو كان بارسونز قد فعل ذلك. لكان قد أضطر إلى الاعتراف بأن ثمَّة إشكالية حقيقية ينطوي عليها التوازن، وأنَّ هناك جماعـات اجتماعيـة منظمة بطرق متعددة ومتنوعة لمقاومة التغير، ومثل ذلك التحليـل يتطلب بالضرورة دراسة القوة والسلطة وصراع المصالح، وهي قضايا واهتمامـات غريبـة تمامـاً في الاتجـاه الرئيسي لعمله النظري. (زاتيلن: 1973: 65-66).

إن التفاته زايتلن هـذه تبـدو في مكانهـا، فقـد بـدى واضحاً أن بارسونز يستيقظ متأخراً عـلى مفهـوم المصالح الراسخة، وهـو مفهـوم يعكس في جوفه تفاضل القـوى وتناقضاتها التي تعتبر محرضـات أساسية للصراع والتغـير، وطالمـا أن بارسـونز قـد أكَّد بشكل أساسي على التوازن والنسقية في البنائية الوظيفية، فإن هذا المفهـوم يبـدو شـاذاً وغير مألوفاً في الاتساق الفكري النسقي لدى بارسونز، علماً بأن نظريته تحمل في طياتها مواقع هامـة لاستثمار المقـدمات النظريـة المنطقيـة التي تفضي- إلى مفهـوم المصالح المكتسبة ومن ثم الصراع والتغير، وبشكل خاص يمكن لبارسونز استثمار مفهـوم التمايـز البنائي Structural Differentiation لتحقيـق هـذه المهمَّة، حيث يتضمن التمايـز البنائي تفاضل الأدوار والمكانات والامتيازات الرمزية المتمايزة المرتبطة بها. وهكذا، فقد كان على بارسونز الذي قدم مفهوم المصالح المكتسبة بمراوغة وعلى اسـتحياء في مرحلة متأخرة من صياغة أطروحته، أن يعود من حيث انتهى به الأمر إلى هـذا المفهـوم باحثـاً بجدية عن ارتباطات هذا المفهوم في نظريته.

يوضِّح بارسونز : أن القوى التي تعمل على التغيير قد تظل أضعف من القوى التي تؤدي إلى التوازن وكذلك من قوى الضبط. ولذلك لا بد من بعض الشـروط لـكي يتحـوّل التوازن من شكل إلى آخر وهي: أولا: أن تكون التوترات قوية بحيث تؤدي إلى

قوة دافعة للتغير. **ثانياً:** يجب أن تتطور مجموعة من الوسائل لإزالة مقاومة أولئك الذين من مصلحتهم المحافظ على الوضع القائم. **ثالثاً:** من الضروري أن تمتلك القوى الدافعة إلى التغيير نموذجاً للمجتمع على درجة من الوضوح والواقعية بحيث يمكن تحقيقه، فبدون هذا النموذج فإن قوى التغيير تحدث استنزافاً سريعاً دون إحداث أي فعل مؤثِّر. **رابعاً:** يجب أن تظهر بسرعة مجموعة من أشكال الجزاء، بحيث تثاب أشكال السلوك الجديدة في ضوء معايير جديدة. تحاول تحطيم المعايير القديمة. (أنظر، روشيه 1981 :119) ولكن، ربما تقترب القوى مع بعضها، فتشكِّل حالة اندماج وتماسك في شكل جديد من التوازن (Parsons: 1951: 496).

لإيضاح الصورة أكثر يمكن إجمال المقولات الأساسية للتغير الاجتماعي عند بارسونز على النحو التالي:

أولاً: يمثِّل التصور النسقي أداة فعّالة لدراسة التغير الاجتماعي، ومعنى ذلك، إسناد أي قضية أو مشكلة بصورة مستمرة لحالة النسق ككل للكشف عن المتغيرات الفاعلة في التغير، حيث أن وصف النسق بمفاهيم محددة، يمكن من تحديد التغيرات التي حصلت.

ثانياً: لا توجد متغيرات محددة يمكن أن تعتبر المحرّك الأول للتغير في النسق، فجميع المصادر بإمكانها إثارة التغير، وهنا يتنكَّر بارسونز لأحادية العامل، واتجاهية التغير، وهذا يعني بأن نسقه النظري يستوعب جميع النظريات العاملية. وبهذا الخصوص يقول بارسونز "القاعدة المنهجية المركزية لنظريتنا هي الاعتمادية المتبادلة بين متغيرات متعددة". والتساؤل حول أي العوامل أكثر فاعلية في التغير أو أيها أدى إلى التغير هو إمبريقي. ولهذا السبب فقد اعترض بارسونز على الطروحات الدارونية في التطور باعتبارها اتجاهية في التطور، كما أنها تبنَّت مفهوماً للتاريخ مقيد بعمليات غير شخصية، حيث يظهر الرجال بأنهم لا يمكنهم السيطرة عليه، كما اعترض على طروحات سبنجلر Spengler

حول دورة حياة المجتمع، حيث أكَّد بأنه لا يمكن تصور أن المجتمع يتطور من خلال سلسلة عمليات. كما هو الحال بالنسبة لدورة حياة المجتمع والثقافة حيث تخالف هذا المنطق لاعتبارين: فهي لا تتطور في نمط خطي، وكذلك أنها يمكن أن تُكتسب عن طريق الانتشار، ولذلك فإن العملية التطورية الداخلية يمكن أن تتأثر من الخارج.

ثالثاً: ضمن مقولة النسق المتصل ببيئته، فإن التغير في الأنساق الفرعية يعتبر مظهراً لتحقيق التوازن في النسق الأَشمل.

رابعاً: هناك مصادر داخلية ومصادر خارجية للتغير.

خامساً: إن نسق الثقافة ذو مكانة عالية في نسق الفعل، فهو النسق الذي يمتلك إمكانية الضبط والسيطرة، ولذلك فإن التغير الذي يصيب الثقافة والقيم لا يمكن إيقافه، وهذا ما يؤكد أن ثبات واستقرار نسق الثقافة والقيم داخل النسق يعتبر ذو أهمية محورية بالنسبة لقضية التغير الشامل في النسق، وتؤكد الثقافة سيطرتها على نسق الفعل من خلال بُعدين هما: القواعد المعيارية التي تنظم التفاعل، وعمليات التنشئة الاجتماعية التي تؤدي إلى استيعاب الأفراد لمكونات الثقافة. بحيث تُصبح الثقافة مكوناً أساسياً في البناء الدافعي للشخصية. وذلك يعني أن التغير في الثقافة يؤدي إلى تغير في نسق الشخصية، والنسق الاجتماعي، والعكس ليس صحيح تماماً. (أنظر: الجوهري: 1992 :128)

وهذا نابع من أن التوقعات المعيارية العائِدة إلى علاقة الإنسان بمحيطة، ترسم الطرق التي يجب أن يتطور وفقها التكيف، وخاصة تعريفات ما يجب أن تكون عليه حياة الإنسان. (روبرتش وهايت: 2004 :133)

يمكن إضافة ملاحظة أخيرة، بمثابة نقطة سادسة. وهي أن بارسونز يقترح ثلاثة نماذج أساسية للتغير، يمكن إجمالها كما يلي:

أولاً: نموذج التغير التدريجي المنظم.

طالما أن التغير يجري دائماً بصورة منظمة، فإن النسق الاجتماعي يكشف عن ذاته دائماً كنسق حيث أن تنظيم التغيرات يستند إلى التقدم المستمر للعلم وتطبيقاته، وهكذا فإن عملية التغير تأتي من خارج النسق، وإذا كانت التكنولوجيا ترتبط بمستوى ثقافي وقيمي محدد، فظهور هذه العوامل يثير بلا شك ضغوطاً وتوترات في النسق القيمي، مما يثير فيه المقاومة، وتكمن أسباب المقاومة في الفجوة بين الخبراء والمختصين والباحثين وجهل العامة، الأمر الذي يتطلب هجر الوسائِل التقليدية التي ترتبط بها مصالح إحدى الجماعات داخل النسق، واستبدالها بالوسائل الحديثة ونشرها أداتياً ورمزياً حتى في البناءات التكيفية، كالنسق القرابي مثلاً. وهكذا فإن هذا التغير يكون عادة بفعل عوامل خارجية مرتبطة بالنسق الثقافي ومن ثم تؤثر في النسق الاجتماعي، وعملية التغير هذه يعبر عنها بارسونز (بالتوازن الدينامي)، حيث تتم عملية إحلال الجديد محل القديم ومعالجة الاختلال الناتج عن الهوَّة بينهما، وبذلك يتخلى النسق عن توازنه القديم في اتجاه تحقيق مستوى جديد من التوازن.

ثانياً: نموذج التغير الثوري بفعل الصفوة الملهمة.

مصدر هذا التغير هو نسق الشخصية، فربما لا يمكن لعملية التوازن الدينامي تحقيق التلاؤم أو التكيف، ويترتب على ذلك أمرين: 1) أن تتجمع التوترات في مواقع معينة من النسق يستحيل عندها التكيف، وهنا، يظهر الحد الأقصى من المقاومة للمصالح الراسخة فيتوقف التغير. 2) أن يتكثّف التوتر في المراتب القيادية للنسق الاجتماعي، وهو التكثّف الذي يقود إلى حركة ثورية ذات طابع راديكالي مغتربة من حيث بنائِها الدافعي عن الأوضاع القائِمة في النسق، ورغم التهديد الدائم بقيام حركة ثورية في مختلف الأنساق إلاّ أنها من الصعب أن تحدث في مجتمع يشهد درجة عالية من التصنيع مثل الولايات المتحدة التي تمثِّل أَرقى المجتمعات الصناعية (حسب تعبير بارسونز).

ولا بد للحركة الثورية من شروط حتى تبسط نفوذها وتحقق الانتشار، ومن أَبرزها:

أولاً: وجود تيار كامل من العناصر ذات الحافزية المغتربة المنتشرة بين البشر الذين يشكّلون سكان المجتمع، وهذه الحافزية المغتربة تعد تجلياً للتوتر أو القهر السائِد في النسق.

ثانياً: تنظيم ثقافة فرعية منحرفة للحركة، ويقوّي نمو هذه الثقافة استغلال الحافزية المغتربة وهي تعد بمثابة طاقة لإمكانية قيادة التغير.

ثالثاً: أن تمتلك أيديولوجيا، تقدم وعداً بإشباع احتياجات الجماهير وتحقق لهم إشباعاً أفضل يتوقعونه، وهكذا تنتقل من ثقافة فرعية أو مضادة إلى وضع تمتلك فيه أيديولوجيا لها ذيوعها في البناء الاجتماعي، ولكن المجتمع المعقَّد لا يمتلك نسق قيمي يحظى بالقبول الكامل، حيث يتضمن حالة من عدم الاتساق، تبرر عدم الخضوع لكل منظومة القيم السائِدة.

رابعاً: شكل وطبيعة توازن بناء القوة في النسق قبل ظهور الحركة الثورية، فإن كان نسق القوة مستقراً فإن الظروف تصبح غير مواتية لنجاح الحركة، وهذا سبب فشل الحركات المناهضة في أمريكا.

بعد أن تنقض الحركة الثورية على بناء القوة القائِم، تباشر العمل في ظل مجموعة من الشروط:

أولاً: تعديل البناء، أو تشكيل أبنية تكيفية جديدة أو التكيّف الثوري معه.

ثانياً: ازدواجية البناء الدافعي للحركة الثورية بين الاهتمامات القديمة المتعلقة بالثوار وإعادة تنظيم النسق.

ثالثاً: تنظيم جهد تربوي لأعضائِها الذين قد يحاولون التراجع، أو قد تعمل على تدريب أشخاص ثوريين وفي هذه الحالة قد تجد الحركة الثورية نفسها

مدفوعة إلى وسائل القهر التي كانت ترفضها بداية ويعتبر بارسونز هذا الإجراء بمثابة تخلي الحركة عن ثوريتها، كما حدث مع الشيوعيين.

رابعاً: ظهور قادة ثوريين جدد لهم رؤية جديدة، بحيث يصبح التوافق مع قيمها ميلاً لتأكيد استقرار النسق.

ثالثاً: نموذج التغير العضوي بفعل عوامل ذاتية.

إن هذا النموذج مستقى من المماثلة العضوية، حيث يتم التغير بناءً على التباين المنظم ويتم على أساس التوافق مع القيم الأساسية للنسق، حيث يمثِّل التباين خلق وحدة جديدة تقوم بأداء الوظائف والمهام التي كانت تقوم بها وحدة قديمة، وعلى هذا النحو يتضمن نمو الوحدة الجديدة قدراً من الإفتقاد الذي تعانيه الوحدة القديمة أو تمهِّد لإلغاءها. (الجوهري: 1992 : 130 - 166).

ولكن، رغم جميع محاولات بارسونز لتقديم مقولات نظرية حول التغير الاجتماعي، إلا أن الرأي الشائع بين المقيمين لطروحاته لا يعتبر التغير الاجتماعي مشكلة بالنسبة له، فقد أشار جولدنر: إلى أن النسق البارسوني هو آلة ذات حركة ثابتة مستمرة، وأوضح لوكوود بأن نظرية بارسونز لا تتضمن عمليات مرتبطة بالتغير الاجتماعي، وأكد دارندورف بأنه لا يرى أي مؤشر يوضِّح بأن بارسونز يعتبر التغير قضية حقيقية بالنسبة لعلم الاجتماع. (Savage: 1981: 179).

ولهذا السبب يوضِّح أنتوني سمث Anthony Smith، في كتابه **مفهوم التغير الاجتماعي، نقد النظرية الوظيفية في التغير الاجتماعي**: إنك إذ تجادل بأن الوظيفية تمثِّل نظرية في التغير، فإنَّك تتحدى الرأي الشائع بين علماء الاجتماع، والذي يؤكد بأن الوظيفية لا تستوعب التغير الاجتماعي، وعلى الرغم من أن هذا الرأي أيديولوجي، إلاّ أنه يكرر حتى من قبل الكتّاب المتعاطفين مع الوظيفية، حيث شاع هذا الرأي في الأربعينيات والخمسينيات من القرن الماضي، باعتبار الوظيفية نظرية في الثبات والإجماع

المعياري، وليس في التغير ولكن الوظيفية تسمح أكثر مما تسمح به النظريات التحولية، باكتشاف شبكة العلاقات التي تبقي المؤسسات في نسق اجتماعي قبل أن نضع أنفسنا في موقع نقرر من خلاله القوانين التي تتجاوز من خلالها صيغة معينة من البناء صيغة أُخرى. (Smith: 1973: 2-3).

6-3 ملاحظات ختامية:

لقد تضمن هذا الفصل، محاولة تحليل ونقد طروحات بارسونز حول الفعل الاجتماعي، في مستوياتها التحليلية المختلفة (المستوى الطوعي، والمستوى النسقي، ومستوى أنظمة المجتمع)، وهذه المحاولة أبرزت بشكل تفصيلي المادة الخام لعملية التوليف، بالإضافة إلى إظهار شرعية التوليف وأهميته من هذه المادة، ويبقى من الضروري تقديم جملة من الملاحظات حول طروحات بارسونز بما يخدم أطروحة الدراسة:

أولا: تمتاز طروحات بارسونز بالشمولية والدقة والتنظيم، لكنها مكرسة بمجملها لتفسير حالة التوازن والاستقرار الاجتماعي، وبقدر عالٍ من التجريد، وربما يعود ذلك إلى رغبة بارسونز في جعل طروحاته إطاراً مرجعياً للتوازن وليس مشكلة واقعية.

ثانياً: لقد تعامل بارسونز على امتداد طروحاته مع المعايير الاجتماعية والالتزامات القيمية كواقع معطى، دون أن ينظر في آلية تشكلها، وإن كان هذا الإجراء يخدم عملية التجريد إلاّ أنه يختزل قدرة طروحاته على التفسير، خاصة وأن المعايير الاجتماعية والالتزامات القيمية تمثل عناصر أساسية لتحقيق النظام والاستقرار وإضفاء الشرعية.

ثالثاً: لم يغب مفهوم القوة عن طروحات بارسونز، بل أدرك أهميته في تحليل الفعل الاجتماعي لكن بما يتوافق مع تحقيق الاستقرار داخل المجتمع، لذلك ذهب

إلى أن القوة تعمل على تحقيق الأهداف الجمعية. حتى في إطار ما أطلق عليه (التمايز البنائي)، وهو يعكس تفاضل المكانات في النسق الاجتماعي وما تتضمنه من مكافئات وتسهيلات. إن مفهوم التمايز البنائي مثّل قاعدة انطلاق مركزية من طروحات بارسونز نحو طروحات نظرية الصراع، لكن يلزم هذا الإجراء استبدال أيديولوجيا مفهوم القوة، على النحو الذي تبنته نظرية الصراع بحيث ينعكس فيه تضارب المصالح.

رابعاً: تتعزز القضية السابقة في طروحات بارسونز حول التغير الاجتماعي، حيث يؤكد أن التغير الاجتماعي يتحقق من خلال التغلب على مقاومة أصحاب المصالح المكتسبة الراسخة للتغير الاجتماعي، وهذا الطرح يمثل مسألة مركزية في نظرية الصراع. وقد تكتمل هذه المسألة لدى بارسونز من خلال طرحه لنموذج التغير الثوري الذي يحتل فيه نسق الشخصية – أو القيادة من منظور صراعي – موقعاً مركزياً.

الفصل الثالث
القوة وصيغ المعنى في الفعل الاجتماعي
(نموذج التوازن التفاضلي)

الفصل الثالث

القوة وصيغ المعنى في الفعل الاجتماعي

(نموذج التوازن التفاضلي)

يعرض هذا الفصل للقسم الأكثر إيجابية في الدراسة، وهو نموذج التوازن التفاضلي الذي يمثل نتيجة عملية التوليف، وغاية أطروحة الدراسة، ويتضمن ثلاثة مستويات تحليلية هي: المستوى الأول: الطوعية المقيدة، والمستوى الثاني: أنساق التفاضل، حلقة مفرغة لمأزق الفعل الاجتماعي، والمستوى الثالث: الأنساق المجتمعية للتوازن التفاضلي.

4- الفصل الثالث: القوة وصيغ المعنى في الفعل الاجتماعي

(نموذج[*] التوازن التفاضلي) Differential Equilibrium Paradigm

4-1: العناصر المفاهيمية:

يمكن إجمال البنية المفاهيمية التي تحكم نموذج التوازن التفاضلي على النحو التالي:

مفهوم التوازن: Equilibrium

يشير التوازن إلى حالة بنائية قائمة على الاستقرار النسبي، واختزال التوترات والاختلالات إلى أدنى مستوياتها الممكنة. إن التوازن لا يرتكز بالضرورة على الندية أو التكافؤ بين الأطراف المتفاعلة، لكنه يرتكز في المقام الأول على (اتفاق مشترك) أو معيار مشترك بين الأطراف المتفاعلة. ولذلك فإن التمايز البنائي الذي يتضمن اختلاف الوحدات البنائية وتكاملها يشهد حالة من التوازن، بموجب الاتفاق المعياري المشترك بين الوحدات الفاعلة في هذه الصيغة البنائية المتمايزة. وفي هذا السياق يلاحظ يونج Young أن التوازن هو في المقام الأول (معيار اتفاق)، ولذلك فإن التوازن يتضمن حلاً عرفياً Customary للخلافات. (Young: 2003:390). كما يُلاحظ جيمس كولمان .J Coleman في نموذجه النظري الموسوم بـ التوازن الاستقلالي Independence Equilibrium أن العلاقات المتوازنة تشتق من تصور الفاعلين أن بإمكانهم شراء نتاج التفاعل موضع اهتمامهم من خلال بيع نتاج تفاعلهم في المقابل.(Coleman: 1966).

بالمعنى السابق للتوازن، هناك ميل لاعتبار التوازن غير إشكالي، وهذا ما يفضي إلى التسليم بالطروحات الوظيفية للتوازن، لكن الأمر على خلاف ذلك في التوازن

---

[*] يستخدم مفهوم نموذج هنا، ليشير - حسب تعريف جورج ريتزر - إلى تصور جوهري حول الموضوع الأساسي للعلم، وبهذا فهو يقترب من البردايم، بمعنى الإطار الفكري Paradigm، وليس النموذج بمعنى Model.

التفاضلي، حيث أن هذا الشكل من التوازن، هو إشكالي، ويحمل في طياته بذور الشقاق والصراع، ومن أجل إيضاح الإشكالية التي ينطوي عليها التوازن هنا، ينبغي الانتقال إلى الشقيق المفاهيمي للتوازن في النموذج المقترح، وهو:

التفاضل: Differentiation

يشير التفاضل إلى تفاوت الأطراف المتفاعلة من حيث القوة، وهذا التفاضل يشهد حالة من الاستقرار تعمل بكل محتواها لخدمة الطرف الأقوى، وتكرس خضوع الطرف الأضعف، إن معادلة التفاضل هذه، ترتكز بشكل أساسي على توغل القوة في المعايير الاجتماعية التي تحكم العلاقة، وتمثل عنصر تثبيت نسبي للتوازن القائم على التفاضل. ومن هنا، فإن التوازن التفاضلي يمثل شكلاً محدداً من التوازن المجرد الذي صاغه بارسونز، وهو قائم على معادلة مجحفة يتم بمقتضاها كسب الطرف الأقوى أكثر من الطرف الأضعف وعلى حسابه، دون أن يفقد الطرف الأضعف نصيبه بشكل كلي، بحيث تتكرس هذه المعادلة بموجب المعايير الاجتماعية القائمة في العلاقة، والتي تنحاز للطرف الأقوى.

القوة: Power

لأغراض التحليل النظري، يمكن اعتماد مفهوم ماكس فيبر للقوة، مع بعض التعديل عليه، ليصبح على النحو التالي، القوة هي: **قدرة أحد الفاعلين على فرض إرادته في علاقة معينة، بموجب المصالح والمعايير الاجتماعية، وبصرف النظر ما إذا كان هناك مقاومة ناشئة**. وهنا، لا بد من الوقوف على العناصر الأساسية، لهذا المفهوم، استكمالاً لتحليل البنية المفاهيمية للتوازن التفاضلي.

القدرة: Capacity

يتضمن مفهوم القدرة قدراً من الحيادية في مفهوم القوة، حيث أن القدرة تحمل معنى الاستطاعة دون أن تتشكل الممارسة بالضرورة، "فقادر على" لا يعني أنه "راغب بـ"،

ومعنى هذا، أن ممارسة القوة تتوقف على الرغبة والنية والقصد الذي يمكن أن يحمله صاحب القوة، بحيث تكون الرغبة مرتبطة بفرض الإرادة التي تمثل مؤشراً فعلياً للممارسة، أو اقتران القدرة بالرغبة في الممارسة، وتمثل عملية فرض الإرادة، التحكم وتوجيه محتوى العلاقة لمصلحة صاحب القوة على حساب مصالح الخاضعين، ومعنى ذلك أن عملية فرض الإرادة تقع خارج نطاق العدالة والحقوق والواجبات المفترضة.

المصلحة: Interest

تمثل المصلحة ركيزة أساسية في بناء علاقة القوة, فصاحب القوة أصلاً، هو في موقع يمكنه من فرض إرادته، لأنه يتحكم بالمصادر التي تنعكس فيها المصالح والحاجات الخاصة بالطرف الخاضع، وبالمقابل فإن الطرف الخاضع، يمارس الخضوع، وقد يضطر أحياناً إلى التفنن في الخضوع لقاء المصلحة التي يجنيها من العلاقة، رغم إدراكه أحياناً أن ما يحققه من مصالح لا تمثل جميع ما يستحقه. إن المصلحة هنا، تستخدم بمعناها العام، ولذلك فهي لا تنحصر فقط في المصالح المادية، إنما تتعداها إلى الحب والقبول والتقدير، وكل ما من شأنه أن يحقق التفاضل أو يكشف عنه.

وهكذا، فإن المصلحة تكشف عن اعتبارين فيما يتعلق بممارسة القوة، وهما: (القوة الكامنة)، و (القوة الظاهرة)، حيث أن ملكية المصادر لن تفضي إلى ظهور القوة وممارستها إلاّ إذا ارتبطت مصالح الآخرين بها ورافق ذلك رغبة مالك المصادر بممارسة القوة أو فرض إرادته.

المعايير الاجتماعية: Social Norms

بالإضافة إلى المصلحة، تمثل المعايير الاجتماعية عنصر التثبيت الأساسي للعلاقة، وهي توجه عملية إشباع المصالح ضمن قواعد محددة تحكم العلاقة بين صاحب القوة والآخر الخاضع. تمثل المعايير الاجتماعية، قواعد سلوكية تتحدد بموجبها الحقوق والواجبات في العلاقة، ويؤكد يونج أن المعايير الاجتماعية تمثل قواعد سلوك ذات تعزيز ذاتي Self-Reinforcing، حيث تشمل توقعات الأفراد، وتعمل على حل مشكلات

التنسيق(Young: 2003:390): كما يؤكد كل من سام وهارير Saam and Harrer، بأن المعايير تسمح بالتنسيق بين الفاعلين وتدعمه، كما تعمل على ضبط العداء بينهم، ويستشهد الباحثان بما أطلق عليه كل من كونت وكاستلفرانشي Conte and Castlefranchi (المعيار المُحَدِدْ – الحافظ) Finder – Keeper Norm، حيث يعمل المعيار على ضبط العداء بشكل فعّال ومؤثر، وبذات الوقت يقلص اختلاف القوة بين الفاعلين، أي اللامساواة (Sam and Harrer: 1999:P3).

بالنسبة للتوازن التفاضلي، فإن المعايير الاجتماعية تشكل وتصاغ وفق ما يرتضيه صاحب القوة في المقام الأول، وبهذا الطرح يمكن تجنب اعتبار المعايير الاجتماعية محايدة أو عادلة أو واقعاً معطى، وهكذا، فإن المعايير تنشأ في إطار التفاضل، وتؤسس معها شرعية العلاقة التفاضلية بما فيها من إجحاف، فتعمل على تأطير أدوار القوة، وأدوار الخضوع، والمسافة الفاصلة بينهما. تمثل المعايير بصيغتها التفاضلية مكوناً أساسياً في الثقافة، وبذلك فهي مكتسبة، وقابلة للانتقال بين الأجيال، الأمر الذي يجعلها تدوم وتستمر، وتحقق رسوخاً في النظام الاجتماعي، وبهذا الخصوص يقول جيرد ماير Gerd Meyer. القوة Power والافتقاد إلى القوة Powerlessness، يمكن أن تتطور إلى أنماط علائقية ثابتة، تستقر وتنتقل بين الأجيال من خلال المعايير الاجتماعية والبناءات القائمة. (Meyer: 2005).

وهذا الطرح، يتفق مع الفهم البارسوني للمعايير الاجتماعية، لكنه يضعها في إطار تفاضلي حيث يرى بارسونز بأن المعايير الاجتماعية تمثل توقعات الدور المؤسسة، وأن خاصيتها الموضوعية يمكن الحصول عليها من خلال تكامل توقعات الدور مع النسق الثقافي، وقابليتها الذاتية للإستدماج، وبناءً على ذلك، يمكن اعتبار المحتوى البنائي للمعايير، أي ما تتضمنه من قواعد وحقوق وواجبات ومؤشرات، بمثابة مكونات رمزية ترتبط بالمعاني التي تتضمنها علاقة القوة، ومن هذا المنطلق، فإن المعايير تمثل وعاءً لأطر المعنى، باعتبار أن المعنى يمثل الدلالة المعرفية أو الإدراكية المرتبطة بالبنى الرمزية لعلاقة

القوة الموضوعية، ولذلك، فإذا كانت المعايير ليست محايدة في التوازن التفاضلي، فإن المعاني ليست محايدة كذلك، حيث أنها تأخذ صيغة وطابع المعايير الاجتماعية المتشكلة في العلاقة. ومن هنا، فإن التوازن التفاضلي، ينطوي على تفاضلية المعنى وعدم إتساقيته، حيث أن ما هو في متناول يدي ليس في متناول يد الآخر، ويختلف عنه، وما هو في قبضتي ليس في قبضته، ويختلف عنه، مع إدراك أطراف العلاقة لهذه الصيغة التفاضلية وإقرار المعايير لها. وبذلك فإن الميزة الأساسية للتوازن التفاضلي هي: (تشوهات المعنى)، التي تنتج عن المسخ الذي تتعرض له قيم الحرية والعدالة، حيث الحرمان، والخضوع، والاستغلال، ومشاعر الدونية، والعجز، مع تغليف المعايير الاجتماعية لها.

يرتبط المعنى بالإدراك، وبالنسبة للتوازن التفاضلي، فهو يتطابق مع وعي الأفراد بظروفهم، وبمعنى أكثر تحديداً يشير الوعي إلى طبيعة الدلالة المعرفية لسياقات المعنى القائمة في أذهان الأفراد، وهذا التعريف، يعد حيادياً بين إيجابية الوعي في النظرية الماركسية وسلبية الوعي في النظرية الوظيفية، حيث تشير الإيجابية إلى الوعي الدافع للتغير بينما تشير السلبية إلى الوعي الدافع للمحافظة على الوضع القائم، وبناءً على ذلك، فإن التوازن التفاضلي يتضمن سلبية الوعي، بينما تظهر إيجابية الوعي في المرحلة التي يختل فيها شكل التوازن القائم. ويمكن التمييز بين مستويين في إطار سلبية الوعي، **المستوى الأول**: أن الأفراد يدركون حقيقة التشوهات التي تصيب المعاني في علاقة القوة، والإجحاف الذي تتضمنه المعايير الاجتماعية، لكن لا يظهر ذلك على شكل ممارسة رافضة للواقع، وقد يعود الأمر إلى عدم كفاية عمومية وشمولية الوعي، أو أن صاحب القوة قد أحكم قبضته على النسق الاجتماعي، أما **المستوى الثاني**: يتمثل في أن الأفراد يشعرون بسوء الوضع، ولكن لا يدركون حقيقة الوضع القائم بسبب التمويه الذي تحدثه المعايير الاجتماعية في مستويات الوعي، علماً بأن الشعور بسوء الوضع، يمثل خطوة هامة في مسار انبثاق الوعي الحقيقي.

بناءً على ما تقدم، فإن هيكلية التوازن القائم على التفاضل في القوة، تظهر صيغ المعنى المرتبطة بالفعل الاجتماعي في ضوء جدليتين مستمرتين: **الجدلية الأولى** هي: المسافة الدينامية، وتشير إلى بعد شبه ثابت ومتحرك بين الطرفين المتفاعلين (وحدات اجتماعية صغيرة أو كبيرة) في علاقة القوة، وتجسد هذه المسافة شكلاً من التوازن الدينامي، حيث يبقى التوازن القائم على التفاضل في القوة مستمراً رغم تغير ظروف العلاقة، وهذا يعني أن التغيرات لم تصب جوهر علاقة القوة، ولكنها طرأت بصورة حفظت معها مستوى المسافة القائمة، إن ثبات المسافة مع الدينامية في العلاقة مؤشر هام على ديمومة واستمرارية عمل المعايير الاجتماعية. أما **الجدلية الثانية** فهي: الجاذبية الوظيفية، حيث أن استمرارية المسافة الثابتة، واستمرار علاقة القوة أصلاً تتم بموجب الجاذبية القائمة على المصلحة من ناحية، حيث يستفيد الطرفين من العلاقة، كما تتم الجاذبية بموجب المعايير التي تحكم العلاقة من ناحية أُخرى، حيث أن التصرف بموجب القواعد المعيارية يحقق قدراً من القبول والرضا يكفي لاستمرارية العلاقة، وجذب الفعل للتوافق مع البنى القائمة.

المقاومة: Resistance

ثمة تأكيد هام يتضمنه مفهوم المقاومة بالنسبة للتوازن التفاضلي، وهو أن التوازن التفاضلي ليس مطلقاً، وأن تغيراً جوهرياً يمكن أن يطرأ على العلاقة. إن ظهور المقاومة يمثل مؤشراً هاماً على تشكيل الوعي التحرري عند الغالبية العظمى من الخاضعين، وكذلك فهو مؤشر هام على مدى إمكانية بقاء القوة. فأحد المعايير الأساسية لفاعلية القوة، ليس فقط السيطرة على المصادر، ولكن إمكانية التغلب على المقاومة حين تنبثق. إذن، يؤكد طرح المقاومة أن التوازن التفاضلي يسير باتجاه التغير وليس الثبات، ولكن التغير يقتضي أن تكون قوة المقاومة أكبر من قوة المحافظة على الوضع القائم، ومن هنا، فإن مفهوم القوة يتضمن إمكانية تملك الطرف الخاضع لمصادر القوة التي تؤهله للتحرر

من علاقة الخضوع، أو منع الآخر من التحكم فيه. كما أن تملك القوة مسألة دينامية يمكن أن تتغير من حيث مالكيها ومصادرها.

الزمن: Time

إن الأخذ بعين الاعتبار السياق التاريخي لتشكل التوازن التفاضلي، يساعد في تعميق الفهم والتفسير، ويستبعد اعتباره واقعاً معطى، وعلى المستوى التحليلي يظهر وجهان لفاعلية الزمن الوجه الأول هو: سلبية الزمن، ويزداد حجم السلبية كلما تقادم الزمن على علاقة القوة حيث أن اتساع المدى الزمني لاستمرارية العلاقة يعني مزيد من الرسوخ والاستدماج وتصلب الأوضاع البنائية القائمة، فالسلبية الزمنية ترتبط باعتياد الإجحاف والتمايزات غير العادلة، وتكلس المعايير، وغياب الوعي. أما الوجه الثاني فهو، إيجابية الزمن، وهي حالة تعقب السلبية زمنياً، وتبدأ بانبثاق وعي الخاضعين بحقوقهم المستلبة وتبلغ الإيجابية ذروتها بالتحرك الفعلي، والصراع المادي المفتوح مع أصحاب القوة. يترتب على ذلك منطقياً، أن وضع التوازن على متصل الزمن يعني أنه طارئ ومؤقت مهما طال أمده، فكل ما يوجد في قلب الزمان هو بطبيعة الحال صائر إلى تحول أو زوال ولذلك فإن طروحات التوازن التفاضلي، لا تتعالى على الزمن، ولكن تعيش فيه.

ويمكن تكثيف المقولات الأساسية المرتبطة بالتوازن التفاضلي على النحو التالي:

- ينتج التوازن التفاضلي عن مأسسة علاقة القوة القائمة مصلحياً على المعايير الاجتماعية، وهذا التوازن، مؤسس باتجاه خدمة مصالح الطرف الأقوى في العلاقة، لكنه رغم ذلك يدوم ويستمر بفعل المعايير الاجتماعية، التي تضمن توافق فعل الخاضعين مع مطالب أصحاب القوة.

القوة + +المصلحة + +المعايير = التوازن التفاضلي ⇦ توازن باتجاه خدمة صاحب القوة.

- **ينطوي التوازن التفاضلي على تشوهات في صيغ المعنى القائمة في علاقة القوة، وهذه التشوهات تشمل تغليف المعايير للإجحاف والخضوع والحرمان ولذلك فإن التوازن التفاضلي يمثل توازناً إشكالياً يتضمن بذور الشقاق والصراع.**

التوازن التفاضلي = تشوهات المعنى = توازن إشكالي.

- **إن وعي الخاضعين بحقوقهم المستلبة زائد التنظيم، قد يقودهم إلى مقاومة القوة المجحفة، وعندما تتشكل المقاومة، تكون عملية التغير الاجتماعي الجوهرية قد بدأت، لكن التغير الجوهري الشمولي يقتضي أن تكون قوة المقاومة أكبر من قوة المحافظة على التوازن التفاضلي.**

وعي+ تنظيم ++ ◀ مقاومة ◀ تغير اجتماعي

التغير الاجتماعي الجوهري = مقاومة الخاضعين > القوة المحافظة القائمة.

2-4: موقع النموذج في النظرية السوسيولوجية:

لقد أصبح من المعروف بين علماء الاجتماع أن أية نظرية تتجاهل القوة والتغير في الحياة الاجتماعية، هي نظرية ساذجة على مستوى الفهم والتفسير، حتى لو فسرت قطاعات محددة من الحياة الاجتماعية بكفاءة وإتقان، وقد برزت هذه المسألة في النظريات قصيرة المدى، وبشكل خاص التفاعلية الرمزية والظاهراتية والإثنوميثودولوجي، كما برزت في النظريات بعيدة المدى، وبشكل خاص في النظرية البنائية الوظيفية كما طرحها بارسونز، غير أن المشكلة لا تتوقف عند هذا الحد، فالنظريات التي تناولت القوة والتغير واهتمت بهما، كنظرية الصراع مثلاً، تجاهلت نواحي كثيرة مما ركزت عليه النظريات الأخرى، وهنا، تظهر إشكالية التشرذم والتمزق التي تعاني منها النظرية السوسيولوجية.

تظهر الانقسامات في النظرية السوسيولوجية باعتبارات وصيغ متنوعة، فهي تظهر بين علم الاجتماع قصير المدى، وعلم الاجتماع بعيد المدى، أو بين النظريات التي تركز

على الفعل والنظريات التي تركز على البناء، أو الفرد مقابل المجتمع، وضمن المستوى التحليلي الواحد هناك تمزق آخر، فهناك هوة شاسعة في المستوى الأكبر بين الوظيفية والصراع، وهناك انفصال واضح في المستوى الأصغر بين التفاعلية والتبادلية والظاهراتية والانثوميثودولوجي. وعلاوة على ذلك، فهناك رتبة ثالثة من التشرذم والانقسام يمكن العثور عليها في المنظورات ذاتها، كما هو الحال بالنسبة للخلاف القائم بين مدرسة شيكاغو ومدرسة أيوا في التفاعلية الرمزية، وفي التبادلية بين هومانز وبلاو، وفي الصراع بين دارندورف وكوزر، وفي الوظيفية بين بارسونز وميرتون.

ولذلك يميل معظم علماء الاجتماع المعنيين بالنظرية السوسيولوجية، إلى اعتبار علم الاجتماع علم متعدد النماذج النظرية أو الأطر الفكرية Multiple-Paradigm Science. فقد لاحظ فردركز Friedrichs، أن علم الاجتماع منقسم بين الإطار الفكري النسقي (الذي يركز على التكامل والإجماع) والإطار الفكري الصراعي (الذي يركز على اللاتكامل والقهر)، مع مساحة عريضة لأطر فكرية ممكنة. كما يرى فردركز أن هذه الأطر الفكرية ليست ذات أهمية إذا ما جرت مقارنتها مع إطارين فكريين أخريين يرتكزان على أساس تصور علماء الاجتماع أنفسهم كفاعلين علميين، ولذلك فهو يفرق بين الإطار الكهنوتي Priestly، والإطار النبوي Prophetic، فبينما يتصور علماء الاجتماع الكهنوتيين أنفسهم بأنهم علماء متحررين من القيم Value-Free، يتصور علماء الاجتماع النبويين أنفسهم، على أنهم أوصياء على التغير الاجتماعي. وقد ميز إيزنشتات وكريلارو Eisenstad and Curelaru بين الأطر الفكرية القائمة على أساس الأنساق المفتوحة، وتلك القائمة على الأنساق المغلقة، وكذلك فقد ميز ريتزر بين ثلاثة أطر فكرية أو نماذج نظرية هي: الحقائق الاجتماعية Social Facts، والتعريف الاجتماعي Social Definition، والسلوك الاجتماعي Social behavior. (Ritzer: 1981:6-8).

وبذات الخصوص فقد أكد تيرنر بأن مفهوم النموذج النظري أو برادايم Paradigm يفيد ضمناً بأن هناك انقسامات جوهرية بين منظورات علم الاجتماع،

أكثر من الانقسامات داخل المنظور الواحد، مثل الوظيفية أو الصراع أو التبادل أو التفاعل، ولكن هناك خلافات بين المنتسبين لكل منظور، إنما ليس لدرجة أن يشكل كل منها نموذج نظري منفصل. (Turner: 1982:14).

يجب التأكيد هنا، أن الخلاف بين هذه المنظورات والمستويات التحليلية أو حتى الخلاف داخل المنظورات ذاتها لا يمثل حالة اعتلالية في النظرية السوسيولوجية، بل يعكس نوعاً من الثراء المعرفي وتطور الطروحات المعدلة في المنظورات، ولكن، يبدو أن ما يحيل هذا الثراء إلى آليات تراجع وانحسار هو تحول المنظورات إلى سياجات وقوالب جامدة تمنع محاولة الخروج منها، وقد تكرست هذه الحالة عندما أعلن أنصار كل منظور أن منظورهم هو المنظور الوحيد الذي يستطيع إخراج علم الاجتماع من مأزقه النظري، ولذلك فإن أشد ما يستدعي الانتباه، أن النظرية السوسيولوجية قد تحولت إلى دوائر مغلقة تعرف بأطروحات محددة وأعلام ومدارس وأتباع، وأن العبث بحدود هذه الدوائر هو العبث بالمقدس.

لكن، كل هذا الانغلاق، لم يمنع من ظهور بعض المحاولات الجريئة والجادة التي تسعى إلى رأب الصدع وردم الفجوة بين هذه المنظورات، عن طريق التوليف النظري بين الطروحات أو تكاملها. وقد برزت هذه المحاولات لدى تيرنر، وريتزر، وزايتلن، والكسندر، وبلاو، وجدنز، وبورديو، لكن هذه المحاولات قوبلت أحياناً بأفكار يائسة حول إمكانية تجاوز الأزمة، كما الحال بالنسبة لـ إيان كريب. بأقل تقدير، فإن المحاولات التوليفية، أو المحاولات التكاملية، توجه الانتباه إلى أن هناك وعي من قبل البعض بخطورة المشكلة وحجمها، بالإضافة إلى ضرورة تجاوزها، ولذلك يدرك الكثير من علماء الاجتماع، أن المهمة الأساسية المناطة بعلماء الاجتماع على مستوى العمل النظري، مستقبلاً، هي السعي لإيجاد نظرية عامة، ومن قبيل ذلك المحاولات التي تجري في إطار الوظيفية الجديدة، لإدماج المنظورات السوسيولوجية، في النظرية الكبرى التي قدمها بارسونز.

وبناء على ما تقدم، فإن نموذج التوازن التفاضلي، الذي يمثل غاية الدراسة الراهنة، يمثل محاولة متواضعة في إطار الأعمال التوليفية، بحيث ينطلق من فكرة التوازن التي تمثل مركز أطروحة بارسونز حول الفعل الاجتماعي، ولكن يتخذ شكلاً محدداً من التوازن، لا يرتكز هذه المرة على الاتفاقات المشتركة والمعايير والقيم فقط، لكن يرتكز بشكل أساسي على إدماج القوة بالمعايير الاجتماعية، بحيث يتشكل توازن قائم على التفاضل في القوة تسانده المعايير الاجتماعية المؤسسة في البنى والعلاقات، ويُعد هذا الطرح بمثابة خطوة أولى تنطلق من النظرية الوظيفية باتجاه نظرية الصراع.

لكن الميزة الأساسية لهذا النموذج تكمن في أنه يمكن طروحات نظرية الصراع من الوقوف ملياً على علاقة السيطرة – الخضوع، أو علاقة التفاضل في القوة، حيث يظهر آلية عمل الأنساق ومحتوياتها في تكريس التفاضل وتثبيته، كما يظهر التفاضل وتبعاته على المستوى الطوعي للفعل، وعلى مستوى أنساق الفعل، وكذلك على مستوى الأنساق المجتمعية، ومن ثم يظهر الآلية التفصيلية للانتقال إلى الصراع والتغير، وهكذا فإن هذا النموذج يمثل نقطة التقاء وتقاطع بين النظرية الوظيفية ونظرية الصراع كمحاولة للتجسير بينهما.

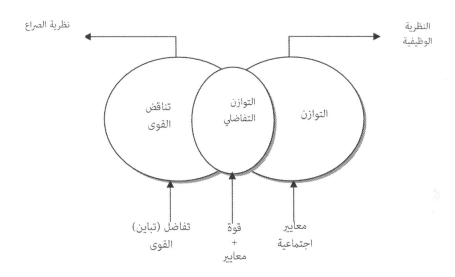

النموذج (28): موقع نموذج التوازن التفاضلي في النظرية السوسيولوجية

بهذا الإجراء فإن نموذج التوازن التفاضلي، يُبلور فكرة طرحت أكثر من مرة في الوظيفة الجديدة، كما طرحها إيان كريب، وهي تتضمن تأكيداً بأن نظرية الصراع يمكن أن تعتبر شكلاً أو حالة خاصة من البنائية الوظيفية. إن لهذا الطرح ما يبرره منطقياً. فنظرية بارسونز صيغت بصورة تجريدية، كما مثل التوازن فيها إطاراً مرجعياً، وتضمنت طروحات خصبة تعتبر بمثابة منطلقات لنظرية الصراع، وكل ما يمكن أن يربك التوازن يقدم منطلقاً باتجاه نظرية الصراع. لكن، عندما تطرح مسألة الاستقرار والتوازن على نظرية الصراع، فإنها تقف عاجزة عن التفسير، وكما يرى الكسندر، فإنها، أي نظرية الصراع في هذه الحالة، إما أن تفسر الاستقرار بإرجاعه إلى نوع من القسر، وتتخلى بذلك عن الطوعية، أو أنها تضطر إلى تبني تعدد الأبعاد، ويعني ذلك إدخال عناصر الوظيفية البارسونية، ولكن كما هو واضح، فإن نظرية بارسونز أكثر دقة في التنظيم

266

وأوسع مدى، ولا يمكن حشرها في طروحات الصراع لكن العكس يبدو ممكناً حيث يمكن وضع نظرية الصراع في طروحات بارسونز.

3-4: المستوى التحليلي:

يمكن وضع مقولات هذا النموذج، من حيث مستوى التجريد Abstraction، ضمن طروحات النظرية متوسطة المدى، حيث تمثل مقولاته اشتقاقات من طروحات بارسونز المجردة نحو مستوى أدنى من التجريد، يقترب من حالات محددة يمكن العثور عليها بصورة أكثر سهولة ضمن المستوى الواقعي، ولمزيد من الإيضاح يمكن الاستناد إلى مقولات ميرتون بهذا الخصوص، حيث يقول: "تقع النظرية متوسطة المدى في موقع متوسط Intermediate بالنسبة لنظرية الأنساق الاجتماعية العامة، التي هي بعيدة جداً عن طبقات معينة من السلوك الاجتماعي أو التنظيم، فهي تحولها لتأخذ بعين الاعتبار ما هو ملاحظ، وتلك الأوصاف المفصلة بشكل منظم لأشياء معينة، والتي هي ليست مجردة على الإطلاق، إن النظرية متوسطة المدى تتضمن تجريدات، لكنها قريبة بما فيه الكفاية للبيانات الملاحظة، مما يسمح باختبارها إمبريقياً". (Merton: 1968: 39-40).

ومن الاعتبارات التفصيلية التي تضع مقولات نموذج التوازن التفاضلي، ضمن طروحات النظرية متوسطة المدى ما يلي: 1) يتجاوز النموذج إشكالية الوحدة الوظيفية، ليعكس إحدى العمليات التي تؤدي إلى ظهور شكل أو نمط محدد من التوازن والتكامل. 2) يُظهر النموذج "القوة"، و "التوازن" خارج العمومية الوظيفية، حيث يظهر أن القوة والتوازن عناصر وظيفية بالنسبة لأصحاب القوة لكنها معوقات وظيفية بالنسبة للخاضعين. 3) إن هذا النموذج يعكس درجة محددة من التوازن والتكامل وهي أدنى درجات التوازن، باعتبار أنه يتضمن بذور الشقاق والصراع. 4) يقدم النموذج عناصر تحليلية مصاغة بمفاهيم إجرائية أكثر تحديداً، توضح نشأة، واستمرارية، وتغير شكل التوازن القائم.

أما من حيث مستوى التعميم Generalization، فإن مقولات النموذج بطبيعتها، تتحرك من المستوى الطوعي للفعل إلى مستوى الأنساق المجتمعية، أي من المستوى الذي يوجد فيه الفاعل واختياراته إلى مستوى المجتمع وأنساقه الكبرى، بالإضافة إلى ذلك فإن التوازن التفاضلي، كعلاقات قوة حقيقية، يختلف في حجمه، حيث يوجد على المستوى قصير المدى Micro (العلاقات البينشخصانية)، كما يوجد على المستوى بعيد المدى Macro (العلاقة بين الدولة والمجتمع)، وبينهما العلاقات الطبقية، والعلاقات التنظيمية، لكن، رغم إمكانية التحرك بين مستويات الواقع الاجتماعي، تحليلياً، إلاّ أن كفاءة المقولات وكفايتها - كما هو الحال بالنسبة لمعظم المحاولات من هذا النوع - قد تختلف من مستوى إلى آخر. ولكن وبكل الأحوال، فإن هذا النموذج يظهر إمكانية التجسير بين المستوى بعيد المدى والمستوى قصير المدى.

ورغم أن هذا النموذج يقع بين نظريات تنطلق من تحليل البنى وليس الفاعلين، إلاّ أنه بالوقت ذاته معني بإبراز انعكاسات القوة على سياقات المعنى، ولذلك فإن هذا النموذج ليس ذو مرجعية ذاتية Subjective، كما أنه ليس ذو مرجعية موضوعية Objective، ولكنه يظهر العلاقة الجدلية بين الذاتي، والموضوعي، ولذلك فإن المعاني تشتق من أحكام الأفراد في ممارساتهم اليومية، لكن صياغة الأحكام ليست بمعزل عن تأثير البنى الاجتماعية القائمة، وهكذا فإن النموذج يظهر كيف يصنع الفاعلون البنى وفق نواياهم ومقاصدهم(*)، وكيف تتموضع البنى وتستقل عن الفاعلين، وكيف تستدمج بما تحمله من دلالات رمزية ومعاني، من قبل الفاعلين ويعاد إنتاجها.

(*) المقصود بذلك ضمن طروحات نموذج التوازن التفاضلي. أنه إذا كان الفاعلون أصحاب القوة فإنهم يصنعون البنى التي يهيمنون عليها ويوجهون محتواها لخدمة مصالحهم في المقام الأول. وإذا كان الفاعلون هم الخاضعون فإن صناعتهم للبنى تظهر من خلال رفضهم للبنى المهيمنة وإطاحتهم بها عبر مدى زمني طويل.

بالإضافة إلى ما تقدم، فإن نموذج التوازن التفاضلي، يؤكد الارتباط والتكامل بين (الذاتي - الموضوعي) و(المستوى بعيد المدى - قصير المدى)، حيث يمكن أن تظهر الذاتية والموضوعية، في كل من المستويين بعيد المدى وقصير المدى، على النحو التالي:

- المستوى بعيد المدى - الموضوعي Macro - Objective (ارتباط المصالح المادية والقوانين، والتنظيمات بعلاقات القوة على المستوى الأكبر).

- المستوى بعيد المدى - الذاتي Macro - Subjective (ارتباط الثقافة، والمعايير، والقيم بعلاقة القوة على المستوى الأكبر).

- المستوى قصير المدى - الموضوعي Micro - Objective (ارتباط أنماط الفعل، والتفاعل بعلاقة القوة على المستوى قصير المدى).

- المستوى قصير المدى - الذاتي Micro - Subjective (ارتباط المعايير والقيم بعلاقة القوة على المستوى قصير المدى).

4-4: الطوعية المقيدة (واجهة طوعية وخلفية نسقية مهيمنة):

تمثل الطوعية مطلباً أساسياً لأي نظرية تزعم أنها معنية بفهم وتفسير الفعل الاجتماعي، وهذا المطلب ليس متضمناً في المنطق النظري فحسب، ولكنه يعكس مستويات هامة للفعل في الحياة الاجتماعية، إن التسليم بهذا الطرح، لا يعني تجاهل المستويات النسقية للفعل، ولا يتناقض معها، فلكل مستواه، والعناصر التحليلية الضابطة التي تحكمه، ثم إن الحقيقة الكاملة لوجود الفاعل في المجتمع، تتمثل في وجوده حراً إرادياً في الانتقاء والاختيار، بالإضافة إلى وجوده في الإطار النسقي والعلاقات والبنى والمؤسسات القائمة في المجتمع، ومع ذلك فإن المستوى النسقي الذي يتحرك فيه الفاعل، لا يلغي حريته وإراديته بصورة مطلقة، لكنه يعمل على تقييدها.

وتظهر هذه المعادلة حتى في الطروحات التي حاولت تجاوز ثنائية (الفعل والبنية)، واستخدام مفهوم (الممارسة)، كتعبير عن علاقة جدلية بين الفاعل والبناء، ومن الواضح

أن هذه الطروحات، تعترف بالفاعل كشكل وجودي مستقل، كما تعترف بالبناء وانعكاسه على الفاعل، بالإضافة إلى العلاقة الجدلية بينهما. لكن تدفقات هذه العلاقة الجدلية لا يمكن أن توضع في قوالب متجانسة، فهي ترتبط بدرجة حرية الفاعل، ووعيه، وقوته، وطبيعة البناءات القائمة. إن هذا المنطق يفضي إلى حقيقة أن هناك فاعلين يتحكمون بالبنى أكثر مما تتحكم البنى بهم، وربما يسيطرون عليها، وبالمقابل، هناك فاعلين تحكمهم البنى أكثر مما يتحكمون بها، وينحنون أمامها.

ومع الأخذ بعين الاعتبار، الأبعاد المصلحية في الحياة الاجتماعية، فإن بعض الفاعلين يحاولون بحكم مصالحهم، الحفاظ على البنى القائمة والتمسك بها، والبعض قد يستسلمون للبنى رغم تعارضها مع مصالحهم، وآخرون يحاولون أو يتمنون الخلاص منها أو تغييرها، وهكذا، سواء كان حضور الفاعل سلبياً أم إيجابياً، فإن إعادة الاعتبار إلى الفاعل الإنساني، يعد مطلباً جوهرياً، لكن بالمقابل، فإن إظهار الفاعل في إطار من الحرية والاختيار ينبغي أن لا يصرف النظر عن البنى المجتمعية التي تقف وراء توجيه اختياراته، ومستوى الحرية التي يتمتع بها. بهذا المعنى، فإن الفاعل ليس معلقاً في فراغ، وإن كانت واجهة أفعاله طوعية واختيارية فهناك نسقية مهيمنة تعمل في الخلفية، ولو بصورة خفية، أو بعيدة أحياناً، ومن الطبيعي أن تكون طوعية من يتحكم بهذه النسقية، مختلفة في عوائدها، عن طوعية من يحتكم لها. ومن هنا، يمكن استخدام مفهوم (الإطار المرجعي). للإشارة إلى العلاقات والبنى والأنظمة التي تقف وراء الواجهة الطوعية، وتعكس تفاضلها على المستوى المجتمعي العام، بما يتضمنه من تمايزات.

لذلك يؤكد ريتشارد جوهارت أن: "النسبية هي التي تهيمن، وليس أحكام الأشياء، وهي تمثل تجليات أو عناصر للسلطة، ومن المؤكد أنه ليس هناك ضرورة بالفعل، لأن يعلن أن نهاية السلطة أو انهيارها أمر مستحب، فمن الأفضل دائماً أن يقف الإنسان على قدميه، إلّا أنه من الصعب دائماً أن يحمل المسؤولية عن قراراته واختياراته". (جوهارت: 198:2001).

وفي إطار استخدام مفهوم الإطار المرجعي، يمكن المقارنة على المستوى بعيد المدى بين مستويات الحرية والانفتاح وانعكاساتها على الطوعية في الأنظمة الاجتماعية المختلفة. ولذلك ثمة فرق، مثلاً، - إذا تجاوزنا الطوعية الاقتصادية – بين المجتمع الذي تربطه بالدولة علاقة ديموقراطية تسمح للفاعل انتقاء من يمثله بحرية، وأن يُعبر عن آرائه بحرية، وبين مجتمع تربطه بالدولة علاقة تسلطية تقمع الحريات وتؤسس النظام الاجتماعي على الخوف، حيث لا يمكن للفرد الفاعل أن يُعبر عن آرائه بحرية ولا أن يختار من يمثله بحرية. إن الإطار العام للطوعية في المجتمع الأول أكثر موائمة من المجتمع الثاني، ولكن في كل من المجتمعين مستويات متمايزة من الطوعية ترتبط بالمواقف والظروف وبالأوضاع الاجتماعية للفاعلين.

بناء على جميع ما تقدم، فإن توغل القوة في عناصر النظرية الطوعية، من شأنه أن يظهر الحرية والقيد وتمايزات الطوعية في السياق الاجتماعي العام، كما يظهر فاعلية القوة في صياغة المعايير وتوظيفها. ويمكن إبراز عناصر الطوعية المقيدة على النحو التالي:

4-4-1 الفاعل وتفاضلات الحرية – القيد:

تمثل القوة معياراً هاماً للحرية والقيد في آن معاً، ولا شك أن الحرية والقيد متغيران يرتبطان بالفاعل الاجتماعي أساساً، وليس بالقوة ذاتها، ولذلك فإن تحليل القوة ضمن الأُطر المرجعية، يوضح أن القوة ليست محايدة، بل هي مرتبطة بأوضاع الفاعلين وقدراتهم ومقاصدهم، كما يكشف عن مرجعية القوة كصفة مرتبطة بالفاعلين ومحتوى أفعالهم ونتائجها. إن الفاعل القوي (صاحب القوة)، الذي يستطيع أن يختار بين بدائل متنوعة ذات امتياز، هو كذلك، مقابل الفاعل الضعيف أو الخاضع، الذي يمكن أن يختار بين بدائل محددة وليست ذات امتياز، حتى وإن لم يرتبط معه بعلاقة نسقية مباشرة.

وهكذا، فإن الحرية الحقيقية تلتصق بصاحب القوة، بينما يلتصق القيد بالضعفاء. فالقوة تمنح صاحبها مستوى عالٍ من الحرية في الاختيار وطرق الإشباع، بينما يفرض

271

القيد على الفاعل الضعيف دائرة محددة من الاختيار والإشباع، وبذلك فإن مستوى الاختيار، يمثل بالنسبة للطوعية المقيدة، معياراً لقوة الفاعل، الذي يرتبط بوضع اجتماعي محدد في الإطار المجتمعي العام. ومن هنا، فإن إظهار التفاعل بين قوة الفاعل، ومستوى الاختيار، والوضع الاجتماعي، يُميط اللثام، على المستوى الواقعي للحياة الاجتماعية، عن الطروحات المضللة، التي تحاول رد الاعتبار إلى الفاعل بإظهار حريته في إطار حيادية المعايير والأوضاع الاجتماعية، وتمايز مستويات الاختيار.

يؤكد ريتشارد جوهارت شيئاً من هذا القبيل بقوله: يجب أن يسير المجتمع الجديد وفقاً للحاجة إلى خلق الذوق دائم التبدل والتغير، ولذلك يجب أن يتجه نحو ذلك الهدف الرئيس لأن معظم المكاسب والأرباح تكمن فيه، إلاّ أن التكنولوجيا الحديثة والرفاهية الحديثة يمكن أن يتفقا ويعملا معاً حتى على تلبية ما تشتهيه أذواق الأقلية، وتحقيق أرباح من وراء ذلك، ما دامت تلك الفئة قادرة، على دفع قيمة اختياراتها الخاصة المميزة. (المرجع السابق).

ويوضح جوهارت: أن الدليل على استمرار وجود اختلافات المكانة المعنوية يمكن أن نراه في إنجلترا في أكشاك بيع الصحف والمجلات بمحطات القطارات، إذ تضم تلك الأكشاك مجموعة ضخمة ومتنوعة من المجلات المصورة والتي من السهل تقسيمها إلى مجموعتين، إحداهما للفئة الوسطى (الساعين إلى الراحة والمتعة بكل أشكالها بوجه خاص)، والمجموعة الأُخرى موجهة للفئة الأُولى (الأكثر رقيا...) أما الفئات الأخرى فلا يبقى لها الكثير، كما يمكن تقسيم المجتمع إلى طبقات وفقاً لمعظم الأنشطة والأعمال الأُخرى، فمحلات السوبر ماركت، ووكالات السفر والسياحة ومحلات الملابس والصحف طبعاً مرتبطة بالتقسيم الطبقي بصورة ضمنية. (المرجع السابق).

بهذا المعنى، فإن تمايزات القوة بين الفاعلين، تظهر من خلال طريقة الإشباع، ومدى البدائل المتوفرة وطبيعتها، لذلك فإن ولوج الفاعل مسار أحد البدائل قد لا يعبر عن حريته بقدر ما يعبر عن تنازل وتضحية من جانبه. وهذا يعني أن ارتباط عملية

الاختيار بالحرية الحقيقية يعد تعبيراً حقيقياً عن قوة الفاعل. إن الحرية الحقيقية ترتبط بـ "الإمكانية"، ولذلك ينبغي التمييز بين **"نطاق الاختيار"**، وهو مرتبط بمجموع البدائل المتوفرة، و**"الاختيار الفعلي"** وهو مرتبط بما يمكن للفاعل اختياره فعلياً من بين مجموعة البدائل المتوفرة. ويمكن القول، بأنه كلما اقترب الاختيار الفعلي من نطاق الاختيار أو تطابق معه، فإن ذلك يعبر عن قوة الفاعل وحريته، وعكس ذلك، أنه كلما ابتعد الاختيار الفعلي عن نطاق الاختيار كلما عبر ذلك عن انحسار قوة الفاعل وضعفه.

لقد أشار هربرت ماركوز، في **كتابه الإنسان ذو البعد الواحد** إلى أن الحرية المنظمة من قبل مجموع اضطهادي يمكن أن تصبح أداة سيطرة قوية، فالحرية الإنسانية لا تقاس تبعاً للاختيار المتاح للفرد، وإنما العامل الحاسم الوحيد في تحديدها هو ما يستطيع الفرد اختياره وما يختاره، ومعيار الاختيار الحر لا يمكن أبداً أن يكون مطلقاً، ولكنه أيضاً ليس نسبياً كل النسبية. فقدرة العبد على اختيار سادته بحرية لا تلغي لا السيادة ولا العبودية، والاختيار بحرية بين تشكيلة كبيرة من البضائع والخدمات لا يعني أن المرء الذي يختار هو كائن حر ما دامت الرقابات الاجتماعية تثقل بوطأتها على حياته الكادحة، وما دام هو مستلباً، وإذا كان الفرد يجدد تلقائياً الحاجات المفروضة عليه، فهذا لا يعني أنه سيد نفسه، وإنما يدل فقط على أن الرقابات ناجحة. (ماركوز: 44-43:1969).

كما يمكن التمييز بين **"الاختيار الفعلي"** و**"الاختيار المتوقع"** من قبل الفاعل، وكلما زادت الفجوة بينهما، كلما عبر ذلك عن انحسار قوة الفاعل، وكلما تطابقا، أو تضاءلت الفجوة بينهما كلما عبر ذلك عن قوة الفاعل، وفي كل من المعادلتين السابقتين تظهر العلاقة بين قوة الفاعل والحرمان الذي يمكن أن يشعر به في عملية الاختيار، حيث يظهر الحرمان هنا، في الفجوة القائمة بين الاختيار الفعلي ونطاق الاختيار أو بين الاختيار الفعلي والاختيار المتوقع، ولذلك فقد أشار برينز Brains في نموذجه الموسوم بـ نموذج استخدام القوة The power use Model: إن حجم الحرية الذي يمتلكه الأفراد في الاختيار هو ضيق، إلى الحد الذي لا يمكن معه مقاومة اختيارات غير مرغوبة. (Bruins: 1999).

وهكذا، تظهر عقلانية الفاعل في إطار الطوعية المقيدة، بصيغتين هما: **العقلانية الجوهرية**: وهي ترتبط باختيار الفاعل المبني على تقديراته المتحررة والمنبثق عنها، **والعقلانية الشكلية**، التي تظهر فيها حرية عملية الاختيار على المستوى الظاهري، لكن الحافزيّة لعملية الاختيار تكون مقيدة، والفارق الخطير بينهما يكمن في عملية "التكيف" بالنسبة لمستوى العقلانية الشكلية، بحيث يصبح الفاعل جزءاً من الواقع الذي يعيش فيه، وشكلاً من أشكاله الوجودية، بحيث يعبر عن انصياع اغترابي لتلبية الحاجات المفروضة، والانفعال في الواقع والتضاؤل فيه.

إن التمييز بين الفاعل القوي، والفاعل الضعيف في إطار الطوعية المقيدة، لا يعني الفصل الارتباطي بينهما، فمستويات الحرية قد تظهر على حساب مستويات القيد، وأكثر ما يعبر عن هذه المسألة العلاقات الطبقية داخل المجتمع، ولذلك فإن الخلفية النسقية للطوعية المقيدة، لا تحمل الفاعل الضعيف كل المسؤولية عن عقلانيته الشكلية أو عن اختياراته، كما لا تعفي صاحب القوة من هذه المسؤولية. ومثل هذا الافتراض يتيح المجال لاعتبار الفاعل المقيد "خاضع"، حتى وإن كانت العلاقة النسقية مضمرة، وأن الآخر المسيطر لا يفرض القيد عليه بصورة مباشرة. وقد تتفق هذه الأطروحة جزئياً مع الخيال السوسيولوجي لدى ملز، وبشكل خاص ما يعبر عنه بـ "القضية" أي أزمة في النظم الاجتماعية أو ما يسميه الماركسيون تناقضات أو عداءات، خاصة عندما يُصبح الفاعل المقيد ظاهرة داخل المجتمع.

4-4-2 تغاير أنظمة الغايات: (غايات في أطر اجتماعية موجهة)

لقد توقف بارسونز عند حد القول بأن الغايات تمثل جملة الشؤون المستقبلية، التي تتوجه نحوها عملية الفعل، إن هذه الصيغة من قبيل التضليل، لكنها تتوافق مع مجهولية وضع الفاعل عند بارسونز، يجب أن يكون للفعل غاية – على الأقل في إطار الطوعية –، ولكن الغايات داخل المجتمع ليست عشوائية، فهي منظمة في مستوياتها، وفي طريقة بلوغها كذلك. ومن هنا، فإن طرح أنظمة الغايات يشير إلى أمرين: **الأمر الأول** هو، أن

الغايات مرتبطة بمحتوى اجتماعي وثقافي محدد، يوضح للفاعلين منظومة الغايات، التي يمكن أن يبلغوها، أو يفكروا بها، أو يتمنوها. **والأمر الثاني**، يوضح أن الغايات مرتبطة بمستويات اجتماعية متمايزة داخل المجتمع، وهذا يقود إلى اعتبار الغاية وطبيعتها معياراً لتفاضل القوة بين الفاعلين الاجتماعيين.

إذن، الغايات التي يسعى صاحب القوة إلى تحقيقها، تختلف عن الغايات التي يسعى الخاضع، أو الفاعل الضعيف إلى تحقيقها، وتظهر هذه الحقيقة، في اختلاف الغايات بين مستويات الغنى ومستويات الفقر، التي تعبر عن تفاضل القوة، ومن الطبيعي أن تأخذ هذه الغايات صيغة شبه نمطية بموجب انعقادها بالأنظمة الاجتماعية التي تحكم المستويات الاجتماعية المختلفة، وكذلك فهي تأخذ حيزاً لها في أنماط الوعي وتترجم في حافزية الفاعل وعملية الاختيار.

طالما أن الغايات لا توجد في قبضة اليد، فهي دون شك ذات بعد مستقبلي، غير أن حيادية الزمن في ائتلافه مع تحقيق الغايات، قد تظهر فقط في تجريدات بارسونز، فالواقع أن مستقبلية التحقيق، تنطوي على اعتبارين: **الأول**: يتمثل في أن الغاية تمثل آمالاً، أو أُمنيات مستقبلية، **والاعتبار الثاني**، يتمثل في أن الغاية تمثل توقع مستقبلي "متحقق فعلاً" بعد انقضاء الخطوات اللازمة للتحقيق، والفارق، أن الاعتبار الأول ينطوي على توقع ذو مجهوليه وربما يصل إلى فقدان الأمل في التحقيق، بينما الاعتبار الثاني ينطوي على توقع واضح يمكن أن يتحقق.

وبناءً على ذلك فإن من الأمور الهامة التي تكشف عنها مقولة تغاير أنظمة الغايات، أن النظر إلى الغاية باعتبارها شأنها مستقبلياً، يركز الانتباه نحو البعد المستقبلي الزمني، ويصرفه عن قواعد الانطلاق نحو الغايات، والأطر الاجتماعية التي توجد فيها. وهذه المسألة يمكن أن تقود إلى طرح ظاهراتي معدل يعترف بخارجية الغايات وموضوعيتها من ناحية، وباستقرارها نظامياً في وعي الفاعلين ومدركاتهم من ناحية أخرى، وهذا ما يوضح بالفعل، أن تغاير أنظمة الغايات تحدد علاقة بنى الوعي بالواقع الموضوعي

وعناصره المادية ومتطلباته، ولذلك فقد تمت الإشارة إلى أن أنظمة الغايات تحدد ما يمكن أن يُفكر المرء بتحقيقه، وكذلك ما يمكن أن يتمناه.

إن هذا الطرح، يتجاوز مسألة النسبية بين المستويات الاجتماعية المختلفة، بمعنى أن (مجال الغايات)، بصيغته السابقة، قد يكون حاضراً حتى في المستوى الاجتماعي الواحد (وهذا ما يفضي إلى مقولة الحرمان النسبي مثلاً)، غير أن حقائق الواقع قد تكشف عن زيف النسبية؛ فسعي المرء إلى تأمين قوت يومه، يختلف عن سعيه إلى استبدال سيارته الفارهة، وسعي المرء إلى تأمين الحاجات الأساسية لأبنائه، يختلف عن سعيه إلى تمكينهم من ممارسة هواياتهم بأفضل وأثمن تقنية ممكنة. إن هذه المفارقات تميط اللثام عن تشوهات النسبية، إذا أدرجت في السياق الواقعي للمستويات الاجتماعية المتمايزة، فثمة مفارقة هامة بين مستويات الغايات، ومستويات الحرمان.

بناءً على ما تقدم، يمكن التمييز بين نوعين من أنظمة الغايات: **الأول:** (نظام **الغايات الدنيا**)، ويشمل الغايات المرتبطة بأفعال الضعفاء والخاضعين، وهي تظهر في مستويات الفكر والأمنيات وما يمكن تحقيقه، وإذا ما ظهر الوعي هنا، فإن ما هو في قبضتي أو في متناول يدي – على حد تعبير شوتز – هو أقل مما هو في قبضة الآخر، وليس مختلف عنه فقط. أما **النظام الثاني** فهو (**نظام الغايات العليا**)، ويشمل الغايات المرتبطة بأفعال أصحاب القوة، والتي تظهر في مستويات الفكر وما يمكن أن يتحقق، وهنا يصبح، ما هو في قبضتي أو في متناول يدي أكثر مما في يد الآخر.

ويترتب على ذلك، أن الغاية ترتبط عادة بـ "**المسافة الموضوعية**"، أي المسافة التي تفصل الفاعل من حيث إمكانية التحقيق عن الغاية، لذلك كلما زادت المسافة الموضوعية الفاصلة بين الفاعل والغاية، كلما أصبحت الغاية بعداد الأمنية، ومعنى هذا، أن اتساع المسافة بصورة متطرفة بين الفاعل والغاية، يفقد الغاية قيمتها الواقعية بالنسبة للفاعل، لكن ينبغي الإشارة إلى أن زيادة المسافة بين الفاعل والغاية مع بقاء إمكانية التحقيق، قد يزيد من قيمة الغاية. إن اتساع المسافة الموضوعية، يختلف بين المستويات

الاجتماعية، ولذلك فإن ما هو ذا قيمة بالنسبة للخاضع، قد لا يكون كذلك بالنسبة لصاحب القوة، فقد لا تكون الغاية حاضرة في نظام الغايات العليا كما قد لا يكون بين الفاعل وغايته مسافة موضوعية، في حال وجدت في نظام الغايات العليا.

4-4-3 التمكين المتمايز (انكماش الوسائل المصدرية وتمددها):

ثمة ائتلاف قوي بين الوسائل، ونظام الغايات، فيما يتعلق بعملية الاختيار، ولذلك فإن أنظمة الغايات المتمايزة تفضي بطبيعة الحال إلى وسائِل متمايزة، وهنا، يمكن إظهار منطلق آخر مغاير لمنطلق بارسونز في ترتيب العناصر الطوعية للفعل، لقد وضع بارسونز تحديد الغايات قبل اختيار الوسائل، بحيث يختار الفاعل الغاية، ثم يختار من بين مجموعة وسائل ما يساعده في تحقيق غايته، وبالنسبة لبارسونز فإن هذا المنطق، قائم على أن الوسائل تمثل العناصر الظرفية التي يتمكن الفاعل من السيطرة عليها. لكن إذا جرت عملية تحديد الأهداف، ولم يتمكن الفاعل من السيطرة على الوسائل، فإن طرح بارسونز يصبح اعتباطياً، من حيث الرشد والعقلانية المرتبطة بالفاعل، ويصبح الفعل قائماً على احتمالات الصواب والخطأ.

وحسب طروحات نظرية الاختيار العقلاني Rational Choice Theory، مثلاً، أنا أعرف ما هو دخلي، وأعرف ما هي السلع والخدمات المتاحة لي، وأعرف ترتيب الأشياء التي أرغب في الحصول عليها، ولذلك فإنني أستطيع ترتيب البدائل المتاحة لي بحسب ما أُفضل (أنظر: كريب: 1999:112)، ورغم التشوهات التي تحيط بهذا الطرح، إلاّ أنه ينطوي على فكرة هامة واحدة على الأقل، وهي، أنني أعرف ترتيب الأشياء التي أرغب والبدائل المتاحة بناءً على الوسائل التي أمتلكها، ومن هذا المنطلق، فإن امتلاك الوسائل، وبالاقتران مع الغايات، يرتبط بالوضع الاجتماعي للفاعل، ومن هنا، فإن الفصل - تحليلياً - بين الظروف والوسائل، قد يبدو اعتباطياً أحياناً، أو مضللاً، وبشكل خاص، عندما تكون الغايات أماني متخيلة، بسبب الافتقاد للوسائل

المفضية إلى تحقيقها، وهذا يعني – خلافاً لبارسونز – أن الوسائل قد تمثل الجانب الظرفي الذي لا يستطيع الفاعل السيطرة عليه.

يمكن اعتبار الوسائل مصادر للقوة، بل يمكن أن تكون المصادر بذاتها، الوسائل التي تتحقق من خلالها الغايات، فالمال، مثلاً، يعد مصدراً للقوة، باعتباره وسيلة لتحقيق غايات متنوعة (نسبياً)، لكن المصادر ذاتها قد تكون غايات، يتم تحقيقها بموجب وسائل متوفرة ، هي بمثابة مصادر قد تكون من نوع آخر، ومثال ذلك، أن بعض الصراعات الاجتماعية والسياسية تتوجه نحو المصادر (مصادر القوة)، باعتبارها غايات، وبكل الأحوال، فإن طبيعة الوسائل والمصادر المتوفرة تمثل معياراً لتفاضل القوة، كما أن اقترانهما يرتبط بإمكانية التحقيق، ولذلك، من أجل تجاوز الفصل بين المصادر والوسائل، وفقاً لمقتضيات اعتبارها مرتكزات القوة، يمكن استخدام مفهوم (الوسائل المصدرية)، للتعبير عن الإمكانية الفعلية المتاحة لبلوغ الغاية.

إن الوسائل المصدرية، تمثل أوضح الطرق، للتعبير عن "التمكين المتمايز"، حيث أن الإمكانية الفعلية المتاحة، بموجب امتلاك الوسائل المصدرية، غالباً ما تتركز بأيدي قلة من الفاعلين داخل المجتمع، بينما الغالبية يفتقدون لها، أو بصورة أكثر دقة، يمتلكون مستوى أدنى من الوسائل المصدرية. ولذلك، فإن أصحاب القوة يمتلكون عادة وسائل مصدرية تتيح لهم بلوغ الغايات العليا، ضمن أنظمة الغايات، بينما الضعفاء والخاضعين لا تتيح لهم الوسائل المصدرية التي بحوزتهم، سوى الاختيار ضمن نظام الغايات الدنيا.

وبعبارة أخرى، فإن الفاعلين الذين تتمدد بين أيديهم الوسائل المصدرية. يتسع لديهم نطاق الإشباع الفعلي والفرص المتاحة بينما الفاعلين الذين تنكمش بين أيديهم الوسائل المصدرية تتعرض غاياتهم، والبدائل المتاحة أمامهم، لحالة من الانحسار.

وهنا، يمكن الالتقاء جزئياً مع ماركسية الاختيار العقلاني، وهي التيار الذي جاء استجابة لانتعاش السياسة اليمينية القائمة على السوق الحرة في الثمانينيات من القرن الماضي، وكذلك رداً على النزعة الحتمية في الماركسية البنيوية التي ظهرت في السبعينيات.

(المرجع السابق: 114). وترتكز طروحاتها - كما يوضح كارلنج - حول مفهوم الندرة في عملية الاختيار، حيث ينشأ الظلم نتيجة الحرمان من الحصول على الموارد، ويحول التبادل الحر في السوق إلى تبادل استغلالي عندما يسهل أَمر الحصول على موارد معينة لطرف دون آخر، وكل ذلك يرتبط بعدم تكافؤ الفرص في الحصول على المكانة الاجتماعية، ومثل هذه الحقائق، لا يمكن الالتفاف عليها بأي صياغة تجريدية، دون، الأخذ بعين الاعتبار التمكين المتمايز للفاعلين، واعتبارات الكلفة المترتبة عليه.

فإذا ما تم اعتبار السلطة وسيلة مصدرية هامة في الحياة الاجتماعية، تعكس مستويات التفاضل في القوة، فإن مفهوم "السياسة التحتية" الذي صاغهُ جمس سكوت، يظهر شكلاً محدداً (مشوهاً) من الوسائل المصدرية لتحقيق الغايات، أو تجنب العقاب أحياناً. ويشير مفهوم السياسة التحتية إلى سياسة من لا سلطة له، والتي تتمثل في التذلل والخضوع والنفاق، والتملق، وهي وسائل تظهر عندما تقترن السلطة بالتسلط، وتستخدم كأداة لممارسة القهر والظلم على الأفراد، والتي يقابلها الأفراد بالسياسة التحتية، ورغم أن السياسة التحتية تنشأ في إطار نسقي مباشر، إلاّ أنها تتحول فيما بعد إلى وسيلة لتحقيق الغايات في إطار من الطوعية، (الربايعة: 50:1998).

لكن، المفارقة بين السياسة التحتية، والسياسة الفوقية، أي سياسة أصحاب السلطة الفعلية التي تمكن صاحبها من الاختيار والتحقيق بحرية، تكشف عن حقيقة ملازمة للحقيقة السابقة، وهي أن السلطة الفعالة، تعتمد أصلاً على امتدادية الوسائل المصدرية، ويبدو أن هذه المسألة لا تقتصر فقط، على الفاعل الفرد، لكن يمكن أن ترتبط بفعل الدولة كذلك، فكما يوضح آر إيه بوكانان في كتابه الآلة قوة وسلطة: إن السلطة الفعالة للدولة من أجل الحفاظ على القانون وتطوير وسائل الدفاع الضرورية ضد أي عدوان محتمل، إنما تحددها كفاءتها التكنولوجية، لكي تزيد من عدد قوات الشرطة والجيش وتزودهم بالمعدات، وكذلك كفاءتها في نقل هذه القوات بسهولة إلى أي مكان مطلوب، وتوفير الاتصالات مع هذه القوات أثناء عملياتها. (بوكانان: 236-235:2000).

4-4-4 التمايز المعياري: تصدع البنية الداخلية للمعايير الاجتماعية

لقد مثلت التوجيهات المعيارية، الإضافة الحاسمة التي قدمها بارسونز للطوعية النفعية. لذلك يمكن وصف ما قدمه بارسونز، بأنه شكل من الطوعية الثقافية - الاجتماعية، التي تنعكس في بعدين: **البعد الأول:** إن المعايير الاجتماعية التي توجه اختيار الفاعل، ليست من إنتاجه هو فقط، لكنها نتاج أعضاء المجتمع الذي يوجد فيه كذلك، ورغم أن بارسونز قد أكد بأن مرجعية طروحاته ذاتية، إلاّ أن الصيغة الخارجية للمعايير الاجتماعية تبدو واضحة، وتمارس شكلاً من الإلزامية على الفعل. أما **البعد الثاني:** فهو يتمثل في أن المعايير الاجتماعية تمثل مصدر النظام الاجتماعي. وجوهر هذه المسألة، أن جميع عناصر النظرية الطوعية بما في ذلك الفاعل والغايات والمصالح، تنحني في نهاية المطاف أمام المعايير الاجتماعية، بما يضمن تحقيق النظام، وأكثر ما يظهر هذه الحقيقة هو التوتر الذي يمكن أن ينشأ بين العناصر المعيارية والظرفية، وتستجيب فيه العناصر الظرفية للمعايير الاجتماعية كآلية حل، إلى درجة أن الإرادة الحقيقية من وجهة نظر بارسونز، تمثل الطاقة المطلوبة من قبل الفاعل لإدراك المستويات المعيارية.

لكن التسليم بتجريدات بارسونز حول التوجيهات المعيارية، يضع التحليل في منطقة ما موجودة فوق المجتمع، وليس في سياقاته الواقعية، ومن هنا، فإن ولوج الواقع الاجتماعي، يقتضي التساؤل عن آلية تشكل المعايير الاجتماعية، مع الأخذ بعين الاعتبار طبيعة المواقع الاجتماعية للأفراد الذين يصوغون المعايير ويشكلونها، ومثل هذا التساؤل يميط اللثام عن التمايز المعياري، والكشف على محتوى البنية الداخلية للمعايير السائدة، ولصالح من تتجه؟

تتشكل المعايير الاجتماعية، بموجب تفاعلات الأفراد مع بعضهم، في واقع معين من أجل إشباع حاجاتهم، ومع الأخذ بعين الاعتبار تفاضل القوة بين الفاعلين، فلا يمكن تجاهل حقيقة أن صاحب القوة، يكون عادة أكثر تدخلاً في صياغة البناء المعياري في السياق الاجتماعي لإشباع الحاجات، ولذلك فإن المعايير الاجتماعية، سواء كانت

خاصة أم عامة تكشف عن شكل من التمايز المعياري المرتبط أساساً بمصالح أصحاب القوة. ولذلك يقول جورج جيبرنر: "إن بنية الثقافة الشعبية التي تربط عناصر الوجود بعضها ببعض، وتشكل الوعي العام بما هو كائن، بما هو مهم، وما هو حق، وما هو مرتبط بأي شيء آخر. هذه البنية أصبحت في الوقت الحاضر منتجاً يتم تصنيعه". (أنظر: شيللر: 1999:113).

بهذا المعنى، فإن تفاعل القوة مع المعايير الاجتماعية، يولد تمايزاً معيارياً في واقعية التوجه نحو الغاية وشرعيتها والوسائل المصدرية المستخدمة، وكذلك نطاق الاختيار. بمعنى آخر، فإن خطورة المعايير الاجتماعية تكمن في أنها تمثل محاور انعقاد متشعبة مع كافة عناصر الطوعية ولذلك فإن المعايير إما أن تمثل عناصر تقييد شبه تام، أو عناصر حريّة وانفتاح؛ فهي مرتبطة بوعي الفاعل والتزاماته، وتحدد له نطاق الاختيار، وتضع الغايات في منظومة شرعية تفرض نوعاً من الالتزام، بالإضافة إلى تقييد الوسائل المصدرية، وتجسيد شرعيتها.

وعلى المستوى المجتمعي العام، يمكن أن تظهر خطوط التصدع المعياري والانقسامات المعيارية بين المستويات الاجتماعية المختلفة، بحيث تكرس التمايزات في عملية الإشباع. إن أصحاب القوة ينتجون المعايير العامة وشروط الحياة، ويتولى الطرف الضعيف مهمة إعادة إنتاجها، وطالما أن المعايير تلتقي مع مصالح أصحاب القوة، فهي تحظى بالديمومة والاستمرار ويمكن أن تتغير أو تستبدل إذا ما تعارضت معها. تكشف صناعة المعايير عن إمكانات التحكم عن بعد بعمليات الاختيار، فكما يوضح شيللر: يكرس الإعلام الأمريكي شكلاً ومضموناً - أي الأساطير وأدوات نقلها - للتضليل، وعندما يتم استخدامها بنجاح، وهو ما يحدث دائماً، فإن النتيجة تتمثل في السلبية الفردية، أي حالة القصور الذاتي التي تعوق الفعل، وذلك في الواقع هو الشرط الذي تعمل وسائل الإعلام والنظام ككل بنشاط جسيم على تحقيقه، من حيث أن السلبية تعزز وتؤكد الإبقاء على الوضع القائم. وتتغذى السلبية على ذاتها مدمرة القدرة على

الفعل الاجتماعي الذي يمكن أن يغير الظروف التي تحد من الإنجاز الإنساني. (شيللر: 45:1999).

حسب موقع الفاعل من صياغة التوجيه المعياري يمكن التمييز بين نوعين من الفاعلين هما: **الفاعل فوق التوجيه المعياري**، وهو صاحب المصلحة من التوجيه المعياري القائم، ويمتلك نسبياً، إمكانية التغيير والاستبدال. **والفاعل تحت التوجيه المعياري**، وهو في وضع ينطوي على حرمان، ولكن يلتزم بما تمليه المعايير الاجتماعية، ولا يمتلك إمكانية تغييرها أو استبدالها، حتى لو تعارضت مع مصالحه، ويمكن اعتبار هذا الوضع مؤقت في إطار متطلبات الصياغة النظرية الراهنة، وينبغي الإشارة هنا، إلى أن صاحب القوة، الذي وصف بأنه فوق التوجيه المعياري لا يقف خارج منظومة المعايير الاجتماعية، وعلى عكس ذلك، فهو يقع في داخلها ويتصرف بموجبها، ولكن تعبير (فوق) Above. يشير إلى إمكانية التدخل والصياغة والمرونة في الاستخدام، وبالمقابل فإن تعبير (تحت) Below يشير إلى الاستلاب النسبي لهذه الإمكانية.

إن الاحتفاظ بالفاعلين الاجتماعيين، داخل بنية المعايير الاجتماعية، رغم اختلاف مستويات القوة التي يتمتعون بها، ينطوي منطقياً على اعتبار هام، وهو: أن المعايير الاجتماعية تمثل جوهر النظام في الحياة الاجتماعية، حتى في إطار التمايز. فخروج الأفراد بشكل واضح عن المعايير الاجتماعية سواء كانوا من أصحاب القوة أو من يفتقدون لها، يثير الفوضى، وهذا الاعتبار يلقي الضوء على شرعية الاختيار والطوعية في إطار التمايز، فإذا كانت الوسائل المصدرية للفاعلين والغايات التي يسعون إلى تحقيقها متمايزة، فإن المعايير التي تحكم تفاعلهم مع الوسائل والغايات هي متمايزة كذلك، وتعكس التمايز بين المستويات الاجتماعية المختلفة، وتضفي عليها شرعية. فالمعايير المتمايزة تقرر تمايز الإشباع واختلاف مساراته، وتؤكدها في بنى الوعي، ولذلك فإن ما تسمح به المعايير الاجتماعية للذكور في الحياة الاجتماعية العربية قد لا تسمح به للإناث، ويتخذ هذا التمايز شرعية راسخة مرتبطة بالحقوق والواجبات وهكذا، فإن

المعايير الاجتماعية، التي تعكس أطر المعنى الرائجة في الحياة الاجتماعية، لا تمثل كلاً متجانساً، بل تتشكل في ضوء تباين القوة، وتغلف هذا التباين، وتستحضر في الأنشطة المختلفة للفاعلين.

إن هذا الموقف النظري يقود إلى اعتبار المعايير الاجتماعية "أدوات تثبيت"، تكرس على المستوى المجتمعي العام، شكلاً وجودياً قائم على احتواء مزدوج لأصحاب القوة ومن يفتقدون لها. ولذلك فإن اعتبار المعايير الاجتماعية وأطر المعنى التي تحملها بأنها عادلة أو سلمية، بعيداً عن تصدعات بنيتها الداخلية، هو في الواقع إجراء يسطح الواقع ويعكسه بصورة ساذجة، إن قوة ووطأة المعايير الاجتماعية كأدوات للتثبيت المتمايز، تلعب دوراً بالغ الخطورة في اختزال الدافعية إلى التغيير، حتى لو أدرك الضعفاء تشوهات المعنى القائمة في نطاق الاختيار. فاعتياد الامتثال قد يجعل الرفض الصريح أمراً بالغ الصعوبة، لكن كل ذلك قد لا يلغي عدم الرضا المضمر في أعماق الوعي. وضمن هذا المستوى، هناك حالة خاصة تتمثل في مفارقة الشعور للإدراك والوعي، حيث لا يدرك الأفراد حقيقة إجحاف المعايير الاجتماعية لكنهم يشعرون بالافتقاد إلى المزايا، ورغم كل ذلك، يبقى الأمر الأكثر صعوبة وقساوة على المستوى العملي للأفراد، هو إدراك الإجحاف المعياري، وامتزاجه بالشعور، ويرافق ذلك الامتثال للمعايير، ويعد عدم امتلاك القوة اللازمة للتغيير أمراً كافياً لهذا الأمر.

لا شك، أن اعتبار المعايير الاجتماعية أدوات للتثبيت الاجتماعي المتمايز، يرتبط بالزمن، فعملية صياغة المعايير الاجتماعية والحفاظ عليها، تقع داخل الزمن، وهنا، يمكن تلمس المظهر الأكثر خطورة للمعايير وعلاقتها بالوعي والتغيير، وهو ما يمكن وصفه بـ "التعتق المعياري"، والمقصود بذلك، انقضاء فترة زمنية طويلة على أفعال إعادة الإنتاج، ضمن الاختيارات المقيدة التي يمتلكها الضعفاء، مقابل الأفق الممدود الذي تقدمه المعايير الاجتماعية لأصحاب القوة، إن هذا التعتق والرسوخ يجعل قوة التمايز المعياري قائمة على أمرين: **الأمر الأول:** هو انحناء الظروف والمصالح والفاعلين أنفسهم للمعايير، **والأمر الثاني:** أن التقادم والرسوخ، يجعل الأفراد يستعظمون جداً أمر تجاوزها، حتى مع

الوعي بإجحافها ولذلك فإن المعايير الاجتماعية حتى مع إجحافها، قد تمثل مصدراً للأمن الوجودي للأفراد، وهنا تظهر ثنائية البنية للمعايير الاجتماعية، لكن ليس على طريقة جدنز، إنما ثنائية بنية ذات تمكين متمايز.

إن أكثر عناصر الطوعية المقيدة التي تعمل المعايير الاجتماعية على تثبيتها وإضفاء شرعية عليها، هو "التمكين المتمايز"، بحيث يرسخ في وعي الفاعلين، نطاق الاختيار وحدوده فقط ضمن الإمكانيات المتاحة، فتتحول الإمكانيات المتاحة إلى حقيقة كاملة في الواقع الوجودي لاختيارات الأفراد، وبذلك يتم تجاهل ما يقع خارج هذه الحدود المفروضة من إمكانيات، وتغيب أحقيتها وشرعيتها. وبذات الوقت يغيب التساؤل حول المنطق السببي الذي يبرر وجود التمكين المتمايز واكتسابه للشرعية، وهكذا، فإن تفاعل المعايير مع التمكين المتمايز، يظهر حالة القيد التي تحيط باختيارات الفاعلين، وتظهر أولوية حساب الوسائل المصدرية على الغايات، حيث أن إعطاء الأولوية للغايات - كما يقترح بارسونز - يظهر مستوى عالٍ من الحرية لاختيار الفاعل، ولذلك يظهر في المستويات الاجتماعية الدنيا عادة، ما يمكن وصفه بـ **"العقلانية النمطية"**، وهي تمثل شكلاً مشوهاً من العقلانية تعتقل فيها الحرية، وتصادر وفرة الإمكانيات، فتحدد غايات الفاعل، ومساراتها بصورة نمطية.

ثمة ملاحظات توضيحية ينبغي أن تأخذ بعين الاعتبار، فيما يتعلق بالطوعية المقيدة:

أولاً: إن الشكل الطوعي للفعل، لا يمثل تصرفاً طارئاً، أو وليد اللحظة، فهو يتشكل من خلال صياغة تاريخية، وعمليات ترتيب وتنظيم، تعكس في محتواها تمايزات القوة، وأفق الاختيار وإمكانياته في المستويات الاجتماعية المتباينة.

ثانياً: إن طرح قضية أنظمة الغايات، يعني فقط، أن الفاعل قد ينمط على نطاق محدد من الغايات، ولكن ذلك لا يعني أن بإمكانه دائماً أن يحقق ما يريد

من هذه الغايات، فهو عرضة للفشل والإخفاق، وهذا الأمر نابع بطبيعة الحال، من حقيقة الاختيار المفتوح في كل نظم الغايات، بحيث يمكن للفرد أن يختار بين عدد من البدائل، يكثر أو يقل حسب الوسائل المصدرية.

ثالثاً: إن الطوعية المقيدة ذات مرجعية جدلية تجمع بين وعي الفاعلين بالمعاني المرتبطة بالغايات والوسائل، وبين موضوعية الغايات والمصادر انعكاساتها على وعي الفاعلين في إطار التمايزات.

رابعاً: رغم أن الطوعية المقيدة، تركز على الفاعل وتوجهاته ومقاصده، إلاّ أن الفاعل يتحرك في نظام فوق فردي، ولذلك ليس ثمة شك، أن الفرد يضفي صبغة فردية على توجيهات معيارية فوق فردية تمنحه أُفقاً، ولكنها لا تفك التحامه الوثيق بها.

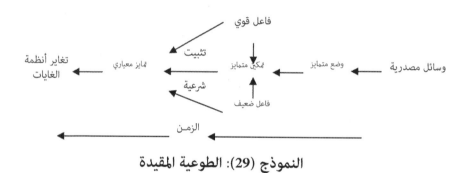

النموذج (29): الطوعية المقيدة

285

5-4: أنساق التوازن التفاضلي: (حلقة مفرغة لمأزق الفعل الاجتماعي)

يمثل إظهار الفاعل في إطار عملية اختيار، جانباً واحداً فقط من جوانب وجوده في الحياة الاجتماعية، لذلك فإن اعتبار الطوعيّة صيغة أساسية متفردة في الحياة الاجتماعية، يتنكر للبنى والأنماط المؤسسة؛ فالفاعل يظهر في ارتباطات علائقية إلزامية، وأدوار اجتماعية مؤسسية، كما أظهرت الطوعية المقيدة، أن هناك نسقية مضمرة حتى في إطار الطوعية. فالمعايير الضابطة للاختيار هي أساساً نظام فوق فردي يمتاز بالاستقرار النسبي والاستمرار، ولذلك فإن المعايير الاجتماعية تضفي على الفعل، شكلاً من الانتظام. إن المعايير لا تجعل النظام ممكناً بموجب التزام فرد واحد بها فقط، بل إن النظام يتحقق من خلال التزام الغالبية من الفاعلين بها، وإن كانت أفعالهم مستقلة عن بعضها، والمنطق الكامن من وراء ذلك، أن المعايير هي نتاج اجتماعي، وليس فردي. وهكذا، يمكن اعتبار الطوعية، والنسقية مجالات منفصلة حول منطلقات تركيز التحليل بالنسبة للفاعل، تلتقي نظرياً وعملياً.

إن التحليل النسقي للفعل، يكشف عن تحالف نسقي متقن يعتقل الفعل ويقيده، ويجعله في إطار حلقة مفرغة بين النسق الثقافي، ونسق الشخصية، والنسق الاجتماعي، وتبدو خطورة هذا التحالف، عندما تعمل هذه الأنساق بجميع مكوناتها ومحتوياتها الداخلية لمصلحة أصحاب القوة، مما يجعل الفعل الاجتماعي في مأزق حقيقي يصعب الفكاك منه، وفي خلفية هذا التحالف، يتلاعب أصحاب القوة بمحتويات النسق الثقافي، ويشكلون منظومة القيم والمعايير بصورة مشوهة تنطوي على ظلم وحرمان، وتفتقد إلى العدالة، وتساندها عملية التنشئة الاجتماعية بمحطاتها المختلفة ويتشرب نسق الشخصية هذه المحتويات، التي تتكامل مع توقعات الدور في النسق الاجتماعي بحيث تعبر منطلقات الحاجة الرابطة بين نسق الشخصية والنسق الاجتماعي، عن منطلقات انصياع حقيقية لمحتوى ثقافة القوة التي تظهر صورتها النهائية في النسق الاجتماعي.

1-5-4: النسق الاجتماعي (ازدواجية(*) وتكامل):

إن مفاهيم المكانة، والدور، والوضع الذي يوجد فيه الفاعل بالنسبة للآخرين داخل النسق الاجتماعي، لا يمكن أن تكون محايدة، على الأقل، في إطار الهرمية البنائية للأنساق، والتي ترتبط بمصالح متأصلة متمايزة، وامتيازات متباينة يحظى بها شاغلوا الأدوار والمكانات، بالإضافة إلى تمايزات السلطة واتخاذ القرار، التي تظهر بصورة واضحة بين المكانات العليا والمكانات الدنيا، وهنا، فإن اعتبار الفاعل موضوعاً لغيره من وجهة النظر النسقية، يكشف عن نوعين من الفاعلين في الأنساق التفاضلية وهما: **الفاعل الموضوع**: وهو الفاعل الذي يلعب دوره بسلبية وفقاً لمقتضيات الطاعة التي يفرضها الآخر أو يحتاجها، بحيث يكون موضوعاً حقيقياً لتلاعب الآخر، و**الفاعل المؤثر**: الذي يمتلك القدرة الحقيقية على التصرف، وإحداث النتائج المرغوبة على حساب الآخر.

وإذا وضعت المفاهيم في مستواها الحقيقي، فإن المكانة والدور هي وحدات نسقية، تنسب إلى النسق، وليس إلى الفاعل، لذلك يمكن الكشف عن مكانات قوة، ومكانات خضوع، وأدوار إنتاج، وأدوار إعادة إنتاج، وكما هو واضح، فإن هذا التقسيم لا يلغي الفاعل وجودياً، كما أنه ليس من قبيل تطابق الصفات والخصائص بين الفاعل والمكانة والدور، ولكن الفاعل هو المحرض الأساسي للتفاضل النسقي، وينطبق ذلك على الفاعل المؤثر بتوظيفه مصادر القوة وامتيازاتها لخدمة مصالحه، وكذلك ينطبق على الفاعل الموضوع، الذي يعيد إنتاج الخضوع. إذن، يكشف النسق الاجتماعي عن ازدواجية في المكانات والأدوار، وفي إطارها الفاعلين الذين يتصرفون بموجب محتوياتها المعيارية التي تعمل على تثبيت الوضع القائم من ناحية، وربط الأدوار ببعضها تفاضلياً

(*) الازدواجية تشير إلى وجود معايير وقيم مختلفة باختلاف (الدور- المكانة) واختلاف المعنى. وبهذا يمكن استبدال مصطلح ازدواجية بالتباين حيث تشير أصلاً إلى تباين القوة تبعاً لتباين الوضع في البناء.

وتكاملياً من ناحية أخرى، وكما هو واضح، فإن هذا التكامل، لا يعني الاتساق، ولا يمثل حالة من التوازن المستقر، بل في جوهره تناقض وازدواجية، تجعله معتلاً.

يمثل نسق التفاعل الثنائي، أبسط الأشكال النسقية التفاضلية، وهو ينشأ عن تفاعل طرفين متفاضلين في القوة، بحيث يترتب على وجود التفاضل، أن كل ما يتطور في محتوى العلاقة، بما في ذلك المعايير الاجتماعية، قائم على أساس التفاضل. وفي هذا المستوى النسقي، تظهر صورة الفاعل المؤثر الذي ينتج قواعد الفعل للفاعل الموضوع بصورة واضحة، حيث أن العلاقة غالباً ما تكون واضحة ومباشرة في الأنساق الثنائية. إن هذه المعادلة النسقية التفاضلية قائمة على أساس إشباع الحاجات بالنسبة للطرفين المتفاعلين، ولكن مصلحة الطرف الأضعف غالباً ما تكون أكبر، فالموضوعات الإشباعية بالنسبة للفاعل الموضوع تمثل جزءاً أساسياً من جاذبية العلاقة مع عدم توفر البدائل أو قلة جاذبيتها، بينما يصبح هو موضوعاً إشباعياً للفاعل المؤثر، بنتائج فعله.

وهنا يظهر المكون الإشباعي لمنطلقات الحاجة المزدوجة بين الفاعل المؤثر والفاعل الموضوع في النسق التفاضلي، وهو يكشف عن مفارقات واضحة فيما يتعلق بالتمايز الإشباعي لدى طرفي العلاقة. والشكل الأكثر تطرفاً في هذا السياق هو تقديم الذات كشكل من الملكية، وإن كانت أحياناً، مغلفة بمظاهر سطحية للحرية. ويظهر المكون الثاني، لمنطلقات الحاجة المزدوجة، وهو ما يمكن وصفه بـ **"انحياز المعايير"**، وهذا الشكل المعياري ينبثق منطقياً عن التفاضل بين الطرفين، بحيث تعكس ازدواجية في قواعد الفعل داخل العلاقة. إن هذه المعايير الانحيازية. تقر لصاحب القوة ما تمنعه عن الخاضع، وتبيح له ما تحرمهُ عليه، وتجعل ما هو أخلاقي لدى صاحب القوة عيباً على الضعيف، وما هو حلال له حرام على الآخر وغير ذلك من أوجه الازدواجية، إن الاعتبار الأهم الذي تقوم عليه هذه البنية المعيارية المزدوجة، هو أنها تصاغ وفق متطلبات القوة، وليس متطلبات العلاقة عموماً.

إن هذين المكونين المشوهين لمنطلقات الحاجة المزدوجة (التمايز الإشباعي، وانحياز المعايير) يعتبران عنصرين فاعلين، في تشكيل التكامل الوظيفي في بنية التناقض القائم، حيث غالباً ما تتم عملية استدماج المعايير المنحازة والتصرف بموجبها على نحو نمطي في إطار العلاقة القائمة، وبمقتضى الإشباع، بصرف النظر عن حقيقة التمايز الإشباعي القائم، وما فيه من ظلم وحرمان، وربما تحبط هذه المعايير أية محاولة للتفكير على نحو يظهر الظلم والحرمان. لذلك فإن المعايير المؤسسة على التفاضل في القوة تعتبر أداة خطيرة في تغليف الوعي، والرضا بما هو قائم، حتى لو لم يشكل قناعة أحياناً، وتجدر الإشارة إلى أن هذه المعايير المنحازة قد تتشكل في أنساق تفاضلية ثنائية خاصة، لكن الشكل الأكثر خطورة هو "**انحياز المعايير العامة**" التي تنظم منظومة واسعة من العلاقات داخل المجتمع، حيث تحدد بمقتضى هذا الشكل المعياري المشوه العام، أطراف المعادلة التفاضلية سلفاً، بعيداً عن أية مرتكزات سببية، ومثال ذلك، المفاضلة الذكرية الأنثوية التي تعكسها المعايير الاجتماعية داخل المجتمع العربي.

ومن أوجه الخطورة الواضحة في هذه المعايير، أنها قد تصبح بذاتها مصدراً للقوة، ووجه اللاعدالة القائمة فيها، هو أنها قد تجعل الضعيف قوياً من حيث لا يدري، ومن حيث لا يستحق لكنه يكفيه أنه قد ولد في هذه المنظومة المعيارية المنحازة، وهذا ما يكشف عن أن هيمنة المعايير المنحازة على العلاقات داخل المجتمع، تخلق شكلاً من الفكر يجرد التناقض الفعلي الذي يقود إلى التغيير من شروط وجوده.

تنعكس التشوهات المعيارية على بناء التوقعات الذي يحقق مطلب التوازن التفاضلي شبه النهائي للنسق العلائقي القائم. بحيث تنشأ "**التوقعات ذات البعد الواحد**" - خلاف تتام التوقعات عند بارسونز - التي تدفع الخاضع لمكافئة صاحب القوة بأن يتصرف في ضوء ما هو متوقع منه، لكنها لا تدفع القوى بالاتجاه ذاته، فهي تتيح للطرف القوي أن يتوقع، وغالباً ما يتوقع الانصياع لمطالبه، وما يحفظ عدم اختراقها من قبل الآخر الضعيف، فهو يفعل ما يشاء ومتى يشاء - نسبياً -، ويلقي الأوامر وفق ما هو طارئ بالنسبة له دون اعتبار للآخر، ويفعل صاحب القوة ذلك طالما يدرك أن الآخر لا

يمكنه أن يفرض عليه عقوبة أو جزاء. وبالمقابل فإن الطرف الخاضع لا يمكنه أن يتوقع غالباً، ويعيش حالة من ضبابية التوقع، لذلك فهو يعرف واجباته أكثر مما يعرف حقوقه، مما قد يدفعه إلى استجداء حقه أو اعتباره هبة يقدمها صاحب القوة، والأمر الواضح ضمن إطار توقعاته هو أنه يمكن يتلقى العقوبة أو الحرمان إذا لم يكافئ صاحب القوة أو يتقن مكافئته.

تنطوي التوقعات ذات البعد الواحد، على افتراضين أساسيين بالنسبة لصاحب القوة، ولهما انعكاسات بالغة الخطورة على المكانة الاجتماعية للطرف الخاضع، وهما: **أولاً: التملك الضمني**، وهو افتراض قائم على التداخل والارتباط بين غياب التفسير الوجودي للعلاقة القائمة، والتشوه الذي أصاب بنية المعايير والتوقعات. حيث يبدو الطرف الخاضع جزءاً من الملكية الشخصية للطرف القوي، يحق له التلاعب به كما يشاء، **ثانياً: التدخل الاعتباطي**، وهو افتراض مترتب منطقياً على التملك الضمني، حيث يمكن للطرف القوي أن يتدخل في أخص خصوصيات الطرف الخاضع، مما يفضي إلى مصادرة معلنة لحق الآخر الضعيف في ملكية ذاته والتصرف بحرية، وهذه المصادرة المعلنة ربما لا تمثل وصمة سلبية أو عيب إذا ما ترعرعت تحت غطاء المعايير الانحيازية العامة، وهكذا، فإن القانون الأول للعملية الاجتماعية، هو في الواقع قانون القوة، الذي يعمل على صيانة الازدواجية والتناقض في إطار التكامل.

يتضمن بناء التوقعات ذات البعد الواحد، ثلاثة توجيهات دافعية بالنسبة للطرف الخاضع والتي لا تنفصل عن فعل صاحب القوة، وهي: **أولاً: توجيه انفعالي متوتر**، وهو ينتج عن وجود علاقة خبروية سلبية بين الفاعل وموضوع الإشباع في النسق الاجتماعي، وتتجلى صورة الانفعال المتوتر، في المشاعر الدفينة للاستياء والكراهية والشعور بالدونية الذي يترافق مع الجاذبية السلبية لموضوع الإشباع. وفي عمق الحالة الوجدانية والانفعالية للطرف الخاضع تظهر مسألة "**انعدام اللذة**"، التي تعود إلى أن معظم عمليات الإشباع التي يحققها الطرف الخاضع تجري في إطار من انعدام الحرية، والتدخل

السافر في شؤونه الخاصة، وإحالته إلى موضوع تملك، ولذلك، حتى وإن بدت هناك مظاهر تحرر في بعض المجالات الإشباعية السطحية، فهي شكلية، لأنها غير متأصلة في نظام من الحرية والعدالة، ولذلك - كما يقول جان كازانوف - فإن اللذة تتحقق عندما يستطيع الإنسان أن يتجاوز شرطه المحدد، وأن لا يتفهم ذاته بواسطة المشاعر فاللذة التي يشعر بها المرء لدى تجاوزه هذه الحالة هي من رتبة سامية، إذ تنجم من إكمال طبيعة الإنسان الحرة. (كازانوف: 28:1983).

ثانياً: توجيهات إدراكية مراقبة لذاتها، تفقد التوجيهات الإدراكية وظيفتها الحقيقية المرتبطة بتعريف جوانب العلاقة في إطار علاقتها بمصالح الفاعل، وذلك عندما تخضع لنوع من المراقبة الذاتية وفقاً لتوجيهات صاحب القوة، المفعلة باتجاه نظامية الوضع القائم واستمراريته، ولذلك فإن الوضع الإدراكي الآمن بالنسبة للطرف الخاضع غالباً ما يكون من خلال التمسك بالتنميط، الذي يرتكز على اقتران الفعل بالمصلحة ذات الخبرة السلبية، ومراقبة ذاته في تعريفها، باعتبارها وضعاً قائماً ينبغي التكيف معه. إن هذا **"الجدل الذاتي"**، أي تعريف المصلحة، ومراقبة الذات في التعريف بصورة تناوبية يعمل على إلجام الإدراك، الأمر الذي يتيح فرصة إنعتاق العاطفة والانفعال في الفعل أكثر من العقل، ولذلك رغم سلبية الانفعالات إلاّ أن عدم امتزاجها بالإدراك الحقيقي يفقدها قيمتها التحررية، وهكذا، فإن المراقبة الذاتية للتوجيهات الإدراكية تمثل آلية موائمة لاستمرارية التوقعات ذات البعد الواحد.

ثالثاً: توجيهات تقويمية متبلدة، تتبلد التوجيهات التقويمية، عندما تستجيب للتوجيهات الإدراكية، التي تخضع لمبدأ المراقبة الذاتية، إن تبلد التوجيهات التقويمية يشير إلى فقدانها وظيفتها الحقيقية، وعدم قدرتها على العمل بموضوعية، وذلك عندما يرتبط التقويم أو الحكم على الإشباع المجحف القائم، واتخاذ قرار بشأنه، أو محاولة تفسيره، بمقتضيات التكامل النسقي الازدواجي وانتظام الأفعال فيه، وبذلك تتحول كل حقيقة بموجب الحكم التقويمي إلى قناع مزيف وغطاء تمويه، ناتج عن ضعف إدراكي زائف، تظهر صورته المتطرفة في تبرير التوجيهات الإدراكية المراقبة لذاتها.

وهكذا، فإن القوة، لا تحقق الانتظام لذاتها في إطار العلاقات النسقية، من خلال قولبة التوقعات والمعايير فقط، بل تنفذ إلى محتويات التوقعات الداخلية، وتعبث بها فتشوه الانفعال، وتقيد الإدراك، وتجمد التفسير، فتشكل تصورات ذاتية تكرس أفعال الخضوع والامتثال، مما يغرق النسق الازدواجي في استقرار شبه نهائي، وجميع هذه الإجراءات تجعل القوة في موضع آمن يبعدها عن مواجهة تسلطية عنيفة أو مادية مباشرة، ويمنحها شرعية زائفة.

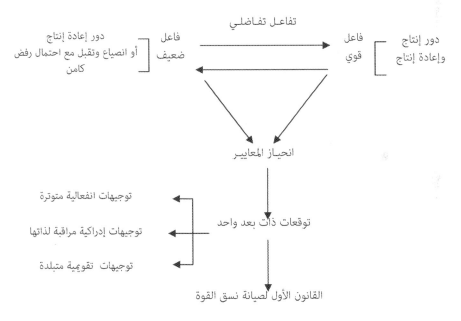

النموذج (30): نسق التفاضل الثنائي

كما هو الحال في نسق التفاعل الثنائي، فإن العناصر البنائية المشوهة، توجد في إطار منظومة مشوهة أكثر شمولية، هي البنية المؤسسية، التي ترتكز في جوهرها على تمايز التسهيلات والمكافئات، وتوزيع الفاعلين في إطار هذا التمايز. إن هذا التمايز البنائي ذو

طبيعة ازدواجية. تنعكس شكليتها في اختلاف الأدوار وتكاملها، بينما تنعكس جوهريتها في انفصال بنائي موجه نحو مصالح المكانات العليا، والاستئثار بالتسهيلات والمكافئات الفعالة، واستثمارها لخدمة مصالحها، على حساب المكانات النسقية الأخرى. ولذلك فإن الشكلية التكاملية تتفعل بموجب ضغوطات القوة وهيبتها من ناحية، وتوجيه البنية النسقية وفقاً لمتطلباتها من ناحية أخرى. وهذه الحالة، تقتضي انفصال بين توقعات الدور وتوقعات شاغلوا الأدوار حيث أن توقعات الدور مستقلة بنائياً وموجودة ضمن ما هو متعارف عليه، أو ما هو مدون رسمياً لكن التوقعات الفاعلة لمن يحتلونها، توجه حسب مقتضيات أوامر أصحاب القوة، وليس ما تمليه توقعات الدور الحقيقية، ولذلك، فإن المفارقة بين صورة توقعات الدور، ومضمونها المرتبط بالتصرف الفعلي للفاعلين، هي بمثابة الآلية المنتجة لاغتراب الفرد عن دوره، وعن ذاته كذلك.

يتضمن هذا الشكل النسقي، استقطاباً نحو الأعلى، ناتج عن انحسار كل البنية النسقية في مركزية القوة، التي تخضع البناء إلى عملية امتصاص نسقي تشمل اتخاذ القرارات والتسهيلات والمكافئات ومحتويات الأدوار ذاتها. تفضي عملية الاستقطاب إلى معضلة "**إلغاء فاعلية الأدوار**"، حيث تنعكس فيها تقلص المقدرة الفعلية على اتخاذ القرارات بما تمليه بنية الدور، سوى في المراتب العليا، أو حتى مركز القوة في المراتب العليا. يترتب على هذه "**السلطة الصورية**"، تقلص أداتية الدور بالنسبة للفاعل في المراتب الدنيا، وانبثاق تعبيرية سلبية تصف مشاعر الاستياء وعدم الرضا المضمر، لكن مع كل ذلك يبقى التكامل قائماً، بموجب الخوف من القوة. وبناءً على ذلك، يظهر "**الحد الرأسي**". وهو يمثل الخط الفاصل المضمر بين أدوار القوة وأدوار الخضوع، فالجماعات المتباينة حاضرة في صميم البنية المؤسسية، ولكنها لم تشكل استقطاباً إنفصالياً يتجاوز التكامل الشكلي. لذلك يظهر على الدوام التناشز بين استقلالية البنى ووعي الفاعلين، حيث لا يسيطرون على توجهها ومجريات الأحداث فيها.

وهكذا، تظهر الواجبات المفروضة، وتغيب الحقوق، كما تكرس الأخلاق من أجل خدمة الوضع القائم، كتعبير عن انحياز المعايير النسقية عموماً، وبهذا المعنى، فإن

الأخلاق ليست محايدة، فالخروج عن الامتثال لحالة الاستقطاب النسقي نحو الأعلى، يعد عملاً غير أخلاقياً، وأحياناً تدنيساً لما هو مقدس، ومن هنا، ترتبط الأخلاق بمنح الثقة وإضفاء الشرعية على القوة القائمة، مع تجريد الثقة والشرعية من الاعتبارات الأداتية والأخلاقية التي ترتكز عليها، مما يؤدي إلى تشكل **"انحراف الثقة"**، و**"زيف الشرعية"**.

إن خضوع البنية النسقية لأخلاق القوة، وتجردها من بنيتها المعيارية الإلزامية يعني **"شخصنة"** البنية النسقية، ويمكن اعتبار الشخصية النسقية كإطار مرجعي تفسر من خلاله جميع المشكلات السابقة، حيث تغرق النسق في ذاتية شخصانية مفرطة وتجعل كل الطاقة النسقية متحركة باستمرار من الأسفل على الأعلى، مع تدفق قليل من الأعلى إلى الأسفل، وهذا ما يمكن وصفه بـ **"الجدل النسقي شبه الخطي"**. إن هذا الجدل يحتفظ بطابع التجانس الكلي للنسق، وإعادة إنتاج الوضع القائم، حيث تصبح رؤى وتصورات معظم الفاعلين، هي ذاتها التي يحملها صاحب القوة، والتفاعلات والعلاقات وفق ما يرغب، وطرق التفكير والأخلاقيات المطلوبة وفق ما يقرر ويحدد، وتكون النتيجة النهائية عجز البنية النسقية عن خدمة الأهداف الموضوعية للنسق، وتحويل الطاقة النسقية نحو خدمة الأهداف الشخصية.

تتم هذه العملية من خلال التفاف المصالح المكتسبة لأصحاب القوة على المعايير النسقية؛ فيظهر الولاء بصورة إضفاء الشرعية، ويظهر الانتماء بصورة الامتثال وهي عملية تكتسب قوتها ورسوخها على متصل الزمن. لكن الأمر الذي لا يمكن تجاوزه هو، أن هناك حد أدنى من الإشباع - رغم الحرمان - يحجب التساؤل عن طبيعة ومحتوى المعايير القائمة وهذا يقتضي، أن توغل القوة في المكونات الإشباعية لمنطلقات الحاجة، إلى درجة تهدد الإشباع قد تحرض الوعي التحرري، ولذلك فإن معايير التفاضل الراسخة ليست نهائية مع أنها تدوم وتضمن استمرار الوضع القائم.

بناءً على ما تقدم، يمكن الاحتفاظ بالمستلزمات الوظيفية التي قدمها بارسونز، باعتبارها مستلزمات وظيفية لتكريس التوازن التفاضلي في النسق الاجتماعي، ويمكن

توضيحها على النحو التالي: **أولاً:** تحقيق الهدف، وهذه الوظيفة في قبضة القوة، حيث تتحكم بالموارد، وتستغلها لخدمة مصالحها في المقام الأول، وتوجه النسق الكلي في إطار رؤاها وتصوراتها ومطالبها، **ثانياً:** وظيفة التكامل: حيث تلعب المعايير المنحازة دوراً بارزاً في تحقيق التضامن الموجه نحو مصلحة القوة، وتحمي النسق من التغيرات الفجائية والاضطرابات الخطيرة، وتعمل على كف الميول المنحرفة وتلزم الأفراد بواجباتهم، **ثالثاً:** وظيفة المحافظة على النمط، وإدارة التوترات وهي تشحن الأفراد بالدافعية الاستسلامية، التي تزود الفعل بالرموز والأفكار وأشكال التعبير والأحكام الزائفة التي يصنعها أصحاب القوة، فتضمن توجيه حافزية الفعل نحو الامتثال، وإيجاد طرق لحل التوترات التي قد تنشأ. **رابعاً:** التكيف. إن جميع الوظائف السابقة ترتكز على وظيفة التكيف، التي يتم بموجبها حشد المصادر الضرورية وحيازتها من قبل أصحاب القوة، الأمر الذي يؤدي إلى تشكيل تفاضل القوة أساساً، بين من يمتلكون المصادر ومن يفتقدون لها.

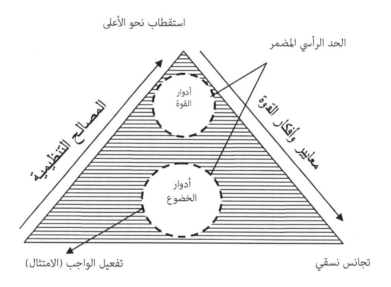

النموذج (31): ازدواجية النسق الاجتماعي

2-5-4: صناعة النسق الثقافي (الأدلجة والتمويه):

تمثل صناعة النسق الثقافي وفق متطلبات القوة، آلية خطيرة في توجيه بناء الفعل بأنساقه المختلفة، حيث تتمحور هذه الصناعة الثقافية حول "**السيطرة على الوعي**"، أو بتعبير آخر، "**اعتقال الوعي والإرادة الحرة**"؛ فتقيد طرق التوجيه والتصرف، وتحاصر قواعد الفعل ونتائجه. ومن هنا، فإن النسق الثقافي، يتضمن، الآليات الحقيقية، لرسم صورة الامتثال، والطاعة الآلية، ودرجات الخضوع، وحدود "**رفع الرأس**" المسموح بها، وطرق التعبير، والهيئة، وغير ذلك مما يفترض أن يأتيه الطرف الخاضع ضمن فعله في مجالات تحكم القوة، لذلك فإن الفاعل الخاضع عليه أن يجيد استهلاك منتجات الصناعة الثقافية المشوهة، وأن يتقن استخدامها، فهي تزود الفاعلين بمنتجات السلوك اللفظي المطلوب، والتعابير المخرجة اللالفظية المرغوبة، ومختلف المسارات العملية للفعل، ويشمل ذلك، إظهار الرضا والقبول المقنع، وألفاظ المديح والتملق، وأفعال التذلل والخضوع.

يجسد النسق الثقافي سيطرة أصحاب القوة، من خلال موقعه المركزي بين أنساق الفعل الأخرى، فهو يمثل المحتوى الحقيقي لبناء نسق الشخصية، وكذلك يمثل المحتوى الحقيقي لوحدات النسق الاجتماعي، والأهم من ذلك، أنه يمثل آلية الربط الأساسية بين نسق الشخصية والنسق الاجتماعي، ولذلك فقد وصفه بارسونز بـ "**نمط التماسك**"، الذي يحفظ تواؤم الوحدة الداخلية بين الأنساق، كما تعمل الأنساق على إعادة إنتاجه عن طريق نسق الشخصية الذي يعزز رسوخه في النسق الاجتماعي.

يظهر في التوازن التفاضلي "**نمط تماسك مؤدلج**"، يموه محتوى الوعي، ويعمل على تثبيت التفاضل في القوة وتعزيزه، من خلال "**روابط الإذعان**"، التي تكمن في بنيته، وهي ثلاث روابط أساسية: **الرابطة الأولى**. (النسق الثقافي - الشخصية)، وهي الرابطة التي تتشكل بموجبها أشكال الفكر المؤدلج والتوجيهات القيمية الدافعة إلى الخضوع في بناء الشخصية. **والرابطة الثانية:** (النسق الثقافي - النسق الاجتماعي). وتتأصل بموجبها

أشكال الفكر المؤدلج في بناء توقعات الدور، والتوجيهات القيمية الدافعة إلى الرضا بمستويات الإشباع في النسق الاجتماعي. أما **الرابطة الثالثة**: (نسق الشخصية – النسق الاجتماعي) فهي تشكل مأسسة الارتباط السلبي التوافقي، بين حافزية نسق الشخصية وتوقعات الدور في النسق الاجتماعي.

تتفاعل هذه الروابط الثلاث مع بعضها في دائرة تفاعلية تبدأ من النسق الثقافي إلى نسق الشخصية، ومن ثم إلى النسق الاجتماعي. وأحياناً من النسق الثقافي إلى النسق الاجتماعي إلى نسق الشخصية، وبصرف النظر عن اتجاه الدائرة، فإنها تشكل "حلقة مفرغة لمأزق الفعل الاجتماعي"، حيث تؤدي إلى استمرارية الخضوع وإطالة مدته، وتعمل على ترسيخ الوضع القائم.

وتتداخل صعوبة الحلقة المفرغة، التي يقع في مركزها النسق الثقافي المؤدلج مع الخصائص التي تحملها الثقافة بحيث تمثل ركائز إضافية للتثبيت، وهي: **انتقال الثقافة بين الأجيال** مما يشير إلى إمكانية وجود أجيال متعاقبة تتقن ثقافة الخضوع، وكذلك فهي **متعلمة**، حيث يكتسبها الفاعل من السياق الذي يوجد فيه وبموجب آليات تعلم معينة، ولذلك فإذا كانت الثقافة مؤدلجة، ومسيسة، فإن الفاعلين يتشربون عناصر ثقافية مؤدلجة، بالإضافة إلى ذلك فإنها، **مشتركة**، ومعنى ذلك أن الثقافة خارجية، وليست خاصة بفرد معين، مما يمنحها صفة الإلزام، والقدرة الهائلة على ضبط التوجيه والتصرف بما يتوافق مع مصالح أصحاب القوة.

إن نفاذ القوة إلى محتوى النسق الثقافي، والسيطرة على محتوياته، ينفي في الواقع أمرين: **الأمر الأول** هو، نفي تقييد حركة الفعل في مسارات محددة، والتضييق على خياراته بفيض من الأوامر والنواهي الخارجية التي تستأصل الإرادة، **والأمر الثاني** هو. نفي السلطوية المباشرة التي يتم بمقتضاها إفراغ المجال القائم بين صاحب القوة والخاضعين، بحيث تصبح المواجهة مباشرة، حيث تمثل السلطوية، هيمنة مادية على الخاضعين، لا ترتبط بوعيهم بقدر ما ترتبط بجوانبهم الحسية المادية. وهكذا يبدو، بنفي

الأمرين السابقين، أن النسق الثقافي يمثل **"نسق سلطوي اختياري"**، تكون السلطوية فيه مضمرة، والإرادة موجهة عن بعد، وهذا ما يمنح الأدلجة والتموية قيمة كبيرة في السيطرة على الخاضعين، بما يضمن الأمن والاستقرار لأصحاب القوة، وبما يحيل الخاضعين إلى شماعة يعلق عليها كل تبريرات الفشل والتعثر في الإشباع. ليس بفعل أصحاب القوة فقط، ولكن بفعل الخاضعين أنفسهم كذلك. وبهذا الخصوص يؤكد جيرد ماير Meyer: إن القوة التي أفترض أنني أنحني لها في العلاقات الاجتماعية، ترتكز في الواقع على قوة الاعتياد أو القبول الطوعي، حيث تتأسس لفترة زمنية طويلة، ولذلك فإن التغلب على افتقاد القوة يبدأ من عقولنا أو وعينا. (Meyer: 2005:17-23)

بناء على ما تقدم، فإن أدلجة النسق الثقافي، تولد **"غائية المعنى المزيف"**. حيث يميل الخاضعون إلى استدماج الحقائق المبتورة أو المضللة كلياً، ويكسبونها شرعية مفرغة من مبرراتها الحقيقية، وبهذا المعنى، تؤدي الأيديولوجيا، دوراً وظيفياً بالنسبة لأصحاب القوة، ودوراً لا وظيفياً بالنسبة للخاضعين، ومحور هذا الدور هو ربط أطراف التفاعل المتناقضة تكاملياً، بما يحافظ على تمايز الامتيازات والمكاسب وعملية السيطرة ذاتها.

وتمثل أدلجة المعتقدات الإيمانية والدين، حرفة خطيرة في إطار صناعة النسق الثقافي حيث تستخدم النصوص الدينية لتبرير الأوضاع القائمة وتسويغها، وإضفاء الشرعية عليها، ولذلك فإن تأويلات الدين كمكون ثقافي، لا يظهر محايداً في إطار علاقته بأنساق التفاضل في القوة ومثال ذلك، ما يؤكد عليه حليم بركات: بأن الدين يستخدم في المجتمعات العربية كأداة للسيطرة من قبل الأنظمة السياسية، ويستخدم من قبل الطبقات الخاضعة كأداة للمصالحة مع الواقع المرير والتكيف معه، ورغم أن الدين قد يستخدم كأداة للتحريض والسخط من قبل القوى المعارضة، إلاّ أنه غالباً ما ينحصر في هذا المجال، ضمن دوائر محدودة من الطبقات الخاضعة لكن الخطورة البالغة للدين تبقى واضحة إذا ما تم استثماره من قبل الدولة والطبقات العليا. (بركات، 2000:488-500)

كما يؤكد وجيه كوثراني: أن المؤسسة الدينية التي اعتبرها المؤرخون جزءاً من السلطنة العثمانية، قد شكلت نافذة المؤسسة الحاكمة على المجتمع عبر وظيفتها القانونية والتعليمية في الولايات والمقاطعات، حيث أضفى ممثلوا الشريعة، شرعية عليها، وقد ساعد ذلك في قيامها. (كوثراني: 1988:42-43).

يعمل أصحاب القوة، على ترميز الوجود الاجتماعي الكلي للخاضعين، وتوجه الدلالات الرمزية وأُطر المعنى على مستوى الوعي والموضوعات، ويتم تعميمها وتجسيدها فيزيقياً من خلال الأدوات والأشخاص والخدمات والموضوعات المختلفة التي تستطيع القوة أن تنفذ إليها. إن التجسيد الفيزيقي لرموز القوة ودلالاتها هي محاولة من قبل أصحاب القوة لِـ "تعريف" العالم الاجتماعي وفق تصوراتهم ومفهوماتهم. وتكتمل هذه المعادلة، بتعلم الخاضعين للدلالة الرمزية، واستجابتهم لكل ما يجسدها موضوعياً، ولذلك فإن منطلقات الحاجة المؤدلجة في نسق الشخصية، تتضمن توجيهات خضوع معممة، تفرض على الفاعل إعلان التوافق مع متطلبات أصحاب القوة في أوقات وأماكن مختلفة.

إن ترميز الحياة الاجتماعية وفق مقتضيات استقرار القوة، وتعميم الدلالات الرمزية في الثقافة المشتركة، بالإضافة إلى التجسيد الفيزيقي للرموز، هي عملية فعالة في استمرار أنساق التفاضل، حيث تتعزز القوة حتى في غيابها، ولذلك فإن القوة تبقى حاضرة باستمرار، ومفعلة من خلال الاستجابات التلقائية من قبل الخاضعين لمتطلباتها، ومن هذا المنطلق يمكن اعتبار رموز القوة بمثابة **"قوى الضبط التلقائي"**.

ترتبط، قوى الضبط التلقائي، بإشباع الحاجات والمصالح، مما يعمق قوة الإلزام المرتبطة بها، ولذلك فإنها تعكس تمايزات المصالح والحاجات في إطار من الشرعية المرتبطة بالنسق المؤسسي ذاته، حيث يتحول الرضا والقبول، وشرعية القوة القائمة، إلى التزام مؤسسي يرتبط بسلسلة لا نهائية من فرض الجزاءات، ويأخذ هذا الالتزام صورته الضابطة من خلال اقتران تبادل الرمز ودلالته، بتبادل توقعات الدور الانحيازية.

تشكل عملية الترميز، وتجسيدها الفيزيقي، ومأسستها على النحو السابق، ما يمكن وصفه بِـ **"الحاجز المعياري"** وهو من أهم التشكيلات الثقافية المؤدلجة في تكريس التوازن التفاضلي؛ فهو بناء المعايير الانحيازية الراسخ، الذي يقف بين الوعي الحقيقي، والحقيقة الواقعية، حيث يدرك ويشعر معظم الفاعلين بأن هناك جدار سميك محكم البناء، لا يمكن تحطيمه أو تجاوزه فيشكل كل فاعل لبنة من لبنات الحاجز المعياري، ليس بموجب وعيه السلبي فقط، ولكن بفعل انصياعه لما ينهال على وعيه من دلالات، تشبع من خلالها احتياجاته المشوهة المتدنية، وبذات الوقت تضفي شرعية على القوة، وتظهر أحقيتها في الممارسة القائمة.

إن هذه المعادلة المعقدة التي تجمع بين الإشباع وتدفق الشرعية، تظهر تناشزاً في مستويين، **المستوى الأول**، يتمثل في أن كل فعل إشباع تحت وطأة القوة المعممة رمزياً هو فعل إعادة إنتاج شرعية القوة والوضع القائم، أما **المستوى الثاني**، فيتمثل في أن كل فعل امتناع، أو إحجام عن الإشباع، ينفصل عملياً عن عملية سحب الشرعية - إلاّ إذا كان فعلاً جمعياً - لأن الشرعية قد حظيت بتجسيد خارجي مؤسسي، ومن هنا، فإن الامتناع وإن كان جمعياً، يجب أن يترافق مع إزالة جميع البنى الرمزية المؤسسية التي تمثل القوة القائمة وذلك من أجل استئصال شرعيتها ووجودها كلياً.

تكشف مقولة الحاجز المعياري عن حالة استلابية هي **"تآمر المرء على ذاته"**. وتتضح معالمها من خلال الأنماط الرمزية التي يتعلمها، والأفعال المرتبطة بها، فالمعتقدات (الرموز الإدراكية) تستدمج متطلبات القوة ودلالات وجودها، وتفضي إلى فعل أداتي تكيفي يستجيب لمستوى متدني من الإشباع، وتتآلف المعتقدات مع الرموز التعبيرية، حيث أن إدراك النتائج المترتبة على الخروج عن المحتوى الرمزي قد يدعم الحالة الانفعالية المرتبطة به، وهذا ما يزيد من ميل الفعل الأداتي نحو طقوسية أداتية تعبيرية بذات الوقت، فالإدراك يشمل العقوبة والألم المرتبط بها، كما يشمل الخضوع وسلبية المشاعر المرتبطة به، ولكن الأمن الوجودي يتحول إلى قيمة أساسية لدى الخاضعين، وهنا تبرز الرموز

التنظيمية، التي تمثل الركن الرمزي الأقوى في تحقيق التكامل عن طريق أساليب التوجيه القيمي التي تحددها القوة، وهذا الإجراء يعبر عن سلبية أخلاقية تختزل المشكلات، وتقلل التوترات التي قد تقلق استقرار القوة. ولذلك يؤكد جيمس سكوت: أنه بمقدار ما تتعاظم السلطة المفروضة على المحكومين، وبمقدار ما تكون الرقابة مكثفة، يصبح على المحكومين واجب تعزيز الانطباع بأنهم مذعنون، راضون، ومليئون بالتبجيل لمن هم أرفع منهم مكانة. (الربايعة: 47:1999).

وهكذا، يتحول الإذعان إلى معيار تقاس من خلاله مستويات صلاحية المرء أو عدمها ويترتب على ذلك، أن الشخص الذي يخالف دلالات ومعاني البنى الرمزية المجسدة للقوة، لا يعد منحرفاً فقط أو مذنباً من وجهة نظر أصحاب القوة فقط، ولكن يعد كذلك من قبل مجتمع الإذعان ذاته، ولذلك فإن دلالات الخوف الرمزية، تزود الخاضعين بدافعية عالية لتجنب "**التماس المشبوه**"، أي التفاعل مع الخارج عن أوامر القوة ومن يعارضها، حيث يحيل التماس المشبوه كل من يتفاعل مع الخارج عن مطالب القوة إلى دائرة الانحراف، مما يشكل آلية إضافية في اختزال المشكلات التي قد تقلق القوة واستقرارها.

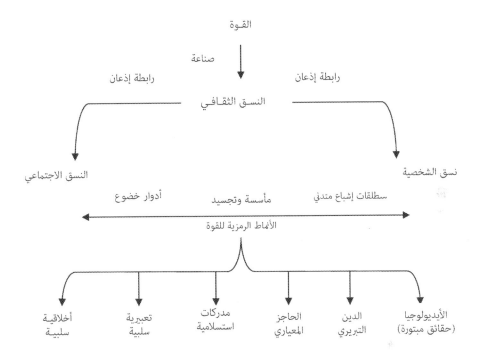

القوة
صناعة
رابطة إذعان
رابطة إذعان
النسق الثقافي
النسق الاجتماعي
نسق الشخصية
أدوار خضوع
مأسسة وتجسيد
سطلقات إشباع متدني
الأنماط الرمزية للقوة
أخلاقية سلبية
تعبيرية سلبية
مدركات استسلامية
الحاجز المعياري
الدين التبريري
الأيديولوجيا (حقائق مبتورة)

النمودج (32): أدلجه وتمويه النسق الثقافي

3-5-4: نسق الشخصية (أداة القوة، ووعاء الأدلجة والتمويه):

يستمد النسق الثقافي معناه وحقيقته عندما يستدمج في وعي الأفراد، وينطلق عملياً في ممارساتهم، وكذلك الأمر بالنسبة لتوقعات الدور في النسق الاجتماعي، حيث تحظى بالشرعية والاستمرار عندما يستجيب الأفراد لتعليماتها، ومن هنا، فإن جميع تشوهات النسق الثقافي التي صنعتها القوة، وجميع ضروب الأدلجة والتمويه، سوف تنعكس في نسق الشخصية الذي يمثل وعاءً يستوعب محتوى النسق الثقافي، ويتماثل مع متطلبات التفاضل في النسق الاجتماعي، ولذلك فإن نسق الشخصية يمثل الأداة الحقيقية لفاعلية القوة والسيطرة على الوضع القائم، فصناعة الوعي وصياغته وفق متطلبات القوة، تتم

عن طريق صناعة وصياغة المكون التوجيهي لمنطلقات الحاجة، والتي تمثل مرتكزاً أساسياً في نسق الشخصية.

لذلك، إذا تمكنت القوة من إدماج تشوهات النسق الثقافي في منطلقات الحاجة، فإنها لا تضمن لذاتها القبول والاستمرار فقط، ولكنها تعفي ذاتها من جهود الحذر والاحتياط والتخوف حيث أن استجابة الشخصية للتشوهات الثقافية لا تتوقف عند حد الخضوع، بل تتعدى ذلك إلى إصدار تبرير "سلبي" للوضع القائم.

بناء على ما تقدم، يتأسس بناء الشخصية على **"نمطية منطلقات الحاجة"**، المصاغة في أطر محددة، تجمع بين الاشباعات المتدنية، وترتيبات ثقافية تكييفية، تنمي التوافق مع مستويات الإشباع وتحقق الرضا، كما تقدم للشخصية الأساس المعياري الذي يجمد الأهداف ويقولبها ويوجه الفعل نحو شرعية تدني مستوى الإشباع. ولذلك فإن الأدوار الاجتماعية التي تمثل مكان الإشباع الحقيقي، تستحضر ضمن توقعاتها مسارات محددة للإشباع تكون عادة موجهة نحو المستويات المعيارية والقيمية المصاغة في بنية التفاضل.

تؤدي نمطية منطلقات الحاجة إلى **"استغراق إشباعي"**، أي توقف الطموح وجموده في إطار من السلبية الإشباعية النمطية، التي تفصل بنى الوعي عن حدود التفكير في ما وراء قبضة اليد، وتتعزز هذه الحالة بموجب بعض العمليات الفاعلة في النسق الثقافي، كاستخدام المؤسسة التعليمية، والمؤسسة الدينية، والمؤسسة الإعلامية، في تشكيل الأفعال التكيفية. إن التماثل مع توقعات الدور التي تهيئ الفعل التكيفي، والنمطية الإشباعية يكرس **"وهم أقصى حد للإشباع"**، والانهماك بالحفاظ عليه، ولذلك فإن تفاعل الخاضعين وتنافسهم في إطار هذا الوهم يصنع **"حقل الخضوع"** - حسب تعبير بورديو - أي تفاعل الأفراد في إطار منافسة خادعة لتحقيق إشباعاتهم في إطار محدد وتحت سقف معين.

يرتبط نسق الشخصية، بهوية اجتماعية تبريرية، تكرس التمايز من خلال نظر الأفراد الخاضعين إلى شرعية وضعهم الاجتماعي مقابل وضع الآخرين (أصحاب القوة)، وظهور "الهوية التبريرية" على هذا النحو، له ركنين أساسيين في تكريس التوازن

التفاضلي وهما: **أولا: اغتراب الحافزية**، أي الميل للتوافق مع ترتيبات الإشباع في حدوده المتدنية، مع افتقاد القدرة على تجاوز هذه الحالة، وضبابية الوعي حولها. ولذلك يمكن اعتبار الحافزية المغتربة شكلاً من أشكال التطابق مع أهداف القوة. **ثانياً: تدني مفهوم الذات** حيث أن تعريف الأفراد لذواتهم وإمكاناتهم وحاجاتهم يكون مطابقاً لوضعهم المتدني، وبذات الوقت يحملون تصورات مغايرة ترفع من شأن أصحاب القوة وإمكاناتهم وحاجاتهم وتتعزز هذه الحالة بإظهار تضخم مفهوم الذات لدى أصحاب القوة، مما يحافظ على طول المسافة القائمة بين الطرفين حتى على مستوى التصورات والمدركات.

وهنا، تبرز عملية التنشئة الاجتماعية، كعملية ترويض، أو تدجين مدعمة بالخوف وفق مصالح القوة، فتوجه الأفراد نحو الخضوع، وتروضهم على منطلقات حاجة استلابية، وهي عملية تسير عبر الزمن في مختلف البنى والمؤسسات التي يوجد فيها الفرد، بحيث تتخذ بعداً تكاملياً سلبياً في نقل تشوهات النسق الثقافي إلى نسق الشخصية، فتكون النتيجة، نسق شخصية امتثالي، خضوعي، وذو حساسية متدنية لتشوهات النسق الاجتماعي وعملية الإشباع، يميل إلى النمطية، ويبتعد عن التجديد والتغيير رغم أن الظروف ليست في صالحه، ويلوذ بالمسارات الآمنة (وهي مسارات الخضوع)، ولو أدى ذلك إلى تنازلات إشباعية، وهكذا فإن عملية التنشئة الاجتماعية، هي عملية إعادة إنتاج النسق الثقافي المؤدلج من خلال إدماجه في نسق الشخصية.

وعلى هذا النحو، يقول شرابي: إن الطفل في العائلة البطركية يتعلم درسين أساسيين من خلال تعامله مع ذوي السلطة في بيئته، أولاً: كيف يقمع عدوانيته تجاه السلطة، ثانياً: كيف يتحاشى مواجهتها، وهذا بالضبط ما يؤدي إلى الاتكالية والخضوع. (شرابي: 49:1977).

ويضيف في السياق ذاته: إن الفرد في المجتمع العربي ينخرط في الحياة الاجتماعية لتأمين مصالحه الخاصة والمحافظة على سلامته، فالقول العربي المأثور "إمش الحيط الحيط"

يدعو إلى اتباع سلوك حذر والاستغناء عن روح المغامرة. إن الفرد يواجه الحياة بصورة دفاعية ويتحمل آلامها بهدوء، وكبت داخلي. إن المجتمع يفضي أن تحل روح الخضوع محل روح الاقتحام، وروح المكر محل روح الشجاعة وروح التراجع محل روح المبادرة، وتبعاً لذلك فإن القوي المسيطر، لا يواجهونه مواجهة مباشرة بل يستعينون بالله عليه، كما في القول: "اليد يلي ما فيك تكسرها بوسها وادعي عليها بالكسر". أما مُقارعة الخصم فلا فائدة منها إذا كان قوياً كما في القول المأثور: "العين ما بتقاوم المخرز". (المرجع السابق: 55).

إن اختراق نسق الشخصية إلى هذا الحد، يؤسس معه ميكانزمات تحافظ على حالة التوازن داخل نسق الشخصية، وتجعله آلية فعّالة في تكريس التوازن التفاضلي، وهذه الميكانزمات هي: **أولاً: الاكتساب التكيفي**، ويعني اكتساب الفرد التوجيهات والقيم الجديدة التي تضعها القوة في النسق الثقافي، وترسخها مصلحياً في النسق الاجتماعي، ولذلك فإن الاكتساب التكيفي يمثل عملية تعلم عناصر التكيف مع التغير الموجه الذي تقوده القوة، وهذه العملية تمنح الفعل الأمن في تفاعله مع القوة، حيث أن اغترابه عن توجيهات القوة المستجدة، قد يعرضه للجزاء، أو السخط عليه. **ثانياً: كبت الامتعاض**، ويمثل هذا الميكانزم عملية تصريف ذاتي للتوترات التي تدخل حيز العلاقة بين منطلقات الحاجة النمطية، والنسق الاجتماعي، وبشكل خاص التبرير الذاتي لتدني مستوى الإشباع، وكبت التذمر والشكوى الأمر الذي يفضي إلى التظاهر بالضعف بدلاً من الإقدام على انتزاع الحق. ويترتب على ذلك، ظهور الميكانزم الثالث وهو، **ثالثاً: الإقدام التوافقي**، ويتضمن عملية تغلب على التوترات التي تربط الفاعل بموضوع الإشباع، من خلال التوافق مع متطلبات الخضوع، وقد ينطبق على الفاعل هنا ما أطلق عليه سبينوزا "المنافق المستجدي"، وهو الذي يستجدي حقه عن طريق النفاق، ويحقر من شأن ذاته. (أنظر، عبد الفتاح: 252:1988). فالفاعل يلجأ بمقتضى هذه العملية إلى التملق والنفاق، واستدرار الشفقة، وكما يقول شرابي: "فكل فعل يصبح نوعاً من الاستجداء،

بحيث أن صاحبه يعترف، من خلال تعابيره وموقفه بسخاء المعطي، وبالتالي بعجزه هو واتكاليته" (شرابي: 50:1977).

إن عمل هذه الميكانزمات في نسق الشخصية، يشكل ما يمكن وصفه بـ **"مركب الاضمحلال"** ويشير إلى الارتباط والتداخل بين هذه الميكانزمات بحيث يؤدي ذلك إلى اضمحلال الأنا الفاعلة النشطة (I) - حسب ميد - ، لصالح الذات المتأثرة (Me) التي تمثل قيم ومعايير أصحاب القوة، إلى درجة يصبح عندها الفكر ليس ملكاً حقيقياً لصاحبه. إن هذه الحالة يمكن أن تبرز بشكل واضح في إطار "الهوية التبريرية" المشار إليها سابقاً. حيث يتعلم المرء كيف يرى ذاته كما يشاهده الآخرون أصحاب القوة، وضمن تدني مفهوم الذات، تبرز الدونية، والقصور، والعجز وضمن الحافزية المغتربة يبرز وجوب الامتثال والطاعة، ويرافق ذلك شعوراً بالاستباحة، والخوف. وتكرس هذه الأبعاد بتمفصل نسق الشخصية مع النسق الاجتماعي، الذي يمنح الخاضعين خصائصهم مقابل أصحاب القوة، ويحدد لهم طبيعة الأدوار التي يجب أن يتصرفوا داخلها، وحدود تصرفهم، إن مأسسة نسق الشخصية الممتلئ بتشوهات النسق الثقافي في النسق الاجتماعي، يرسخ التوازن التفاضلي ويمنحه الاستقرار.

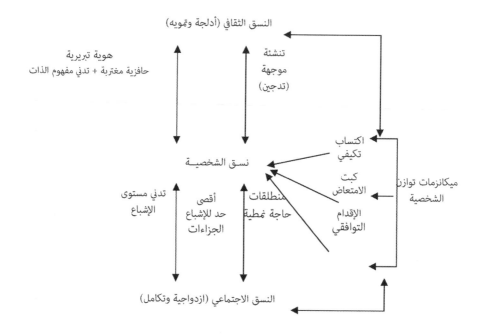

النموذج (33): نسق الشخصية كوعاء للأدلجة والتمويه

إن التفاعل بين الأنساق الثلاثة (الثقافي، والاجتماعي، والشخصية)، في إطار التوازن التفاضلي، يكشف عن شكل مشوه من التدرج السيبرنطيقي، وهو ما يمكن وصفه بِ "**سيبرنطيقا القوة**" حيث أن توغل القوة في محتويات الأنساق، يجعلها تتفاعل ضمن تنظيم ذاتي توازني يخدم مصالحها أساساً. وبمعنى آخر، فإن القوة تمتلك كثرة المعلومات التي تحرك طاقة الأنساق لخدمتها، وعملية امتصاص المعلومات والطاقة على هذه النحو تخلق الوجه الآخر لسبرنطيقا القوة، وهو الحلقة المفرغة لمأزق الفعل الاجتماعي، حيث يكبل الفعل بأغلال نسقية تغذي بعضها بصورة دائرية يستعصي عليه الخروج منها بوضعه الراهن، ويمكن إجمالها على النحو التالي:

لا يمكن أن يوجد الفعل الاجتماعي، دون وجود فاعلين محفزين بشكل كاف للاستجابة لمتطلبات النسق الاجتماعي، ووفق مقتضيات التوازن التفاضلي، فإن

محتويات النسق الثقافي المؤدلج، تنتقل إلى نسق الشخصية عن طريق عملية التنشئة الاجتماعية الموجهة لمصلحة القوة بحيث يُشكل نسق الشخصية صورة مطابقة نسبياً لمحتوى النسق الثقافي المؤدلج، وبذلك فإن نسق الشخصية يزود توقعات الدور في النسق الاجتماعي بالفاعلين الذين يمتلكون حافزية مغتربة، وميكانزمات توازن ومركب اضمحلال، يكرس التوازن التفاضلي في النسق الاجتماعي، حيث أن كل ممارسة لتوقعات الدور، تعيد إنتاج المحتوى الثقافي المؤدلج، ومنطلقات الحاجة النمطية التي تربط نسق الشخصية المؤدلج بتوقعات الدور الانحيازية، وهكذا تأخذ العملية شكل الحلقة المفرغة التي تضع الفعل في مأزق الخضوع، وتجعله أكثر رسوخاً مع مرور الزمن.

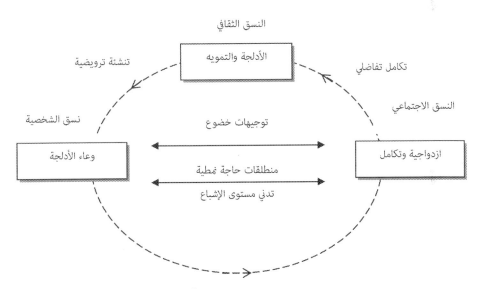

النموذج (34): الحلقة المفرغة لمأزق الفعل الاجتماعي

وفي ضوء ما تقدم، يمكن إجمال العمليات الدافعة إلى استمرارية الحلقة المفرغة لمأزق الفعل وديمومة التوازن التفاضلي، على النحو التالي:

أولاً: رغم قدرة أصحاب القوة على صياغة الفعل الاجتماعي وضمان خضوعه عن طريق المعايير الاجتماعية في النسق الثقافي، ومنطلقات الحاجة في نسق الشخصية، وتوقعات الدور في النسق الاجتماعي، إلاّ أن رغبة السطوة لديهم، لا تتوقف عند هذا الحد، بل تتعداها إلى استخدام القهر المادي الصريح إن لزم الأمر، حيث يتحول أصحاب القوة مع مرور الزمن إلى أوصياء على الاستقرار والتوازن بشكله التفاضلي، وكذلك على المحرمات الاجتماعية والثقافية، ومصالح الفاعلين، كما يقدرون الصواب والخطأ والحق والباطل وهذا ما يمكن وصفه بـ **"نفاج القوة"**، أي المبالغة الخرافية في الإدعاء والعظمة وارتفاع الشأن دون جهد فعلي أو مبررات موضوعية للوصول إلى هذه العظمة، مما يجعلهم يشعرون بأن المحيط الاجتماعي قد انحسر أمامهم. (حول مفهوم النفاج: انظر: حجازي: 229:1988)

ثانياً: إن ارتباط الفاعل بالموضوعات الإشباعية المشوهة، التي تأسست مع الخوف والجزاء في بنية توقعات الدور، يدفع الفاعل إلى الالتصاق أكثر بتوقعات الدور، والانهماك في التماثل معها. وترتبط هذه الحالة بتلازم ثلاثي في أنساق الفعل يجمع (الأداتية، والتعبيرية، والزمن) ضمن ما يمكن وصفه بِـ **"الخبرة الإشباعية"**، وهي تعكس عمقاً تاريخياً للمشاعر واللذة والألم المرتبط بموضوعات الإشباع. إن هذه الخبرة - في التوازن التفاضلي على وجه الخصوص - تلعب دوراً تكييفياً من خلال اقترانها بالمعايير الاجتماعية التي تقر التفاضل وتكسبه شرعية وتبرره عبر الزمن، ولذلك فهي تمثل قوة دافعة أساسية للامتثال، وبذات الوقت تكسب الفعل قدراً من المرونة ووهم الحرية. وهنا، يلزم قول اسبينوزا: "إن الناس يظنون أنفسهم أحراراً، لأنهم واعون برغباتهم وشهواتهم، ولكن نظراً لجهلهم، لا يحلمون بالتفكير في الأسباب التي أدت بهم إلى هذه الرغبات".(أنظر: عبد الفتاح: 237:1988).

ثالثاً: تمثل عملية التنشئة الاجتماعية، بمحطاتها ومحتوياتها المختلفة، آلية إعادة إنتاج حقيقية للحلقة المفرغة، تعمل التنشئة الاجتماعية على نقل تشوهات النسق الثقافي إلى نسق الشخصية الذي يمثل تمفصلاً مركزياً بين النسق الثقافي والنسق الاجتماعي، بحيث يتحول هذا النسق إلى تعبير عملي صريح عن متطلبات أصحاب القوة، خاصة بعد أن يعمل بآلية ذاتية من خلال ميكانزمات التوازن التي يتضمنها (الاكتساب التكيفي، وكبت الامتعاض، والإقدام التوافقي).

رابعاً: يمثل النسق الاجتماعي، الصورة النهائية للتوازن التفاضلي ، الذي يتجسد في الأدوار وتوقعاتها، بما تتضمنه من تمايزات، وتبريرات، وشرعية زائفة. إن النسق الاجتماعي يجسد **"تنظيم قوة"**، يحظى بالاستمرار والديمومة، من خلال أفعال إعادة الإنتاج، المرتبطة بتوقعات الدور المؤسسة من جهة، وموضوعات الإشباع التي يتضمنها النسق الاجتماعي من جهة أخرى.

6-4: الأنساق المجتمعية للتوازن التفاضلي (هيمنة النسق السياسي)(*):

ضمن مقتضيات تحليل الأنساق المجتمعية وارتباطاتها - بالنسبة للتوازن التفاضلي - يظهر النسق السياسي، كتعبير عن قوة مهيمنة على الأنساق الأخرى ومتوغلة في محتوياتها، ويوجه وظيفة تحقيق الهدف، أي حشد المصادر وتعبئتها وتوزيعها، لخدمة ومصلحة فئات محددة، وليس للمصلحة المجتمعية العامة. إن هذا الافتراض لا يلغي قوة الأنساق الأخرى بصورة مطلقة، لكنه يظهر استلابيتها النسبية من قبل النسق السياسي وتسخيرها لخدمة مصالحه.

(*) إن مقولة هيمنة النسق السياسي كواقع مجتمعي، يصعب تعميمها على المستوى العالمي، ولكن قد تنطبق على البلدان العربية والشمولية عامة، كما يمكن الأخذ بعين الاعتبار أنه في ظل العولمة تضعف سيادة الدولة، بتأثير الشركات عابرة الحدود، مما يحرر الفئة الاقتصادية حتى في البلدان النامية - نسبياً - من تسلط القائمين على النظام السياسي.

لذلك، يمكن تصور اعتلالية نسقية عامة داخل المجتمع، يسيطر من خلالها أصحاب القوة على خيرات النسق الاقتصادي، ويموهون محتوى النسق الائتماني لإضفاء الشرعية على وجودهم وقراراتهم، كما ينتزعون الدعم من الروابط المجتمعية لتثبيت مواقفهم. وتنعكس هذه العلاقة الإعتلالية على الأنساق الفرعية وتشوهها، حيث تظهر القسرية والزيف في نسق التضامن والولاء، وتظهر اللاعدالة في نسق المعيار التوزيعي، ويظهر الترهل وضعف الإنتاجية في نسق سوق الاستهلاك والعمل.

وبمعنى آخر، يظهر هنا، دور الدولة الاستلابي، حيث تهيمن الدولة على المجتمع وتمد أجهزتها السيادية فيه، تلجأ إلى القهر أحياناً، وإلى الترهيب أحياناً أخرى، ولكنها بصورة دائمة تستخدم المحتوى الرمزي والثقافي للتدعيم السياسي وإضفاء الشرعيّة، وتقديم الولاء. إن هذه العلاقة بين الدولة والمجتمع، تعكس صورة المجتمع الذي يمشي على رأسه، حيث يقوم المجتمع على خدمة الدولة، وليس العكس، وتغيب الديموقراطية، وتتقلص الحريات، وتظهر صورة الاغتراب الحقيقية للأفراد، حيث الضعف والهاشمية والشعور بالاستباحة والتعرض للخطر، كما يستحوذ قلة على رأس المال، وتضعف الإنتاجية، ويتفاقم الاستهلاك، مما يعكس تشوهات عميقة في بنية النسق الاقتصادي.

ومن المفارقات الهامة، أن هذه الصورة النسقية للمجتمع، تقدم إزدواجية واضحة بين الشكل والمضمون، أي أن المجتمع، قد يمتلئ بالأشكال التي تعبر عن مظهرية مزيفة، تحجب النظر مباشرة إلى قبح المضمون، ولذلك، فقد تظهر المؤسسات الديموقراطية، ولكنها تعمل ضمن أيديولوجيا تبريرية ودفاعية عن مصالح الدولة وتكون مغتربة عن الفعل السياسي الحقيقي. وقد ترفع شعارات الحرية والتعبير عن الرأي، وبذات الوقت تكمم الأفواه بأقفال من حديد، وقد يتم تبني مشروعات تنمي المشاركة السياسية، ولكن المطلوب فعلاً يكون مشاركة توافقية إنصياعية، وربما تنتشر المؤسسات التعليمية، والتربوية، ولكنها بدلاً من تحرير الفكر وتنشيطه، تساهم في اعتقاله وترويضه أو تلقينه مبادئ الطاعة والولاء وبطبيعة الحال، فإن الفاعل الاجتماعي، يقع في مركز العلاقات النسقية وتشوهاتها، وينعكس ذلك على هويته ووعيه وأهدافه وطموحاته، وفعله بصورة

عامة، فكما قال دوركايم: "المجتمع ليس شيئاً ما يقف هناك خارجاً عنا، لكنه هنا فينا وجزء من داخليتنا الإنسانية، إن المجتمع لا يضبط فقط حركاتنا، لكنه يشكل هويتنا وفكرنا وعواطفنا، إن بناءات المجتمع تصبح بناءات وعينا فالمجتمع لا يتوقف على سطح جلودنا، إنه يخترقنا إلى المدى الذي من خلاله يطوقنا". (Goudsblom: 1977:117)

ويمكن إبراز صورة العلاقات النسقية الاعتلالية وتشوهاتها والأنساق المنبثقة عنها على النحو التالي:

نسق الاستحواذ:

ينتج هذا النسق عن علاقة الهيمنة بين النسق السياسي والنسق الاقتصادي بحيث توجه عملية تعبئة الموارد لصالح أصحاب القوة في النسق السياسي. يستحوذ أصحاب القوة في النسق السياسي على القسم الأكبر من خيرات النسق الاقتصادي، وتوجه في المقام الأول لرخائهم، وليس لرخاء المجتمع ككل، وبالمقابل فإن النسق السياسي لا يهيئ فرصة تحقيق الفاعلية أمام النسق الاقتصادي، وبشكل خاص، فيما يتعلق برأس المال والأرصدة التي من المفترض أن تطرحها الدولة للتداول من أجل تحقيق الأهداف الاقتصادية، ويترتب على ذلك إصابة النسق الاقتصادي بـِ **"عجز الفاعلية"**، على صعيد المنتج، والخدمات التي تحقق أغراض المجتمع، وفي جوهر هذه العلاقة، تظهر "اللاعدالة"، أو "الإجحاف" بالنسبة للفاعلين المنتجين في النسق الاقتصادي، حيث يتلقون موارد سائلة أقل من استحقاقاتهم، وبما لا يفي باحتياجاتهم. ويعتبر هذا الأمر جزءاً أساسياً من سلب الأفراد فاعليتهم الإنتاجية، وإغراقهم في حالة تبلد إنجازي، وحافزية اغترابية للعمل، وتظهر هذه الحالة حتى بالنسبة للقطاعات الاقتصادية الخاصة التي تمثل جزءاً من المؤسسات الاقتصادية العامة، وتسير وفق ميزان الأجور العام داخل الدولة، وتستجيب لتبلد التشريعات التي يضعها النسق السياسي وتقييداتها. ولذلك فإن الفاعلين المنتجين في هذه القطاعات، لا تعد عوائدهم أفضل حالاً من العاملين في القطاعات التابعة للدولة، حسب معيار مقارنة الجهد المبذول في العملية الإنتاجية. - هذا في حال أن تكون

عوائدهم أعلى فعلاً -، لكن التشوه الوجودي الحقيقي للقطاعات الخاصة يتشكل من خلال المفارقة بين ارتفاع الفاعلية الإنتاجية، وتدني مستوى العوائد المقدمة للفاعلين المنتجين وربما يؤدي التحالف بين أصحاب القوة في النسق السياسي، وأصحاب الثراء العريض ورؤوس الأموال في النسق الاقتصادي، إلى تعميق الحالة السابقة، حيث يكون الفاعل المنتج جزءاً من العملية الاستثمارية، التي تستغل طاقته الإنتاجية، ولا تعود عليه بما يستحق، بينما يزداد أصحاب الثراء ثراءً، ويحظى أصحاب القوة في النسق السياسي بالامتيازات والخيرات لقاء التسهيلات المقدمة.

وفي نسق الاستحواذ، تظهر "**الرغائبية الاقتصادية**"، على صورة إغداق اقتصادي لمن يتولون حماية النسق الاقتصادي، أو من يمكن وصفهم بـ "**الحاشية الحامية**"، إن الإغداق الاقتصادي يمثل "**القاعدة الاقتصادية لولاء الحاشية**"، وهو على حساب استلاب واختزال اقتصادي لمن يقعون خارج دائرة المصلحة المتبادلة. إن الحاشية الحامية تتكسب اقتصادياً بطرقها الخاصة، وتعمل على تمرير مصالحها فوق كل الاعتبارات الأخلاقية والمجتمعية، وتنتهك كل المحرمات، بما في ذلك الاقتصادية منها، باسم "**الولاء المتفاني**" و "**الحراسة التامة**" للنسق السياسي، وهو ما قد يضفي شرعية - مرتبطة بالخوف - على تصرفاتها. إن هذا الاستلاب المزدوج من قبل أصحاب القوة وحاشيتهم، قد يفضي إلى استقطاب طبقي داخلي، مع الأخذ بعين الاعتبار التحولات السلبية التي يمكن أن تطرأ على العملية الاقتصادية. وتجدر الإشارة هنا، إلى أن مستوى تكشف مساوئ الاستحواذ الاقتصادية ترتبط إلى حد كبير بمستوى "**تطور القاعدة الإنتاجية المادية**"، التي تمثل ركيزة أساسية للنسق الاقتصادي، حيث يظهر مستوى عال من المقاومة لمساوئ الاستحواذ، في أنساق الاستحواذ التي ترتكز على مستوى عال من تطور القاعدة الإنتاجية المادية، بينما يتدنى مستوى المقاومة في الأنساق التي تمتلك مستوى متدنٍ من تطور القاعدة الإنتاجية المادية، وقد تنعدم المقاومة في الأنساق التي لا تمتلك قاعدةً إنتاجية مادية أصلاً.

ويدخل في اعتبار ما تقدم، شكل الدولة العربية الزبونية. التي تقوم على شبكات من العلاقات والولاءات والارتباطات الشخصية والمصلحية بأصحاب الوجاهة والسلطة

على كل المستويات وهي ما يعبر عنها الشعب بعلاقات المحسوبية أو المنسوبية، إنها علاقات تقوم على التبعية وتبادل المنافع بين الأتباع والوجهاء وأصحاب الجاه والنفوذ والسلطة. ويصفها، حليم بركات، بأنها علاقات خارج القانون والتنظيم المؤسسي، وترافقها ممارسات الرشوة والنهب والتحايل على القانون، ويكون الفساد مقبولاً في صلب النظام، وليست هذه ظواهر جديدة خاصة بالدولة الحديثة التي تعتمد على جيش وبيروقراطية منفصلين عن المجتمع، إذ لها علاقة قديمة بميل السلطة لإطلاق أيدي خدامها لفرض إتاوات على الشعب، وكان بعض من يعملون لحساب الدولة لا يتقاضون رواتب منها، وإن تقاضوا كانت رواتب ضئيلة، مما شكل تسويغاً للفساد. (بركات: 535:2000).

وفي نسق الاستحواذ، تتعاظم قيمة الاستهلاك، بينما تتراجع قيمة الإنتاج، وهي نتيجة مترتبة منطقياً على الحوافز الاقتصادية المتدنية والجامدة التي يوجّه الأفراد نحو التكيف معها. وهذا التشكيل القيمي، يعتبر جزءاً من عملية التراجع الاقتصادي، وتدني الفاعلية الإنتاجية، التي يضعها النظام السياسي المهيمن، وهنا، فإن النسق السياسي قد يلجأ إلى اعتبار منظومة القيم، وتبلد العملية الإنتاجية واقعاً معطى، ولذلك فقد يبدو بصورة مضللة أن وراء تردي الإنتاج، وتراجع المستويات الاقتصادية، تقف منظومة القيم التي يحملها أفراد المجتمع، وليس النهب المكثف الذي يمارسه النسق السياسي، ولذلك فإن تحليل المسار التاريخي لتفاعلات الأنساق يعمق الفهم الحقيقي بالتناشز بين منظومة القيم التي يحملها الأفراد، ومتطلبات العملية الإنتاجية.

إن استمرارية الاستحواذ، مع عدم توفر قاعدة إنتاجية مادية متجددة باستمرار، أو عدم القدرة على استثمار المواد الخام المتوفرة، قد يؤدي إلى إغراق النسق الاقتصادي في التبعية الاقتصادية التي تجر معها تبعية سياسية، ويعد النسق السياسي الرابح الأول من علاقة التبعية، بحيث يحافظ على رخائه وتنعمه، بينما الخاسر الحقيقي هو المجتمع الذي يتلقى كل الآثار السلبية للتبعية، ورغم أن هذه المقولة تتجاوز صورة النسق المغلق، إلاّ

أنها تمثل جزءاً من المتغيرات الهامة في الارتباطات النسقية الداخلية، مرة بفعل النسق السياسي المهيمن داخلياً، ومرة أخرى بفعل الأنساق المهيمنة من الخارج، بحيث يمارس النسق السياسي المحلي دور الواجهة بالنسبة للأنساق الخارجية. إن عدم امتثال النسق السياسي للتوجيهات الخارجية قد يلقي عليه كلفة عالية سياسياً واقتصادياً، فعلاوة على انحسار الدعم المادي الذي يتلقاه، فقد يصبح في مواجهة مباشرة مع مجتمعه، حيث لا شرعية داخلية، ولا إسناد أمني خارجي، ولكن حسابات الكلفة قد تلغي أي نقائض حقيقية بين الداخلي والخارجي، وتدعم توغل الخارجي في الداخلي مع استجابة تلقائية لتوجيهاته.

نسق الواجهة التعددية:

ينبثق نسق الواجهة التعددية، عن هيمنة النسق السياسي على الروابط المجتمعية وبشكل خاص، مؤسسات المجتمع المدني. تشكل الروابط المجتمعية جزءاً من الواجهة المؤسسية الديموقراطية للنسق السياسي "الاستحواذي"، ومعنى ذلك، أنها تمثل صور وأشكال ديموقراطية، لكنها فارغة المحتوى من حيث قدرتها على العمل في مواجهة تصرفات النسق السياسي. إن هذا الطابع الوجودي المزدوج للروابط المجتمعية، يقدم التدعيم السياسي الملائم لاستقرار النسق السياسي، بينما يعمل النسق السياسي من خلال القرارات التي يصدرها على تقييد حرية هذه الروابط، ويحرمها غالباً من أبجديات نشاطها السياسي.

وبهذا المعنى، فإن الوجود المزدوج للروابط المجتمعية، يمثل قيمة هامة بالنسبة للنسق السياسي؛ فوجودها يعكس صورة لمرونة الحياة السياسية وانفتاحها، وقبول التنوع والاختلاف كما قد تعمل أحياناً على إضفاء الشرعية والقبول بما هو قائم، وهذا الإجراء جزء من الضرورة الوظيفية المترتبة على وجودها بالنسبة للنسق السياسي، وهكذا يتعامل النسق السياسي المهيمن مع الروابط المجتمعية بموجب خطين متوازيين: **الأول:** يتمثل في السماح بوجودها، وانتشارها وتحركاتها اللاسياسية أو الخدمية، بينما

الخط الثاني، يتمثل في تجريدها من الفعل السياسي الحقيقي، وإحالتها إلى صور اجتماعية للواجهة السياسية، إن التعددية السياسية على هذا النحو تبدو زائفة، بل قد تكون خطرة على مصالح المجتمع عندما تسخر لخدمة النسق السياسي.

وبهذا الخصوص، يصف حليم بركات أزمة المجتمع المدني في المجتمع العربي بقوله: "إن البحث في أزمة المجتمع المدني، هو بحث في ممارسات الدولة التعسفية للسلطة. لقد سلبت الدولة في مختلف البلدان العربية المجتمع من وظائفه الحيوية واحتكرتها لنفسها، وجردت الشعب من حقوقه الإنسانية، ومنها، حق المشاركة في الحياة السياسية، وحق التعبير عن آرائه المستقلة، وقد تمكنت الطبقات والعائلات الحاكمة من فرض هيمنتها على المجتمع والشعب بوسائل مختلفة منها السيطرة على العائلة والقبيلة والطائفة والدين والأحزاب والنقابات والجمعيات والاتحادات المهنية...." (بركات: 923:2000).

ينبثق عن تفاعلات نسق الواجهة التعددية مع تحالفات النسق السياسي، أو زبونية الدولة ما يمكن وصفه بـ **"بنية التمايز القانونية"**، حيث تظهر القوانين بشكليتها، أو كما هي مدونة بأدق تفاصيل العدالة، لكن على المستوى العملي، تتضمن تنفيذاً حازماً على الضعفاء، بينما تتراجع وتنحسر، أو يتعطل العمل بها أمام أصحاب القوة وحلفائهم. إن بنية التمايز القانونية تعكس، الطابع الوجودي الازدواجي العام للروابط المجتمعية، ولذلك فهي لا تخرج عن خدمة مصالح أصحاب القوة.

مقابل الروابط المجتمعية تظهر **"روابط السيادة"**. وهي تتمثل في جميع الأجهزة السيادية التي يضعها النسق السياسي فوق المجتمع، بما في ذلك الروابط المجتمعية. إن توغل روابط السيادة في جزئيات عمل الروابط المجتمعية، وتغولها عليها، يعني إلغاء الحريات وبث الخوف والرعب في المجتمع من ناحية، كما يعني خوف وقلق النسق السياسي الذي يدرك افتقاده لمقومات الحكم والشرعية الحقيقية من ناحية أُخرى.

وفيما يتوافق مع هذه الحالة، يصف شرابي فعالية الدولة العربية، بقوله: إن أكثر العناصر تقدماً وفعالية في الدولة البطركية الحديثة (في الأنظمة المحافظة والأنظمة التقدمية

على السواء) هو جهاز أمنها الداخلي، أي ما يدعى المخابرات، ونجد أن جميع الأنظمة البطركية ترتكز على ازدواجية الدولة، بمعنى أن هناك تنظيماً عسكرياً، بيروقراطياً إلى جانب تنظيم بوليسي سري يهيمن على الحياة اليومية، ويشكل أداة الضبط النهائية في الحياة المدنية والسياسية وهكذا، نجد على الصعيد الاجتماعي العملي أن المواطن العادي ليس محروماً من حقوقه الأساسية فحسب، بل إنه عملياً أسير الدولة كذلك، يفعل به الحاكم كما يشاء. (شرابي: 1987:22-23).

يترتب على فعالية روابط السيادة، وهيمنة النسق السياسي، ما يمكن وصفه بـ "التوجس الانتمائي" بالنسبة للجماهير, أو "انحسار الاستقطاب" بالنسبة للروابط المجتمعية، وكلاهما لا تنفصل عن الأخرى، حيث يتخوف أفراد المجتمع من الانتماء لهذه الروابط - خصوصاً مؤسسات المجتمع المدني -. باعتبارها تمثل ساحة مواجهة فريدة مع النسق السياسي، وتحظى بأهمية ضبطية ورقابية خاصة من قبل روابط السيادة. ولذلك فإن هذه الروابط تعاني من ضعف العضوية، وافتقاد القاعدة الجماهيرية. وهكذا، فإن شعاراتها وتحركاتها غالباً ما تكون مغتربة عن حس الجماهير، حتى وإن كانت صادقة.

إن افتقاد الروابط المجتمعية فاعليتها الحقيقية من ناحية، وافتقادها إلى الاستقطاب الجماهيري من ناحية أخرى، يبقي المجتمع السفلي في حالة من الغوغائية، الأمر الذي يُيسر عملية التلاعب به والتحكم فيه، كما يتم ضمان عدم قيامه بفعل سياسي منظم. إن جميع ردود الفعل الغاضبة خارج الروابط المجتمعة، لا ترتقي إلى مستوى الفعل السياسي المنظم، على الأقل، لأنها تفتقد إلى الوعي الجمعي المنظم، مما يبقيها في إطار الثورات الانفعالية، التي سرعان ما تنطفئ. إن البنية المفاهيمية السابقة، التي تجسد نسق الواجهة التعددية، تكشف عن ضراوة، وقسوة التشوهات التي تصيب بناء الروابط المجتمعية وانعكاسات ذلك على المجتمع في ظل هيمنة النسق السياسي.

نسق التواء الشرعية:

ينبثق هذا النسق عن تفاعلات النسق السياسي والنسق الائتماني. فالتماثل مع المعايير العامة، والالتزامات القيمية، والولاء، والطاعة، جميعها، لا تعبر عن شرعية سوية حيث لا تكون قائمة على مرتكزات حقيقية للتبادل بين النسق السياسي والمجتمع. تمثل الشرعية عملية تبادلية، حيث يضفي أعضاء المجتمع شرعية على النسق السياسي مقابل الخدمات التي يقدمها ولذلك تظهر قوة المجتمع – من الناحية الافتراضية – عندما يكون بإمكانه "سحب الشرعية"، لكن عندما يتم انتزاع الشرعية والالتزام القيمي عن طريق الترهيب من ناحية، وترسيخ الرموز الثقافية المشوهة من ناحية أخرى، دون تقديم خدمات أو مع تدني مستويات الإشباع، فإن ذلك دليل على **"التواء"** الشرعية القائمة، وزيفها.

تشكل عملية أدلجة وتشويه الرموز الثقافية، والمعتقدات، وأنماط الفكر ركيزة أساسية في هذا النسق، وهنا، تلعب المؤسسة التربوية، والمؤسسة الإعلامية، والمؤسسة الدينية دوراً بارزاً في أدلجة النسق الثقافي، وإظهار محاسن النسق السياسي، وإخفاء تعثره أو تبريره، وإقناع أعضاء المجتمع بضرورة تعميق الولاء والانتماء، وتقديم الطاعة، وذلك بإظهار مرتكزات للشرعية قائمة على حقائق مبتورة واعتبارات زائفة. وهكذا، يحل التمويه الأيديولوجي، محل الحقيقة الواقعية، ويتحول إلى الواقع ذاته. وبهذا المعنى، فإن النسق السياسي يظهر مسؤولية أخلاقية زائفة عن المصالح الجمعية للمجتمع.

إن عملية الأدلجة والتمويه تتشكل في عمق تاريخي لتفاعل النسق السياسي مع المجتمع ويتلقاها الأفراد عن طريق تنشئة اجتماعية صارمة عبر المؤسسات الاجتماعية المختلفة التي ينمون فيها. إن هذه الأدلجة التاريخية، تكرس قناعات زائفة ركيزتها إدراك الخوف وأدواته فيظهر الفعل بصورة تماثل معياري انسيابي، ولذلك فقد عرف غرامشي الدولة بأنها: "مجمل مركب النشاطات العملية والنظرية التي بواسطتها تقوم الطبقة

الحاكمة، ليس بتبرير وتثبيت هيمنتها فحسب بل والنجاح في كسب موافقة الذين تحكمهم". (أنظر: هلال: 29:1996).

ومن هذا المنظور، فإن دراسة الدولة تتم عبر رفع القناع الأيديولوجي عن سلطتها بحيث تتضح هذه السلطة، كسلطة طبقية تحقق لنفسها بنية مرتبطة بالمصالح الاقتصادية، وهي سلطة تكمن وتمارس عبر أجهزة وكادر وقوانين تشكل في مجموعها مركباً شاملاً للسيطرة والإخضاع وتبدو الدولة هنا، كبنية مخفية تتمركز في تجميع السلطة السياسية المؤسسية. (المرجع السابق: 38).

وعلى نحو أكثر تفصيلاً، فإن مؤسسات التنشئة الاجتماعية تؤدي وظيفة **"التساند التنشيئي المؤدلج"**، بما في ذلك الأسرة، التي تأخذ صورة مصغرة عن هرمية المجتمع، وتعمل على تثبيت وغرس الثقافة المؤدلجة في بناء الشخصية، وتساندها المؤسسات التربوية والتعليمية التي تعمل على ترسيخ ثقافة نظامية تحفظ شرعية القوى القائمة، وتؤكد أحقيتها في الفعل السياسي، وتبرر وجودها في السلطة. ويتغذى الوعي بالانتقائية الإخبارية الموجهة التي يمارسها الإعلام، فتعمل المؤسسة الإعلامية على تضخيم هيبة أصحاب القوة، وتبرر ما يستجد من مواقف، وفي سلسلة التساند يظهر دور المؤسسة الدينية، حيث تضع أصحاب القوة في إطار من الرمزية الثقافية المقدسة، التي تكون عادة في منتهى الموثوقية بالنسبة لأعضاء المجتمع وتلعب دور العبادة دوراً في ذلك. كما يظهر مكان العمل، كإطار اجتماعي تبجل فيه رموز القوة ويتماهى الأفراد مع دلالاتها. والأخطر من جميع ما تقدم، هو، أن تظهر مؤسسات المجتمع المدني في سلسلة التساند التنشيئي المؤدلج، بحيث تعمل على حشر الوعي الزائف في عقول الأفراد. وتتكيف في فعلها السياسي مع الوضع القائم فتفقد قيمتها وهيبتها.

إن نجاح أصحاب القوة في النسق السياسي، بالسيطرة على سلسة التساند التنشيئي، يفضي مع مرور الزمن إلى آليات بالغة الخطورة، وهي **"الإنتاج الذاتي للخضوع"** و **"التولد الذاتي للشرعية"**، حيث تتولد لدى الأفراد الرغبة الذاتية بالخضوع والانصياع، وينتظرون

من يسيطر عليهم ويتحكم بهم، وهي حالة شبيهة بما أطلق عليه روبرت ميشلز **"الخضوع السيكولوجي لدى الجماهير"** - وهو أحد العوامل التي تدفع بالديموقراطية نحو لأدليجاركية - (انظر: زايد: 82:1998). ولذلك يستلب الأفراد قدرتهم على سحب الشرعية، فتتدفق عملية إضفاء الشرعية بصورة تلقائية بعيداً عن مرتكزاتها الحقيقية.

يقول حليم بركات، في كتابه **الديموقراطية والعدالة الاجتماعية**، واصفاً بعض مؤسسات الأدلجة في الدول العربية: لقد سلب الشعب من حقه بالتفكير في بناء مؤسساته الطوعية وإدارتها، وجعلها قادرة على المساهمة الفعلية في عملية إغناء المجتمع والثقافة، ليس هناك سوى عدد محدود من المؤسسات غير الحكومية، وحيث توجد ينتهي الأمر بوقوعها تحت نفوذ القوى المتحكمة بمصير المجتمع، بل قد تحولت مؤسسات الثقافة والإعلام إلى مؤسسات تابعة للأنظمة، فتعمل على تشويه الحقائق، إذ تبرز ما تريد وإن كان زائفاً، وتطمس ما لا ترغب بسماعه وإن كان صحيحاً، وإضافة على ذلك، تمارس الرقابة على الفكر ويتم شراء الضمائر، ويقمع الأفراد الذين يصرون على قول الحقيقة. (بركات: 122:1995).

ويؤكد مهدي عامل: "... ومن يدرس النتاج الثقافي العربي الراهن، يتضح له أنه ليس في طابعه الغالب إلاّ نقلاً لثقافة النظام ومحاكاة لآرائه وأهوائه، إن هذه الثقافة، هي ثقافة إنتاج السلطة وثقافة قمع الإنسان واستهلاك طاقاته...". (عامل: 58:1989).

وفيما يتعلق بالدين والمؤسسة الدينية يؤكد عامل: "كلما تمأسس الإسلام (أي استحال مؤسسة)، كان في وجوده المؤسسي هذا، جهازاً سلطوياً - أو على حد تعبير آلتوسير - جهازاً أيديولوجياً للدولة، فبمأسسته - لا بتزمنه - ينحاز الإسلام إلى الطبقات المسيطرة ونظام سيطرتها الطبقية، بل ينحاز الدين بعامة هذا الانحياز". (المرجع السابق: 261).

ويلاحظ أدونيس أن بنية المعرفة - الثقافة العربية هي أيديولوجيا، فهي سادت وتسود النظام - المؤسسة، وهي التي وجهت وتوجه سياسات النظام - المؤسسة. ويرى

أن الثقافة المعارضة التي نشأت خارج أطر النظام - المؤسسة، هي أيديولوجيا كذلك، فهي تتحدث بلغة الثقافة السائدة التي تناهضها، وفي سياق مفهوماتها ومعطياتها، إنه في تسييس الكلام، من يخالف فكر النظام السائد، أو فكر النظام المعارض، يقطع لسانه، وتسييس الكلام المدني على هذا المستوى، يؤدي إلى أن يأخذ النظام دور الملقن، ويأخذ المواطن دور المتلقن، هذا الفكر العربي السائد، نظاماً ومعارضة، لا يشوه الواقع والحقيقة وحدهما، وإنما يشوه اللغة والمنطق. (المرجع السابق:63).

إن نسق التواء الشرعية، على نحو ما تقدم، يكشف عن "**غياب وظائفية الفكر**". حيث يدخل الفكر في إطار الصورية، فتنعدم قيمته في بث الوعي والتغيير، وبهذا المعنى يتحول أهل الفكر والمثقفين إلى أدوات تبريرية بيد أصحاب القوة، وبتعبير ماركسي، فإن هؤلاء المثقفين وأصحاب الفكر (مندوبين) للوعي الزائف، وليسوا مثقفين (ثوريين) يفكون شيفرة قوانين التاريخ. (تورين: 147:1997).

فكما يؤكد غِرامشي: إن وحدة الفكر العضوية والمتانة الثقافية، لا تصبحان ممكنتين إلاّ إذا قامت بين أهل الفكر والبسطاء وحدة كتلك التي تقوم بين النظر والعمل، شريطة أن يكون أهل الفكر قد جعلوا أنفسهم مفكرين عضويين لتلك الجماهير، يعدون ويوحدون المبادئ والمسائل التي تثيرها تلك الجماهير بنشاطها العملي، وذلك بإقامة كتلة ثقافية اجتماعية. (تكسيه: 156:1972).

يمثل "**نسق الولاء الزائف**" - كنسق فرعي - الناتج عن توغل الالتزامات القيمية المؤدلجة في بنية الروابط المجتمعية، رافداً رئيساً لنسق التواء الشرعية. إن دخول الالتزامات القيمية المؤدلجة والسالبة للحرية، إلى بنية الروابط المجتمعية، يعني أنها قد تأطرت، وأصبحت أكثر تنظيماً، وهذا يفضي إلى إلزام بالانصياع أكثر قوة، ودفع أكبر باتجاه الامتثال والولاء الزائف. إن هذه المسألة تشير إلى وجود نظامي (مؤدلج) حقيقي للثقافة المجمتعية، حيث تتأطر ثقافة النظام السياسي مع نقيضها المفترض الغائب، وتتوحد معه، في كل استلابي، يكرس الولاء للنسق السياسي المهيمن.

إن هذه الصورة، تبدي النظام السياسي كآلة ساحقة للأنساق المجتمعية الأخرى مرة بالاستحواذ ونتائجه المباشرة، ومرة أخرى باستخدام الواجهات الديموقراطية الدعائية، ومرة ثالثة باستخدام الأدلجة والتمويه الثقافي الذي يستحضر الشرعنة والولاء المنتزع. نتيجة ذلك تنحط الطاقات العقلية وتضمحل الإرادة في التغيير، ويظهر العجز والاغتراب في أعلى مستوياته إلى درجة أن المجتمع لا يوجد فيه نقيض للنظام السياسي من داخله، وعلى حد تعبير أدونيس "لقد تجوهر، فتساوت فيه النقائض جميعاً، إنه الواحد الممتلئ بوجوده، ليس فيه مكان الفراغ، الفراغ خارجه، هامش يحتله الفرد، ويبقى فيه في موقع العدم يجابه الوجود بنفيه، والنظام في موقع الوجود لا يأبه للفرد، له حضوره الساحق، وللفرد الغياب شبه الساحق". (انظر: عامل: 1989:55-56).

وفي إطار تفاعل النسق الائتماني مع نسق الروابط المجتمعية - أي نسق الولاء الزائف - تنحسر الدافعية للانتماء العام، أو المصلحة العامة العليا، ولهذا يغيب مفهوم العام حيث أن البنى الاقتصادية والاجتماعية والسياسية القائمة تشجع على تمركز اهتمام الأفراد والجماعات وانشغالهم بالشؤون الخاصة وتلك التي لها مردود مباشر وآني ومنفعة شخصية على حساب الاهتمام الدؤوب بالشؤون العامة التي تعود منفعتها على المجتمع ككل. ومن مؤشرات غياب مفهوم العام في المجتمع العربي. مدى انتشار المؤسسات والجمعيات التي تعنى بالمصالح الخاصة الضيقة فحسب، كالجمعيات العائلية والمحلية والدينية التي تقوم على مفهوم الحسنة والرحمة، وليس على مفهوم العدالة الاجتماعية أو المصلحة العامة بالمقابل مع تلك التي تعنى بالشأن العام للمجتمع والأمة ككل بصرف النظر عن الخلفيات والانتماءات الجزئية. (بركات: 103:1995).

ونتيجة تفاعل النسق الائتماني مع النسق الاقتصادي يظهر نسق **"سوق الاستهلاك والعمل المضطرب"**، إن النسق الائتماني يزود النسق الاقتصادي بطاقات إنتاجية ذات دافعية متدنية، وثقافة مشوهة حول العمل وقيمته، والطموح، والرغبة في الإنجاز، مع غياب المهارة اللازمة للإتقان، وبالمقابل فإن النسق الاقتصادي يزود المنتجين بمستوى

متدني من الدافعية للعمل، وبشكل أساسي، تدني مستوى العائد الذي يتلقاه المنتجون في العملية الإنتاجية.

إن تبادل المحتويات المشوهة بين النسق الائتماني والنسق الاقتصادي، يؤدي إلى تردي نوعية المُنْتِجْ والمُنْتَجْ في آن معاً، بينما يظهر التضخم في الاستهلاك، حيث يتطور شكلاً من الاستهلاك الذيلي، بموجب ميل المجتمع إلى الاستهلاك مما لا ينتج، ويعود ذلك إلى عدم الثقة بجودة ما ينتجه النسق الاقتصادي. إن أعضاء المجتمع بما في ذلك المنتجين أنفسهم يدركون تشوهات الإنتاج، ورداءة المادة الخام، ولذلك فإن أصحاب القوة في النسق السياسي والحاشية وذوي الثراء العريض - التحالف الاستحواذي - ينسلخون بصورة شبه تامة عن منتجات النسق الاقتصادي. ويرتبطون باستهلاك نخبوي تبعي، إن هذا الإجراء الاستهلاكي، يمثل حافزية استهلاكية، أو قدوة استهلاكية لكل الفئات القادرة على الدخول في دائرة هذا الشكل الاستهلاكي، حيث يغرق الاستهلاك في إطار من الترفية المرتبطة بالمكانة الاجتماعية والهيبة والنفوذ، ولذلك فإن الاستهلاك الترفي يعد إحدى الآليات الهامة في إبراز التمايزات الاجتماعية، وتفاضلات القوة داخل المجتمع.

ويظهر **"نسق اختلال المعيار التوزيعي"**، نتيجة تفاعل الروابط المجتمعية المزدوجة مع النسق الاقتصادي، الذي استحوذ النسق السياسي على محتوياته، حيث تتعطل قدرة الروابط المجتمعية على وضع معايير توزيع الموارد، وتفقد وظيفتها الرقابية والتشريعية. إن هذه الحالة تمثل ركيزة أساسية لفوضى التوزيع، واستلاب الموارد من كل يد تطولها. ولذلك فإن النسق الاقتصادي لا يؤكد استحقاقات الموارد، ولا يحتكم إلى معايير ضابطة حقيقية، ويفتقد إلى أسس واضحة لتبرير الاستحقاقات، والتي تتم عادة بناءً على معايير موضوعية تساعد في بلورتها وضبطها الروابط المجتمعية.

ومن هنا، فإن الروابط المجتمعية توجد بمنأى عن ترتيب الاستحقاقات (الموازنة) سوى شكلياً، بل غالباً ما تميل إلى إقرار التشوهات التي تصيب الاستحقاقات، وقد

تبررها وتضفي عليها شرعية استرضاءً لأصحاب القوة في النسق السياسي، إن أصحاب القوة في النسق السياسي يمثلون المصدر الحقيقي لاختلال المعيار التوزيعي، وتآكل الاستحقاقات، ولذلك فإن مصادقة الروابط المجتمعية، وشرعنتها لتشوهات الاستحقاقات استرضاء لأصحاب القوة، تؤكد المثل القائل "لكل شيء سعره"، حيث يصبح للمتنفذين في الروابط المجتمعية ثمنهم الحقيقي من أجل المصادقة وإضفاء الشرعية، بالإضافة إلى الخوف المضمر كدافعية لإضفاء الشرعية.

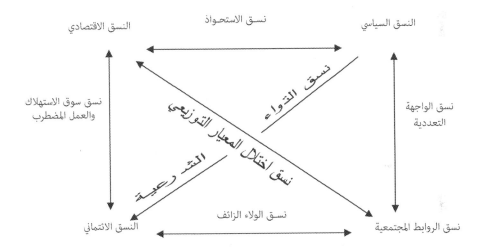

النموذج (35): الأنساق المجتمعية للتوازن التفاضلي

4-7: التغير الاجتماعي (الالتقاء بنظرية الصراع – كسر الحلقة المفرغة)

لقد أظهرت المحاور السابقة، أن التوازن التفاضلي ينعكس في حلقة مفرغة تضع الفعل الاجتماعي في مأزق الامتثال والخضوع لمطالب القوة، حيث تعمل الثقافة السائدة، والمعايير الاجتماعية على تكريس الخضوع، وتضفي شرعية على مطالب القوة، وتضع الفكر والفعل في مسارات محددة وفقاً لمطالب أصحاب القوة، وما يخدم مصالحهم. إن فاعلية المعايير الاجتماعية تمتزج مع الخوف المضمر من القهر المادي، الذي

يلجأ إليه أصحاب القوة أحياناً، لكن الاستخدام المستمر للمعايير الاجتماعية والأدلجة والتمويه، هو ما يحقق بالفعل، السيطرة التامة لأصحاب القوة مع هامش وهمي من الحرية، حتى أن المرء ذاته قد يصبح من أدوات القوة التي تعيد إنتاج الثقافة المؤدلجة، وتكرس الوضع القائم، وهذا ما يعكس بحق، الصورة المظلمة حول إمكانية التغيير، وكسر الحلقة المفرغة، بعد أن تكلست مع طول الفترة الزمنية، ورسخت دلالاتها الرمزية في أذهان الأفراد.

إن جميع ما يحصل من تغيرات في إطار التوازن التفاضلي، لا تخرج عن مصلحة القوة المسيطرة وهي غالباً ما تكون تغييرات شكلية لا تصيب صميم وجوهر البنى الاجتماعية والثقافية، ولا تؤدي إلى تحرر الفعل وانعتاقه من الأغلال التي تكبله، وهذه التغييرات تقع في إطار دينامية التوازن التفاضلي أو **"التوازن التفاضلي الدينامي"**. ومن هنا، فإن التغيرات الحقيقية، هي التي تصيب جوهر التوجيهات المعيارية والقيمية للفعل. لكن في خلفية مشكلة التغير الاجتماعي، تقع المصالح المكتسبة الراسخة، التي أحاطت بها منظومة قيمية معيارية لمدة زمنية طويلة، ورسختها في توقعات الدور، ولذلك فليس من مصلحة أصحاب القوة القائمة أن تجري أية عملية تغيير تقترب من البناء المعياري والقيمي المرتبط بمصالحهم ويعمل على إخفائها.

إن بداية التساؤل عن شرعية وأحقية أصحاب القوة والمصالح التي تقاوم التغيير، يقتضي ضمناً أن هناك قوى دافعة باتجاه التغير الحقيقي، وحتى تتشكل هذه القوى، ينبغي أن يتشكل افتراضاً ضمنياً يرتبط بتشكيل الوعي، حيث يمكن اعتبار الوعي، المحرض الأساس لانفعال التغير وظهور النقيض للقوة القائمة، وبشكل خاص النقيض الداخلي الحقيقي، ولكن مع ذلك، يمكن التمييز بين ثلاثة أنواع من النقائض، يمكن اعتبارها بمثابة نماذج للتغير المحتمل المرتبط بالتوازن التفاضلي.

أولاً: التغير الراديكالي (من القاعدة إلى القمة)

رغم كل ضروب الأدلجة والتموية الذي يمارسه أصحاب القوة عبر الزمن، فهناك أقلية من الفاعلين الخاضعين، يمكن وصفهم بـ **"الأقلية الواعية"**، يدركون حقيقة الإجحاف الذي ينطوي عليه التوازن القائم بآلياته المختلفة، وضروب الاستغلال الكامنة خلف الجدر والحواجز المعيارية، والهيمنة التي تقف وراء التصريحات والإجراءات الدعائية، لكن وعي الأقلية لا يعني بالضرورة الدافعية إلى التغيير، فقد تكون الأقلية غير منظمة أصلاً، أو لا تمتلك الجرأة على الإقدام باتجاه التغيير، أو إعلان المقاومة، أو ليس لديها رغبة وإصرار على التغيير، وهكذا، فإن انبثاق **"الوعي التحرري"** لدى الأقلية يحتاج في المقام الأول إلى التنظيم ومن ثم الجرأة والإصرار على المقاومة والتغيير، ثم يعقب ذلك المبادرة الفعلية للمقاومة، وبطبيعة الحال، فإن الوعي التحرري بهذه الصيغة، يستلزم تضحيات باهظة الثمن، خاصة عند رواد المقاومة والتغيير. لكن الإصرار على المقاومة، مع بذل التضحيات عبر الزمن، يخلق **"أيديولوجيا المقاومة"** لدى الأقلية، بحيث تبرر ما يقوم به الأفراد، وتحدد آلياته ومساراته المستقبلية.

ولكن، المسألة الأكثر فاعلية فيما يتعلق بالوعي التحرري هي **"الانتشار"**، أي شيوع الوعي بين الغالبية العظمى من الفاعلين الخاضعين. إن عملية انتشار الوعي، ترتبط بزيادة حدة الظروف الموضوعية الدافعة للصراع، كزيادة شدة الحرمان والظلم، بالإضافة إلى انحسار الإشباع، حيث تفضي هذه الظروف إلى ظهور الميول الأولية للصراع لدى الجماعات المحرومة، وتتضمن مشاعر الاستياء والكراهية والعداء. ربما لا تظهر هذه الميول بصورتها العلنية لشدة ضغوطات القوة وهيمنتها لكن ذلك لا يلغيها، إنما يعمل على تراكمها وتجميعها وزيادة حدة انفعاليتها. إن وجود الفاعلين الحاملين لهذه الميول يمثل **"قاعدة حافزية للصراع"**. يمكن استثمارها بشكل فعّال في نشر الوعي التحرري من قبل الأقلية الواعية.

إن استثمار القاعدة الحافزية للصراع، من قبل الأقلية الواعية يتوقف على إمكانية تتابع العمليات المفضية إلى الصراع والتغير ومن أهمها ما يلي:

1) تنظيم الأقلية الواعية وظهور القيادة، فتنظيم الجماعة يدل على التماسك والإصرار على تحقيق الأهداف، ووضع معايير وقواعد للعمل. بالإضافة إلى الشعور بالمسؤولية تجاه الأهداف والمثابرة على تحقيقها. وكل ذلك يُشير إلى تبلور الأيديولوجيا التي تمثل مصدراً لجاذبية الجماعة، لكن جميع ما تقدم لا ينفصل عن ظهور القيادة ذات الشرعية، التي يمكنها توجيه الأعضاء والتأثير بهم، بالإضافة إلى قدرة القيادة على استنهاض الحافزية الصراعية الكامنة لدى الخاضعين. إن فكر القيادة والأيديولوجيا التي تحملها، تقدم تشخيصاً للمشكلات التي ترغب الجماعة في تصحيحها، وتبرر إجراءاتها وتطبيقاتها الممكنة ويرتبط بذلك التكتيكات أو الأساليب التي تطرحها القيادة من أجل تعزيز وزيادة ولاء الأعضاء واستقطاب أكبر عدد ممكن لعضوية الجماعة وكل ذلك يتطلب قيادة مخلصة ومتفانية في أهداف الجماعة. وهكذا فإن قدرة القيادة والجماعة الواعية المنظمة على صياغة نسق أفكار تحررية مقنن، وطرح التكتيكات الملائمة لاستقطاب الخاضعين، يعد خطوة أولى هامة في نشر الوعي التحرري.

2) ومن الاعتبارات الهامة لنشر الوعي التحرري، زيادة فرصة الاتصال مع الخاضعين وحشدهم، وجذبهم نحو الأهداف التحررية، إن تقييد حرية تحرك الأقلية الواعية من قبل أصحاب القوة، يحول دون تشكيل قنوات اتصال فعالة مع الخاضعين، الأمر الذي يمنع تدفق الوعي التحرري نحوهم. ولذلك فإن قنوات الاتصال الفعالة تظهر بانبثاق **"الفرصة السياسية"**، أي، فرصة سماح الجماعات المهيمنة بتكوين تنظيم للمصالح المتعارضة إن سماح الجماعات المهيمنة بتشكل الجماعات المعارضة، هو بمثابة، صناعة النقيض الداخلي الحقيقي. لكن يبقى الأمر متوقف على هامش الحرية الفعلي لهذه الجماعات،

3) ومستويات التحرك المتاحة لها. غير أن قدرة الجماعة الواعية على الاستفادة من المصادر المتوفرة، بما في ذلك الفرصة السياسية، قد يهيئ أمامها بيئة مواتية للاتصال بجمهور الخاضعين.

4) إن وجود القاعدة الحافزية للصراع، لا يقود بالضرورة إلى انتشار الوعي التحرري، حتى مع توفر عنصر الاتصال، ولذلك فإن استجابة القاعدة الحافزية للصراع للوعي الذي تحاول الأقلية نشره يعد أمراً بالغ الأهمية، حيث أن اكتساب الأفراد لحافزية اغترابية متوغلة في أعماق نفوسهم لفترة زمنية طويلة، قد يحول دون استجابتهم لمطالب التحرر بسهولة، حتى مع ميول العداء والكراهية التي يمتلكونها. وهنا تكمن خطورة استمرارية التوازن التفاضلي. ولكن استمرارية انحسار الإشباع، وتزايد الحرمان، مع تزايد الضغوطات، قد يؤدي إلى تشرب الوعي التحرري من قبل الخاضعين، وانتشار الأيديولوجيا التحررية بينهم، مما يؤدي إلى تشكل **"استقطاب"** صراعي تدريجي بين الجماعات، وهو مؤشر حقيقي على بداية فاعلية الوعي التحرري، ثم تترجم مشاعر العداء والكراهية، إلى مظاهر علنية للصراع، كالاحتجاج والإضراب، والمقاومة العلنية، وعند هذا الحد يمكن القول بأن الجماعات المحرومة قد تحولت من شبه جماعة إلى جماعة صراع، حسب تعبير دارندورف، أو من طبقة في ذاتها إلى طبقة لذاتها حسب الطروحات الماركسية. تزداد حدة المظاهر السابقة، بازدياد سوء الوضع البنائي القائم. وبازدياد نصيب القادة من الامتيازات والمكاسب المتحققة، وقد ينطبق الأمر على الجماعة الخاضعة بأكملها؛ فعندما يتحول حرمانها من شبه المطلق، إلى حالة إشباعية أفضل، تزداد الروح النضالية، وتزداد شدة الصراع (مدى ارتباط أعضاء الجماعة) ويزداد عنف الصراع (درجة الانتظام والاستمرار)، مما يزيد من فرصة التغير البنائي وإعادة توزيع المصادر. ويعد معدل التغير البنائي مؤشراً على قوة جماعة الصراع المتشكلة، وشدة وعنف الصراع.

ويمكن استكمال منطق العمليات المفضية إلى الصراع والتغير، من خلال القضايا الضابطة التالية:

أولاً: إن اصطدام المعايير الاجتماعية مع المستويات المتدنية من الإشباع والحرية والعدالة، يفقدها قيمتها في تثبيت التوازن التفاضلي بصورة تدريجية، ولذلك فإن عدم قدرة أصحاب القوة على تصريف التوترات الإشباعية والضبطية والميول الأولية المرافقة لها، قد يضعف القيود المعيارية، ويميط اللثام عن حقائق تشوهات المعنى في مستويات القوة والعدالة والحرية.

ثانيا: إن تكشف تشوهات المعنى، لا يقود بالضرورة إلى انفجار الصراع، إذ يتوقف الأمر على مدى تسلسل العمليات المفضية إلى الصراع - الموضحة سابقاً -، ولذلك فإن إحكام أصحاب القوة قبضتهم على البناء، وقدرتهم على استخدام القهر كوسيلة بقاء نهائية يحول دون انفجار الصراع. بالإضافة إلى ذلك فإن انفجار الصراع قد لا يفضي بالضرورة إلى التغيير، أو التغيير الفعلي الشمولي، بل قد يؤدي إلى مزيد من الهيمنة، وفرض قيود معيارية جديدة؛ وذلك عندما لا تنجح القوة التحررية في الإطاحة بالقوة المسيطرة، فالمواجهة قد تنطوي على مخاطرة حقيقية، وقد تكون نتائجها أكثر سلبية مما كان قائماً، لذلك تبرز هنا، أهمية القيادة في إدراك تكاليف النصر والهزيمة، كما تبرز أهمية تشكيل قوة تحررية تكون أكبر من القوة المسيطرة.

ورغم ذلك، فإن تكشف تشوهات المعنى، والدخول في صراع مفتوح مع القوة المسيطرة، يؤكد حقيقة هامة بالنسبة للخاضعيـن، وهي - كما يوضح آلف نلسن Alf Nilsen -: "إن بناءات السيطرة والاستغلال ليست مجرد بناءات معطاة مسبقاً، تفرض ذاتها على جماعات معينة وتعمل حسب منطقهم، إنها منتجات تاريخية، خلقت ويعاد خلقها من خلال الجدل بين المتعارضين أي الجماعات المسيطرة، والجماعات الخاضعة". (Nilsen:2004).

ثالثاً: إن الصراعات المنبثقة عن التوازن التفاضلي، تكون شديدة وعنيفة، لأن عدم قدرة الأفراد على تصريف الميول الأولية بسهولة وبسُرعة يؤدي إلى تراكم احتقانات وجدانية سلبية مع جمود البناء، ولذلك يرتبط الأمر هنا، بمدى لجوء أصحاب القوة إلى إحداث انفراج في البناء بصورة متكررة. إن ازدياد تكرار نشوء التوترات مع ازدياد تكرار تصريفها من قبل أصحاب القوة، قد يسمح بتنظيم الصراع تنظيماً معيارياً، مما يحافظ على ديمومة واستمرارية التوازن التفاضلي القائم.

رابعاً: إن تمسك القوة التحررية، بنموذج نسقي جديد، يعبر عن المصالح الجمعية وتغيب فيه المعاناة السابقة، يضفي قدراً من الانتظام على المرحلة الجديدة عقب الإطاحة بالقوة المسيطرة. إن غياب هذا النموذج، والأيديولوجيا التي تحكمه قد يؤدي إلى حالة من الفوضى، أو على حد تعبير ميرتون فوضى ثقافية Cultural Choas، أو ربما حالة من الآنومي على حد تعبير دوركايم، أي غياب الأدوار التقليدية، المرتبطة بوظائف المجتمع، وليس وظائف الأفراد، حيث أن فقدان الأدوار يعني فقدان المجتمع وظائفه، وتبعاً لذلك تفقد المفاهيم معناها، والعادات والقناعات، وتكون القيم غير محددة لأن التوازن هو قاعدتها. (Ortmann: 2000:1).

بالإضافة إلى ما تقدم، فإن الظروف البنائية الجديدة، قد تعكس الوضع التفاضلي السابق ذاته، وقد تفضي إلى اختراقات جديدة من قبل أصحاب القوة في الوضع الجديد القائم، وحيادهم عن المبادئ التي كانوا يتمسكون بها، ويتوقف هذا الأمر على مدى مأسسه المطالب التي كانت تمثل منطلقات للعملية الصراعية، ومدى تمسك الأفراد بها، ومستوى إعادة إنتاجها في الممارسة العملية، إن مأسسة مطالب التحرر تشكل كابحاً للاختراقات، أو تحول دون عودة نمط السيطرة السابق.

ولهذا السبب، فقد أكد فوكو بأن التحرر من السيطرة ليس كافياً حتى نكفل الحرية فالمهم، هو تأسيس أنماط جديدة من السلوك، والاتجاهات، وأشكال الثقافة التي تعمل على تقوية وتدعيم الطرف الضعيف غير المحصن، وبهذه الطريقة نضمن أن علاقات القوة التناوبية لن تتجمد في هيئة علاقات سيطرة، كما نضمن ممارسة الحرية Practice of Liberty، التي تمكننا من لعب القوة بأقل سيطرة ممكنة. (.Foucault: 1988:298)

ثانياً: التغير الاسترضائي – التكيفي (من القمة إلى القاعدة)

لقد أظهرت الشروحات المرتبطة بالتغير الراديكالي، أن قدرة أصحاب القوة على تصريف التوترات الناشئة بصورة مستمرة، قد يؤدي إلى المحافظة على ديمومة التوازن التفاضلي، حيث أن عملية التغير تجري تحت سيطرة أصحاب القوة، مع تقديم بعض الامتيازات للخاضعين. إن مراقبة أصحاب القوة لردود فعل الخاضعين، ومبادرتهم بتصريف الميول الأولية الغاضبة المرتبطة بها، يؤدي إلى استرضاء الخاضعين، كما يؤدي إلى تكيف التوازن التفاضلي عبر الزمن. إن استرضاء الخاضعين، أو التحايل عليهم، يأتي في مرحلة "غوغائية الميول الأولية" أي، قبل استثمارها في تشكيل وعي حقيقي منظم وواسع النطاق، ولذلك فإن التغير الاسترضائي التكيفي، يمثل استراتيجية هامة في فناء الميول الأولية وهي في مهدها.

وهكذا، عندما يخشى أصحاب القوة، تفاقم التوترات، وانتشار الوعي، وعدم فاعلية الأدلجة، والتمويه، مع عدم الرغبة (أو القدرة) في ممارسة القهر المادي الصريح، فإنهم يلجأون إلى استرضاء الجماهير، عن طريق إجراء بعض الإصلاحات، وتقديم بعض الامتيازات التي لا تصيب جوهر التوازن التفاضلي القائم. وبذات الوقت تحافظ على بقائه إن التغير الاسترضائي التكيفي، يُبقي على هيراركية المعنى قائمة، وتظهر تشوهاتها في مستوى القوة (سيطرة - خضوع) وفي مستوى الحرية (حرية - قيد)، كما تظهر في مستوى العدالة (عدالة - إجحاف)، إن إجراء التغيير من القمة إلى القاعدة، مع بقاء تشوهات المعنى قائمة يكشف عن التغير بفعل **نقيض ذاتي زائف**".

ولكن، ضمن المجال الزمني، يمكن أن تلعب **"خبرة الخضوع"**، دوراً حاسماً، في إبطال فاعلية التغير الاسترضائي - التكيفي، حيث يتعلم الخاضعين أن التغيير من فوق أو من القمة هو تغيير زائف. وأن ما يجري من تغيرات، لا تصل إلى صميم مصالحهم، ولا تنعكس على رفاهيتهم، لذلك، فإن التغير الاسترضائي التكيفي، قد يفتقد قيمته، وفاعليته مع مرور الزمن، بل قد يعزز عدم الثقة بالقوة المسيطرة، وإجراءاتها الإصلاحية المستقبلية، وهنا، تبدأ عجلة التغير الراديكالي بالدوران، وقد تستثمر خبرة الخضوع وعدم الثقة بإجراءات القوة المسيطرة من قبل الأقلية الواعية، وتشكل موطئ قدم لها في نشر الوعي التحرري.

ثالثاً: التغير بفعل قوة خارجية.

قد تتشكل القاعدة الحافزية للصراع، وتظهر الأقلية الواعية المنظمة، وتتكشف تشوهات المعنى مع انحسار الإشباع، لكن الفرصة السياسية لا تنبثق، مما يحول دون الاتصال الفعال، وانتشار الوعي التحرري، وتشكل جماعة صراع حقيقية، بل إن أصحاب القوة يشددون رقابتهم وضبطهم، وقد يلجأون إلى القهر المادي الصريح بصورة مستمرة. إن استمرار علاقة القوة على هذا النحو، يكشف عن التوترات والاضطرابات ويجعلها تطفو على السطح، وقد تشكل هذه الحالة، قاعدة حافزية شرعية للصراع من قبل قوة خارجية تتعارض مصالحها، مع مصالح القوة المسيطرة، وتفوقها من حيث إمكاناتها الصراعية. إن التقاء الحافزية الخارجية للصراع مع الحافزية الداخلية للصراع، بالإضافة إلى انحسار تحالفات القوة المسيطرة (داخلياً وخارجياً). يسهل من عملية الإطاحة بها.

وهنا، تجدر الإشارة إلى أن النقيض الخارجي قد يصبح فعالاً في صياغة حالة نسقية جديدة مستقرة، وقائمة على المصالح الجمعية، بثلاثة شروط أساسية، هي:

أولاً: اكتمال ونضج شروط النقيض الداخلي، من حيث الوعي وشموليته والمبادرة الفعلية للتغيير، بالإضافة إلى امتلاك الأفراد اتجاهات إيجابية نحو أهداف القوة

الخارجية، ومقاصدها. إن اكتمال شروط النقيض الداخلي على هذا النحو، يعني، أن القوة الخارجية لا تمتلك دعوة للتغيير مغتربة عن وعي النقيض الداخلي ومطالبه، مما يهيئ فرصة الاتفاق على شروط المرحلة الجديدة واستقرارها.

ثانياً: يترتب على ما تقدم، ضرورة اتفاق النقيض الداخلي والنقيض الخارجي على معالم المرحلة الجديدة، مع إعطاء الفرصة الحقيقية للنقيض الداخلي لصياغة المرحلة وفق مطالبه الحقيقية وبذلك، تكون معالم المرحلة الجديدة نابعة من متطلبات النقيض الداخلي وطموحاته وليست مغتربة عنها.

ثالثاً: أن يحمل النقيض الخارجي مقاصد ونوايا حسنة إزاء مطالب القوة والعدالة والحرية المرتبطة بالنقيض الداخلي، ومعنى ذلك أن النقيض الخارجي لن يحل محل القوة المسيطرة السابقة، ويمارس هيمنتها، مما يفضي إلى مرحلة استقرار جديدة فعلية.

8-4 ملاحظات ختامية:

أولاً: إن صياغة نموذج التوازن التفاضلي على النحو السابق، توضح إمكانية احتواء النظرية البنائية الوظيفية لنظرية الصراع، أو أن هناك إمكانية للتجسير بينهما، ومثل هذا الإجراء يساعد في تفسير الصراع من خلال وصف الظروف الفعلية التي أدت إليه.

ثانياً: يتحقق التوازن التفاضلي عندما تتمأسس علاقة القوة القائمة مصلحياً على المعايير الاجتماعية، بحيث تكرس عملية المأسسة خدمة مصالح الطرف الأقوى في العلاقة، وتعمل على تغليف الإجحاف والخضوع والحرمان الذي ينشأ عن هذه العلاقة. ومن هنا، فإن التوازن التفاضلي، يدوم ويستمر بفعل المعايير الاجتماعية المماسة والعناصر الثقافية المؤدلجة عموماً. إن استدماج

الفاعلين للعناصر الثقافية المؤدلجة يجعل الفعل الاجتماعي يتحرك بموجب قصور ذاتي مصلحي ومعياري، يمنح القوة القائمة شرعية زائفة.

ثالثاً: لقد تضمن التوازن التفاضلي مظاهر رئيسية للتمايز تنعكس في المستويات التحليلية المختلفة، المستوى الأول (الطوعية المقيدة)، وجاءت مظاهرها الأساسية على النحو التالي: الفاعل وتفاضلات الحرية - القيد، والتمكين المتمايز، وتغاير أنظمة الغايات، وتصدع البنية الداخلية للمعايير الاجتماعية. المستوى الثاني (أنساق التفاضل: حلقة مفرغة لمأزق الفعل الاجتماعي)، اشتمل على ثلاثة أنساق تحليلية هي: ازدواجية النسق الاجتماعي وتكامله، وأدلجة وتمويه النسق الثقافي، ونسق الشخصية أداة القوة ووعاء الأدلجة والتمويه. المستوى الثالث. (الأنساق المجتمعية للتوازن التفاضلي)، فقد تضمن هيمنة النسق السياسي على ثلاثة أنساق أساسية هي: النسق الاقتصادي، ونسق الروابط المجتمعية، والنسق الائتماني، وقد نتج عن هذه الهيمنة ثلاثة أنساق أساسية هي: نسق الاستحواذ، ونسق الواجهة التعددية، ونسق التواء الشرعية. كما انبثقت أنساق فرعية أخرى مثل، نسق الولاء الزائف، ونسق سوق الاستهلاك والعمل المضطرب، ونسق اختلال المعيار التوزيعي.

رابعاً: هناك ثلاثة أشكال محتملة من التغير الاجتماعي، الذي يعمل على كسر الحلقة المفرغة لمأزق الفعل الاجتماعي في التوازن التفاضلي وهي: التغير الراديكالي (من القاعدة إلى القمة) وهذا الشكل يمثل نقطة الالتقاء مع نظرية الصراع، والتغير الاسترضائي التكيفي (من القمة إلى القاعدة)، والتغير بفعل قوة خارجية. وبالنسبة للتغير الراديكالي فهو يبدأ عندما يعي الخاضعون حقوقهم المستلبة، ويأخذ هذا الوعي بعداً تنظيمياً يقود إلى مقاومة منظمة.

5- الخاتمـة

لقد أتت عملية توليف القوة والمعنى، بين النظرية الوظيفية ونظرية الصراع على نهايتها، وقد بات واضحاً أن الجزء الهام والأكثر إيجابية في هذه الدراسة هو **"نموذج التوازن التفاضلي"** الذي تضمنه الفصل الثالث والذي يبرز الطبيعة التكميلية لاثنتين من أهم النظريات السوسيولوجية أي النظرية الوظيفية ونظرية الصراع، أما بالنسبة لإلقاء الضوء على تفاعلات القوة والمعنى في النظرية السوسيولوجية، كما تضمنها الفصل الأول من الدراسة، فإن أهميتها تنبع من إبراز أهمية النظرية السوسيولوجية في تقديم فهم وتفسير لأكثر جوانب الحياة الاجتماعية أهمية وخطورة، وهي عمليات السيطرة والخضوع، كما أن تحليل طروحات بارسونز ونقدها في الفصل الثاني من الدراسة، أظهر جوانب النقص والقصور في طروحات بارسونز حول الفعل الاجتماعي، وكذلك الجوانب التي يمكن استثمارها للالتقاء بطروحات نظرية الصراع.

ثمة مغزى ينطوي عليه نموذج التوازن التفاضلي سواء من حيث المنطلق التحليلي، أم من حيث البعد الأيديولوجي، وهو تجاوز ثنائية البنية في علم الاجتماع على نحو إجرائي محدد، إن فهم الموقف الإنساني من خلال المنظورات التي تركز على البنية هو أمر خاطئ، كما أن فهم الموقف من خلال المنظورات التي تركز على الفعل والفاعل متجاهلة البنية أمر خاطئ كذلك. إذن، لا بد من فهم الموقف الإنساني من خلال إظهار الأمرين معاً، أي جملة القيود والمحددات البنائية التي توجه الفاعل في موقف الفعل، وكذلك الحالة التي تظهر فيها الطبيعة النشطة للإنسان في محاولته تغيير ظروفه أو تعديلها، وهكذا، فإن صناعة التاريخ والمجتمع الإنساني تتم من خلال التفاعل الجدلي بين القيود والمحددات المفروضة بنائياً، والتي هي في قبضة أصحاب القوة، ومحاولات الأفراد فك القيود وتجاوز المحددات المفروضة عليهم.

إن المبالغة في الاعتقاد بأحد التوجهين، أي قوة وسطوة النظم والتقليل من قدرات الإنسان في تجاوز ظروفه أو إنعتاق الذات وتحررها يقود إلى سوء فهم وتقدير للحالة الإنسانية، على المستوى النظري، ولعله من المفيد التأكيد على أن أحد المنظورين قد يكون أكثر مواءمة للفهم والتفسير في مجتمعات بعينها، فالمجتمع العربي، الذي أستُمدت منه إيحاءات نموذج التوازن التفاضلي يشهد حالة من سيطرة البنى وأصحاب القوة المتصلبون فيها. إن هذه البنى تسحق الفرد، وتهشم كيانه، وتهمشه، وتغربه، بينما تبدو أفعال الأفراد في مجتمعات أخرى أكثر انفتاحاً وتحرراً، وعملية إنتاج المعنى تسير جنباً إلى جنب مع عملية الإنتاج الحر والمبدع للذات. ولذلك يتطور الآخر ويسير قدماً، بينما يراوح الأول في مكانه.

لكن الأخذ بالبعد التاريخي، يميط اللثام عن إمكانية تجاوز هذه الحالة، إذا ما استوفى الفعل شروط التجاوز نحو الإنعتاق والحرية رغم طول المرحلة واستمرارها عبر الزمن. وبكل الأحوال، فإن الفاعل الإنساني يبقى حاضراً سواء كان من النوع الذي يعيش فوق البنى ويسيطر عليها، أم من النوع الذي يناضل من أجل تعديل ظروفه وتجاوز البنى. أما الخاضعون لمنطق السيطرة، فهم دمى مسلوبة الإرادة، وماهيات لا تتحرك إلاّ وفق مقتضيات ومطالب من يسيطر عليها. إن فهم أنماط الفاعلين وعلاقتهم بالبنى على هذا النحو يستند إلى معيار "القوة" والقدرة على التأثير والتحكم، وليس على معيار الأكثرية العددية، ومن هذا المنظور لا يمكن تغييب الفاعل الإنساني عن مسرح الأحداث، وبشكل خاص، عندما ننطلق من المنظورات التي تركز على البنية، ومهما كان الأمر، فإن فهماً كهذا للموقف الإنساني وأنماط الفاعلين فيه، ينبغي أن يندرج ضمن عملية تاريخية وليس ضمن منطق تجميد التاريخ.

6- قائمة المصادر والمراجع

أولاً: المراجع باللغة العربية:

- **الكتب:**

- أحمد، سمير نعيم، (1985)، **النظرية في علم الاجتماع**، القاهرة. دار المعارف.

- أنصار، بيار، (1992)، **العلوم الاجتماعية المعاصرة**، ط1، ترجمة نخلة فريفر، بيروت، المركز الثقافي العربي.

- أيوب، سمير، (1983)، **تأثيرات الأيديولوجيا في علم الاجتماع**، بيروت، معهد الإنماء العربي.

- بركات، حليم، (1995)، **الديموقراطية والعدالة الاجتماعية**، ط1، رام الله، مواطن.

- بركات، حليم، (2000)، **المجتمع العربي في القرن العشرين**، بحث في تغيير الأحوال والعلاقات، ط1، بيروت، مركز دراسات الوحدة العربية.

- بلاو، بيتر، (1961)، **البيروقراطية في المجتمع الحديث**، ترجمة إسماعيل الناظر ومعد كيالي، بيروت، دار الثقافة.

- بورديو، بيير، (2000)، **العقلانية العملية حول الأسباب العملية ونظريتها**، ط1، ترجمة عادل العوا، دمشق، دار كنعان.

- بوردو، جورج، (1985)، **الدولة**، ط1، ترجمة سليم حداد، بيروت، المؤسسة الجامعية للدراسات.

– بوتومور، ت (1983)، **تمهيد في علم الاجتماع**، ط6، ترجمة محمد الجوهري وآخرون، القاهرة، دار المعارف.

– بوتومور، ت (1985)، **علم الاجتماع، منظور نقدي**، ترجمة عادل هواري، الإسكندرية، دار المعرفة الجامعية.

– بيخوفسكي، ب، (1987)، **الفرد والمجتمع**، ط3، ترجمة هنري رياض، الخرطوم، المطبوعات العربية.

– **بيرغر، بيتر، وجيمس لوكمان، (2000)، البنية الاجتماعية للواقع، دراسة في علم اجتماع المعرفة**، ط1، ترجمة أبو بكر باقادر، عمان، الأهلية للنشر والتوزيع.

– تكسيه، جاك، (1972)، **غرامشي**ـ دراسات مختارة، ترجمة ميخائيل إبراهيم، دمشق، منشورات وزارة الثقافة والإرشاد القومي.

– تورين، آلان، (1997)، **نقد الحداثة**، ترجمة أنور مغيث، القاهرة، المجلس الأعلى للثقافة.

– تيرنر، جوناثان، (1999)، **بناء النظرية الاجتماعية**، ترجمة محمد سعيد فرح، الإسكندرية، منشأة المعارف.

– **تيماشيف، نيقولا، (1993)، نظرية علم الاجتماع، طبيعتها وتطورها**، ترجمة محمود عودة وآخرون، الإسكندرية، دار المعارف الجامعية.

– جدنز، أنتوني، (1985)، **دراسات في النظرية الاجتماعية والسياسية**، ترجمة أدهم عضيمة، دمشق، منشورات وزارة الثقافة.

- جدنز، أنتوني، (2000)، **قواعد جديدة للمنهج في علم الاجتماع**، نقد إيجابي للاتجاهات التفسيرية في علم الاجتماع، ترجمة محمد محيي الدين، القاهرة، المجلس الأعلى للثقافة.

- جدنز، أنتوني، (2002)، **مقدمة نقدية في علم الاجتماع**، ترجمة أحمد زايد وآخرون، الإسكندرية، دار المعرفة الجامعية.

- الجوهري، محمد وآخرون، (1992)، **التغير الاجتماعي**، الإسكندرية، دار المعرفة الجامعية.

- حجازي، مصطفى، (1998)، **التخلف الاجتماعي، مدخل إلى سيكولوجية الإنسان المقهور**، ط7، بيروت، معهد الإنماء العربي.

- رازين، فلاديمير، (1980)، **حول نظرية التشكيلات الاقتصادية الاجتماعية**، ترجمة عادل إسماعيل، بيروت، دار الفارابي.

- الربايعة، أحمد، (1998)، **الشخصية الأردنية، سماتها وخصائصها**، دراسة في طبيعة المجتمع الأردني، د ن.

- ركس، جون، (1973)، **مشكلات أساسية في النظرية الاجتماعية**، ترجمة محمد الجوهري وآخرون، الإسكندرية، دار المعرفة الجامعية.

- روشيه، جي، (1981)، **علم الاجتماع الأمريكي**، دراسة لأعمال تالكوت بارسونز، ط1، ترجمة محمد الجهوري وأحمد زايد، القاهرة، دار المعارف.

- روشيه، جي، (1983)، **مدخل إلى علم الاجتماع العام (الفعل الاجتماعي)**، ط1، ترجمة مصطفى دندشلي، بيروت، المؤسسة العربية للدراسات والنشر.

ـ ريتزر، جورج، (1993)، **رواد علم الاجتماع**، ترجمة مصطفى خلف وآخرون، الإسكندرية، دار المعرفة الجامعية.

ـ زايتلن، إرفنج، (1989)، **النظرية المعاصرة في علم الاجتماع**، دراسة نقدية، ترجمة محمود عودة وإبراهيم عثمان، الإسكندرية، دار المعرفة الجامعية.

ـ زايد، أحمد، (1989)، **علم الاجتماع السياسي**، الدوحة، دار قطري بن فجاءة.

ـ سوينجوود، آلان، (1996)، **تاريخ النظرية في علم الاجتماع**، ترجمة السيد عبد العاطي، الإسكندرية، دار المعرفة الجامعية.

ـ شرابي، هشام، (1987)، **البنية البطركية، بحث في المجتمع العربي المعاصر**، ط1، بيروت، دار الطليعة.

ـ شرابي، هشام، (1977)، **مقدمات لدراسة المجتمع العربي**، بيروت، الأهلية للنشر والتوزيع.

ـ عامل، مهدي، (1989)، نقد الفكر اليومي، ط1، بيروت، دار الفارابي.

ـ عبد الجواد، مصطفى، (2002)، **قراءات معاصرة في نظرية علم الاجتماع**، القاهرة، مركز البحوث والدراسات الاجتماعية.

ـ عبد الفتاح، إمام، (1988)، **فلسفة الأخلاق**، القاهرة، دار الثقافة.

ـ فرح، محمد سعيد، (1989)، **البناء الاجتماعي والشخصية**، الإسكندرية، دار المعرفة الجامعية.

ـ كازانوف، جان، (1983)، **سيكولوجية أسير الحرب**، ط1، ترجمة عدنان سبيعي وخليل شطا، دمشق، دار دمشق.

– كوثراني، وجيه، (1988)، **السلطة والمجتمع والعمل السياسي من تاريخ الولاية العثمانية في بلاد الشام**، ط1، بيروت، مركز دراسات الوحدة العربية.

– كوهن، بيرسي، د. ت، **النظرية الاجتماعية الحديثة**، ترجمة عادل هواري، الإسكندرية، دار المعرفة الجامعية.

– ليلة، علي، د ت، **النظرية الاجتماعية المعاصرة**، دراسة لعلاقة الإنسان بالمجتمع، القاهرة، دار المعارف.

– ماركس، إنجلز، لينين، (1975)، **المادية التاريخية**، بيروت، دار الفارابي.

– ماركوز، هربرت، (1969)، **الإنسان ذو البعد الواحد**، ط1، ترجمة جورج طرابيشي، بيروت، منشورات دار الآداب.

– ملز، سي رايت، (1997)، **الخيال العلمي الاجتماعي**، ترجمة عبد الباسط عبد المعطي، وعادل هواري، الإسكندرية، دار المعرفة الجامعية.

– هابرماس، يورجن، (2002)، **المعرفة والمصلحة**، ترجمة حسن صقر، القاهرة، المجلس الأعلى للثقافة.

– هلال، جميل، (1996)، **الدولة والديموقراطية**، ط1، رام الله، مؤسس مواطن.

– بوكنان، آر، إيه، (2000)، الآلة قوة وسلطة، التكنولوجيا والإنسان منذ القرن 17 حتى الوقت الحاضر، ترجمة شوقي جلال، **عالم المعرفة**، العدد 259.

– ستروك، جون، (1996)، البنيوية وما بعدها، من ليفي شتراوس إلى دريدا، ترجمة محمد عصفور، **عالم المعرفة**، العدد 2060.

341

- شيللر، هربرت أ، (1999)، المتلاعبون بالعقول، ترجمة عبد السلام رضوان، **عالم المعرفة**، العدد 243.

- روبرتش، ج، تيموز، وهايت إيمي، (2004)، من الحداثة إلى العولمة، ج1، ترجمة سمر الشيشكلي، **عالم المعرفة**، العدد 309.

- كريب، إيان (1999)، النظرية الاجتماعية، من بارسونز إلى هابرماس، ترجمة محمد غلوم، **عالم المعرفة**، العدد 244.

- هيرست، بول، وجراهام طومبسون، (2001)، ما العولمة: الاقتصاد العالمي، وإمكانات التحكم، ترجمة فالح عبد الجبار، **عالم المعرفة**، العدد 273.

■ المجلات والدوريات:

- أنريكز، أوجين، (2000)، الدولة ومستقبل السياسة، ترجمة نجوى حسن، **الثقافة العالمية**، العدد 98.

- أوفة، كلاوس، (2001)، المجتمع المدني والنظام الاجتماعي، الفصل بين السوق والدولة والمجتمع المحلي والجمع بينهما، ترجمة أحمد محمود، **الثقافة العالمية**، العدد 107.

- جوهارت، ريتشارد (2001)، الثقافة والدولة، ترجمة شعبان عبد العزيز، **الثقافة العالمية**، العدد 108.

- رونكوبف، دافيد، (1997)، في مديح الإمبرايالية الثقافية، ترجمة أحمد خضر، **الثقافة العالمية**، العدد 85.

- فولي، و. مايكل، وبوب إدواردز، (1998)، مفارقات المجتمع المدني، ترجمة محمد أحمد إسماعيل، **الثقافة العالمية**، العدد 86.

■ الرسائل الجامعية غير المنشورة:

– الحوراني، محمد، (1998)، **تطبيق مفهوم الاستغلال في نظرية التبادل والقوة، لـِ بيتر بلاو
على الحياة الاجتماعية في المجتمع العربي**، رسالة ماجستير غير منشورة، الجامعة الأردنية،
عمان، الأردن.

ثانياً: المراجع باللغة الإنجليزية:

■ الكتب:

- Adriaansens, Hans P. M., (1980), **Talcott Parsons and the Conceptual Dilema**, London, Routledge and Kegan paul.

- Labor, Martin, (1990), **Max Weber's Construction of Social Theory**, Macmillan.

- Bachrach, and Baratz, (1970), **Power and Poverry, Theory of practice**, New York, Oxford University Press.

- Barry, Bain (Ed.), (1976), **Power and Political Theory, Some European Perspectives**, London, John Willey and Sons.

- Bernard, Thomas J., (1983), **The Consensus – Conflict debate Form and Content in social Theories**, New York, Columbia University Press.

- Bershady, Harold, (1973), **Ideology and Social Knowledge**, Oxford, Black well.

- Blau, Peter, (1964), **Exchange and Power in Social Life**, New York, John Willey and Sons.

- Blumer, Herbert, (1969), **Symbolic Interactionsm**, Perspective and Method, Berkeley, Prentice Hall.

- Boyne, Roy, (2001), **Subject, Society, Culture**, London, Sage Publications.

- Clhoun, Craig and Others, (2002), **Contemporary Sociological Theory**, London, Black well.

- Calhoun, Craig and Others, (2002), **Classical Sociological Theory**, London, Black well.

- Charlesworth, Simon, (2003), **A Phenomenology of Working class Experience**, Cambridge University press.

- Clegg, Stewart, (1975), **Power, Rule and Domination, A critical and Empirical Understanding of Power In Sociological Theory**, London, Rutledge and Kegan paul.

- Collins, Randal, (1990), **Conflict Theory and The Advance of Macro - Historical Sociology**, From, George Ritzer (Ed.). Frontiers of Sociological Theory, New York, Columbia University Press.

- Colomy, Paul (ed.), (1990), **Neo Functionalism Sociology**, Great Yarmouth, Galliard Printers, Ltd.

- Cook, Karnes and Others, (1990) **Exchange Theory, A Blue print For Structure and Process**, From George Ritzer (Ed.), Frontiers of Sociological Theory New York, Columbia University press.

- Coser, Lewis, (1987), **Continuities of Social Conflict**, New York, Free Press Paper Back.

- Dahrendorf, Ralf, (1959), **Class and Class Conflict in An Industrial Society**, Stanford, Stanford University Press.

- Devereux Jr, and Edward C., (1961), **Parsons Sociological Theory, From, Max Black (Ed.), The Social Theories of Talcott Parsons, A Critical Examination**, Prentice Hall. Ltd.

- Domhoff, W., (1998), **Who Rules America**, Mountain View CA.

- EGAN, Daniel and Levon, A. (Ed.), (2005), **Power, A Critical Reader**, Pearson Education Inc.

- Emerson, Richard, (1993), **Power, Dependence Relations From**, Marvin Olsen and Martin Marger (Ed.), West View press Inc.

- Feenberg, Andrew, (1986), **Lukacs, Marx and the Sources of Critical Theory**, New York, Oxford University Press.

- Fine, Gary Alane, (1990), **Symbolic Interactionism in the Post Blumerian age**, From, George Ritzer (Ed.), Frontiers of Social Theory, The New Synthesess, New York, Columbia University Press.

- Foucault, M. (1980), **The Ethic of Care For the Self. As a Practice of Freedom**, From, Bernhouer and Rasmussen (Eds.) The Final Focucault, Cambridge, MIT Press.

- Greetz, Clifford, (1973), **The Interpretation of Cutlures**, New York, Basic Books.

- Gibbard, A. (1990), **Wise Choices, Apt Feeling, A Theory of Normative Judgement**, Cambridge, Harvard University Press.

- Giddens, Anthony, (1987), **Social Theory and Modern Sociology**, Cambridge, Polity Press.

- Giddens, Anthony, (1984), **The Constitution of Society, Out Line of the Theory of Structuration**, Cambridge, Polity Press.

- Giddens, Anthony, (1981), **A Contemporary Critique of Historical Materialism**, Vol. 1, Property and the State, California, University of California Press.

- Giddens, Anthony, (1971), **Capitalism And Modern Social Theory, an Analysis of The Writings of Marx, Durkheim and Max Weber**, Cambridge University Press.

- Goudsblom, Johan, (1977), **Sociology in The Balance, A Critical essay**, New York, Columbia University Press.

- Gouldner, Alvin, (1970), **The Coming Crisis of Western Sociology Harper**, Basic Book, Inc.

- Habermas, Jurgen, (1976), **Ligitimation Crisis**, T. Mccarthy (Trans), London, Heinemann.

- Heritage, John, (1987), **Ethnomethodology**, From, Giddens and Turner (Eds.), Social Theory Today, Polity Press.

- Holton, Robert and Turner Bryanns, (1986), **Talcott Parsons on Economy and Society**, Rutledge and Kegan Paul Plc.

- Homans, George, (1961), **Social Behavior, It's Elementary Forms**, Harcort, Brace and World. Inc.

- Honneth, Axel, (1999), **The Critique of Power**, Kenneth Baynes (trans.), Cambridge, The MIT Press.

- Horowitz, Donald, (2000), **Ethnic Groups in Conflict**, Berkley, University of California.

- Issac, Jeffrey, (1987), **Power and Marxist Theory**, A Realistic View, Cornell University.

- Kriesler, Hary, (1989). **Straddling theory and Practice**, Berkeley, Institute of International Studies.

- Lenski, Gerhard, (1984), **Power and Privilege, A Theory of Social Stratification**, The University of North Carolina Press.

- Martindal, Don, (1960), **The Nature and Types of Sociological Theory**, Boston, Houghton Mifflin Company.

- Menzies, Ken, (1977), **Talcott Parsons and the Social Image of Man**, London, Rutledge.

- Merton, Robert, (1968), **Social Theory and Social Structure**, New York, The Free press.

- Merton, Robert, (1967), **ON Theoretical Sociology**, New York, Free Press Paper Back.

- Meltzer, B. N. and Others, (1975), **Symbolic Interactionism**, London Rutledge.

- Olsen, Marvin, (1993), **Forms and Levels of Power Exertion**, From, Marvin oslen and Marrin Marger, Power In Modern Societies, West View Press.

- Parsons, Talcoltt, (1968), **The Structure of Social Action**, New York, The Free Press.

- Parsons, Talcott, and Edward Shills (Eds.), (1965), **Toward A General Theory of Action, Theortical Foundations For The Social Sciences**, New York, Harper and Row.

- Parsons, Talcott, (1964), **Essays in Sociological Theory**, New Yrok, The Free Press.

- Parsons, Talcott, (1951), **The Social System**, New York, The Free Press Paper Back.

- Parsons, Talcott, (1959), **An Approach to Psychological Theory in Terms of the Theory of Action**, S. Kock, (Ed.), Psychology, A Study of Science, New York, The Free Press.

- Ritzer, George, (1992), **Contemporary Sociological Theory**, 3Ed, New York, MCGRaw Hill, Inc.

- Ritzer, George, (1981), **Toward An Integrated Sociological Paradigm**, The Search For an Exemplar and An Image of the Subject Matter, Allyan and Bacon, Inc.

- Rosemberg, Morris, (1990). **The Self-Concept: Social Product and Social Force**, From, Morris Rosemberg and Ralf Turner (Eds.) Social Psychology, Sociological Perspectives, Trans Action Publishers.

- Savage, Steven P., (1981), **The Theories of Talcott Parsons**, The Social Relations of Action, New York, St. Martin's Press.

- Schaar, John H., (1989), **Legitimacy in The Modern State**, New Jersey, Transactions Publishers,

- Schaar, John H., (1984), **Legitimacy**, From, William Connolly (Ed.) Legitimacy and The State, Oxford, Katerprent. Co.

- Smelser, Neil J., (1962), **Theory of Collective Behavior**, New Yrok, Free Press.

- Smith, Anthony, (1973), **The concept of Social change, A critique of the Functionalist Theory of Social Change**, London, Routledge and Kegan Paul.

- Summer, William Graham, (1906), **Folk ways**, Boston.

- Swarts, David, (1997), **Culture and Power**, The Sociology of Pierre Bourdieu, The University of Chicago Press.

- Thereborn, Goran, (1980), **What Does the Ruling Class do When it Rules**, London, Redwood Burn.

- Turner, Jonathan, (1978), **The Structure of Sociological Theory**, the Dorsey Press.

- Young, Hpeyton, (2003), **The Power of Norms**, From Hammerstein (ed.) Genetic and Cultural Evolution of Cooperation, The MIT Press.

- Wagner, Helmut, (Ed.), (1970), Alfred Schutz, **on Phenomenology and Social Relations**, The University of Chicago Press.

- Wallace, Ruth And Alison Wolf, (1995), **Contemporary Sociological Theory**, New Jersey, Prentice Hall, Inc.

- Weber, M., (1947), **The Theory of Social and Economic Organization** Handerson and Parsons (Trans.), New York, Oxford University Press.

- Wright, Erik Olin, (1985), **Class, Crisis and The State**, Thetford, Thetford Press ltd.

■ المجلات والدوريات:

- Alexander J.C. and P. Colomy, (1985): Toward New Functionatism. **Sociological Theory**. (3), 11-23.

- Alexander J. C., (1978). Formal and Substantive Voluntarism in the work of Talcot Parsons. A Theoretical and Ideological Reinter Pretation, **American Sociological Review**, (43); 177-198.

- Alexander J. C., (1988). Parsons Structure in American Sociology. **Sociological Theory**. (6): 96-102.

- Bershady, Harold J. (2002). Talcott Parsons Today (Book Review). **American Journal of Sociology**. Vol. 108. Issue 2.

- Bruins, Jan. (1999), Social Power and Influence Tactics. A Theoretical Introduction, Social Influence and Social Power Using Theory For Understanding Social Issues. **Journal of Social Issues**.

- Charles, Varela, (2004). Parsonian Theory and Dynamic Embodiment. **Journal For the Anthropological Study of Human Movement**, Spring.

- Coleman, James, (1986), Foundations For A Theory of Collective Decision. **American Journal of Sociology**, (71): 615-627.

- Englestad, Fredrik. (2003). Power, culture and Hegemony Comparative Studies of Culture and Power, **Comparative Social Research**. Vol. 21.

- Fish, Jonathan S. (2004). The Neglected Element of Human Emotion In Talcott Parson's. The Structure of Social Action, **Journal of Classical Psychologist**.

- Fiske, T. (1993). Controlling other People, The Impact of Power on Stereotyping. **American Psychologist**. Vol. 48. No. (6).

- Galinsky, Adam. (2003). From Power to Action. **Journal of personality and Social Psychology Association**, Inc (VI): 453-460.

- Gould, M. (1981). Parsons Versus Marx, An Earnest Warning, **Sociological Inquiry**. (51): 197-218.

- Hallidy, Fred. (1991): Culture and Power. Center For the Study of **Democracy**. Vol. 6. No. (2).

- Kivel, Paul. (2004). The Culture of Power. **Conflict Management In Higher Educational Report**. Vol. 5. No. (1).

- Litchman R. (1970). Symbolic Interactionism and Social Reality, Some Marxist Queries. Barkeley, **Journal of Sociology**. 15: 75-94.

- Loyal, Steven and Bary Barens. (2001). Agency As A Redherring in Social Theory, **Phelosophy of Social Sciences** Vol (31). No. (4): 507-544.

- Mahalingam, Romaswami. (2003). Essentialism, Culture and Power Representation of Social Class, **Journal of Social Issues**.

- Meyer, Gerd. (2005). Power Powerlessness and Chances of Productive Action. **Fromm Forum (English Version)**. Tuebingen, (Selts Verlage). (9): (17-23).

- Scott, J.F. (1963). The Changing Foundations of the Parsonian Action Schema. **American Sociological Review** (28).

- Sciulli, D. (1986). Voluntaristics Action as Distinct Concept, A Theoretical Foundations of Social Constitutionalism. American **Sociological Review**. (51): 743-766.

- Samm. Nicole and Harrer Andreas. (1999). Simulating Norms. Social Inequality and Functional Change. In Artificial Societies. **Journal of Artificial Societies and Social Simulation** Vol. 2. No. (1).

- Viskovatoff, Alex. (1999). Foundations of Niklas Luhmann's Theory of Social Systems, **Philosophy of social sciences**, Vol. 29, Issue 4.

- Wright Susan. (1998). The Politicization of Culture, **RAI**. Vol. 14, No. (1).

■ وقائع المؤتمرات والندوات:

- Habermas, Urgen, (1980). Talcott Parsons. Problems of Theory Consturction, Paper Delivered to **the German Sociological Association**.

- Nilsen, ALF, (2004), Collective Remembereng and Struggle over Meaning, Understanding the Discursive Practice of Narmad Bacho Andolan as Post Colonial Politics of Memory, A Paper presented at **Second International Conference of Social and Cultural Movement, Imagining Social Movements**, Edge hill College, Jully, 1-4.

- Ortmann, Rüdjger. (2000). Anomie As A Consequence of Disturbances of Equilibrium in Case of Suddenly Occurring Social or Personal Changes. A Paper Presented at **the Annual Meeting of the American Society of Criminology, Sanfrancisco**, California, USA, November, 17.

T0148111

Printed in the United States
By Bookmasters